ŒUVRES

DE

J. F. COOPER

IMPRIMERIE DE H. FOURNIER ET C°, 14, RUE DE SEINE.

J. F. COOPER

par Defauconpret

LES PURITAINS D'AMÉRIQUE

Paris
FURNE & Cie, CH. GOSSELIN,
Éditeurs

OEUVRES
DE
J. F. COOPER

TRADUITES

PAR

A. J. B. DEFAUCONPRET

TOME NEUVIÈME

LES PURITAINS D'AMÉRIQUE

PARIS
FURNE ET Cⁱᵉ, CHARLES GOSSELIN
ÉDITEURS

M DCCC XXXIX.

PRÉFACE
DE LA NOUVELLE ÉDITION.

On a tant écrit depuis peu de temps sur le nord de l'Amérique, qu'il serait superflu d'avoir recours à une longue explication pour préparer le lecteur aux incidents et aux allusions de cette nouvelle. Les principaux aborigènes qui y figurent sont historiques, et, quoique les situations soient imaginaires, elles se rapprochent tellement de faits avérés qu'elles suffisent pour donner une idée exacte des opinions, des habitudes et des sentiments d'une classe d'êtres que nous nous plaisons à appeler sauvages. Metacom, ou le roi Philip, ainsi que le nommaient les Anglais, Uncas, Conanchet, Miantonimoh et Ounawon, sont tous des chefs indiens très-renommés, dont les noms se sont identifiés avec l'histoire de la Nouvelle-Angleterre. La désignation d'Uncas, en particulier, semble avoir appartenu à une race entière des Mohicans, car ce nom fut porté par une suite de Sagamores, et parmi leurs descendants on le trouve, à une époque récente, uni à des noms de baptême vulgaires, tels que John, Henry, Thomas, et étant ainsi adopté pour surnom d'une famille.

Metacom ou Philip, qui apparaît dans ces pages comme l'ennemi le plus impitoyable des blancs, succomba dans la guerre dont il avait été le plus ardent instigateur. Cette lutte fut la plus sérieuse que les Anglais eurent à soutenir avec les naturels possesseurs du pays, et il y eut un moment où ils craignirent de rencontrer de graves obstacles à leur système de colonisation. La défaite et la mort de Philip permit enfin aux blancs de se maintenir; mais s'il eût réussi à réunir toutes les tribus hostiles, l'effort commun, secrètement soutenu, ainsi qu'il l'eût été sans doute, par les Français du Canada et les Hollandais de la Nouvelle-Hollande, le succès de son noble et vaste plan était un événement beaucoup plus probable que nous ne pouvons le supposer à cette époque éloignée.

Nous croyons n'avoir mis aucune exagération dans les détails du caractère et des usages de la guerre des Indiens, tels qu'on les présente ici au lecteur. Les traditions uniformes sur toute la frontière occidentale des Etats-Unis, les relations écrites et bien authentiques des périls et des luttes de leurs premiers habitants, tous les faits connus, en un mot, viennent à l'appui de l'ébauche que nous avons essayé de tracer.

L'écrivain s'est, ainsi qu'on le verra, un peu éloigné du style adopté en général pour les ouvrages de ce genre, son but ayant été d'écrire un poëme familier plutôt qu'un roman ordinaire. Ses relations avec certains littérateurs européens lui ont donné l'idée de tenter cette épreuve, et, la forme de style s'adaptant peut-être mieux aux traductions qu'au langage employé dans l'original, le résultat a été tel qu'on pouvait s'y attendre; et la nouvelle a eu plus de succès au dehors que sur le sol natal.

L'ouvrage ayant été composé en Italie y fut aussi imprimé, et les hommes employés à ce travail ignoraient entièrement la langue anglaise. Tant d'erreurs se glissent dans les livres imprimés sous les circonstances les plus favorables, qu'on croira facilement l'auteur lorsqu'il attribuera la plupart des fautes de la première édition au fait qu'il vient de mentionner. La ponctuation surtout était si défectueuse, que souvent elle altérait le sens des phrases; et en plusieurs endroits des mots qui se prononcent de même étaient substitués à d'autres différents par le sens. On s'est efforcé de rendre l'édition actuelle plus exacte, et l'on espère que, sous ce rapport du moins, l'ouvrage a subi une amélioration matérielle. Quelques répétitions ont été retranchées, des négligences de style ont disparu, et l'on a ajouté des notes qui semblent devoir faciliter au lecteur européen l'intelligence des allusions et des incidents que ces pages renferment. A tout autre égard, ce livre est resté tel qu'il a d'abord été offert au public.

Londres, septembre 1833.

AU

RÉVÉREND J. R. C.,

DE ***,

PENSYLVANIE[1].

L'OBLIGEANCE désintéressée avec laquelle vous avez fourni les matériaux de l'histoire suivante mérite un remerciement public. Mais puisque votre répugnance à être connu m'impose une réserve discrète, vous recevrez du moins le seul témoignage de gratitude qu'autorise votre défense.

Quoiqu'on trouve tant d'événements extraordinaires et pleins d'intérêt dans l'histoire des ancêtres dont vous tirez votre origine, il est dans ce pays des centaines de familles dont les traditions, moins exactement conservées que le court récit que vous avez bien voulu me montrer, fourniraient aussi les matériaux de plus d'une histoire touchante. Vous avez bien raison d'être fier de votre famille; car, certes, si quelqu'un peut se vanter d'être un citoyen et un propriétaire des Etats-Unis, c'est celui qui, comme vous, compte une suite d'ancêtres dont les premiers se perdent dans la nuit des temps. Vous êtes un véritable Américain. A vos yeux, nous qui remontons à un siècle ou deux, nous devons à peine être au-dessus de ces habitants de l'Union, admis d'hier au privilége de résidence.

Continuez à jouir du repos et du bonheur dans le pays où vos ancêtres ont prospéré si longtemps.

C'est le vœu sincère de votre reconnaissant ami,

L'AUTEUR.

---

1. Cette dédicace est supprimée dans l'édition nouvelle.

PRÉFACE

DE LA PREMIÈRE ÉDITION[1].

Aujourd'hui que les traditions indiennes sont écoutées avec l'intérêt que nous prêtons aux événements des siècles reculés et peu connus, il n'est pas facile de présenter une image exacte et frappante des dangers que rencontrèrent nos ancêtres, et des privations qu'ils supportèrent en préparant l'état de sécurité et d'abondance du pays que nous habitons. Dans les pages qui vont suivre, notre but a été simplement de perpétuer le souvenir des événements particuliers aux premiers jours de notre histoire.

Le caractère général du système de guerre des peuples indigènes est trop bien connu pour exiger quelques observations préliminaires; mais il est peut-être nécessaire d'appeler pendant quelques moments l'attention des lecteurs sur les principales circonstances de l'histoire de ces temps, qui peuvent être liées avec les événements de cet ouvrage.

Le territoire qui compose maintenant les trois Etats de Massachusetts, Connecticut et Rhode-Island, était occupé autrefois, suivant les mieux informés de nos annalistes, par quatre grandes nations d'Indiens, subdivisées comme d'ordinaire en nombreuses tribus dépendantes. Parmi ce peuple, les Massachusetts possédaient une grande partie du pays qui compose maintenant l'Etat du même nom. Les Wampanoags habitaient celui qui fut depuis la colonie de Plymouth et les districts septentrionaux des Plantations de la Providence. Les Narragansetts possédaient les belles îles si connues et la magnifique baie qui reçurent leurs noms de cette nation, ainsi que les pays plus au sud des Plantations;

[1]. Cette préface est remplacée, dans la nouvelle édition, par celle qui est en tête de ce volume; nous avons cru néanmoins devoir la conserver.

tandis que les Pequots, ou, suivant l'orthographe et la prononciation plus en usage, les Pequos, étaient les maîtres d'une immense région qui se projette le long des limites occidentales des trois autres districts.

Il règne une grande obscurité relativement à la forme du gouvernement des Indiens qui habitaient les côtes de la mer.

Les Européens, habitués aux gouvernements despotiques, supposèrent naturellement que les chefs trouvés en possession du pouvoir étaient des monarques auxquels l'autorité avait été transmise en vertu des droits de leur naissance. Ils leur donnèrent en conséquence le nom de roi.

Jusqu'à quel point cette opinion sur le gouvernement des aborigènes est-elle fondée ? C'est encore une question, quoiqu'il soit bien permis de penser que cette opinion est moins erronée à l'égard des tribus des Etats de l'Atlantique que de celles qui ont été découvertes depuis peu à l'ouest, où, comme on le sait, les institutions existantes approchent plus des formes républicaines que des formes monarchiques. Cependant, il est sans doute souvent arrivé que le fils, profitant de l'avantage de sa position, succéda à l'autorité de son père, par le moyen de son influence, lorsque les lois établies de la tribu ne reconnaissaient point le droit héréditaire. Quel que soit le principe de la succession au pouvoir, il est certain que, dans bien des occasions, on vit le fils occuper la place auparavant remplie par son père, et que, dans les conjonctures où un peuple si violent était si souvent placé, l'autorité qu'il exerçait était aussi précaire qu'elle était générale. Le titre d'Uncas devint, comme celui de César et de Pharaon, le synonyme de chef chez les Mohicans, tribu des Pequots, parmi lesquels plusieurs guerriers de ce nom gouvernèrent par ordre de succession. Le célèbre Metacom, ou le roi Philip, nom sous lequel il est mieux connu des blancs, était certainement le fils de Massassoit, sachem des Wampanoags, que les émigrants trouvèrent investis de l'autorité lorsqu'ils débarquèrent sur le roc de Plymouth. Miantonimoh, le hardi mais malheureux rival de cet Uncas qui gouvernait toute la nation des Pequots, fut remplacé par son fils Conanchet, non moins héroïque, non moins entreprenant que lui. A une époque plus reculée encore, nous trouvons des exemples de cette transmission du pouvoir qui donnent de fortes raisons de croire que l'ordre de succession suivait la ligne directe du sang.

PRÉFACE.

Les premières annales de notre histoire ne manquent pas d'exemples nobles et touchants de sauvage héroïsme. La Virginie a sa légende du puissant Powhattan et de sa fille magnanime Pocahontas, si mal récompensée[1]. Les chroniques de la Nouvelle-Angleterre sont remplies des actions courageuses et des entreprises téméraires de Miantonimoh, de Metacom et de Conanchet. Ces derniers guerriers se montrèrent dignes d'un meilleur sort, en mourant avec une force d'âme et pour une cause qui, s'ils avaient vécu dans un siècle plus civilisé, eussent inscrit leurs noms parmi ceux des plus célèbres héros de l'époque.

La première guerre sérieuse à laquelle prirent part les planteurs de la Nouvelle-Angleterre fut celle que leur déclarèrent les Pequots. Cette nation fut domptée après un sanglant combat; et ceux qui ne furent point envoyés dans un esclavage lointain se trouvèrent heureux de devenir les auxiliaires de leurs vainqueurs. Cette première guerre eut lieu environ vingt ans après l'époque où les Puritains cherchèrent un refuge en Amérique.

On a lieu de croire que Metacom prévit le sort de son propre peuple dans l'infortune des Pequots. Quoique son père eût été le premier et le plus constant ami des blancs, il est probable que les Puritains devaient en partie cette amitié à une dure nécessité. On raconte qu'une terrible maladie avait régné parmi les Wampanoags peu de temps avant l'arrivée des émigrants, et que leur nombre se trouvait diminué d'une manière effrayante par ses ravages. Quelques auteurs ont supposé que cette maladie pouvait être la fièvre jaune, dont les invasions, comme on le sait, ont lieu à des intervalles fort éloignés, et qui n'ont rien de régulier. Quelle que fût la cause de la destruction de ce peuple, on croit que Massassoit fut déterminé par ses conséquences à cultiver l'amitié d'une nation qui pouvait le protéger contre les attaques de ses anciens ennemis que le fléau avait moins affligés. Mais son fils paraît avoir contemplé d'un œil plus jaloux l'influence croissante des blancs. Il passa le matin de sa vie à mûrir de grands projets pour la destruction de la race étrangère, et ses dernières années s'écoulèrent dans de vaines tentatives pour mettre ses hardis desseins à exécution. Son activité infatigable à réunir la

---

1. L'histoire de Pocahontas est une des plus touchantes traditions américaines. Cette fille de roi devint la protectrice des premiers colons anglais, épousa l'un d'eux, fit un voyage en Angleterre, et y mourut de la petite vérole, du temps de Jacques Ier. Ses descendants existent encore en Amérique.

confédération contre les Anglais ; sa manière hardie et cruelle de faire la guerre, sa défaite et sa mort, sont trop connues pour qu'il soit nécessaire de les décrire.

Il y a aussi un intérêt romanesque dans l'obscure histoire d'un Français de cette époque. Cet homme, dit-on, était un officier d'un rang supérieur au service de son roi, et appartenait à cette classe privilégiée qui possédait exclusivement toutes les dignités et tous les émoluments du royaume de France. Les traditions, et même les annales du premier siècle de notre prise de possession de l'Amérique, associent le baron de La Castine avec les jésuites, qui joignaient au projet de convertir les sauvages au christianisme le désir d'établir un pouvoir plus temporel sur leurs esprits. Il est néanmoins difficile de deviner si ce furent ses goûts ou la religion, la politique ou la nécessité, qui engagèrent ce gentilhomme à quitter les salons de Paris pour les déserts du Penobscot. On sait seulement qu'il passa la plus grande partie de sa vie sur les bords de cette rivière, dans une forteresse grossièrement bâtie, et qu'on appelait alors un palais ; qu'il avait eu de plusieurs femmes une nombreuse progéniture, et qu'il possédait une grande influence sur la plupart des tribus qui habitaient dans le voisinage de sa demeure. On croit aussi que ce fut par son entremise que les sauvages qui faisaient la guerre aux Anglais se procurèrent des munitions et des armes plus offensives que celles dont ils se servaient dans les premières guerres. On ignore jusqu'à quel point il prit part au projet d'exterminer les Puritains, mais la mort l'empêcha de prendre part aux derniers efforts de Metacom.

Les Narragansetts seront souvent cités dans ces volumes. Peu d'années avant l'époque où commence cette histoire, Miantonimoh faisait une guerre cruelle à Uncas, le Pequot, ou chef mohican. La fortune favorisa le dernier, qui, assisté probablement par ses alliés civilisés, non seulement porta le désordre dans l'armée ennemie, mais parvint à s'emparer de son antagoniste. Le chef des Narragansetts perdit la vie par l'influence des blancs dans le lieu qu'on appelle encore aujourd'hui la Plaine du Sachem.

Il nous reste encore à jeter un peu de lumière sur les principaux incidents de la guerre du roi Philip. Le premier coup fut frappé dans le mois de juin 1675, un peu plus d'un demi-siècle après l'arrivée des Anglais dans la Nouvelle-Angleterre, et juste un siècle avant que le sang fût répandu dans la querelle qui sépara les colonies de la mère-patrie. Le lieu de la scène fut un établissement près du célèbre mont Hope, dans Rhode-Island, où Metacom et son père avaient souvent tenu leurs conseils. De ce point, les massacres s'étendirent sur toute la frontière de la Nouvelle-Angleterre; on enrôla des troupes de cavalerie et d'infanterie pour faire face à l'ennemi; des villes furent mises en cendres, des familles furent massacrées, souvent sans distinction d'âge ni de sexe.

Dans aucune querelle avec les naturels du pays le pouvoir naissant des blancs ne courut un si grand danger que dans cette guerre célèbre avec le roi Philip. Le vénérable historien du Connecticut évalue le nombre des morts au dixième des combattants, et la destruction des maisons et des édifices dans une égale proportion. Une famille sur onze vit ses propriétés ravagées par les flammes dans toute la Nouvelle-Angleterre. Comme les colons qui habitaient près des bords de la mer furent exempts du danger, on peut se faire une idée, d'après ce calcul, des périls et des souffrances de ceux qui demeuraient dans des lieux plus exposés. Les Indiens souffrirent en proportion des maux qu'ils causèrent. Les principales nations déjà mentionnées furent réduites au point de ne plus offrir dans la suite aucune résistance sérieuse, et les blancs parvinrent enfin à transformer leurs anciennes forêts en champs fertiles et en demeures convenables à l'homme civilisé. Metacom, Miantonimoh et Conanchet, ainsi que leurs guerriers, sont devenus les héros des chansons et des légendes, et les descendants de ceux qui renversèrent leur pouvoir, qui détruisirent leur race, rendent un tardif hommage à leurs actes de courage et à la sauvage grandeur de leur caractère.

LES
PURITAINS D'AMÉRIQUE

ou

LA VALLÉE DE WISH-TON-WISH.

> Elle est morte pour lui, morte pour tous, hélas !
> Son luth nous reste seul, muet et solitaire :
> Nous écoutons en vain, c'en est fait! de ses pas
> L'écho ne redit plus le bruit si doux naguère.
> ROGERS.

CHAPITRE PREMIER.

> Je peux renoncer à ma main, mais non pas à ma foi.
> SHAKSPEARE.

C'EST dans une époque reculée des annales américaines qu'il faut chercher les incidents sur lesquels se fonde cette histoire. Un demi-siècle s'était écoulé depuis qu'une colonie d'Anglais pieux et dévoués, fuyant la persécution religieuse, débarquèrent sur le roc de Plymouth. Eux et leurs descendants avaient déjà transformé bien des déserts immenses en de riches plaines, et de riants villages. Les travaux des émigrants s'étaient arrêtés au pays qui borde la mer, car la proximité des eaux qui roulaient entre eux et l'Europe semblait leur dernier lien avec le pays de leurs pères et le séjour lointain de la civilisation ; mais le goût des entreprises, le désir de trouver des champs plus fertiles, et la tentation offerte par de vastes régions inconnues qui s'étendaient sur leurs frontières du nord et de l'ouest, engagèrent quelques aventuriers à pénétrer plus avant dans les forêts. Le lieu précis où nous désirons transporter l'imagination de nos lecteurs était occupé par un de ces établissements qu'on peut assez justement appeler les postes avancés de la civilisation dans sa marche conquérante.

On connaissait si peu alors les bornes du continent américain, que lorsque les lords Say-and-Seal et Brooke, réunis à quelques autres associés, obtinrent la concession du territoire qui compose aujourd'hui l'État de Connecticut, le roi d'Angleterre attacha son nom à une patente qui les constituait propriétaires d'une contrée qui devait s'étendre depuis les terres de l'Atlantique jusqu'à celles de la mer du Sud. Malgré l'apparente impossibilité de soumettre et même d'occuper un espace aussi immense, les émigrants de la colonie-mère de Massachusetts se trouvèrent disposés à commencer une expédition qui ressemblait à un des travaux d'Hercule, environ quinze ans après leur arrivée sur le roc de Plymouth. Le fort Say-Brooke, les villes de Windsor, Hartfort et New-Haven, s'élevèrent bientôt, et la petite communauté qui se forma alors avança dans sa carrière avec calme et prospérité. Ce fut un modèle d'ordre, de raison, de bonne conduite, et la ruche d'où un essaim de cultivateurs industrieux, éclairés, infatigables, s'élança vers une surface si étendue, qu'on supposerait qu'ils aspirent encore aujourd'hui à la possession de ces régions immenses que les lettres-patentes du roi d'Angleterre leur avaient octroyées.

Parmi les religionnaires que le dégoût ou la persécution avaient conduits à l'exil volontaire des colonies, les hommes distingués par leur caractère et leur éducation l'emportaient en nombre. De jeunes prodigues, des cadets de famille, des soldats sans emploi, des étudiants en droit, cherchèrent bientôt fortune et des aventures dans les provinces plus au sud, où les esclaves dispensaient du travail, et où une guerre conduite avec plus de vigueur et de politique encourageait l'ambition et donnait lieu à des scènes capables de flatter le penchant naturel de leurs imaginations et de leurs caractères. Ceux dont les habitudes étaient plus graves et les dispositions plus religieuses, trouvèrent un refuge dans les colonies de la Nouvelle-Angleterre. Là une multitude de citoyens transportèrent leur fortune et leur famille, et donnèrent au pays qu'ils choisirent une réputation d'intelligence et de grandeur morale qu'il a noblement conservée jusqu'à nos jours.

La nature de la guerre civile d'Angleterre avait enrôlé bien des hommes d'une piété sincère et profonde dans la profession des armes. Quelques-uns d'entre eux s'étaient retirés dans les colonies avant la crise des troubles de la mère-patrie ; d'autres s'embarquèrent pendant le cours de ces discordes civiles jusqu'à la restauration. A cette époque une foule de ceux qui étaient mécontents de la maison de Stuart vinrent chercher aussi la sécurité dans ces possessions lointaines.

Un soldat sombre et fanatique, nommé Heathcote, fut, parmi les émigrants de la première classe, un de ceux qui mirent de côté l'épée pour se charger des instruments nécessaires à l'industrie d'un pays nouveau. Jusqu'à quel point la possession d'une jeune femme influa-t-elle sur cette détermination, nous ne chercherons point à l'établir, quoique les traditions de l'histoire, que nous allons raconter, donnent lieu de supposer qu'il pensa que la tranquillité de son intérieur ne serait pas moins assurée dans les déserts du Nouveau-Monde que parmi les compagnons auxquels son premier état l'aurait certainement lié.

Ainsi que lui, sa femme était issue d'une de ces familles qui tirent leur origine de ces franklins[1] du temps des Edouard et des Henry, devenus possesseurs de terres héréditaires, lesquelles, par l'augmentation graduelle de leur valeur, les avaient élevés au rang de gentillâtres campagnards. Dans la plupart des autres Etats de l'Europe, ils auraient été rangés dans la classe de la *petite noblesse*. Le bonheur domestique du capitaine Heathcote reçut un coup fatal d'un événement qui semblait devoir l'augmenter. Le jour même de son débarquement sur la terre de l'exil si longtemps désirée, sa femme le rendit père d'un garçon dont la naissance lui coûta la vie. Plus âgé de vingt ans que sa femme, qui avait suivi sa fortune dans ces régions étrangères, l'ancien soldat avait toujours supposé que, suivant l'ordre naturel des choses, il paierait le premier sa dette à la nature. Le capitaine Heathcote, qui avait une foi vive à un monde meilleur, n'en entrevoyait la perspective qu'après une suite de jours heureux dans celui-ci. Mais si les calamités peuvent ajouter encore à la tris-

---

[1]. Propriétaires des terres libres.

tesse d'un caractère rendu déjà assez sombre par les subtilités des querelles des sectaires, celui du capitaine Heathcote n'était point d'une nature à être abattu par les vicissitudes humaines; il continua de vivre utile aux autres, ferme dans sa foi, et modèle de force et de courage dans le chemin de la sagesse pour ceux dans le voisinage desquels il habitait, mais refusant par goût, et par cette indifférence que lui donnait naturellement la perte de son bonheur, de jouer, dans les affaires publiques du petit Etat dont il dépendait, le rôle auquel sa fortune et le rang qu'il occupait autrefois lui auraient permis d'aspirer. Il donna à son fils l'éducation que ses propres ressources et celles que la colonie de Massachusetts, encore dans l'enfance, purent lui procurer, et guidé par une piété avec laquelle il cherchait à se tromper lui-même, et dont nous n'avons aucun désir d'examiner le mérite, il avait pensé qu'il offrirait une preuve évidente de sa résignation aux volontés de la Providence en faisant publiquement baptiser son fils sous le nom de *Content*[1]. Le nom de baptême du capitaine Heathcote était Mark, comme avait été celui de ses ancêtres depuis deux ou trois siècles. Lorsqu'il s'abandonnait quelquefois à des pensées mondaines, ce qui arrive de temps en temps aux esprits les plus humbles, on l'entendait parler d'un sir Mark de sa famille qui avait figuré comme chevalier à la suite d'un roi qui fut un des plus grands guerriers de son pays natal.

Il y a lieu de croire que le génie du mal vit d'un œil jaloux et mécontent l'exemple de paix et de morale que les colons de la Nouvelle-Angleterre offraient au reste de la chrétienté. Des schismes, des disputes théologiques s'élevèrent parmi les émigrants eux-mêmes, et l'on voyait déjà des hommes qui avaient déserté le foyer de leurs pères pour chercher la tranquillité dans la religion, séparer leur fortune pour suivre sans crainte des doctrines particulières qui, dans leur présomption non moins que dans leur folie, étaient nécessaires pour rendre propice le Père tout-puissant et miséricordieux de l'univers. Si nous faisions un cours de théologie, une grave réflexion morale sur la vanité et sur l'absurdité de cette conduite trouverait ici avantageusement sa place.

Lorsque Mark Heathcote annonça à la communauté dont il avait fait partie pendant plus de vingt ans, qu'il avait l'intention pour la seconde fois d'élever ses autels dans le désert, afin que

---

[1]. *Contentement, satisfaction, résignation*, dans le sens substantif, et *content, satisfait* et *résigné*, dans le sens adjectif.

lui et les personnes de sa maison pussent honorer Dieu comme il leur semblait le plus convenable, cette nouvelle fut reçue avec un sentiment de tristesse mêlée d'effroi. Le zèle et l'esprit de secte furent momentanément oubliés pour faire place au respect et à l'attachement que le capitaine avait inspirés à son insu par l'égalité de son caractère, la sévérité de ses principes et ses pratiques religieuses. Les anciens de l'établissement s'expliquèrent franchement et charitablement avec lui, mais la voix de la conciliation se faisait entendre trop tard. Il écouta les raisonnements des ministres qui s'étaient rassemblés des diverses paroisses, dans un morne respect; il se joignit à eux dans les prières qui furent faites à cette occasion pour demander les lumières et l'inspiration du ciel, avec la même ferveur qu'il portait toujours aux pieds du Tout-Puissant; mais il le fit avec une disposition intérieure où entrait une fierté trop grande et une résolution trop positive pour ouvrir son cœur à cette sympathie et à cette charité qui caractérisent la morale si douce de l'Evangile, et qui devraient être l'étude de ceux qui font profession de suivre ses préceptes. Tout ce qui était de pure forme, tout ce qui était d'habitude fut observé, mais le dessein de l'obstiné sectaire resta inébranlable. Sa déclaration finale est digne d'être rapportée :

— Ma jeunesse fut perdue dans l'irréligion et l'ignorance, dit-il, mais dans mon âge mûr j'ai connu le Seigneur. Pendant près de quarante ans j'ai cherché la vérité ; ce temps s'est passé à alimenter mes lampes, de crainte de ressembler aux vierges folles de l'Ecriture, et de ne point être préparé lorsque je serai appelé. Maintenant que mes reins sont ceints et que ma course est à moitié finie, deviendrai-je un apostat, falsifierai-je la parole de Dieu? J'ai beaucoup souffert, vous le savez, en quittant la maison terrestre de mes pères ; j'ai affronté les dangers de la mer pour la foi ; et plutôt que de l'abandonner, je livrerai aux périls des déserts mon bien-être, mon enfant, et, si c'est le vœu de la Providence, mon existence elle-même.

Le jour du départ fut un jour de chagrin sincère et universel. Malgré l'austérité du caractère du vieux capitaine et la sévérité de son regard, sa charité avait démenti sa dureté apparente, et il avait semé autour de lui des bienfaits qu'il était impossible de mal interpréter. Le canton qu'il habitait n'a jamais passé pour fertile, et il n'y avait peut-être pas un des jeunes débutants dans cette culture ingrate qui n'eût à citer quelque secours généreux et secret sorti d'une main qui, aux yeux du monde, semblait fermée par une prudente économie. Aucun des fidèles des environs n'unissait son sort à celui d'une compagne par le mariage, sans recevoir de lui des preuves d'intérêt pour son bonheur temporel, plus évidentes que de vaines paroles.

Le matin du départ, lorsque les voitures chargées des meubles et des ustensiles de Mark Heathcote quittèrent sa porte et prirent la route qui devait les conduire du côté de la mer, tous les habitants de la contrée, à plusieurs milles de sa résidence, assistèrent à cet intéressant spectacle. L'adieu, comme il était ordinaire dans toutes les occasions solennelles, fut précédé par un hymne et une prière ; alors le sombre pèlerin, toujours si maître de lui-même, embrassa ses voisins avec un maintien où l'apparence du calme luttait fortement contre l'expression d'une émotion difficilement contenue. Les habitants de toutes les maisons qui se trouvaient sur la route avaient quitté leurs demeures pour échanger les bénédictions du départ. Plus d'une fois ceux qui guidaient les chevaux reçurent l'ordre de s'arrêter ; et tous ceux qui entouraient les voyageurs s'unissaient pour offrir au ciel une prière en faveur de celui qui s'éloignait et de ceux qu'il laissait derrière lui. On demandait brièvement les faveurs temporelles ; mais les supplications pour obtenir la lumière spirituelle étaient ferventes et souvent répétées. Ce fut de cette manière caractéristique qu'un des premiers émigrants du Nouveau-Monde se lança une seconde fois au milieu des scènes de souffrance, de privations et de dangers.

Vers le milieu du dix-septième siècle on ne voyageait pas en Amérique, et l'on ne pouvait pas transporter ses meubles et ses marchandises avec les mêmes facilités qu'aujourd'hui. Les routes étaient peu nombreuses et n'allaient pas loin ; les communications par eau étaient irrégulières, lentes et bien loin d'être commodes ; cependant comme une immense forêt s'élevait ainsi qu'une barrière entre la baie Massachusetts, que quittait Heathcote, et le lieu où il se rendait près de la rivière de Connecticut, il fut obligé d'adopter cette dernière manière de voyager. Mais un long intervalle s'écoula entre l'instant où il entreprit son voyage vers la côte et le temps où il lui fut possible de s'embarquer. Pendant cet intervalle, le capitaine Heathcote et sa maison séjournèrent parmi les esprits religieux de l'étroite péninsule, où existait déjà le germe d'une ville florissante, et où maintenant les clochers d'une cité noble et pittoresque s'élèvent au-dessus d'innombrables habitations.

Le fils du capitaine Heathcote ne quittait pas le lieu de sa naissance et la demeure où s'était écoulée sa jeunesse avec autant de soumission que son père à la voix du devoir. Il existait une jeune et belle Américaine, dans la ville nouvellement établie de Boston, dont l'âge, la situation, la fortune, et, ce qui était plus important encore, dont l'âme était en harmonie avec la sienne. Son image s'était volontiers mêlée aux saintes visions qu'une éducation religieuse offrait souvent à ses chastes pensées. Il n'est donc pas surprenant que le jeune homme eût été charmé d'un délai propice à ses désirs, et qu'il l'eût employé à réaliser son espoir. Il fut uni à la jeune et belle Ruth Harding une semaine seulement avant que son père partît pour son second pèlerinage.

Nous n'avons pas l'intention de nous appesantir sur les incidents du voyage. Quoique le génie d'un homme extraordinaire eût découvert le monde qui se peuplait alors d'êtres civilisés, la navigation à cette époque n'était pas dans un état brillant. Une traversée au milieu des bancs de sable du Nantuket présentait autant de dangers réels que de causes de terreur. Remonter le Connecticut lui-même était un exploit digne d'être mentionné. Les voyageurs débarquèrent enfin au fort anglais de Hartford, où ils s'arrêtèrent pendant une saison pour se procurer du repos et des encouragements spirituels. Mais la doctrine particulière à laquelle Mark Heathcote attachait tant d'importance était de nature à l'engager à s'éloigner davantage encore de la demeure des hommes. Accompagné par des serviteurs peu nombreux, il continua son expédition, et la fin de l'été le trouva encore une fois établi dans un domaine qu'il avait acquis avec les simples formes pratiquées dans les colonies, et au prix modique auquel on cédait alors à des particuliers la propriété de districts étendus.

L'amour des biens de ce monde, quoiqu'il existât certainement dans le cœur du Puritain, était loin d'être sa passion dominante.

Il était économe par habitude et par principes plutôt que par le désir d'augmenter ses richesses. Il se contenta d'acheter un domaine qui eût de la valeur plutôt par sa qualité et sa beauté que par son étendue. Plusieurs terrains semblables se trouvaient entre les établissements de Weathersfield et Hartford, et cette ligne imaginaire qui séparait les possessions de la colonie qu'il venait de quitter de celle dans laquelle il était venu se fixer. Il établit son séjour près des frontières septentrionales de cette dernière colonie. Ce lieu, avec le secours de quelques embellissements qui auraient pu être regardés comme objets de luxe dans un pays nouveau par ceux dont le goût n'était pas encore formé, mais dont le capitaine, malgré son abnégation de lui-même et les humbles habitudes de sa vie privée, se permettait encore la jouissance ; ce lieu, par sa beauté naturelle, le mouvement du terrain, l'eau et les bois, devint un séjour qui n'était pas moins agréable par son éloignement des tentations du monde que par ses charmes champêtres et pittoresques.

Après cet acte mémorable d'obéissance à la voix d'une conscience religieuse, les années s'écoulèrent tranquillement pour la famille exilée au milieu d'une prospérité négative. Les nouvelles du vieux monde ne parvenaient aux habitants de la plantation solitaire que lorsque les événements auxquels elles avaient rapport étaient oubliés partout ailleurs. Le tumulte et les guerres des colonies voisines ne venaient à leur connaissance qu'à des intervalles éloignés. Pendant ce temps les limites des établissements qui les environnaient s'étendaient graduellement, et les vallées commençaient à se défricher de plus en plus près des leurs. La vieillesse produisait peu à peu une impression visible sur la constitution de fer du capitaine, et les couleurs fraîches de la jeunesse et de la santé, qu'on voyait sur les joues de son fils lorsqu'il s'établit dans la forêt, étaient remplacées par le hâle que produisent l'exposition au grand air et le travail. Nous disons le travail, car indépendamment des habitudes et des opinions du pays, qui réprouvaient sévèrement la paresse, même dans ceux qui étaient favorisés par la fortune, les difficultés journalières de leur situation, la chasse, les longs et dangereux passages que le vétéran lui-même était souvent obligé de traverser dans la forêt environnante, justifient le terme dont nous nous sommes servis. Ruth était toujours éblouissante de fraîcheur et de jeunesse, quoique les anxiétés maternelles fussent venues promptement ajouter à ses autres causes de sollicitude. Pendant une saison entière aucun accident n'excita de vifs regrets parmi les exilés, sur la démarche qu'ils avaient faite, aucun ne donna de l'inquiétude pour l'avenir. Les habitants des frontières, car leur position dans le pays leur donnait droit à ce nom, apprirent l'étrange et terrible nouvelle du détrônement d'un roi, celle de l'interrègne, car c'est ainsi qu'un règne plein de vigueur et de prospérité est nommé, et la restauration du fils de celui qui est assez étrangement appelé martyr [1]. Mark Heathcote écoutait le récit de ces événements, si rares et si extraordinaires dans la fortune des rois, avec une soumission profonde et respectueuse à la volonté de celui aux yeux duquel les sceptres et les couronnes ne sont que les hochets les plus coûteux. Semblable à la plupart de ses compatriotes qui avaient cherché un refuge sur le continent occidental, ses opinions politiques, sinon entièrement républicaines, avaient un penchant à la liberté fortement en opposition à la doctrine des droits divins des monarques, quoiqu'il fût loin de partager les passions ambitieuses qui avaient peu à peu excité ceux qui approchaient le plus près du trône à perdre leur respect pour sa sainteté et à le souiller de sang. Lorsque les voyageurs errants, qui à de longs intervalles visitaient la plantation, parlaient du protecteur qui, pendant tant d'années, gouverna l'Angleterre avec un sceptre de fer, les yeux du vieillard s'animaient subitement et brillaient d'un vif intérêt. Une fois en causant, après la prière du soir, sur les vanités et les vicissitudes de cette vie, il avoua que cet homme extraordinaire qui était alors de fait, sinon de droit, assis sur le trône des Plantagenet, avait été le joyeux compagnon et l'irréligieux associé de bien des heures de sa jeunesse. Alors suivit un long et pieux discours improvisé sur la folie d'attacher ses affections aux choses de cette vie, et une louange détournée, mais suffisamment intelligible, sur la sagesse qui l'avait conduit à élever son tabernacle au milieu des déserts, au lieu de diminuer les chances d'une gloire éternelle en recherchant avec trop d'ardeur la possession des perfides vanités de ce monde.

Mais la douce Ruth elle-même, quoique peu habituée à l'observation, pouvait remarquer le feu des regards, le rapprochement des sourcils et l'altération subite des joues pâles et sillonnées de son beau-père lorsque les scènes meurtrières des guerres civiles devenaient le thème des discours du vieux soldat. Il y avait des moments où sa soumission religieuse, et nous avons presque dit ses préceptes religieux, étaient en partie oubliés, lorsqu'il expliquait à son fils attentif et à son petit-fils la nature de l'attaque,

---

[1]. Ce jugement, sous la forme épigrammatique, de la révolution anglaise, paraîtra d'autant moins extraordinaire sous la plume d'un républicain, que le docteur Lingard lui-même prononce, dans son histoire récente, que Charles Ier méritait la mort. Ce n'est pas ici le lieu de relever ni l'historien ni le romancier.

l'adresse et la dignité de la retraite. Dans de semblables moments, son bras encore nerveux eût volontiers brandi l'épée, afin d'instruire le dernier de la manière de s'en servir : et il passa bien de longues soirées d'hiver à montrer indirectement un art si peu en harmonie avec les préceptes de sa religion. Le pieux soldat n'oubliait cependant jamais de terminer son instruction en ajoutant à sa prière ordinaire une défense à tous ses descendants de trancher la vie d'un être qui n'est pas préparé à mourir, à moins que ce ne fût pour défendre la foi, sa personne ou ses droits. Il faut convenir que la plus libérale interprétation de ces trois priviléges exceptés aurait laissé une matière suffisante pour exercer la subtilité d'un homme qui aurait eu du goût pour le métier des armes.

Néanmoins les exilés avaient peu d'occasions, dans leurs déserts et avec leurs paisibles habitudes, de mettre en pratique la théorie qu'ils avaient acquise grâce à de si nombreuses leçons. Les alarmes que causaient les Indiens étaient fréquentes, mais jusque-là elles n'avaient encore produit que de l'inquiétude dans l'esprit de la douce Ruth et de son jeune enfant. Il est vrai que les habitants de la vallée avaient entendu parler de voyageurs massacrés, de familles séparées par la captivité; mais soit par un heureux hasard, soit par une grande vigilance de la part des planteurs qui étaient établis le long de cette frontière, on avait eu rarement peur du couteau et du tomahawk dans la colonie du Connecticut. Des menaces et des querelles dangereuses avec les Hollandais dans la province limitrophe de la Nouvelle-Hollande avaient été évitées par la sagesse et la modération des propriétaires des nouvelles plantations; et quoique un chef indien guerrier et puissant tînt les colonies voisines de Massachusetts et Rhode-Island dans un état de vigilance continuelle, grâce à la cause dont nous avons tout à l'heure fait mention, la crainte du danger s'était affaiblie dans l'esprit de ceux qui en étaient aussi éloignés que les individus qui composaient la famille de notre émigrant.

Les années s'écoulèrent dans cette tranquillité. Les déserts reculaient peu à peu devant l'habitation de la famille Heathcote, et ils possédèrent bientôt autant de commodités de la vie que leur séparation du reste du monde pouvait leur permettre d'en espérer.

Après cette explication préliminaire, nous promettons au lecteur une narration plus précise, et, nous l'espérons, plus intéressante des incidents d'une légende que trouveront peut-être trop simple ceux dont l'imagination aime à être excitée par des scènes tumultueuses ou appartenant à une position moins près de la nature.

CHAPITRE II.

> Monsieur, je vous connais, et j'ose, sur la garantie de mon art, vous commander une chose qui vous sera chère.
> SHAKSPEARE. *Le roi Lear.*

Au moment précis où notre action commence, une saison belle et productive touchait à sa fin; la récolte du foin et des grains était faite depuis longtemps, et le jeune Heathcote, avec ses serviteurs, avait passé le jour entier à dépouiller le maïs de sa couronne dorée, afin de serrer la tige pour la nourriture des bestiaux [1], et de permettre au soleil et au grand air de durcir un grain qui est presque considéré comme la production principale du pays qu'il habitait. Le vétéran Mark était venu à cheval visiter les travailleurs, pendant ces légères fatigues de la journée, aussi bien pour jouir d'un coup d'œil qui promettait une grande abondance à ses troupeaux et à ses bêtes à cornes, que pour adresser, lorsque l'occasion s'en présentait, quelques discours spirituels dans lesquels les subtilités théologiques étaient plus évidentes que les règles de pratique. Les serviteurs de son fils, car le capitaine Heathcote avait depuis longtemps confié la direction de son domaine à son fils, le jeune Content Heathcote, étaient, sans aucune exception, des jeunes gens nés dans le pays; leur éducation et un long usage les avaient habitués à mêler les exercices religieux à la plupart des occupations de la vie. Ils écoutaient

1. C'est au maïs que le fermier américain doit l'excellent fumier nécessaire à la culture des plantes les plus précieuses, telles que le coton, le tabac, etc. Le grain est appelé partout *corn*, blé *par excellence;* on le dit bon pour tous les animaux, le pur carnivore excepté.

donc avec respect, et sans qu'un sourire impie ou un regard impatient se montrât sur le visage des plus légers d'entre eux, les exhortations et les homélies du vieillard, qui n'avaient ni le mérite du laconisme ni celui de la nouveauté. Mais le dévouement à la cause qui les dictait, des habitudes austères et une surveillance continuelle pour conserver brillante la flamme du zèle qui avait été allumée dans un autre hémisphère, avaient introduit les pratiques religieuses dans tous les travaux et les plaisirs de ce peuple simple, et cependant porté aux idées métaphysiques. Le travail ne se faisait pas moins gaiement, malgré cet accompagnement extraordinaire ; et Content lui-même, écoutant une superstition qui accompagne ordinairement un zèle religieux excessif, eût pensé volontiers que le soleil jetait des rayons plus féconds sur leurs travaux et que la terre répandait plus abondamment ses fruits, tandis que l'expression de ces pieux sentiments s'échappait de la bouche d'un père pour lequel il avait autant d'amour que de vénération.

Mais au moment où le soleil, qui, à cette époque de l'année, est dans le ciel du Connecticut un orbe brillant et sans nuages, se cacha derrière la cime des arbres qui bordaient l'horizon à l'occident, le vieillard commença à se sentir fatigué de ses pieux travaux. Il mit un terme à ses discours en exhortant les travailleurs à achever leur tâche avant de quitter les champs, et, tournant la tête de son cheval, il chemina lentement et avec un air de méditation vers le bâtiment qu'il habitait. Il est à présumer que, pendant quelques instants, les pensées de Mark Heathcote furent occupées de ces instructions spirituelles qu'il venait de répandre autour de lui avec tant de ferveur ; mais lorsque son bidet s'arrêta de lui-même sur une petite éminence qui traversait le sentier tortueux qu'il suivait, son âme reçut peu à peu l'impression d'objets plus matériels et plus mondains. Comme la scène qui ramena ses contemplations des théories abstraites aux réalités de la vie est particulière à la contrée et liée plus ou moins au sujet de notre histoire, nous allons essayer de la décrire en peu de mots.

Un courant d'eau, tributaire du Connecticut, divisait le point de vue en deux parties presque égales ; le fertile plat pays qui s'étendait sur ses bords, à la distance de plus d'un mille, avait été dépouillé de ses taillis épais, converti en de riches prairies ou en des champs dont la récolte de la saison avait depuis peu disparu, et sur lesquels la charrue laissait déjà les marques du labourage. La plaine, qui s'élevait par une gradation insensible depuis le ruisseau jusqu'à la forêt, était divisée en enclos par des haies nombreuses¹, construites à la manière grossière et solide du pays. Des rangs de pieux, qu'on avait taillés sans consulter l'élégance plus que l'économie, étaient plantés en zig-zag, semblables à la ligne que décrit l'assiégeant dans son approche prudente d'une forteresse ennemie, et entassés les uns sur les autres de manière à opposer des barrières de sept ou huit pieds de hauteur aux invasions des bestiaux malfaisants. Dans une partie de la forêt se trouvait un espace où l'on avait coupé les arbres; on y voyait, il est vrai, une quantité considérable de troncs qui en noircissaient la surface, ainsi que celle des prairies et même des champs ; mais ce sol riche et vierge ne produisait pas moins une moisson verte et brillante. Sur le côté d'une éminence qui pouvait aspirer au titre de montagne, l'industrie avait empiété de nouveau sur le domaine des forêts; mais, soit par caprice ou par calcul, on avait abandonné le défrichement, en voyant que la peine d'abattre les arbres n'avait été récompensée que par une seule récolte. Dans ce lieu, des arbres rares ou morts, des monceaux de souches et de branches noires détruisaient la régularité d'un champ dont la beauté eût été frappante par sa position au milieu des bois. Une partie de la surface de ce champ était cachée par de jeunes taillis de ce qu'on appelait la seconde crue, quoique çà et là on vît des places entières couvertes du trèfle blanc du pays, qui s'était élevé aussitôt que les bestiaux avaient cessé de brouter. Les yeux du vieillard se dirigèrent vers ce lieu, qui, si l'on avait pu tracer une ligne dans l'air, était peut-être à un demi-mille de l'endroit où son cheval s'était arrêté. Les yeux de Mark, disons-nous, étaient dirigés de ce côté ; car le son de différentes sonnettes agitait l'air tranquille du soir et parvenait aux oreilles du capitaine à travers les buissons.

On pouvait suivre les indices d'une civilisation encore moins équivoque jusqu'au sommet d'une éminence qui s'élevait si rapidement à l'extrême rive du courant d'eau, qu'elle avait l'apparence d'un ouvrage dû à l'art. Ces monticules existaient-ils sur toute la surface de la terre, et ont-ils disparu devant le travail

---

1. Les haies sont presque inconnues en Amérique, mais chaque champ est enclos par une palissade ou muraille. Cette particularité distingue les sites de cette contrée de ceux de l'hémisphère oriental, où les clôtures sont fréquentes, mais non d'un usage général.

des hommes et le labourage? Nous ne le rechercherons pas, mais nous ne nous trompons pas en disant qu'on en trouve plus fréquemment dans certaines parties de notre contrée que dans aucune autre connue des voyageurs, à moins peut-être que ce ne soit dans quelques vallées de la Suisse. Le capitaine, en habile vétéran, avait choisi le sommet de ce cône aplati pour l'établissement de cette espèce de retranchement militaire, que la situation du pays et le caractère de l'ennemi contre lequel on avait à se défendre rendaient utile ainsi qu'habituel. Ce bâtiment, construit en bois de charpente, avait la forme ordinaire à ces sortes d'habitations, et était couvert en planches minces. Il était long, bas et irrégulier; on devinait qu'il avait été élevé à différentes époques, suivant que l'exigeait la commodité d'une famille dont les membres s'étaient augmentés. Près de la pente naturelle et sur le côté de la montagne, dont la base était baignée par le ruisseau, s'élevait un grossier portique qui s'étendait le long du bâtiment et dominait le courant d'eau. Plusieurs cheminées hautes, massives et irrégulières, se détachaient de différentes parties du toit, et servaient de nouvelle preuve que la commodité plutôt que le goût avait été consultée dans la distribution intérieure du bâtiment. Il y avait aussi deux ou trois petits bâtiments détachés sur le sommet de la montagne, dans les lieux les plus commodes pour leurs différents usages. Un étranger aurait pu croire qu'ils étaient disposés pour former dans toute leur étendue les différents côtés d'une cour intérieure. Malgré la longueur du bâtiment principal, et la disposition plus circonscrite des parties détachées, cette forme désirable n'aurait pu être obtenue sans deux rangées de grossières constructions en bûches dont l'écorce n'avait pas même été enlevée, et qui servaient à agrandir les parties qui se trouvaient trop courtes. Ces premiers édifices avaient été construits pour renfermer divers articles de ménage non moins précieux que les provisions. Ils contenaient aussi plusieurs chambres pour les travailleurs et les domestiques inférieurs de la ferme. Par le secours de quelques barrières hautes et fortes de bois raboteux, les parties de l'édifice qui n'avaient point été faites pour se joindre dans la construction première, étaient assez unies pour opposer de nombreux obstacles à une invasion dans la cour intérieure.

Mais le bâtiment qui était le plus en évidence par sa position non moins que par la singularité de sa construction, était placé sur une petite élévation artificielle dans le centre du carré. Il était haut et d'une forme hexagone, surmonté d'un toit qui se terminait en pointe, sur laquelle s'élevait encore la hampe d'un pavillon. Les fondements de cet édifice étaient en pierre ; mais, à cinq ou six pieds au-dessus du sol, les côtés étaient construits de pièces de bois massives et carrées fortement unies par l'ingénieuse combinaison de leurs extrémités, aussi bien que par des supports perpendiculaires enfoncés très-près les uns des autres dans ces pièces de bois. Dans cette citadelle ou fort, c'est ainsi qu'on appelait le bâtiment que nous décrivons, il y avait deux rangées différentes de meurtrières longues et étroites ; mais il n'existait aucune fenêtre régulière. Cependant les rayons du soleil couchant glissaient par une ou deux petites ouvertures pratiquées dans le toit, et auxquelles on avait adapté une vitre, preuve évidente qu'on fréquentait quelquefois le sommet de ce bâtiment dans un autre but que celui de se défendre.

Environ à mi-chemin des flancs du monticule, sur lequel le bâtiment était placé, il y avait une ligne non interrompue de hautes palissades faites du tronc de jeunes arbres attachés ensemble par de doubles morceaux de bois de charpente placés horizontalement. Ces palissades étaient entretenues et réparées avec la plus grande vigilance. Cette forteresse des frontières avait un air soigné autant que commode ; et en considérant que l'usage de l'artillerie était inconnu dans ces forêts, elle ne manquait pas d'une apparence militaire.

A une courte distance de la base de la montagne se trouvaient les écuries et les étables : elles étaient entourées par une vaste enceinte de hangars grossiers, mais abrités du vent, sous lesquels les moutons et les bêtes à cornes étaient à l'abri des tempêtes et des hivers rigoureux de ce climat[1]. La surface des prairies, autour des bâtiments extérieurs, offrait une pelouse plus douce et plus riche que celles qui étaient à quelque distance, et es haies étaient plus artistement et peut-être plus solidement disposées, mais sans paraître plus utiles. Un immense verger,

---

[1]. Les notions confuses des Européens sur le continent d'Amérique doivent surtout s'attribuer aux différences qui existent à beaucoup d'égards entre les deux hémisphères. Connecticut, où la scène de ce conte est placé, est situé à la latitude du sud de l'Italie, et cependant ses hivers sont aussi rudes que ceux du nord de l'Allemagne, tandis que ses étés produisent les fruits d'un climat chaud. Les côtes orientales des deux grands continents offrent plus ou moins cette même singularité, tandis que sur celles de l'occident le thermomètre s'élève à un degré moins élevé. Il n'est pas facile d'expliquer cette circonstance d'une manière satisfaisante, mais le fait semble certain.

rempli d'arbres de dix à quinze ans, ajoutait à l'aspect animé qui formait un contraste frappant entre cette riante vallée et les bois sans fin et très-peu habités qui l'environnaient.

Il n'est pas nécessaire de parler de la forêt immense qui entourait l'habitation; car, excepté le côté de la montagne, et çà et là un espace vide sur lequel les arbres avaient été déracinés par les horribles tempêtes qui souvent détruisent en une minute des acres entiers de nos plantations, l'œil ne trouvait à se reposer, dans ce tableau paisible et agreste, que sur un labyrinthe sans fin de déserts. Cependant, le mouvement du terrain limitait la perspective à un horizon de peu d'étendue, quoique l'art de l'homme pût à peine trouver des couleurs aussi vives et aussi brillantes que celles qu'offraient les différentes nuances du feuillage. La gelée froide et mordante qui se fait sentir à la fin de l'automne de la Nouvelle-Angleterre avait déjà touché les feuilles larges et découpées de l'érable; la même impression avait été presque subitement produite sur les autres arbres de la forêt; il en résultait un effet magique qui ne peut être vu qu'au milieu des régions où la nature, si prodigue en été de ses richesses, passe par des transitions si rapides et si sévères d'une saison à une autre.

L'œil du vieux Mark Heathcote errait sur ce tableau de paix et de prospérité avec une apparence de sollicitude toute mondaine. Le son mélancolique des diverses clochettes, qui ressemblait à des plaintes, se faisant entendre au milieu des bois, lui donnait de fortes raisons de croire que les troupeaux de la famille quittaient volontairement leur pâturage sans limites des forêts. Son petit-fils, jeune garçon beau et spirituel, d'environ quatorze ans, s'approchait à travers les champs. Cet enfant conduisait devant lui un petit troupeau que les nécessités du ménage forçaient la famille à entretenir, malgré des pertes accidentelles, une grande dépense de temps et beaucoup de fatigue, seules sauvegardes contre les attaques des bêtes de proie. Une espèce d'idiot, servant de petit berger, et que la charité du vieillard avait admis parmi ses serviteurs, parut bientôt à l'entrée du bois, près du défrichement abandonné sur le flanc de la montagne. Ce dernier avançait en criant et en chassant devant lui des poulains aussi sales, aussi obstinés et presque aussi sauvages que lui-même.

— Doucement, enfant, dit le Puritain d'un ton sévère lorsque les deux jeunes garçons s'approchèrent de lui en venant chacun d'une direction opposée. Pourquoi tourmenter ainsi les bestiaux lorsque l'œil du maître ne te voit pas? Agis envers les autres comme tu voudrais qu'on agît envers toi ; c'est une bonne et juste maxime que le savant et l'ignorant, l'esprit fort et l'esprit faible, devraient souvent rappeler à leur pensée, afin de la mettre en pratique. Je ne sache pas que le poulain tourmenté devienne plus utile dans son temps que ceux qu'on traite avec douceur.

— Je pense que le malin esprit possède tous les veaux aussi bien que les poulains, répondit le garçon d'un air de mauvaise humeur. Je les ai appelés avec colère; je leur ai parlé avec autant de tendresse que s'ils eussent été mes parents; mais ni de belles paroles, ni des injures ne peuvent les amener à écouter mes avis. Il y a quelque chose d'effrayant dans les bois, ce soir, maître, car des bestiaux que j'ai conduits pendant tout un été ne se montraient pas aussi ingrats envers celui qu'ils doivent connaître pour leur ami.

— Les moutons sont-ils comptés, Mark? dit le vieillard en se tournant vers son petit-fils avec un visage moins sévère, mais d'un air d'autorité; ta mère a besoin de chacune des toisons pour te couvrir ainsi que les autres; tu sais, enfant, que les animaux sont en petit nombre, et que nos hivers sont longs et rigoureux.

— Le métier de ma mère ne sera jamais sans ouvrage par ma négligence, répondit le jeune garçon; mais mes comptes et mes souhaits ne peuvent pas faire trente-sept toisons, lorsqu'il y a seulement trente-six moutons qui retournent à la bergerie. J'ai été une heure parmi les ronces et les buissons de la montagne du logement[1], cherchant le mouton perdu, et cependant ni flocon de laine, ni corne, ni cuir, n'ont pu dire ce qui est arrivé à l'animal.

— Tu as perdu un mouton! Cette négligence causera de la peine à ta mère.

— Grand-père, je n'ai été ni paresseux ni négligent. Depuis la dernière chasse, on a permis au troupeau de brouter dans les bois, car aucun homme, pendant toute cette semaine, n'a vu de loup, de panthère ni d'ours, quoiqu'on ait fait une battue depuis la grande rivière jusqu'aux établissements qui sont en dehors de

---

1. Lorsque dans les terres défrichées les arbres sont tombés, on les coupe à une longueur convenable, et on les réunit en piles afin qu'ils soient brûlés. Ce procédé est nommé *loger* (logging), et le champ sur lequel on entasse ces piles de bois est appelé *le logement*.

la colonie. Le seul quadrupède qui ait quitté son repaire pendant cette chasse est un daim qui n'avait que la peau sur les os, et la plus grande bataille se donna entre Whittal Ring, que voilà, et une bécasse qui le tint sous les armes la plus grande partie de l'après-midi.

— Ton histoire peut être vraie; mais elle ne fait pas retrouver ce qui est perdu, et ne complète pas le nombre des moutons de ta mère. As-tu parcouru avec soin la clairière? il n'y a pas longtemps que j'ai vu le troupeau paître de ce côté-là. Que tournes-tu ainsi dans tes doigts, Whittal, avec si peu de soin et d'économie?

— Ce qui ferait une couverture d'hiver, s'il y en avait assez pour cela; c'est de la laine, et de la laine qui vient de la cuisse du vieux Straight-Horns, où je ne connais plus le mouton qui donne la laine la plus longue et la plus rude dans le temps de la tonte.

— En vérité, cela paraît être un flocon de l'animal qui est perdu, s'écria l'autre jeune garçon; il n'y a point dans tout le troupeau de mouton dont la laine soit si rude et si épaisse. Où avez-vous trouvé ce flocon, Whittal Ring?

— Sur une branche d'épine : c'est un singulier fruit, mes maîtres, pour croître où de jeunes prunes devraient mûrir!

— Va, va, interrompit le vieillard, tu perds le temps en de vaines paroles; va rentrer tes troupeaux, Mark; et toi, enfant; accomplis ton devoir avec moins de brusquerie. Nous devrions tous nous rappeler que la voix est donnée à l'homme, d'abord pour manifester à Dieu sa reconnaissance par des actions de grâces et des prières, ensuite pour communiquer aux autres les dons intellectuels qui lui ont été accordés, et qu'il est de notre devoir d'essayer à faire partager; enfin pour déclarer ses besoins naturels et faire connaître ses goûts.

Après cet avis, qui avait probablement été dicté au Puritain par la conviction intérieure qu'il avait d'avoir permis qu'un nuage d'égoïsme obscurcît l'éclat de sa foi, la petite société se sépara. Le petit-fils du capitaine et le serviteur prirent chacun leur chemin vers les étables, tandis que le vieux Mark continuait la route qui menait à l'habitation. Il était assez tard pour rendre les précautions utiles; cependant aucune crainte particulière n'invitait le vétéran à hâter son retour vers sa demeure protectrice et commode. Il avança donc lentement le long du sentier, s'arrêtant lorsque l'occasion s'en présentait pour regarder l'aspect de la jeune récolte qui commençait à s'élever pour l'année qui devait suivre, et quelquefois dirigeant ses yeux autour de lui comme une personne dont la vigilance égale la sollicitude. On eût dit qu'une de ces nombreuses pauses allait être plus longue que les autres : au lieu d'arrêter ses regards expressifs sur la semence, les yeux du vieillard semblaient fixés par un charme sur quelque objet obscur et éloigné ; le doute, l'incertitude, se peignirent pendant quelques minutes sur son visage ; mais toute hésitation parut s'être évanouie lorsque ses lèvres murmurèrent, peut-être à son insu : — Ce n'est point une illusion, mais je vois une créature vivante et inconnue du Seigneur : bien des jours se sont écoulés depuis qu'un tel objet n'a été vu dans la vallée. Mes yeux me trompent grandement, ou l'étranger se dirige vers ces lieux pour demander l'hospitalité ou peut-être une conversation chrétienne et fraternelle.

Les yeux du vieil émigrant ne l'avaient point trompé. Un voyageur, qui semblait accablé par la fatigue, sortait de la forêt et se dirigeait vers un point où un sentier, qui était tracé plutôt par les arbres brûlés[1] qui se trouvaient le long de la route que par aucun sillon sur la terre, aboutissait dans la pièce de terre défrichée. La marche de l'étranger avait d'abord été lente, et annonçait une prudence mystérieuse. La sombre route dont il sortait indiquait aussi qu'il venait de loin et qu'il avait été obligé de voyager vite pour que la nuit ne le surprît pas au milieu des bois, car cette route était celle des établissements éloignés placés près des fertiles rivages du Connecticut. Peu de voyageurs suivaient ces détours, excepté ceux qui étaient conduits par d'importantes affaires, ou pour faire part aux habitants de Wish-ton-Wish[2] (car c'est ainsi que la vallée de la famille Heathcote avait été appelée en commémoration du premier oiseau qui y avait été vu par les émigrants) ; pour leur faire part, disons-nous, de communications extraordinaires, et relatives à leurs opinions religieuses.

1. On appelle arbre brûlé, *blazed*, celui qui a eu un morceau d'écorce enlevé par la hache. C'est la manière ordinaire de tracer un sentier dans le désert.
2. L'auteur suit ici l'onomatopée indienne pour nommer cette espèce d'Engoulevent de la Virginie, que les colons appellent, par une onomatopée anglaise, *Whip poor Will* ou *Weep poor Will*. Ces deux dernières manières d'orthographier l'onomatopée offrent le sens de *Pleure*, ou *Fouette, pauvre Guillaume*. Buffon dit que les sauvages croient reconnaître dans le cri plaintif de cet oiseau l'expression de douleur de leurs ancêtres, chassés par les colons venus d'Angleterre. C'est à tort que le mot *Whip poor Will* a été traduit par *Emerillon*.

Lorsque l'étranger put embrasser d'un coup d'œil toute la plantation, ses doutes et ses craintes disparurent; il dirigea son cheval hardiment et tranquillement devant lui ; enfin il tira une rène à laquelle un cheval maigre et fatigué obéit avec joie, et il s'arrêta à une faible distance du propriétaire de la vallée ; dont les regards n'avaient pas cessé de surveiller les mouvements de l'étranger depuis le premier instant où il l'avait aperçu. L'inconnu, dont les cheveux commençaient à grisonner, par suite peut-être des fatigues qu'il avait essuyées, plutôt que par l'âge, et dont le poids eût été un pénible fardeau pour un animal de meilleure apparence que la pauvre bête sur laquelle il avait voyagé, l'inconnu descendit de cheval. Avant de parler il jeta la bride sur le cou penché du pauvre animal, qui sans perdre un moment, et avec une avidité qui décélait une longue abstinence, profita de sa liberté pour brouter l'herbe qui se trouvait autour de lui.

— Je ne crois pas me méprendre, dit l'étranger, en supposant que j'ai enfin atteint la vallée de Wish-ton-Wish?

En prononçant ces mots, il porta la main à un chapeau de castor usé, aux bord rabattus, et qui cachait une partie de ses traits. Cette question fut faite dans un anglais qui annonçait que l'inconnu descendait d'une de ces familles qui habitaient les comtés du centre dans la mère-patrie, plutôt qu'avec cette intonation qu'on retrouve encore dans les parties occidentales de l'Angleterre et dans les Etats-Unis du Levant. Quelle que fût la pureté de son accent, il y avait dans son discours ce qu'il fallait pour annoncer une entière soumission à la mode des religionnaires de cette époque; il faisait usage de ce ton méthodique et mesuré qui, suivant l'opinion étrange des sectaires, annonçait une absence totale d'affectation dans la manière de parler.

—Tu as atteint la demeure de celui que tu cherchais, de celui qui est un habitant soumis des déserts de ce monde, et un humble serviteur du temple extérieur.

— C'est donc alors Mark Heathcote? répondit l'étranger en jetant sur le vieillard un regard attentif qui avait peut-être quelque chose de soupçonneux.

— Tel est le nom que je porte. Une confiance convenable dans celui qui sait changer les déserts en demeures habitées, de pénibles et nombreux travaux m'ont rendu maître de ce que tu vois. Soit que tu viennes ici pour passer une nuit, une semaine, un mois ou une saison tout entière comme un frère et comme un homme qui, je n'en doute pas, cherche la vérité, je te souhaite la bien-venue.

L'étranger remercia son hôte en inclinant lentement la tête ; mais son regard, qui commençait à reconnaître ce qu'il avait désiré trouver, était encore trop occupé pour lui permettre une réponse verbale. D'un autre côté, quoique le vieillard eût examiné le large et grossier chapeau de castor, le pourpoint usé, les bottes pesantes, enfin tout le costume du nouveau venu, dans lequel il ne vit point à condamner une vaine conformité aux modes du siècle, il est évident qu'aucun souvenir personnel n'eut d'influence sur l'hospitalité qu'il offrait.

—Tu es arrivé heureusement, reprit le Puritain ; si la nuit t'avait surpris dans la forêt, à moins que tu ne connaisses les ressources de nos jeunes gens accoutumés à fréquenter les bois, la faim, le froid, un lit au milieu des ronces, t'auraient obligé de t'occuper plus qu'il n'est utile ou convenable des besoins du corps.

L'étranger avait peut-être connu des maux semblables, car le coup d'œil rapide et involontaire qu'il jeta sur son costume usé dévoilait que les privations auxquelles son hôte faisait allusion lui étaient familières. Cependant ni l'un ni l'autre ne semblant disposé à perdre plus de temps sur d'aussi frivoles objets, le voyageur passa son bras dans la bride de son cheval, et, acceptant l'invitation du propriétaire de l'habitation, ils se dirigèrent vers l'édifice fortifié sur l'éminence naturelle.

La tâche de fournir de la litière et de la pâture à la pauvre haridelle fut accomplie par Whittal Ring, sous l'inspection, et, de temps en temps, d'après les avis du cavalier et du vieillard, qui tous deux semblaient prendre un intérêt charitable au fidèle animal qui avait, suivant toute apparence, souffert si longtemps et si péniblement pour le service de son maître. Lorsque ce devoir fut rempli, le vieillard et l'inconnu entrèrent ensemble dans la maison. L'hospitalité franche et sans prétention du pays qu'ils habitaient ne connaissait ni soupçon ni hésitation lorsqu'il s'agissait de recevoir un homme du sang blanc, surtout s'il parlait le langage de l'île qui commençait à envoyer ses premiers essaims de colons pour conquérir et posséder une si grande portion du continent qui fait presque la moitié du globe.

CHAPITRE III.

> Ceci est bien étrange ; votre père est en proie à quelque passion qui l'agite fortement.
> SHAKSPEARE: *La Tempête.*

Peu d'heures produisirent un grand changement dans les occupations diverses de notre famille simple et isolée. Les vaches avaient donné leur lait du soir, les bœufs avaient été débarrassés du joug, ils étaient rangés sous leur hangar ; les moutons étaient dans leur bergerie, à l'abri des attaques du loup rôdeur ; et l'on avait pris soin que tout ce qui était doué de vie fût enfermé en-deçà des barrières qui avaient été élevées pour le bien-être et la sécurité commune. Mais tandis qu'on usait d'une telle prudence à l'égard des choses vivantes, on avait eu la plus grande indifférence pour ces produits et ces instruments d'exploitation rurale qu'en d'autres pays on aurait surveillés avec un soin égal. Les simples tissus sortant des métiers de Ruth étaient étendus sur la terre, pour blanchir à l'humidité de la rosée et de la nuit comme aux rayons de l'astre du jour. Les charrues, les herses, les charrettes, les selles, et autres objets semblables, étaient laissés dans des lieux assez exposés, comme pour prouver que la main de l'homme avait des occupations trop nombreuses et trop urgentes pour employer son temps à des travaux qui n'étaient pas regardés comme absolument nécessaires.

Content fut le dernier à quitter les champs et les bâtiments extérieurs. Lorsqu'il atteignit la poterne dans les palissades, il s'arrêta pour appeler ceux qui étaient au-dessus de lui, afin de s'assurer si quelqu'un restait encore en dehors des barrières. La réponse ayant été négative, il entra, et tirant après lui la porte, basse, mais pesante, il assujettit de ses propres mains la barre, le verrou et la serrure. Comme c'était une précaution nécessaire chaque nuit, les occupations de la famille n'en furent point interrompues. Le repas du soir fut promptement terminé, et les travaux légers qui sont particuliers aux longues soirées de l'automne et de l'hiver parmi les familles de la frontière, succédèrent aux fatigues laborieuses d'une journée bien remplie.

Malgré la simplicité des opinions et des usages des colons de cette époque, et la grande égalité de conditions qui même aujourd'hui distingue encore la communauté religieuse dont nous nous occupons, le choix et l'inclination formaient quelques distinctions naturelles parmi les serviteurs de la famille Heathcote. Sur un immense foyer pétillait un feu si brillant, dans une espèce de cuisine supérieure, que les chandelles ou les torches étaient inutiles. Autour de ce feu étaient assis six ou sept jeunes gens aux formes athlétiques, quelques uns enfonçant soigneusement de grossiers outils dans la courbure des jougs de charrue, d'autres polissant le manche d'une cognée, ou même fixant des bâtons de bouleau dans de rustiques mais commodes balais. Une jeune femme au maintien grave tenait son grand rouet en mouvement, tandis qu'une ou deux autres allaient et venaient d'une chambre à l'autre, occupées des détails plus particuliers du ménage. Une porte communiquait à un appartement intérieur. Là on voyait un feu plus petit mais aussi brillant, un plancher qui venait d'être récemment balayé, tandis qu'on avait répandu sur celui de l'autre chambre du sable de rivière; des chandelles étaient posées sur une table de bois de cerisier pris dans la forêt voisine; des murs lambrissés en chêne noir du pays, quelques meubles d'une mode antique et couverts d'ornements à la fois riches et ingénieux, annonçaient qu'ils avaient été fabriqués au-delà de la mer. Sur le manteau de la cheminée étaient suspendues les armoiries des Heathcote et des Harding brodées sur toile.

Les principaux personnages de la famille étaient assis autour de ce dernier foyer; tandis qu'un déserteur de l'autre chambre, d'une curiosité plus prononcée que celle de ses compagnons, s'était placé parmi ses maîtres, marquant la distinction des rangs, ou plutôt sa position, simplement en prenant un soin extraordinaire pour que les ratissures du morceau de bois qu'il polissait ne souillassent point le plancher de chêne.

Jusqu'à cette heure les devoirs de l'hospitalité et les observances religieuses avaient mis obstacle à une conversation familière. Mais les occupations du ménage étaient terminées pour la soirée; les servantes avaient repris leur rouet, et lorsque le bruit des travaux domestiques cessa, le silence froid et contraint qui n'avait jusque-là été interrompu que par des observations de politesse ou par quelques pieuses allusions à la condition précaire de l'homme, fit place à une conversation plus animée.

— Tu es entré dans le champ défriché par le sentier du sud, dit Mark Heathcote en s'adressant à l'étranger avec politesse, et tu dois savoir des nouvelles des villes qui bordent la rivière : quelque chose a-t-il été fait par nos conseillers d'Angleterre dans l'affaire qui est liée si intimement au bien-être de la colonie?

— Vous voulez me demander, répondit l'inconnu, si celui qui est maintenant assis sur le trône d'Angleterre a écouté les prières de son peuple de cette province, et lui a garanti sa protection contre les abus qui pourraient naître si facilement de sa volonté mal dirigée ou de la violence et de l'injustice de ses successeurs?

— Nous rendrons à César ce qui est à César, et nous parlerons avec respect de ceux qui ont le pouvoir. J'aimerais à savoir si l'argent envoyé par notre peuple a gagné l'oreille de ceux qui approchent le prince, et s'il a obtenu ce qu'il était allé chercher.

— Il a fait plus, reprit l'étranger avec une sévérité singulière, il a même gagné l'oreille de l'oint du Seigneur.

— Charles a-t-il l'esprit meilleur et plus juste que la renommée ne le publie? On nous avait dit que sa légèreté et des compagnons mondains le conduisaient à penser plus aux vanités du monde et moins aux besoins de ceux que la Providence l'a appelé à gouverner qu'il n'était convenable pour un homme placé si haut. Je me réjouis que les arguments de l'homme que nous avons envoyé aient prévalu sur de plus mauvais conseils; et de ce que la paix et la liberté de conscience seront probablement les fruits de son entreprise. De quelle manière a-t-il jugé convenable d'ordonner le gouvernement futur de son peuple?

— Il sera gouverné, comme il l'a été jusqu'ici, par ses propres lois. Winthrop est de retour; il est porteur d'une chartre royale; elle garantit tous les droits qu'on réclamait et qu'on mettait en usage depuis longtemps. De tous les sujets de la couronne britannique, il n'y en a pas à la conscience desquels on demande moins, et dont les devoirs politiques soient plus faciles à remplir, que ceux qui habitent le Connecticut.

— Il est convenable alors d'offrir des remerciements à ceux auxquels ils sont dus, reprit le Puritain en croisant les bras sur sa poitrine, et fermant les yeux pendant quelques moments, comme s'il eût communiqué avec un être invisible. Sait-on de quel argument le Seigneur s'est servi pour toucher le cœur du prince en faveur de nos besoins, ou bien est-ce un gage manifeste de son pouvoir?

— Je crois qu'il faut que ce soit cette dernière cause, reprit l'inconnu d'un air qui devenait de plus en plus moqueur. Le hochet qui fut l'agent visible de sa détermination ne pouvait avoir un grand poids pour un homme qui est élevé si haut devant les yeux des hommes.

Jusqu'à ce moment, Content, Ruth, leur fils et deux ou trois autres individus qui composaient l'auditoire, avaient écouté avec la gravité qui caractérisait les manières du pays. Le langage et l'ironie mal déguisée non moins que l'emphase du narrateur, leur firent lever les yeux en même temps par une impulsion commune. Le mot — hochet — fut répété d'un ton interrogatif. Mais l'expression de froide moquerie avait déjà disparu des traits de l'étranger; elle avait fait place à une austérité morne qui donnait quelque chose d'effrayant à son visage dur et brûlé par le soleil. Cependant il ne manifesta aucune intention d'abandonner son sujet; et après avoir fixé sur ses auditeurs un regard où la fierté était mêlée à quelque chose de soupçonneux, il reprit la parole en ces termes.

— On sait que le grand-père de celui que nous avons chargé de porter nos demandes de l'autre côté de la mer posséda la faveur de l'homme qui s'est assis le dernier sur le trône d'Angleterre, et l'on ajoute que le Stuart, dans un moment de condescendance, mit au doigt de son sujet une bague d'un travail précieux. C'était le gage de l'amour qu'un souverain portait à un homme.

— De tels dons sont en effet des gages d'amitié, mais ne doivent pas être portés comme de vains et répréhensibles ornements, observa le capitaine Mark Heathcote, tandis que l'étranger faisait une pause comme quelqu'un qui ne veut pas qu'une seule de ses allusions amères soit perdue.

— Il importe peu si ce joujou fut enfermé dans les coffres de Winthrop, ou s'il brilla longtemps devant les yeux des infidèles dans la baie, puisqu'il s'est trouvé à la fin un joyau de prix. On dit en secret que cette bague est retournée au doigt d'un Stuart, et l'on a ouvertement proclamé que le Connecticut avait une chartre.

Content et sa femme se regardèrent l'un l'autre avec une triste surprise. Une telle apparence de coupable légèreté dans celui qui était appelé sur la terre à gouverner les hommes affligeait leur esprit simple et droit; tandis que le vieux capitaine, dont les idées sur la perfection spirituelle étaient plus positives et plus exagérées, fit entendre tout haut ses gémissements. L'étranger trouva un plaisir visible dans le témoignage de leur horreur pour une aussi indigne vénalité : mais il ne jugea point à propos d'augmenter ses effets par un long discours. Lorsque son hôte se leva, et, d'une voix qui était accoutumée à être obéie, ordonna à sa famille de se joindre à lui pour prier en faveur du prince lige qui gouvernait la terre de leurs pères, celui qui peut adoucir le cœur des rois, l'étranger quitta aussi son siége. Mais dans cet acte de dévotion il semblait plutôt désirer de plaire à ceux dont il recevait l'hospitalité que d'obtenir ce qu'il demandait.

La prière, quoique courte, fut divisée en plusieurs points, fervente et suffisamment personnelle. Les rouets de la pièce d'entrée cessèrent leur murmure, et un mouvement général annonça que chacun était levé pour se joindre à la prière. Un ou deux individus, poussés par une piété plus profonde ou par une plus grande curiosité, s'approchèrent de la porte ouverte qui était entre les deux appartements, afin d'écouter. Cette interruption singulière et caractéristique fit cesser entièrement la conversation qui y avait donné lieu.

— Avons-nous lieu de craindre une levée des Sauvages sur les frontières? demanda Content, lorsqu'il s'aperçut que l'esprit agité de son père n'était pas encore suffisamment calmé pour revenir aux choses temporelles. Une personne qui apporta ici des marchandises des villes, il y a peu de mois, semblait prévoir un mouvement parmi les hommes rouges.

Le sujet n'était pas assez intéressant pour exciter vivement l'attention de l'étranger. Il fut sourd ou il affecta d'être sourd à cette question; il étendit ses deux mains larges, ridées par le soleil, mais robustes, sur son visage bruni aussi par le même astre, et parut enlevé aux objets terrestres : tout son corps était agité d'un tremblement, tandis qu'il paraissait donner carrière à de terribles pensées.

— Il existe plusieurs êtres auxquels nos cœurs sont assez fortement attachés pour nous faire redouter le plus léger sujet d'alarme, dit la mère tendre et inquiète en jetant un regard d'amour sur deux petites filles occupées de légers ouvrages d'aiguille et assises à ses pieds sur des tabourets; mais je me réjouis de voir qu'une personne qui a voyagé dans des lieux où les intentions des Sauvages doivent être bien connues n'a pas craint de voyager sans armes.

L'étranger découvrit lentement ses traits, et le regard qu'il jeta sur celle qui venait de parler n'était pas sans une douce expression d'intérêt. Mais recouvrant aussitôt son calme, il se leva, et prenant le sac de cuir qui avait été porté sur la croupe de son cheval, et qui était alors étendu à une faible distance de son siége, il tira une paire de pistolets d'arçon de deux poches qui étaient artistement placées dans les côtés du sac, et il les posa lentement sur la table.

— Quoique peu disposé à chercher la rencontre de tout ce qui porte un visage d'homme, dit-il, je n'ai pas négligé les précautions ordinaires de ceux qui traversent les déserts. Voilà des armes, qui, dans des mains habiles, peuvent facilement ôter la vie, ou du moins écarter la mort.

Le jeune Mark s'approcha avec la curiosité de son âge, et tandis qu'un de ses doigts hasardait de toucher la platine, il jetait à la dérobée sur sa mère un regard où l'on devinait qu'il savait avoir tort. Il dit bientôt avec autant de dédain que la manière dont il avait été élevé pouvait le permettre :

— La flèche d'un Indien atteindrait plus sûrement son but qu'une arme aussi courte que celle-ci. Lorsque les soldats de la ville de Hartford poursuivent le chat sauvage sur la montagne défrichée, ils envoient les balles d'un fusil de cinq pieds; outre cela, ce petit fusil serait d'un faible secours pour combattre, corps à corps, contre le couteau bien affilé que le cruel Wampanoag porte toujours avec lui.

— Enfant, tes années sont en petit nombre, et ta hardiesse à discourir est merveilleuse, dit sévèrement le grand-père à son petit-fils.

L'étranger ne manifesta aucun mécontentement du langage confiant du jeune garçon ; l'encourageant au contraire d'un regard qui disait que cet instinct martial ne lui avait pas nui dans son esprit, il dit :

— Le jeune homme qui n'est point effrayé de penser à un combat ou de raisonner sur ses chances aura dans la suite un esprit indépendant. Cent mille jeunes garçons semblables à celui-ci auraient épargné à Winthrop son joyau, et au Stuart la honte de céder à un présent aussi vain. Mais vous pouvez voir aussi, enfant, que, dans un combat corps à corps, le cruel Wampanoag pourrait bien trouver une arme aussi affilée que la sienne.

L'étranger, en parlant ainsi, entr'ouvrit son gilet et mit une main dans son sein. Cette action permit à plus d'un regard furtif de s'arrêter sur une arme semblable à celle qu'il venait de décrire, mais plus petite que celle qu'il avait déjà montrée. Comme il retira subitement la main et referma son gilet avec soin, on n'osa pas faire allusion à cette circonstance; mais chacun tourna son attention sur un long couteau de chasse aigu que l'étranger posa à côté des pistolets. Mark essaya de l'ouvrir, mais il se retourna aussitôt : un soupçon subit venait d'entrer dans sa pensée, en trouvant quelques brins d'une laine grossière et épaisse attachés à ses doigts.

— Straight-Horns s'est frotté contre un buisson plus aigu que les ronces! s'écria Whittal Ring, qui était dans l'appartement, et qui contemplait avec une admiration enfantine les actions les plus simples de chaque individu. Quelques feuilles sèches et quelques branches brisées avec un tel couteau feraient bientôt un rôti et une grillade du vieux Bell-Wether lui-même. Je sais que le crin de tous mes poulains est roux [1]; j'en ai compté cinq au soleil couchant, et c'est juste autant qu'il en est allé ce matin brouter des feuilles dans les taillis; mais trente-six moutons qui sont de retour ne peuvent rapporter trente-sept toisons d'une laine qui n'a pas été tondue. Mon jeune maître sait cela, car c'est un écolier habile, et qui sait compter jusqu'à cent!

Cette allusion au sort du mouton perdu était si claire, qu'il était impossible de ne pas comprendre ce que voulait exprimer l'esprit simple de Whittal Ring. Des animaux de cette espèce étaient de la plus grande importance pour l'habillement des planteurs; et parmi ceux qui avaient écouté le jeune garçon, il n'en était probablement pas un qui n'eût senti toute la gravité de son accusation : les éclats de rire qui lui étaient échappés et l'air moqueur avec lequel il élevait au-dessus de sa tête les brins de laine qu'il avait arrachés des mains du jeune Mark, auraient

---

1. L'expression employée dans l'original est *sorrel*, qui signifie une teinte très-commune parmi les chevaux d'Amérique, et qui est châtain rougeâtre. Le mot est du vieux anglais, mais il est tombé en désuétude dans la mère-patrie.

rendu toute dissimulation impossible si l'on eût jugé à propos d'en faire usage.

— Ce jeune étourdi voudrait faire soupçonner que la lame de ton couteau a été fatale à un mouton qui manque à notre bergerie depuis ce matin que le troupeau est allé paître sur la montagne, dit le capitaine Heathcote d'une voix calme ; mais le vieillard baissait en même temps les yeux sur la terre, en attendant une réponse à une demande qui avait été dictée par un juste sentiment des droits de propriété.

L'étranger demanda d'une voix qui n'avait rien perdu de sa fermeté : — La faim est-elle un crime que ceux qui habitent si loin des demeures de l'égoïsme punissent de leur colère ?

— Le pied d'un chrétien ne s'est jamais approché des barrières de Wish-ton-Wish pour être renvoyé sans charité ; mais ce qu'on donne volontairement ne doit pas être pris avec licence. De la montagne où mes troupeaux vont paître, il est facile, à travers les ouvertures de la forêt, de voir le toit de ma demeure ; et il eût mieux valu que le corps languît pendant quelques instants, que de faire peser une faute sur cet esprit immortel dont le fardeau est déjà assez lourd, à moins que tu ne sois plus heureux que ceux qui font partie de la race déchue d'Adam.

— Mark Heathcote, dit l'accusé d'un ton toujours calme, regarde avec plus de soin ces armes, que, si je suis coupable, j'ai eu tort de placer en ton pouvoir ; tu y trouveras de quoi t'étonner bien plus que de quelques brins de laine épars, que la fileuse rejetterait comme trop grossiers.

— Il s'est passé bien du temps depuis que j'ai trouvé du plaisir à manier des instruments de guerre, dit le Puritain ; puisse-t-on n'en pas avoir besoin de longtemps dans cet asile de paix ! Ce sont des instruments de mort, ressemblant à ceux dont se servaient, dans ma jeunesse, les chevaliers de Charles Ier et de son pusillanime père. Il y avait beaucoup d'orgueil mondain, une grande vanité et autant d'irréligion dans les guerres que j'ai vues, mes enfants, et cependant l'homme charnel trouve du plaisir dans le mouvement de ces jours privés de la grâce ! — Viens ici, enfant ; tu as souvent désiré connaître comment la cavalerie est conduite au combat lorsque les larges bouches à feu et la grêle pétillante du plomb ont ouvert un passage aux efforts des chevaux, et permettent aux hommes de s'attaquer corps à corps ; l'excuse de ces combats dépend des pensées intérieures et du caractère de celui qui prend la vie d'un de ses compagnons dans le péché; mais on sait que le juste Josué combattit les païens à la lueur d'un jour surnaturel; ainsi, en nous confiant humblement dans la justice de notre cause, je vais faire comprendre à ton jeune esprit l'usage d'une arme qui n'a point encore été vue dans nos forêts...

— J'ai soulevé bien des pièces plus lourdes que celle-ci, dit le jeune Mark, dont les sourcils se rapprochèrent, tant par l'effort qu'il fit en tenant l'arme d'une seule main, que par l'expression d'un esprit déjà ambitieux de s'instruire. Nous avons des fusils qui pourraient apprivoiser un loup avec plus de certitude qu'une arme d'un calibre moins haut que ma propre taille. Dis, grand-père, à quelle distance les guerriers à cheval que vous nommez si souvent ajustent-ils?

Mais le pouvoir de la parole semblait avoir été retiré au vieillard; il s'était interrompu dans son propre discours; et alors, au lieu de répondre aux questions de son petit-fils, ses yeux erraient, avec une expression de pénible doute, de l'arme qu'il tenait encore à la main, sur le visage de l'étranger. Ce dernier était debout, comme quelqu'un qui désire attirer sur sa personne un sévère examen. Cette scène muette ne pouvait manquer de captiver l'attention de Content; se levant de son siége avec calme, mais avec cette autorité qu'on voit encore dans le gouvernement domestique du peuple de la région qu'il habitait, il ordonna à tout ce qui était présent de quitter l'appartement. Ruth et ses filles, les serviteurs, Whittal, et même Mark, qui n'abandonnait pas les armes sans répugnance, le précédèrent à la porte qu'il ferma avec soin. Alors toutes ces personnes étonnées se mêlèrent à celles qui se trouvaient dans la première pièce, laissant dans l'autre, qu'ils venaient de quitter, le chef de la famille et son hôte mystérieux et inconnu.

Bien des minutes s'écoulèrent; elles paraissaient longues à ceux qui avaient été exclus, et cependant l'entrevue secrète ne semblait pas toucher à sa fin. Le profond respect que les années et le caractère du grand-père avaient inspiré empêchait chaque individu de s'approcher de l'appartement qu'il venait de quitter; mais un silence tranquille comme celui de la tombe effectuait tout ce que le silence pouvait faire pour éclairer les esprits sur une matière d'un intérêt aussi général. La voix étouffée des interlocuteurs était entendue; on distinguait qu'ils discutaient tranquillement leur opinion, mais aucun son qui eût une signification quelconque ne dépassait le mur jaloux. Enfin la voix du vieillard parut s'élever davantage ; alors Content quitta son siège, et d'un geste invita chacun à suivre son exemple. Les serviteurs mirent de côté leurs légères occupations ; les jeunes filles quittèrent leur rouet qui ne tournait plus depuis quelques minutes, et chacun, dans une attitude simple et décente, se disposa à la prière. Pour la troisième fois dans cette soirée la voix du Puritain fut entendue, s'adressant avec ferveur à cet être sur lequel il avait l'habitude de se reposer de tous ses soins terrestres. Mais, bien qu'accoutumés depuis longtemps à toutes les formes particulières par lesquelles leur père exprimait ordinairement ses pieuses émotions, ni Content, ni sa femme attentive, ne furent capables de deviner la nature du sentiment qui dominait le vieillard. Quelquefois ils croyaient entendre le langage des actions de grâce ; souvent aussi c'était celui de la supplication ; enfin les accents étaient assez variés, et, quoique tranquilles, assez équivoques, si un terme semblable peut être appliqué à un sujet aussi sérieux, pour déjouer toute espèce de conjecture.

Il s'écoula plusieurs instants après que la voix eût entièrement cessé de se faire entendre, et cependant aucun signal n'était donné à la famille inquiète, aucun son ne sortait de l'appartement, qui eût pu encourager le fils respectueux à rentrer. Enfin la crainte vint se mêler aux conjectures ; et le mari et la femme se concertèrent tout bas ensemble. Les pressentiments et les doutes du premier se manifestèrent bientôt d'une manière plus apparente. Il se leva et traversa l'appartement, s'approchant peu à peu de la cloison qui séparait les deux chambres, prêt à se retirer des limites où son oreille pouvait comprendre, au moment où il découvrirait que son inquiétude était sans fondement. Aucun son ne se fit entendre. Le silence qui régnait, il y avait si peu de temps, dans l'appartement où se trouvait Content semblait s'être subitement communiqué dans le lieu où il essayait en vain de saisir la plus légère preuve d'existence humaine. Il retourna de nouveau près de Ruth, et ils se consultèrent une seconde fois à voix basse sur ce qu'exigeait d'eux le devoir filial.

— On ne nous a point ordonné de nous retirer, dit à Content sa douce compagne ; pourquoi ne pas rejoindre notre père, maintenant qu'il a eu le temps de se soustraire à ce qui trouble si visiblement son esprit ?

Content céda enfin à cette opinion. Avec la prudente précaution qui distingue les sectaires, il ordonna à sa famille de le suivre, afin qu'aucune exclusion inutile ne donnât naissance à des conjectures ou n'excitât des soupçons que les circonstances, après tout, ne pourraient justifier. Malgré les manières soumises du siècle et du pays, la curiosité, peut-être aussi un sentiment plus louable, était portée à un tel point, que chacun obéit à cet ordre muet en s'avançant aussi promptement vers la porte ouverte que le permettait la décence.

Le vieux Mark Heathcote occupait la chaise sur laquelle on l'avait laissé, avec ce calme et ce regard grave qu'on croyait alors convenables à l'humilité d'esprit; mais l'étranger avait disparu. Il y avait deux ou trois issues par lesquelles on pouvait quitter l'appartement et même la maison sans être vu de ceux qui avaient attendu si longtemps pour être admis; et la première pensée qui vint à la famille fut qu'on allait voir rentrer l'étranger par un de ces passages extérieurs. Cependant Content lut dans les yeux de son père que si le moment de la confiance devait jamais arriver, il n'était pas encore venu; et la discipline domestique de cette famille était si parfaite et si admirable, que les questions que le fils ne trouvait point convenable d'adresser, ceux d'une condition inférieure ou d'un âge moins raisonnable n'osèrent les tenter. Avec l'étranger tout signe de sa visite récente avait aussi disparu.

Le jeune Mark ne retrouva plus l'arme qui avait excité son admiration. Whittal chercha en vain le couteau de chasse qui avait trahi le sort du malheureux mouton; mistress Heathcote vit, par un regard rapide, que les sacs de cuir, qu'elle avait jugé devoir être transportés dans la chambre à coucher de l'inconnu, étaient enlevés, et une charmante petite fille, image vivante de sa mère, qui portait son nom ainsi que ses traits, qui avaient rendu Ruth si attrayante dans sa première jeunesse, chercha sans succès un éperon d'argent massif, d'un travail antique et curieux, avec lequel il lui avait été permis de jouer jusqu'au moment où la famille s'était retirée.

Déjà était passée l'heure où des gens dont les habitudes étaient si simples avaient l'habitude de se coucher. Le grand-père alluma un flambeau, et après avoir donné la bénédiction ordinaire à ceux qui l'entouraient, il se prépara avec un air de calme, comme s'il n'était rien arrivé d'étrange dans la soirée, à se retirer dans sa chambre. Cependant quelque chose d'intéressant semblait occuper son esprit. Lorsqu'il fut sur le seuil de la porte, il s'arrêta un instant ; chacun croyait entendre l'explication d'une circonstance qui commençait à prendre l'aspect d'un pénible mystère ; mais les espérances ne furent excitées que pour être confondues.

— Mes pensées n'ont point suivi la marche du temps, dit le vieillard. Quelle heure est-il, mon fils?

Content lui répondit que l'heure à laquelle on se livrait ordinairement au sommeil était déjà passée.

— N'importe, reprit-il, ce que la Providence nous a donné pour notre subsistance et l'aisance de la vie ne doit pas être méprisé. Prends le cheval que j'ai l'habitude de monter, mon fils, et suis le sentier qui conduit à la montagne défrichée ; rapporte ce qui se présentera devant tes yeux au premier coude de la route. Nous avons atteint le dernier quartier de l'année ; et afin que nos travaux n'en souffrent pas, et que tout le monde soit levé avec le soleil, que le reste de la maison aille se livrer au repos.

Content vit, à la manière dont lui parlait son père, qu'il fallait exécuter à la lettre toutes ses instructions. Il ferma la porte lorsque le vieillard fut sorti, et alors, par un geste d'autorité, fit signe à ses serviteurs de se retirer. Les servantes de Ruth conduisirent les enfants dans leur chambre, et quelques minutes plus tard il ne resta dans l'appartement que le fils respectueux et son inquiète et tendre compagne.

— Je te suivrai, dit Ruth à demi-voix aussitôt que les petits préparatifs pour couvrir le feu et fermer les portes furent terminés. Je n'aimerais pas que tu allasses seul dans la forêt à une heure aussi avancée de la nuit.

— Celui qui n'abandonne point ceux qui placent en lui leur confiance sera avec moi. Outre cela ma chère Ruth, qu'y a t-il à craindre dans un désert semblable à celui-ci? On a donné la chasse dernièrement aux animaux sur la montagne ; excepté ceux qui reposent sous notre propre toit, il n'y en a pas à une journée de route.

— Nous ne le savons pas. Où est l'étranger qui s'introduisit dans notre demeure au coucher du soleil?

— Comme tu le disais, nous ne le savons pas. Mon père ne semble pas vouloir ouvrir la bouche sur le compte du voyageur, et certainement nous n'en sommes plus à prendre des leçons d'obéissance et d'abnégation de soi-même.

— Cependant notre esprit serait plus à l'aise si nous apprenions au moins le nom de celui qui a mangé notre pain et qui s'est joint aux pratiques religieuses de notre famille, quoiqu'il dût s'éloigner aussitôt et à jamais de notre vue.

— Cela est peut-être déjà fait, reprit le mari moins curieux, et plus retenu. Mon père ne veut pas que nous nous en informions.

— Et cependant il y a peu de mal à désirer connaître la condition de celui dont la destinée et les actions ne peuvent exciter ni notre envie ni notre haine. Nous aurions dû rester afin de nous mêler aux prières; ce n'était pas bien d'abandonner un hôte qui, suivant toutes les apparences, avait besoin qu'on s'adressât au ciel en sa faveur.

— Notre esprit s'est identifié à sa demande, quoique nos oreilles n'aient pu en comprendre le motif. Mais il est nécessaire que je sois levé demain en même temps que les jeunes gens, il y a plus d'un mille d'ici au détour, dans le sentier des villes de la Rivière. Viens avec moi jusqu'à la poterne; et veille sur les serrures : je ne te tiendrai pas longtemps en sentinelle.

Content et sa femme quittèrent la maison par la seule porte qui était restée ouverte. Eclairés par une lune qui était dans son plein, mais de temps en temps couverte de nuages, ils traversèrent une barrière entre deux des bâtiments extérieurs, et descendirent vers les palissades. Les barres et les verrous de la petite poterne furent enlevés; quelques minutes plus tard, Content, monté sur le cheval de son père, galopait sur le chemin qui conduisait à la partie de la forêt où l'obéissance dirigeait ses pas.

Tandis que le mari allait ainsi accomplir des ordres devant lesquels il n'avait pas hésité, sa fidèle compagne se retira sous l'abri des fortifications de bois. Elle ferma un seul verrou, plutôt comme une précaution qui était devenue habituelle, que par une inquiétude réelle ou fondée, et elle resta près de la poterne, attendant avec impatience les résultats d'un voyage aussi extraordinaire qu'inexplicable.

CHAPITRE IV.

> Au nom de tout ce qui est saint ! Monsieur, que étrange étonnement est le vôtre !
> SHAKSPEARE. *La Tempête.*

COMME fille, Ruth Harding avait été une des créatures les plus douces et les plus charmantes de la nature humaine. Quoique de nouvelles impulsions eussent été données à sa sensibilité naturelle par ses devoirs de femme et de mère, le mariage n'avait apporté aucun changement dans son caractère. Soumise et dévouée à ceux qu'elle aimait, telle ses parents l'avaient connue, telle Content la trouvait encore après bien des années d'union. Malgré l'égalité parfaite de son âme et le calme de ses manières, sa sollicitude pour ceux qui formaient le petit cercle au milieu duquel elle vivait ne s'était pas ralentie un instant : elle était demeurée cachée, mais active au fond de son cœur, comme un puissant principe de vie. Quoique les circonstances eussent placé Ruth sur une frontière dangereuse et éloignée, où le temps manquait aux occupations ordinaires de la vie, ses habitudes n'étaient pas plus changées que ses sentiments et son caractère : la fortune de son mari la dispensait de tout travail fatigant ; et tandis qu'elle affrontait les dangers des déserts et qu'elle ne négligeait aucun des devoirs actifs de sa position, elle avait échappé à toutes les fâcheuses conséquences qui altèrent la fraîcheur et la grâce des femmes. Malgré les dangers continuels d'une existence passée sur les frontières, Ruth était toujours timide, remplie d'attraits, et conservait l'apparence de la première jeunesse.

Le lecteur imaginera facilement sans doute l'inquiétude avec laquelle cet être craintif et sensible suivait la course rapide d'un mari engagé dans une aventure que Ruth ne croyait pas sans périls. Malgré l'influence d'une longue habitude, les colons de Wish-ton-Wish approchaient rarement de la forêt après la chute du jour sans la certitude intérieure d'un danger réel. C'était l'heure à laquelle les habitants affamés des forêts se mettaient en mouvement, et le bruit d'une feuille agitée par le vent, le craquement d'une branche sèche sous le poids du plus petit animal, présentaient à l'imagination de la jeune femme l'image de la panthère aux yeux de feu, ou peut-être d'un Indien errant, qui, bien que plus artificieux, était presque aussi sauvage. Il est vrai que beaucoup de personnes avaient déjà éprouvé l'horreur de semblables sensations sans avoir jamais aperçu la réalité d'aussi effrayants tableaux. Cependant aussi les faits ne manquaient pas pour fournir un motif suffisant à des craintes bien fondées.

Des histoires de combats avec des bêtes féroces, de massacres commis par des Indiens errants et sans lois, étaient les légendes les plus touchantes de la frontière. Les trônes pouvaient être renversés, les royaumes gagnés ou perdus dans l'Europe lointaine, et ceux qui habitaient ces cantons parlaient moins de ces événements que d'une scène qui s'était passée au milieu de leurs bois, et qui avait exercé le courage, la force et l'adroite intelligence d'un planteur. Une telle histoire passait de bouche en bouche avec la rapidité que lui donnait le puissant intérêt personnel, et plusieurs étaient déjà transmises des pères aux enfants sous la forme de traditions, jusqu'à ce que, comme dans les sociétés plus civilisées, où de graves invraisemblances se glissent dans les pages obscures de l'histoire, l'exagération vint s'unir trop étroitement à la vérité pour en être jamais séparée.

Guidé par ses souvenirs, ou peut-être par une prudence qui ne l'abandonnait jamais, Content avait jeté sur son épaule une arme éprouvée; et lorsqu'il atteignit l'éminence sur laquelle son père avait rencontré l'étranger, Ruth l'aperçut penché sur le cou de son cheval, et glissant au milieu des ténèbres de la nuit, semblable aux images fantastiques de ces esprits qui parcourent l'espace, emportés par le galop rapide d'un coursier, et qui figuraient si souvent dans les légendes du continent oriental.

A cette passagère apparition succédèrent des moments longs et pénibles, pendant lesquels ni la vue ni l'ouïe ne purent aider les conjectures de la femme attentive. Elle écoutait sans respirer; une ou deux fois elle crut entendre que les pieds du cheval frappaient la terre avec plus de force et de précipitation; mais ce fut seulement lorsque Content monta la pente rapide de la montagne, que Ruth put l'apercevoir avant qu'il s'enfonçât sous le couvert des forêts.

Quoique la jeune femme fût habituée aux inquiétudes des frontières, peut-être n'avait-elle jamais connu de moment plus pénible que celui où la figure de son mari disparut derrière l'épais et sombre rideau des arbres. Son impatience la trompait sur la marche du temps; et, poussée par une inquiétude affreuse qui n'avait aucun objet positif, elle tira le seul verrou qui fermait la poterne, et se hasarda hors de la barrière. Son imagination lui persuadait que cette barrière limitait la vue. Les minutes succédaient aux minutes sans apporter à Ruth aucun soulagement. Pendant ces moments affreux elle se convainquit de plus en plus de la position dangereuse dans laquelle lui et tous ceux qui étaient chers à son cœur se trouvaient placés. La tendresse conjugale l'emporta: quittant l'éminence, elle commença à marcher doucement dans le sentier que son mari avait suivi, jusqu'à ce qu'enfin la crainte la porta insensiblement à hâter ses pas. Elle s'arrêta seulement lorsqu'elle fut au milieu de la partie défrichée sur l'éminence où son père avait fait halte le soir même pour contempler l'amélioration croissante de ses domaines. Là elle s'arrêta tout à coup, car elle crut voir une figure humaine sortir de la forêt dans ce lieu plein d'intérêt pour elle et sur lequel ses yeux n'avaient pas cessé d'être attachés. C'était l'ombre d'un nuage plus épais que les autres, qui jetait son obscurité sur les arbres ainsi que sur l'endroit qui touchait à la forêt. Dans ce moment Ruth se souvint qu'elle avait imprudemment laissé la poterne ouverte; et, partagée entre sa tendresse pour son mari et celle qu'elle éprouvait pour ses enfants, elle se disposait à revenir sur ses pas, afin de réparer une négligence que l'habitude ainsi que la prudence rendaient presque impardonnable. Les yeux de la jeune mère, car le sentiment de ce caractère sacré prédominait alors; ses yeux étaient fixés sur la terre, tandis qu'elle avançait sur un chemin inégal; et sa pensée était si remplie de l'omission qu'elle se reprochait sévèrement, qu'elle regardait tous les objets comme sans les voir.

Malgré cette préoccupation excessive, ses regards rencontrèrent enfin quelque chose qui la rappela subitement à elle-même et la fit frémir de terreur; il y eut un moment où sa frayeur participa de la folie. La réflexion ne revint que lorsque Ruth eut atteint une assez grande distance du lieu où cet objet terrible s'était montré à sa vue. Alors, pendant un seul et affreux moment, elle s'arrêta, comme quelqu'un qui réfléchit sur le parti qu'il doit prendre; l'amour maternel prévalut, et, plus agile que le daim de ces forêts sauvages, cette mère effrayée retournait près de sa famille sans défense. Haletante et respirant à peine, elle atteignit la poterne, qui fut aussitôt fermée au triple verrou avec le geste irréfléchi et rapide de l'instinct.

Pour la première fois depuis quelques minutes, Ruth respira régulièrement et sans peine. Elle essaya de rassembler ses idées afin de réfléchir à ce qu'exigeaient la prudence et son affection pour Content, qui était encore exposé au danger auquel elle avait échappé. Son premier mouvement fut de donner le signal accoutumé qui rappelait les laboureurs des champs, ou réveillait ceux qui étaient endormis, en cas d'alarme; mais une réflexion plus juste la convainquit qu'un tel parti pourrait être fatal à celui qui balançait dans ses affections le reste du monde; ce combat intérieur ne se termina que lorsqu'elle aperçut distinctement son mari qui sortait de la forêt par le même point où il y était entré. Ce sentier conduisait malheureusement devant l'endroit où une terreur soudaine avait saisi l'esprit de Ruth. Elle aurait tout donné pour savoir comment l'avertir d'un danger dont son imagination était pleine, sans pouvoir communiquer cet avertissement à cet objet terrible qui causait son effroi. La nuit était paisible; et quoique la distance fût considérable, elle n'était pas assez grande pour désespérer des chances de succès; sachant à peine ce qu'elle faisait, et cependant guidée par une prudence instinctive, celle qu'une exposition constante au danger fait passer dans toutes nos habitudes, cette femme tremblante fit un effort.

— Mon mari! mon mari! s'écria-t-elle, commençant d'abord d'une voix plaintive, qui s'éleva peu à peu avec l'énergie que donne quelquefois la crainte; mon mari! reviens vite, notre petite Ruth est à l'agonie. Au nom de sa vie et de la tienne, presse le galop de ton cheval; ne va pas dans les écuries, mais avance en toute hâte vers la poterne, elle te sera ouverte.

Ces mots eussent résonné d'une manière affreuse sans doute aux oreilles d'un père, et il n'y a pas de doute que si la faible voix de Ruth eût envoyé les sons aussi loin qu'elle le désirait, ils auraient produit l'effet qu'elle en attendait : mais elle appela en vain; sa douce voix était trop faible pour pénétrer à travers un si grand espace. Cependant elle eut raison de penser que ses paroles n'avaient pas été entièrement perdues, car pendant un instant son mari s'arrêta et parut écouter; une autre fois il excita le pas de son cheval; mais en vain parut-il avoir entendu quelque chose, aucun signe n'annonça qu'il eût compris.

Content était alors sur l'éminence même. Si Ruth respira pendant le temps que son mari mit à la parcourir, ce fut aussi doucement que l'enfant endormi dans son berceau; mais lorsqu'elle vit qu'il avait échappé au danger et qu'il traversait avec sécurité le sentier, sur le côté, près des bâtiments, son impatience ne connut plus de bornes; elle ouvrit entièrement la poterne, et renouvela ses cris d'une voix qui fut enfin entendue. Le bruit du pied d'un cheval non ferré devint de plus en plus rapide, et au bout d'une minute Ruth vit son mari qui arrivait auprès d'elle au grand galop.

— Entre! dit Ruth accablée par ce qu'elle avait souffert; et, saisissant la bride, elle conduisit le cheval dans l'intérieur des palissades. Entre, cher époux, pour l'amour de tout ce qui t'appartient! entre, et remercie Dieu!

— Que veut dire cette terreur, Ruth? demanda Content avec autant de sévérité qu'il pouvait en montrer à une créature aussi douce et pour une faiblesse qui prouvait son tendre attachement; ta confiance dans celui dont l'œil ne se ferme jamais et qui veille sur la vie de l'homme comme sur celle de l'oiseau est-elle perdue?

Ruth n'écoutait rien; d'une main agitée elle ferma la porte, laissa tomber les barres, et tourna la clef qui forçait un triple pêne de sortir de la serrure. Jusque là elle ne se croyait ni en sûreté elle-même ni libre d'offrir à Dieu ses remercîments pour la sûreté de celui sur les dangers duquel elle venait de ressentir de si affreuses angoisses.

— Pourquoi ce soin? demanda Content; as-tu oublié que le cheval souffrira de la faim à cette distance de l'écurie et du râtelier?

— Qu'il meure de faim plutôt qu'un des cheveux de ta tête ne soit touché.

— Ruth, oublies-tu que c'est le cheval favori de mon père, et que mon père serait mécontent s'il savait que cet animal ait passé la nuit dans l'intérieur des palissades?

— Mon cher mari, il y a quelqu'un dans les champs.

— Y a-t-il quelque endroit sur la terre où Dieu ne soit pas?

— Mais j'y ai vu une créature mortelle, une créature qui n'a aucun droit sur toi et sur les tiens, et qui trouble notre paix non moins qu'elle attaque nos droits naturels en se cachant sur notre propriété.

4

—Va, tu n'es point habituée à être aussi longtemps hors de ton lit, ma pauvre Ruth; le sommeil t'aura surprise lorsque tu étais en faction, quelque nuage aura laissé son ombre sur les champs, ou peut-être il se peut que la chasse n'ait pas conduit les animaux sauvages aussi loin de la clairière que nous le pensons. Mais puisque tu veux rester près de moi, prends la bride du cheval, pendant que je vais le débarrasser de son fardeau.

Tandis que Content procédait tranquillement à la tâche dont il venait de parler, les pensées de sa femme furent un instant distraites de son inquiétude par l'objet qui était étendu sur la croupe du cheval, et qui, jusqu'à ce moment, avait entièrement échappé à son observation.

—Voilà en vérité, s'écria-t-elle, l'animal qui manquait aujourd'hui à notre troupeau.

Dans ce moment un mouton mort tombait lourdement sur la terre.

— Et tué avec adresse, sinon tout à fait à notre manière. On ne manquera pas de mouton à la fête de la récolte des noix, et celui qui est dans la bergerie, et dont les jours étaient comptés, vivra encore une autre saison.

— Où as-tu trouvé cette bête égorgée?

—Sur une branche. Eben Dudley, avec tout son talent comme boucher, et l'éloge qu'il fait de sa viande, ne pourrait avoir laissé un animal pendu à la branche d'un jeune arbre avec une plus grande connaissance de son métier. Tu vois qu'il ne manque qu'un seul morceau, et que la toison est intacte.

— Ce n'est pas là l'ouvrage d'un Pequot! s'écria Ruth étonnée de cette découverte: les Peaux Rouges font le mal avec moins de soin.

— Ce n'est pas non plus la dent d'un loup qui a ouvert les veines du pauvre Straight-Horns. Il y a eu de la réflexion dans la manière de le tuer, aussi bien que de la prudence. Celui dont la main coupe si légèrement avait l'intention de lui faire une seconde visite.

— Et c'est notre père qui t'a envoyé chercher ce pauvre animal dans le lieu où tu l'as trouvé! Mon mari, je crains qu'une punition sévère pour les fautes des pères ne retombe sur les enfants.

— Les enfants dorment tranquillement dans leur lit; et jusqu'ici ce n'est pas un grand tort qui nous a été fait. Je vais ôter la corde à l'animal qui est dans la bergerie, avant d'aller me coucher; Straight-Horns nous suffira pour la fête. Nous mangerons, de cette façon, du mouton moins savoureux, mais tu n'auras point perdu de toison.

— Et où est-il celui qui s'est mêlé à nos prières, qui a mangé de notre pain? celui qui discuta si longtemps en secret avec notre père, et qui s'est évanoui comme une vision?

— C'est une question à laquelle, en vérité, il n'est pas possible de répondre maintenant, dit Content, qui jusqu'alors avait eu un air gai afin d'apaiser les craintes qui s'étaient élevées dans l'esprit de sa femme, craintes qu'il croyait sans fondement. Mais après avoir entendu cette question, sa tête se pencha sur sa poitrine comme une personne qui cherche des raisons dans sa propre pensée.

— N'importe, Ruth Heathcote, ajouta-t-il, la direction de cette affaire est entre les mains d'un homme d'un grand âge et d'une grande expérience. Si sa vieille sagesse lui manquait, ne savons-nous pas qu'un être encore plus sage que lui nous a sous sa garde? Je vais conduire ce cheval à son écurie, et lorsque tu te seras jointe à moi pour demander la protection des yeux qui ne dorment jamais, nous nous livrerons au repos avec confiance.

— Tu ne quitteras plus la palissade cette nuit, dit Ruth arrêtant la main qui avait déjà tiré un verrou avant qu'elle eût parlé. J'ai un pressentiment de malheur.

— Je voudrais que l'étranger eût trouvé un autre abri que celui sous lequel il a fait sa courte visite. Il a disposé de mon troupeau, il a apaisé sa faim en commettant une faute, lorsqu'une simple demande l'eût rendu maître de ce dont le propriétaire de Wish-ton-Wish peut disposer de meilleur; ce sont des vérités qui ne peuvent être niées. Cependant c'est un homme mortel, comme son bon appétit le prouverait, même si notre foi dans la Providence avait des doutes sur sa répugnance à permettre que des êtres méchants errent sous notre forme et substance. Je te dis, Ruth, que le cheval sera incapable de faire demain son service, et que notre père serait fâché si nous le laissions passer la nuit sur le côté froid de cette montagne. Va te reposer et prier Dieu, peureuse; je fermerai la poterne avec soin. Ne crains rien; l'étranger appartient à l'humanité, et sa tendance à faire le mal doit être limitée par le pouvoir humain.

— Je ne crains ni les chrétiens ni les visages blancs, mais le païen meurtrier est dans nos champs.

— Tu rêves, Ruth !

— Ce n'est point un songe : j'ai vu les yeux brillants d'un sauvage. Le sommeil était bien loin de ma paupière lorsque je veillais sur toi. Je pensais que ton message était mystérieux, que notre père était bien avancé en âge, que peut-être ses sens avaient été trompés, et qu'un fils soumis ne devait pas être ainsi exposé. Tu sais, Heathcote, que je ne puis voir avec indifférence le danger du père de mes enfants, et je t'ai suivi jusqu'au noyer de la montagne.

— Jusqu'au noyer ! C'était imprudent à toi. Mais la poterne ?

— Elle était ouverte ; car si la clef avait été tournée, qui nous eût fait rentrer, dans un danger urgent ?

En prononçant ces paroles, Ruth sentait son visage se couvrir d'une rougeur excitée par le sentiment de sa faute.

— Si j'ai manqué de prudence c'était pour ta sûreté, Heathcote ; mais sur cette éminence, et dans le creux qu'a produit la chute d'un arbre, il y a un païen caché !

— J'ai passé près du bois de noyers en allant à l'étal de notre étrange boucher ; et en revenant j'ai tiré les rênes dans cet endroit, pour laisser respirer le cheval chargé d'un nouveau fardeau. Cela ne peut pas être, quelque animal des forêts t'aura trompée.

— Non, c'était une créature faite comme nous, et ressemblant en tout à nous-mêmes, excepté par la couleur de la peau et le don de la foi.

— C'est une étrange illusion ! Si les ennemis sont près d'ici, des gens aussi habiles que ceux que nous craignons souffriraient-ils que le maître de l'habitation, et, je puis le dire sans vaine gloire, un homme qui pourrait combattre aussi vaillamment qu'aucun autre pour défendre ce qui lui appartient ; souffriraient-ils qu'il échappât, lorsqu'une visite si inattendue dans le bois le livre entre leurs mains sans résistance ? Va, va, bonne Ruth, tu as vu le tronc noirci d'un arbre ; peut-être que la gelée a épargné une mouche luisante, ou peut-être encore qu'un ours a senti le parfum de tes ruches depuis peu dégarnies de leur miel.

Ruth posa de nouveau et avec fermeté sa main sur le bras de son mari, qui avait ôté un second verrou, et le regardant avec une vive impression, elle lui dit d'une voix touchante :

— Penses-tu, cher ami, qu'une mère puisse être trompée ?

Peut-être cette allusion à des êtres si jeunes et si chéris dont le sort dépendait de sa sollicitude, ou bien l'air sérieux et doux de sa compagne, produisirent-ils une nouvelle impression dans l'esprit de Content. Au lieu d'ouvrir la poterne, il replaça les verrous et réfléchit un instant.

— Si ma prudence n'a d'autre résultat que de calmer tes craintes, chère Ruth, dit Content après quelques moments de silence, elle sera trop bien récompensée. Reste ici, d'où l'on peut observer ce qui se passe sur l'éminence; je vais aller éveiller un ou deux de nos gens. Avec le vigoureux Eben Dudley et l'intelligent Reuben Ring pour me soutenir en cas d'attaque, je puis conduire en sûreté le cheval de mon père à l'écurie.

Ruth accepta bien volontiers une tâche qu'elle savait pouvoir remplir avec autant de zèle que d'intelligence.

— Hâte-toi d'aller à la chambre des laboureurs, dit-elle, car j'y vois encore de la lumière. Ce fut la seule réponse qu'elle donna à une proposition qui calmait au moins les craintes qu'elle éprouvait pour celui qui venait de lui causer une si cruelle inquiétude.

— Ce sera fait à l'instant. Ne te tiens point ainsi entre les pieux, femme; tu peux te placer ici, où les planches sont doubles, au-dessous de cette ouverture, où tu pourrais à peine être atteinte quand même les boulets de l'artillerie renverseraient la palissade.

Après avoir donné cet avis contre un danger qu'il venait tout à l'heure de mépriser pour lui-même, Content alla chercher les laboureurs. Les deux qu'il avait nommés étaient des jeunes gens courageux, robustes, et habitués aux périls aussi bien qu'aux travaux de la vie des frontières. Comme tous ceux de leur âge et de leur condition, ils étaient également habiles à connaître les ruses de l'astuce indienne; et quoique la province du Connecticut, comparée aux autres établissements, eût peu souffert des guerres meurtrières qui avaient eu lieu, ils avaient tous les deux été les héros de hauts faits et de périlleuses aventures qu'ils racontaient pendant les faciles travaux des longues soirées d'hiver.

Content traversa la cour avec rapidité, car, malgré sa propre incrédulité, l'image de sa jolie compagne en sentinelle précipitait ses pas. Le coup qu'il frappa à la porte de ceux dont il avait besoin fut aussi fort que soudain.

— Qui appelle? demanda une voix forte et sonore, de l'intérieur de l'appartement, aussitôt que le coup eut résonné sur la planche.

— Quitte promptement ton lit, et viens avec les armes convenables à une sortie.

— Cela est bientôt fait, répondit un vigoureux valet de ferme en ouvrant la porte et en se présentant devant son maître avec le costume qu'il avait porté tout le jour.

— Nous rêvions dans l'instant que la nuit ne devait pas se terminer sans que nous fussions appelés aux ouvertures des palissades.

— Avez-vous vu quelque chose?

— Nos yeux n'étaient pas plus fermés que ceux des autres; nous avons vu entrer celui que personne n'a vu sortir.

— Viens, jeune homme, Whittal Ring donnerait à peine une réponse plus sensée que la tienne. Ma femme est en faction à la porte, il faut l'aller relever. N'oublie pas les cornes à poudre, car si nous avons besoin de nous servir de nos fusils, il faut avoir de quoi faire une seconde décharge.

Les serviteurs obéirent; et comme il fallait peu de temps pour armer ceux qui ne dormaient jamais sans avoir près d'eux un fusil et de la poudre, Content fut promptement suivi des deux laboureurs.

Ils trouvèrent Ruth à son poste. Lorsque Content demanda à sa compagne ce qui s'était passé pendant son absence, elle fut obligée de convenir qu'elle n'avait rien vu qui fût capable de l'alarmer, quoique la lune se fût dégagée des nuages, et qu'elle fût plus brillante et plus claire.

— Alors nous allons conduire le cheval à l'écurie, dit Content, et terminer nos occupations en posant une seule sentinelle pour le reste de la nuit. Reuben gardera la porte, tandis qu'Eben et moi nous prendrons soin du cheval de mon père, sans oublier le mouton pour la fête de la récolte des noix. Es-tu sourd, Dudley? Jette l'animal sur la croupe du cheval, et suis-moi à l'écurie.

— Ce n'est pas un ouvrier maladroit qui s'est chargé de mon ouvrage, dit le brusque Eben, qui, bien que simple valet de ferme, suivant un usage presque généralement adopté encore aujourd'hui dans le pays, était habile dans le métier de boucher. J'ai fait voir à plus d'un mouton sa dernière heure, mais voici le premier qui ait gardé sa toison lorsqu'une partie de son corps était déjà rôtie. Repose là, pauvre Straight-Horns, si tu peux reposer tranquillement après un traitement aussi étrange. Reuben, je l'ai donné au lever du soleil une pièce espagnole, en argent, pour le raccommodage que tu as fait à mes souliers, et ils en avaient grand besoin depuis la dernière chasse sur la montagne : as-tu cette pièce d'argent sur toi ?

A cette question faite à voix basse, et qui ne fut entendue que de celui auquel elle était adressée, Reuben répondit par l'affirmative.

— Donne-la-moi, mon garçon, et dans la matinée tu en seras payé avec un bon intérêt.

Un autre signal de Content, qui avait déjà reconduit le cheval en dehors de la poterne, interrompit cette secrète conférence. Eben Dudley, ayant reçu la pièce en question, se hâta de suivre son maître. Mais la distance jusqu'au bâtiment extérieur suffisait pour lui donner le temps d'effectuer, sans être découvert, son dessein mystérieux. Tandis que Content essayait de calmer les craintes de sa femme, qui persistait toujours à partager son danger, par les raisons qu'il croyait les plus plausibles, le crédule Dudley plaça la mince pièce d'argent entre ses dents, et, en la serrant d'une manière qui prouvait la force supérieure de sa mâchoire, il lui donna une forme arrondie. Il plaça alors adroitement cette balle enchantée dans le canon de son fusil, en prenant soin de l'enfoncer avec de la bourre tirée de la doublure de ses vêtements. Fort de ce redoutable auxiliaire, l'habitant des frontières, superstitieux mais rempli de courage, suivit son compagnon, siffla d'une voix basse avec autant d'indifférence pour un danger ordinaire, que de crainte pour tout événement surnaturel.

Ceux qui habitent dans les vieux districts de l'Amérique, où l'art et le travail ont tout fait pendant des générations entières pour égaliser le terrain et détruire les vestiges de l'état primitif, ne peuvent se former une juste idée des milliers d'objets qui existent encore dans un lieu défriché, et qui frappent l'imagination qui a déjà conçu quelque inquiétude, lorsqu'ils sont vus à la clarté douteuse d'une lune entourée de nuages. Ceux qui n'ont jamais quitté l'Ancien Monde, et qui n'ont jamais vu que des champs unis comme la surface des eaux tranquilles, peuvent encore moins se représenter les effets produits par ces vestiges décomposés d'une forêt abattue, épars çà et là sur un terrain découvert. Habitués à ces divers objets, mais émus de leurs craintes, Content et sa compagne croyaient voir un sauvage dans chaque tronc noirci par le temps et l'obscurité, et ils ne franchissaient aucun angle près des hautes et lourdes barrières, sans jeter un regard inquiet pour découvrir s'il n'y avait pas quelque ennemi caché dans l'ombre qu'elles projetaient.

Cependant aucun motif de crainte ne se présenta pendant le peu de temps qu'il fallut à Content et à son compagnon pour pourvoir aux besoins du cheval du Puritain. La tâche était remplie, la carcasse du mouton était en sûreté, et Ruth engageait déjà son mari à revenir à l'habitation, lorsque leur attention fut captivée par l'attitude et l'air surpris de leur compagnon.

— L'homme s'est en allé comme il était venu, dit Eben Dudley, qui secouait la tête devant une des stalles vides de l'écurie ; il n'y a plus de cheval, quoique j'aie vue de mes yeux l'idiot apporter ici une bonne mesure d'avoine. Celui qui nous a favorisés de sa présence pendant le souper et pendant les grâces, nous a privés de sa compagnie avant que l'heure du repos fût arrivée.

— Le cheval est en effet parti, dit Content. Cet homme doit être excessivement pressé, pour se mettre en route dans la forêt lorsque la nuit est devenue si sombre, et lorsque le plus long jour de l'été conduirait à peine un meilleur cheval que celui sur lequel il était monté jusqu'à une autre habitation chrétienne. Il y a des motifs pour une telle précipitation ; mais il suffit qu'ils ne nous regardent pas. Nous allons maintenant chercher le repos, avec la certitude qu'il existe un être qui veille sur notre sommeil, et que sa vigilance ne s'endort jamais.

Quoique dans cette contrée l'homme ne pût se livrer avec confiance au repos sans être assuré par les barres et les verrous, nous avons eu déjà occasion de dire que les propriétés étaient gardées avec moins de soin. La porte de l'écurie était à peine close par un loquet en bois, et la petite société revint de cette sortie d'un pas rendu plus rapide par un sentiment vague d'inquiétude qui s'était emparé de ceux qui la composaient, et qui dominait plus ou moins leur esprit, suivant la différence de leur caractère ; mais une habitation sûre n'était pas loin, on fut bientôt arrivé.

— Tu n'as rien vu, dit Content à Reuben Ring, qui avait été choisi comme sentinelle à cause de la finesse de sa vue, et dont la sagacité était aussi remarquable que l'esprit borné de son frère ; tu n'as rien vu, pendant que tu étais de garde ?

— Rien d'extraordinaire, répondit Reuben Ring, et cependant cette souche qui est là-bas près de la clôture contre la colline me déplaît ; si cela n'était pas aussi visiblement un tronc à demi brûlé, on croirait y voir de la vie; mais lorsque l'imagination travaille, la vue est perçante. Une ou deux fois, il m'a semblé qu'il roulait vers le ruisseau; je ne suis pas encore certain si, lorsque je l'aperçus pour la première fois, il n'était pas posé huit ou dix pieds plus haut contre le rivage.

— C'est peut-être une créature vivante !

— Sur la parole d'un homme qui a l'habitude des bois, cela peut être, dit Eben Dudley; mais ce lieu fût-il hanté par une légion d'esprits malins, on peut facilement le rendre à la tranquillité par la plus voisine de ces ouvertures. Mettez-vous de côté, madame Heathcote (car le caractère de la fortune des propriétaires de la vallée donnait à Ruth des droits à ce qui était un terme de respect dans la bouche de ses valets), laissez-moi ajuster cette arme contre... Mais non, il y a un charme spécial dans mon fusil, il ne doit pas être perdu sur une telle créature. C'est peut-être tout simplement un ours de bon naturel; je répondrai du coup, si tu veux me prêter ton mousquet, Reuben Ring.

— Non, cela ne sera pas, dit le maître; un homme connu de mon père est entré cette nuit dans notre demeure, il a été nourri à notre propre table; s'il est parti sans s'astreindre à des formes en usage parmi ceux de cette colonie, il nous a fait peu de tort. Je veux aller plus près de cet objet, et l'examiner avec moins de risque de me tromper.

Il y avait dans cette proposition trop de cet esprit de droiture qui gouvernait le peuple de ces simples régions, pour qu'on s'y opposât sérieusement. Content, appuyé d'Eben Dudley, quitta de nouveau la poterne, et se rendit en droite ligne, mais non sans faire usage des précautions nécessaires, vers le lieu où était étendu l'objet suspect. Un coude dans le bois de la clôture l'avait d'abord fait apercevoir; car, avant d'atteindre ce point, son mouvement apparent avait pu être caché pendant quelque temps sous l'ombre que projetait la barrière, qui, au lieu immédiat où il était vu, tournait subitement, et formait une ligne dans la même direction où les regards des spectateurs étaient fixés. Il sembla qu'on surveillait ceux qui s'approchaient, car l'objet sombre devint tout à coup sans mouvement, l'œil subtil de Reuben Ring lui-même commença à supposer que quelque illusion avait bien pu le porter à prendre une souche de bois pour une créature animée.

Mais Content et son compagnon n'en poursuivirent pas moins

leur dessein. Même à cinquante pas de cet objet, quoique la lune en son plein projetât ses brillants rayons sur la terre, on ne pouvait encore se livrer à aucune conjecture. L'un affirmait que c'était une vieille souche comme il en existait une grande quantité dans les champs, l'autre que c'était un animal rampant des forêts. Deux fois Content leva son fusil pour faire feu, et deux fois il le laissa retomber, éprouvant de la répugnance à détruire même un quadrupède dont il ignorait la nature. Il est plus que probable que son compagnon, moins scrupuleux, eût décidé la question peu de temps après avoir quitté la poterne, si la balle particulière que contenait son fusil ne l'eût rendu plus délicat sur l'usage qu'il pouvait en faire.

— Fais attention à tes armes, dit le premier en tirant son couteau de chasse. Nous allons nous approcher et rendre certain ce qui est encore douteux.

Ils approchèrent; Dudley poussa rudement avec son fusil l'objet en question, qui ne donna d'abord aucun signe de mouvement ou de vie. Cependant, comme si une plus longue feinte était inutile, un jeune Indien d'environ quinze ans se leva tout d'un coup d'un air résolu, et se plaça devant ses ennemis avec la sombre dignité d'un guerrier vaincu. Content saisit promptement le jeune Indien par un bras; et, suivi d'Eben, qui de temps en temps hâtait la marche du prisonnier avec la crosse de son fusil, ils retournèrent précipitamment derrière la barrière

— Je parie ma vie contre celle de Straight-Horns, qui n'est pas d'une grande valeur maintenant, dit Dudley en fermant le dernier verrou de la poterne, que nous n'entendrons pas parler cette nuit des compagnons de cette Peau Rouge. Je n'ai jamais vu un Indien lever la tête lorsqu'une de ses sentinelles avancées est tombée entre les mains de l'ennemi.

— Cela peut être, répondit Content, mais une maison où chacun dort doit être gardée. Nous pouvons compter sur la faveur spéciale de la Providence; elle aidera les moyens employés par notre prudence, jusqu'au lever du soleil.

Content était un homme qui parlait peu, mais d'un grand calme et d'une grande résolution au moment du danger. Il savait parfaitement qu'un jeune Indien comme celui qu'il avait fait prisonnier n'aurait pas été trouvé en ce lieu dans la position qu'il avait prise, sans un projet assez important pour justifier tout ce qu'il hasardait. L'âge tendre du captif empêchait aussi de se livrer à l'espérance qu'il n'était point accompagné. Mais il soupçonna, comme son valet de ferme, que cet incident déciderait les Indiens à différer l'attaque, si toutefois on en méditait une. Il pria donc sa femme de se retirer dans sa chambre tandis qu'il prendrait les mesures nécessaires pour défendre l'habitation en cas que l'ennemi se présentât. Sans donner une alarme inutile, mesure qui aurait produit moins d'effet sur les Indiens que la tranquilité imposante qui régnait dans l'habitation, il ordonna que deux ou trois de ses valets de ferme, indépendamment de Reuben Ring et d'Eben Dudley, fussent appelés aux palissades. On examina avec soin l'état des différentes issues de la place. Les mousquets furent chargés ; Content recommanda une surveillance exacte ; il plaça des sentinelles régulières à l'ombre que projetait le bâtiment, et dans des lieux où, invisibles elles-mêmes, elles pouvaient observer en sûreté ce qui se passait dans les champs.

Alors le maître de la maison prit son captif, avec lequel il n'essaya pas d'échanger une parole, et le conduisit à la forteresse. La porte qui communiquait à la base de ce bâtiment était toujours ouverte, afin qu'il servît de refuge en cas d'une alarme subite. Il entra, força le jeune garçon à monter par une échelle au second étage, et, lui ôtant tout moyen de retraite, il tourna la clef, parfaitement convaincu que son prisonnier était en lieu de sûreté.

Malgré tous ces soins, le jour était près de paraître lorsque le père et le mari prudent alla se mettre au lit. Sa vigilance avait cependant évité que les craintes qui tinrent longtemps ses yeux ouverts ainsi que ceux de sa compagne ne s'étendissent au-delà du petit détachement dont il avait jugé le service nécessaire pour veiller à la sûreté de tous. Vers les dernières heures de la nuit seulement, les images des scènes qui venaient de se passer devinrent de plus en plus confuses dans l'esprit de Content et de sa femme, et tous deux goûtèrent enfin un heureux et paisible repos.

CHAPITRE V.

> Etes-vous si brave ? je vais vous parler tout à l'heure.
>
> SHAKSPEARE. *Coriolan.*

Les membres de la famille Heathcote avaient fait usage de la cognée et du feu dans les environs de leur demeure, dès les premiers temps de leur arrivée. On avait eu en vue un double but en détruisant la forêt dans les environs des bâtiments ; les améliorations pouvaient alors s'exécuter avec une plus grande facilité, et, ce qui n'était pas d'une moindre importance, le couvert, que le sauvage de l'Amérique cherche toujours pour ses attaques, était rejeté à une distance qui diminuait de beaucoup le danger d'une surprise.

Favorisés par les avantages de ce défrichement et par la clarté brillante d'une nuit qui se changea bientôt en un jour plus brillant encore, Eben Dudley et son associé eurent un devoir facile à remplir. Ils éprouvèrent une si grande sécurité vers le matin, surtout à cause de la capture du jeune Indien, que plus d'une fois leurs yeux, qui auraient dû être mieux employés, se laissèrent aller à l'assoupissement, ou s'ouvraient seulement à des intervalles irréguliers, ce qui ne leur permettait pas de suivre bien exactement la marche du temps. Mais aussitôt que le jour parut, les sentinelles, suivant leurs instructions, et à leur grand plaisir, regagnèrent leur lit, et pendant une heure ou deux dormirent profondément et sans crainte.

Lorsque son père eut terminé les prières du matin, Content, au milieu de la famille assemblée, communiqua des événements de la nuit précédente ce qu'il jugea à propos d'en faire connaître. Sa discrétion mit des bornes à son récit ; il parla de la capture du jeune Indien, des précautions qu'il avait prises pour la sûreté de la famille ; mais il garda le silence sur tout ce qui concernait son excursion dans la forêt.

Il est inutile de détailler la manière dont ces récits effrayants furent reçus : le regard froid et réservé du Puritain devint pensif ; les jeunes gens prirent un air grave, mais résolu ; les servantes

LES PURITAINS D'AMÉRIQUE.

pâlirent, frémirent, et parlèrent bas ensemble d'une voix précipitée, tandis que la petite Ruth et une autre enfant à peu près de son âge, appelée Martha, s'approchèrent de la maîtresse de la maison, qui, n'ayant plus rien à apprendre, s'efforçait de montrer un courage dont elle n'avait que l'apparence.

Lorsque Content eut achevé d'instruire les personnes qui l'entouraient des tristes nouvelles qu'il avait à leur raconter, son père adressa au Seigneur une invocation sous la forme de prière. Il demanda la lumière d'en haut pour se conduire, la miséricorde divine pour tous les hommes, un meilleur esprit pour ceux qui erraient dans les déserts, cherchant des victimes pour satisfaire leur rage; les dons de la grâce pour les païens, et enfin pour lui-même et ses serviteurs la victoire sur leurs sauvages ennemis, n'importe sous quelle forme ils se présenteraient.

Fortifié par ces exercices religieux, le vieux Mark s'informa de tous les signes et de l'évidence du danger, en se faisant donner des détails plus circonstanciés sur la capture du jeune sauvage. Content reçut une juste récompense de sa prudence, dans l'approbation de celui qu'il continuait à révérer avec une soumission qui ressemblait encore à celle qu'il éprouvait pour la sagesse de son père dans les premiers jours de son enfance.

— Tu t'es conduit avec sagesse, dit le vieillard; mais ton courage et ta prudence ont encore une tâche à remplir. Nous avons appris que les païens voisins des plantations de la Providence ne sont pas tranquilles, et qu'ils livrent leur esprit à de perfides conseillers. Nous ne devons pas nous endormir dans une trop grande sécurité, parce qu'il n'existe qu'un voyage de peu de jours dans la forêt entre leurs villages et notre plantation. Amène-moi le captif, je veux le questionner sur la cause de sa visite.

Jusqu'à ce moment les pensées de chacun s'étaient portées sur les ennemis qu'on supposait cachés dans les environs, et l'on avait peu songé au captif de la forteresse. Content, qui connaissait bien le courage invincible non moins que l'adresse d'un Indien, avait négligé de questionner le jeune garçon lorsqu'il fut fait prisonnier; car il croyait pouvoir mieux employer son temps qu'à un interrogatoire que le caractère de l'Indien rendrait probablement tout à fait inutile. Mais alors, avec un intérêt qui augmentait en proportion que les circonstances rendaient son indulgence moins dangereuse, il alla chercher son captif afin de l'amener devant son père.

La clef de la porte basse était encore accrochée dans l'endroit où elle avait été mise. Content plaça l'échelle et monta rapidement à l'appartement où il avait enfermé le prisonnier. Cette chambre était la plus basse des trois que contenait le bâtiment, les autres étant au-dessus de celle qu'on pouvait appeler les fondements de l'édifice. La dernière, qui n'avait d'autre ouverture que sa porte, était une pièce sombre, hexagone, et en partie remplie des objets dont on pouvait avoir besoin en cas d'attaque imprévue, et qui en même temps servaient souvent à des usages domestiques. Au milieu de cette pièce était un puits profond, protégé par un mur en pierre, et construit de manière à ce qu'il pût fournir de l'eau aux chambres situées au-dessus. La porte était d'un bois massif. Les soliveaux carrés des étages supérieurs s'avançaient un peu au-delà des fondations en pierre; le second rang des boiseries contenait quelques ouvertures à travers lesquelles on pouvait faire une décharge de mousqueterie sur les assaillants qui s'approcheraient assez près pour donner des inquiétudes sur la sûreté de la partie inférieure. Comme on l'a déjà dit, les deux principaux étages étaient percés par d'étroites ouvertures, qui avaient le double but de servir de fenêtres et de meurtrières. Quoique ces appartements fussent évidemment consacrés à la défense du fort, l'ameublement simple qu'ils contenaient était calculé pour les besoins de la famille, si elle eût été obligée de se réfugier dans ce bâtiment. Il y avait un appartement sous le toit, ou mansarde, mais qui n'avait point une destination aussi importante que les autres pièces de la forteresse. Cependant l'avantage de sa situation élevée n'était pas méprisé. Un petit canon, de ceux qui étaient jadis connus sous le nom de sauterelles, avait été placé dans ce lieu, et dans les premiers temps on l'avait justement considéré comme de la dernière importance pour la sûreté des habitants de la plantation. Pendant quelques années les aborigènes errants qui visitaient la vallée avaient pu apercevoir la bouche de ce canon sortant d'une des ouvertures, qui depuis avait été convertie en fenêtre vitrée; et il n'y a pas de doute que la réputation que cette petite pièce d'artillerie obtint sans se faire entendre n'ait protégé pendant si longtemps la tranquillité de la vallée.

Le mot tranquillité n'est peut-être pas très-juste, car plus d'une fois des alarmes avaient eu lieu, quoique aucun acte positif de violence n'eût été commis en deçà des limites que le Puritain réclamait comme celles de ses propriétés. Dans une seule occasion les hostilités en vinrent au point que le vétéran se crut obligé de prendre son poste dans la forteresse, et il est certain que si ses services eussent été nécessaires, il eût prouvé ses connaissances dans l'art militaire. Mais alors la simple histoire de Wish-ton-Wish avait fourni une nouvelle preuve de cette vérité politique qu'on ne peut trop rappeler à l'attention des Américains, c'est-à-dire que ce qui conserve le mieux la paix d'un pays, c'est d'être préparé à la guerre. Dans l'occasion que nous venons de citer, l'attitude hostile du vieux Mark et de ses serviteurs avait produit l'effet désirable sans qu'il fût forcé de répandre le sang. Ces triomphes paisibles étaient plus en harmonie avec les principes du Puritain à l'époque dont nous parlons, qu'ils ne l'eussent été avec les goûts de sa première jeunesse. Suivant l'habitude fanatique du temps, il avait assemblé sa famille pour prier autour de la pièce d'artillerie à laquelle ils devaient tous leur salut, et depuis ce moment la chambre elle-même devint un lieu de méditation favori pour le vieux soldat. Il s'y rendait souvent, même à ces heures de repos pendant lesquelles les ténèbres couvraient la terre, pour se livrer en secret à ses exercices spirituels qui formaient sa principale consolation, et même la plus importante affaire de sa vie. Grâce à cette habitude, la forteresse fut, avec le temps, regardée comme un lieu sacré, réservé au maître de la vallée. Content s'était appliqué à y placer tous les objets qui pouvaient contribuer au bonheur personnel de son père tandis que son esprit était occupé de contemplations spirituelles. On sut bientôt que le vieillard faisait usage du matelas qu'on y avait porté, et qu'il passait dans cette solitude tout le temps qui s'écoulait depuis le coucher jusqu'au lever du soleil. L'ouverture qui avait d'abord été taillée pour la petite pièce d'artillerie avait été vitrée, et tous les meubles qu'on avait montés peu à peu le long de l'échelle difficile n'en descendirent jamais.

Il y avait dans l'austère dévotion du vieux Mark Heathcote quelque chose qui rappelait les pratiques des anciens anachorètes. Les jeunes gens de l'habitation regardaient son front sévère et la gravité de son maintien avec un respect qui tenait de la crainte. Si la bonté naturelle de son caractère eût été moins connue, ou s'il eût parcouru une carrière politique à une époque plus reculée, il eût probablement partagé la persécution que ses compatriotes appelaient sur ceux qu'on supposait doués d'une science impie. Mais au temps où se rapporte notre histoire, le sentiment qu'on éprouvait pour le vieillard n'allait pas au-delà d'un respect profond et universel. Ce respect éloignait chacun du petit appartement que le capitaine Heathcote s'était approprié; y pénétrer sans une cause importante eût été une action que ce peuple simple eût presque regardée comme un sacrilége.

Le but qui, dans cette occasion, attirait Content à la forteresse ne le conduisit pas plus loin que la pièce la plus basse des appartements militaires. En levant la trappe il éprouva pour la première fois un sentiment pénible en songeant qu'il avait laissé si longtemps le jeune garçon sans le consoler par quelques paroles de bonté ou par quelques actions charitables. Ce sentiment s'adoucit lorsque Content réfléchit que sa pitié venait de s'éveiller pour un être dont le courage était capable de soutenir de bien plus grands maux.

Le jeune Indien était debout devant une des ouvertures, regardant cette forêt éloignée dans laquelle, il y avait si peu de temps, il errait en liberté. Sa contemplation était trop profonde pour que le bruit et la présence de son vainqueur fussent capables de lui faire détourner la tête.

— Sors de ta prison, enfant, dit Content d'une voix remplie de douceur. Quel qu'ait été ton motif en espionnant autour de l'habitation, tu es un être humain, et tu dois connaître les besoins de l'humanité. Viens prendre ton repas; personne ici ne te fera de mal.

Le langage de la pitié est universel; quoique les paroles de Content fussent évidemment inintelligibles pour celui auquel il s'adressait, leur sens s'expliquait par la douceur de l'accent avec lequel elles étaient prononcées. Les regards du jeune Indien s'écartèrent lentement de la vue des bois, et il les porta sur le visage de son vainqueur, qu'il contempla longtemps avec calme. Content s'aperçut alors qu'il avait parlé dans un langage inconnu à son captif, et il se hâta par ses gestes de l'inviter à descendre. L'Indien obéit promptement et en silence. Cependant, en atteignant l'entrée de la cour, la prudence du propriétaire de frontière l'emporta sur la compassion.

— Apporte ces cordes, dit Content à Whittal Ring qui, dans cet instant, se rendait aux écuries; voici un enfant aussi sauvage que le plus sauvage de tes chevaux. Tous les hommes sont de la même nature que nous, quelle que soit la couleur qu'il ait plu à la Providence de placer sur leurs traits ; mais celui qui veut avoir en sa possession un jeune sauvage le lendemain doit veiller sur ses membres pendant la journée.

Le jeune Indien se soumit tranquillement pendant qu'on passait une corde autour d'un de ses bras ; mais lorsque Content se disposa à lui lier également l'autre, l'Indien s'échappa de ses mains et jeta les cordes loin de lui avec dédain. Cet acte décidé de résistance ne fut cependant suivi d'aucun effort pour prendre la fuite. Aussitôt qu'il fut délivré des liens qu'il regardait sans doute comme l'expression de la défiance qu'inspirait son courage, ce jeune homme, qui se sentait la force d'un guerrier pour endurer la douleur, se retourna fièrement vers son vainqueur, et, d'un regard dans lequel la hauteur était mêlée au mépris, il sembla défier toute sa colère.

— Qu'il soit fait selon ton désir, dit Content avec son calme habituel : si tu n'aimes pas des liens qui, malgré la fierté de l'homme, lui sont souvent nécessaires, garde l'usage de tes membres, et veille à ce qu'ils ne soient pas tentés de mal faire. Whittal, regarde à la poterne, et souviens-toi qu'il est défendu d'aller aux champs jusqu'à ce que mon père ait interrogé ce païen : les petits de l'ours sont rarement trouvés loin de leur mère.

Content fit signe à l'Indien de le suivre, et se rendit à l'appartement où son père, entouré de toute la famille, attendait son arrivée. Le Puritain tenait surtout à ne jamais compromettre sa dignité et à entretenir une sévère discipline dans son intérieur ; c'était le trait caractéristique des habitudes de sa secte. Cette austérité de manières, qui annonçait, suivant eux, le sentiment de la chute de l'homme et de son état précaire dans cette vie ; cette austérité était enseignée de bonne heure, car parmi un peuple qui mettait toute joie au nombre des légèretés coupables, l'empire sur soi-même devait être considéré comme la base de la vertu. Mais quel que fût le mérite particulier de Mark Heathcote et celui de sa maison dans l'art de se contraindre, ils devaient être surpassés dans ce genre par le jeune Indien qui était devenu leur captif d'une manière si étrange.

Nous avons déjà dit que cet enfant des forêts pouvait avoir environ quinze ans. Quoiqu'il eût grandi avec la vigueur d'une jeune plante et avec la liberté d'un arbre de ces bois étendant ses branches vers la lumière, sa taille n'avait pas encore atteint la hauteur de celle d'un homme. Ses formes, ses attitudes présentaient le type de la grâce vive et si naturelle de l'adolescence; mais ses membres, si parfaits dans leurs proportions, étaient à peine musculeux, et chacun de ses mouvements annonçait la liberté, l'aisance de l'enfance, sans la moindre trace de cette contrainte qui se glisse dans nos manières à mesure que les sentiments factices d'un âge plus avancé commencent à exercer leur influence. Le tronc arrondi du frêne des montagnes n'est pas plus droit, plus élancé que notre jeune Indien s'avançant dans le cercle curieux qui s'était ouvert pour lui livrer passage et qui se referma aussitôt derrière lui. Son calme était celui d'un homme qui vient pour accorder une grâce plutôt que pour être jugé lui-même.

— Je vais le questionner, dit le vieux Mark Heathcote, examinant attentivement les yeux subtils du jeune sauvage, qui arrêtait sur le vieillard un regard aussi imperturbable qu'aurait pu le faire un des animaux de la forêt; je vais le questionner, et peut-être la crainte arrachera de ses lèvres la confession du mal que lui et les siens ont médité contre nous.

— Je crois qu'il ignore notre langue, dit Content, car ni paroles de bonté, ni paroles de colère, n'ont pu changer l'expression de ses traits.

— Alors il est convenable que nous nous adressions d'abord à celui qui a le secret d'ouvrir tous les cœurs, afin qu'il nous aide de ses lumières. Le Puritain éleva la voix, et commença une prière dans laquelle il demandait au maître de l'univers d'être son interprète dans l'interrogatoire qu'il était sur le point de faire. Si cette prière eût été exaucée, elle eût produit quelque chose d'assez semblable à un miracle. Après cette préparation il procéda à l'examen. Mais ni ses questions, ni ses signes, ni ses prières, n'aboutirent à rien. Le jeune Indien regardait le maintien rigide et austère de celui qui lui adressait la parole; mais aussitôt que les lèvres du vieillard étaient fermées, l'œil vif et scrutateur du sauvage errait sur les différents visages dont il était entouré, comme s'il se fût fié plutôt au sens de la vue qu'à celui de l'ouïe pour deviner le sort qui lui était réservé. Il fut impossible d'obtenir de lui un geste ou un son qui pût faire présumer le motif de son étrange visite, son nom, ou celui de sa tribu.

— Je me suis trouvé parmi les Peaux-Rouges des plantations de la Providence, observa enfin Eben Dudley, et leur langage, quoiqu'il ne soit qu'un jargon absurde, ne m'est pas inconnu.

Avec la permission de tout ce qui est ici présent, et il regardait le Puritain de manière à prouver que c'était à lui seul qu'il s'adressait ; avec la permission de tout ce qui est ici présent, je vais parler au jeune païen de façon qu'il sera bien aise de me répondre.

Ayant reçu un regard d'approbation, l'habitant des frontières articula quelques mots avec un accent guttural ; et bien qu'ils manquassent entièrement leur effet, il maintint que c'étaient les termes ordinaires de la salutation parmi le peuple auquel il supposait que le prisonnier appartenait.

— Je le reconnais pour être un Narragansett, dit Eben honteux de sa défaite. Et jetant un regard de courroux sur le jeune homme qui avait si évidemment réfuté ses droits à la connaissance des langues indiennes : — Vous voyez qu'il a les coquillages des bords de la mer sur la bordure de son mocassin, et, outre ce signe aussi certain qu'il est certain que la nuit a des étoiles, il porte les mêmes traits qu'un chef qui fut tué par les Pequots, à l'instigation de nous autres chrétiens, après une affaire dans laquelle, que ce soit bien ou que ce soit mal, je pris quelque part moi-même.

— Et comment appelait-on ce chef ? demanda Mark.

— Il portait différents noms, suivant les circonstances. Quelques uns le connaissaient sous celui de la Panthère bondissante, car c'était un homme qui faisait des sauts extraordinaires; d'autres l'appelaient Perperage, car on prétendait que ni les balles ni le sabre ne pouvaient l'atteindre, quoique ce fût une erreur que sa mort a pleinement prouvée. Mais son véritable nom, suivant la manière de le prononcer de son propre peuple, était My Anthony Mow.

— My Anthony Mow !

— Oui. My [1] veut dire qu'il était leur chef ; Anthony était le nom qu'on lui avait donné à sa naissance, et Mow, celui de la race à laquelle il appartenait.

Eben se tut, satisfait des mots sonores dont il avait fait usage, et d'une étymologie qu'il croyait très-claire. Mais la critique fut désarmée par l'expression du prisonnier, lorsque ces sons équivoques frappèrent son oreille. Ruth serra contre son cœur sa petite fille qui portait son nom, lorsqu'elle vit le regard enflammé du jeune sauvage et la dilatation expressive et subite de ses na-

1. *Mon*, pronom possessif.

rines. Pendant un moment ses lèvres furent contractées, puis elles tremblèrent et s'ouvrirent. Un son lent, étouffé, un son plaintif (la mère alarmée fut obligée elle-même d'en convenir) en sortit, et il répéta tristement.

— Miantonimoh!

Ce mot fut prononcé d'une voix distincte, mais avec un accent guttural.

— Cet enfant pleure ses parents, s'écria la sensible mère ; la main qui tua le guerrier peut avoir fait une mauvaise action.

— Je vois le doigt sage et prévoyant de la Providence dans tout ceci, dit le vieux Mark Heathcote d'un air solennel; l'enfant a été privé d'un parent qui aurait pu le plonger plus avant encore dans les ténèbres du paganisme, et il a été conduit ici afin d'être mis dans la voie droite. Il vivra parmi nous, et nous essaierons de faire pénétrer une instruction religieuse dans son esprit. Qu'il soit nourri également des choses spirituelles et des choses temporelles. Qui sait ce qui lui est réservé!

S'il y avait plus de foi que de raison dans cette conclusion du Puritain, du moins personne n'essaya de le contredire. Tandis qu'on interrogeait l'Indien dans l'habitation, on faisait une recherche minutieuse dans les bâtiments extérieurs et dans les champs des environs. Ceux qui remplissaient cette tâche revinrent bientôt dire qu'il n'y avait pas la plus petite trace d'une embûche ; et, comme le captif était sans armes, Ruth elle-même commença à croire que les espérances mystérieuses de son père n'étaient pas entièrement illusoires. Le prisonnier avait pris un repas, et le vieux Mark Heathcote était sur le point de commencer la tâche qu'il s'était imposée avec tant de joie, par des remerciements en forme de prières, lorsque Whittal-Ringh entra subitement, et rompit la solennité de ces préparatifs en s'écriant de toute sa force :

— Qu'on prenne les faux et les faucilles! il y a bien longtemps que les champs de Wish-ton-Wish n'avaient été foulés par des cavaliers en jaquette de buffle, ou espionnés par le rampant Wampanoag.

— Le danger est venu, s'écria Ruth alarmée; mon mari, les pressentiments étaient justes.

— Voilà en effet des cavaliers galopant dans la forêt, dit Content ; ils s'avancent vers l'habitation ; mais ce sont, suivant toutes les apparences, des hommes de notre espèce et de notre foi ; nous avons plutôt lieu de nous réjouir que de craindre. Ils ont l'air de messagers de la Rivière.

Mark Heathcote écoutait avec surprise, et peut-être avec un peu d'inquiétude; mais toute son émotion s'évanouit à l'instant : car, possédant le plus grand empire sur lui-même, il permettait rarement que ses pensées secrètes se montrassent sur son visage. Le Puritain donna tranquillement l'ordre de reconduire le captif dans la forteresse, indiquant la plus haute des deux principales chambres pour sa prison; puis il se prépara à recevoir des hôtes qu'on était peu habitué à voir troubler le calme de la vallée solitaire. Il implorait encore l'assistance du ciel, lorsque la cour retentit du bruit des pas des chevaux, et qu'il fut appelé à la porte pour recevoir les inconnus.

— Nous avons atteint Wish-ton-Wish et l'habitation du capitaine Mark Heathcote, dit un des hommes qui, par son air et ses habits plus soignés, paraissait être le principal personnage parmi les quatre qui formaient la troupe des nouveaux arrivants.

— Par la faveur de la Providence, je suis l'indigne propriétaire de ce lieu de refuge, dit le vieillard.

— Alors un sujet si loyal et un homme qui s'est montré depuis si longtemps fidèle dans le désert, ne fermera pas sa porte aux agents de son maître l'oint du Seigneur.

— Il y en a un, plus élevé encore que tous ceux de la terre, qui nous enseigne à ne point refuser l'hospitalité. Descendez de cheval, je vous prie, et venez partager ce que nous pourrons vous offrir.

Après cette invitation polie, mais froide, les cavaliers mirent pied à terre, et, abandonnant leurs chevaux aux valets de ferme, ils entrèrent dans l'habitation.

Tandis que les servantes de Ruth préparaient un repas convenable à l'heure et à la qualité des hôtes, Mark et son fils eurent le temps nécessaire d'examiner les étrangers. C'étaient des hommes qui semblaient, par l'expression de leur visage, être tout à fait en harmonie avec le caractère de nos Puritains; car leur maintien était si grave et si sévère qu'on pouvait soupçonner qu'ils appartenaient à cette classe de chrétiens nouvellement convertis aux coutumes rigides de la colonie. Malgré leur gravité extraordinaire, et contrairement aux usages du pays, ils portaient sur leurs personnes les modes d'un autre hémisphère. Les pistolets attachés aux arçons de leur selle, et autres accoutrements militaires, n'eussent peut-être excité aucune observation, si leurs pourpoints, leurs chapeaux et leurs bottes n'eussent décelé qu'ils sacrifiaient aux habitudes de la mère-patrie plus qu'il n'était ordinaire parmi les natifs de ces régions. Personne ne traversait les forêts sans moyens de défense; mais, d'un autre côté, aucun homme ne portait des armes d'une manière aussi mondaine, et avec tant de petites particularités qui trahissaient les caprices récents de la mode. Cependant, comme ils s'étaient annoncés comme étant officiers du roi, ceux qui devaient être principalement intéressés à connaître les motifs de leur visite attendirent patiemment le bon plaisir des étrangers pour apprendre quel devoir les appelait si loin de la demeure des hommes; car, semblables aux premiers habitants du sol sur lequel ils vivaient, les religionnaires envisageaient la précipitation indiscrète comme une faiblesse indigne d'un homme. Pendant la première demi-heure aucune parole qui eût dévoilé le motif de leur arrivée à Wish-ton-Wish ne s'échappa des lèvres des étrangers. Le repas du matin se passa presque en silence; et un des quatre militaires s'était levé sous prétexte d'aller voir s'il ne manquait rien aux chevaux, avant que celui qui paraissait le chef eût amené la conversation sur un sujet qui, par sa tendance politique, pouvait avoir une liaison éloignée avec le principal motif de son voyage dans la vallée solitaire.

— Les nouvelles de la faveur que nous accorde la bonté gracieuse du roi sont-elles déjà parvenues dans cette colonie? demanda le principal personnage, dont l'air était plus martial que celui de ses compagnons, plus jeunes, mais qui, par son air d'assurance, paraissait être le second en autorité.

— A quelles faveurs tes paroles ont-elles rapport? demanda le Puritain en jetant un regard sur son fils, sa fille, et sur les autres personnes de la maison, comme pour les avertir d'être prudentes.

— Je parle de la Charte royale [1], par laquelle les habitants des rives du Connecticut et ceux de la colonie de New-Hawen ont la permission de s'unir en gouvernement, et qui leur accorde une grande liberté de conduite et de conscience.

— Un tel don était digne d'un roi : Charles l'a-t-il fait?

— Oui, et bien des choses encore dignes d'un esprit royal et

---

1. Le petit État de Connecticut, était dans l'origine, divisé en deux colonies, celle de New-Haven et de Connecticut. Elles furent réunies, il y a environ cent cinquante ans, sous les règlements d'une charte qui continua à les régir jusqu'en 1818.

bon ; le royaume est enfin débarrassé des usurpateurs, et le pouvoir est entre les mains d'une race distinguée des autres depuis longtemps par ses priviléges.

— Il est à désirer que le roi fasse un prudent usage de ce pouvoir, répondit le vieillard un peu sèchement.

— C'est un joyeux prince qui s'adonne peu aux études et aux pieux exercices de son père le martyr; mais il a une rare intelligence; peu de personnes parmi celles qui entourent le roi ont un esprit plus vif et des reparties plus promptes.

Mark s'inclina en silence, évitant de terminer cette discussion sur les qualités de son maître terrestre par une conclusion qui eût peut-être offensé un si loyal admirateur. Une personne portée au soupçon aurait vu ou aurait cru voir certains regards équivoques de l'étranger, tandis qu'il faisait l'éloge des brillantes qualités du monarque nouvellement replacé sur le trône, regards qui semblaient vouloir reconnaître jusqu'à quel point ces louanges étaient agréables au maître de la maison. Il se conforma cependant aux désirs du Puritain; et, soit à dessein, soit sans y attacher d'importance, il changea de conversation.

— C'est probablement par toi que ces nouvelles sont arrivées à la colonie, dit Content, qui voyait, à l'expression sévère et réservée des traits de son père, qu'il était temps d'intervenir.

— Quelqu'un est arrivé ce mois-ci dans la baie sur une frégate du roi; mais aucun vaisseau marchand n'est encore venu d'Europe en Amérique, excepté celui qui fait tous les ans le voyage de Bristol à Boston.

— Et la personne qui est arrivée vient-elle investie de l'autorité royale? demanda Mark, ou es-tu simplement un serviteur du Très-Haut venant dresser ta tente dans le désert?

— Tu vas connaître la nature de son message, répondit l'étranger jetant obliquement un malicieux regard d'intelligence sur ses compagnons. — Et se levant, il remit entre les mains de son hôte un parchemin revêtu du sceau de l'État. — On espère que tout secours sera accordé à celui qui porte cette *garantie*, par un sujet d'une loyauté aussi connue que celle du capitaine Heathcote.

CHAPITRE VI.

Mais, avec votre permission, je suis un officier de l'Etat, et je viens pour m'entendre avec vous.
SHAKSPEARE. *Coriolan.*

MALGRÉ le regard scrutateur que l'agent de la couronne fixait alors sans contrainte sur le propriétaire de Wish-ton-Wish tandis que ce dernier lisait l'ordre qu'il avait sous les yeux, il lui était impossible de découvrir le moindre signe d'embarras sur les traits calmes du vieillard. Mark Heathcote maîtrisait depuis trop longtemps ses passions pour permettre que l'expression de son visage pût jamais trahir sa pensée, et il avait naturellement trop de force pour s'alarmer à l'apparence du danger. Présentant le parchemin à l'étranger, il dit à son fils avec la plus grande fermeté :

— Il faut ouvrir toutes les portes de Wish-ton-Wish. Voici un homme investi des pouvoirs du roi et peut-être de tous les secrets des habitations de la colonie.

Alors, se tournant avec dignité vers l'agent de la couronne, le vieillard ajouta : — Tu devrais commencer ton devoir de bonne heure, car nous sommes un grand nombre, et nous occupons un grand espace.

Le visage de l'étranger se couvrit d'une légère rougeur. Cette rougeur était-elle causée par la honte de la tâche qu'il avait acceptée, ou par le ressentiment de cette manière indirecte de lui annoncer qu'on désirait être débarrassé le plus tôt possible de sa présence? Cependant il ne montra aucune intention de se relâcher de la sévérité de ses ordres. Au contraire, rejetant ces manières réservées que la ruse, probablement, lui avait conseillé de prendre tandis qu'il sondait les opinions d'un homme si rigide, il montra subitement une humeur qui eût mieux convenu aux goûts de celui qu'il servait.

—Venez alors, dit le chef à ses compagnons en leur jetant un regard d'intelligence; puisque les portes nous sont ouvertes, nous ferions peu d'honneur à notre politesse si nous refusions d'entrer. Le capitaine Heathcote a été soldat, et il sait comment excuser la liberté d'un voyageur. Je pense que celui qui a goûté les plaisirs des camps doit se fatiguer quelquefois de cette vie pastorale.

— Celui qui est ferme dans la foi ne se fatigue jamais, quoique la route soit longue et le voyage pénible.

— Il est dommage que celui de la joyeuse Angleterre dans ces colonies ne soit pas plus court. Je n'ai pas la prétention d'instruire un gentilhomme qui est mon aîné, et qui probablement vaut mieux que moi ; mais l'occasion est tout dans la fortune de l'homme. Il est charitable de vous faire connaître, mon digne monsieur, que les opinions ont bien changé chez nous : il y a au moins douze mois entiers que je n'ai entendu une ligne des psaumes ou un verset de saint Paul mêlé dans la conversation, ou du moins chez les gens qui veulent montrer de la circonspection.

— Ce changement dans le langage doit plaire à ton maître terrestre plus qu'à celui qui est dans le ciel, dit le vieillard avec une froide sévérité.

— Bien ! bien ! Afin que la paix existe entre nous, nous ne discuterons pas sur un texte de plus ou de moins ; pourvu que nous échappions au sermon.

Après avoir prononcé ces mots, l'étranger, ne se contraignant plus, se mit à rire aux éclats de ce qu'il venait de dire ; ses compagnons l'imitèrent avec un grand plaisir et avec très-peu de déférence pour le caractère de ceux sous le toit desquels ils se trouvaient.

Un point d'un rouge brillant se montra tout à coup sur la joue pâle du Puritain et disparut aussitôt, comme le reflet passager d'un jet de lumière. Le regard tranquille de Content lui-même s'enflamma à cette insulte ; mais, semblable à son père, l'habitude de l'abnégation de soi-même, une conscience qui ne sommeillait jamais et lui montrait ses propres imperfections, apaisèrent ce courroux momentané.

— Si tu es investi du pouvoir nécessaire qui te donne le droit de visiter les lieux secrets de notre habitation, fais ton devoir, dit Content avec un ton qui fit ressouvenir l'étranger que, tout porteur qu'il était d'un ordre du Stuart, il se trouvait à une extrémité du royaume où l'autorité du roi lui-même perdait un peu de sa valeur.

Affectant de s'apercevoir, ou peut-être s'apercevant réellement de son indiscrétion, l'étranger se disposa promptement à remplir sa mission.

— On pourrait nous épargner beaucoup d'embarras et de fatigues en assemblant tous les habitants de cette demeure dans un seul appartement, dit l'étranger. Le gouvernement de la mère-patrie ne serait pas fâché de savoir ce que sont ses sujets dans ces régions éloignées. Tu as sans doute une cloche pour appeler tes gens à des heures désignées?

— Nos serviteurs sont encore près de l'habitation, reprit Content; si tu le désires, personne ne s'absentera pendant tes recherches.

Lisant dans le regard de l'étranger que le désir qu'il exprimait était sérieux, l'impassible colon se rendit à la grille, appliqua une conque à ses lèvres, et là fit retentir de ces sons entendus si souvent dans les forêts, et qui rappellent les familles dans leurs demeures, et sont également un signal de paix ou d'alarme. Ces sons amenèrent tous les serviteurs dans la cour, où se trouvaient alors le Puritain et l'étranger, comme dans le lieu le plus convenable pour le dessein que ce dernier avait manifesté.

— Hallam, dit celui qui paraissait le chef, en s'adressant à un homme qui avait dû être, s'il ne l'était encore, quelque subalterne dans les armées de la couronne, car son costume annonçait un dragon mal déguisé; Hallam, je te laisse pour entretenir cette digne assemblée. Tu peux employer le temps à discourir sur les vanités du monde, et personne n'en peut mieux parler que toi par expérience; ou bien quelques mots sur la fermeté dans la foi auraient un grand poids en sortant de tes lèvres. Mais aie soin qu'aucun membre de ton troupeau ne s'égare. Chacune de ces créatures doit rester immobile comme l'indiscrète compagne de Loth, jusqu'à ce que j'aie visité tous les lieux secrets de cette maison. Ainsi, mets ton esprit à l'œuvre, et montre ton habileté dans la conversation.

Après cette irrévérente injonction à son subordonné, l'orateur signifia au Puritain et à son fils qu'il allait avec les autres gens de sa suite procéder à l'examen de l'habitation.

Lorsque Mark Heathcote vit que l'étranger qui avait si brusquement interrompu les habitudes paisibles de sa famille se disposait à entrer dans la maison, il s'avança tranquillement devant lui, comme quelqu'un qui n'a rien à craindre, et d'un geste l'invita à le suivre. L'étranger, peut-être autant par habitude que par un dessein prémédité, jeta un regard licencieux sur les jeunes filles tremblantes, et jusque sur la modeste Ruth elle-même; puis il suivit les pas de celui qui, sans hésiter, s'était offert à lui servir de guide.

Le motif de cette recherche resta secret entre ceux qui la firent et le Puritain, qui en avait probablement trouvé l'explication dans l'ordre qu'on lui avait mis sous les yeux. Il émanait d'une autorité reconnue, personne ne pouvait en douter ; avait-il rapport aux événements qui avaient produit un changement si subit dans les destinées de la mère-patrie? chacun pensait que c'était une chose probable. Malgré l'apparent mystère de cet examen, la recherche n'en fut pas moins sévère. A cette époque, on n'élevait pas d'habitation de quelque importance qui ne contînt un endroit secret où des effets de quelque valeur et même des personnes pouvaient être cachés au besoin. Les étrangers montrèrent une grande connaissance de la nature et de la position ordinaire de ces lieux secrets. Pas un cabinet, pas un coffre, pas même un tiroir d'une certaine grandeur n'échappèrent à leur vigilance; aucune planche ne rendait un son creux que le maître de la maison ne fût appelé pour en expliquer la cause. Une ou deux fois des morceaux de planche furent détachés avec violence, et les cavités qui se trouvaient au-dessous furent explorées avec une colère concentrée, qui augmentait à mesure que la recherche devenait de plus en plus infructueuse.

Les étrangers paraissaient irrités de leurs vaines recherches; une heure du plus sévère examen ne leur fit rien trouver de ce qu'ils étaient venus chercher. Ils avaient commencé leurs perquisitions avec une grande confiance dans le résultat qui s'ensuivrait; on avait pu en juger par l'assurance du chef et aux allusions personnelles qu'il se permettait très-souvent sur la loyauté de la famille Heathcote. Mais lorsqu'il eut parcouru toute l'habitation, depuis les caves jusqu'aux greniers, son mécontentement devint si fort qu'il mit de côté l'espèce de réserve qu'il avait jusqu'alors essayé de garder au milieu de sa légèreté.

— Vous n'avez rien vu, Hallam? demanda le chef à celui qu'il avait laissé en sentinelle, lorsqu'il traversait la cour en revenant du dernier des bâtiments de l'intérieur; ou les traces qui nous ont conduits jusqu'à cette habitation éloignée sont-elles fausses? Capitaine Heathcote, vous avez vu que nous ne sommes pas ici sans une autorisation suffisante, et je puis aussi vous assurer que nous ne sommes pas venus sans une suffisante...

Mais s'arrêtant subitement comme s'il était sur le point de commettre une indiscrétion, l'étranger jeta un regard sur la forteresse, et demanda à quel usage elle était consacrée.

— C'est, comme tu le vois, un bâtiment élevé pour notre défense, répondit Mark, un bâtiment où, dans le cas d'invasion des sauvages, notre famille pourrait se réfugier.

— Ah! ces citadelles ne me sont pas inconnues ; j'en ai vu quelques unes pendant mon voyage, mais aucune d'une apparence militaire aussi formidable. C'est un soldat qui en est gouverneur, et elle pourrait soutenir un siége. Comme c'est une place forte, nous examinerons plus attentivement ses mystères.

L'étranger alors manifesta l'intention de terminer ses recherches par l'examen de cet édifice. Content, sans hésiter un seul instant, ouvrit la porte et l'invita à entrer.

— Sur la parole d'un homme qui, bien qu'engagé maintenant dans un service pacifique, fut un troupier dans son temps, ce ne serait point un jeu d'enfant que d'emporter cette tour sans artillerie. Si tes espions t'avaient annoncé notre approche, capitaine Heathcote, cette entrée eût été plus difficile pour nous qu'elle ne l'est maintenant. Voilà une échelle! Où les moyens de monter se trouvent, il y a probablement quelque chose d'attaché au sommet ; je vais goûter de votre air de la forêt à un second étage.

— Vous trouverez l'appartement qui est au-dessus semblable à celui-ci, simplement pourvu de tout ce qui peut contribuer à la sûreté des habitants inoffensifs de cette demeure, dit Content, tandis qu'il plaçait tranquillement l'échelle devant la trappe, et qu'il montait lui-même à l'étage supérieur.

— Voilà des meurtrières pour les mousquets, s'écria l'étranger en regardant autour de lui d'une manière expressive, et un abri contre les balles de fusil. Tu n'as pas oublié ton art, capitaine Heathcote, et je m'estime fort heureux d'être entré dans ta forteresse par surprise, ou plutôt comme ami, puisque la paix n'a point encore été rompue entre nous. Mais pourquoi tant de meubles dans un lieu qui est si évidemment une place de guerre?

— Tu oublies que des femmes et des enfants pourraient être conduits dans cette forteresse en cas d'attaque, répondit Content ; c'eût été montrer peu de sollicitude que de négliger ce qui pourrait être utile à leurs besoins.

— Les sauvages donnent-ils de l'inquiétude? demanda l'étranger avec une certaine vivacité ; on nous a assuré dans la colonie qu'il n'y avait rien à craindre de ce côté.

— On ne peut préciser l'instant que des créatures guidées par leur sauvage nature choisissent pour se montrer. Les habitants des frontières ne doivent donc négliger aucune mesure de prudence.

— Ecoute, interrompit l'étranger, j'entends un bruit de pas au-dessus de nous. Ah! notre chasse sera bonne à la fin! Holà, maître Hallam! s'écria l'étranger par une des ouvertures, laisse tes statues de sel se dissoudre, et viens à la tour : il y a de l'ouvrage pour un régiment, car nous connaissons bien la nature de ce que nous sommes venus chercher.

La sentinelle qui était dans la cour appela ses compagnons qui étaient dans les écuries, et ces hommes, se réjouissant ouvertement de cette espérance de succès dans une recherche qui leur avait déjà donné tant de peines inutiles pendant une longue journée et un voyage fatigant, se précipitèrent tous ensemble dans la forteresse.

— Maintenant, digne serviteur d'un gracieux souverain, dit le chef lorsqu'il vit qu'il était appuyé de ses compagnons armés, et parlant du ton d'un homme exalté par le succès, donnez-nous promptement les moyens de nous transporter à l'étage supérieur. J'ai trois fois entendu le pas d'un homme traversant l'appartement, quoique le bruit ait été léger; les planches sont des indiscrètes, et vous ne leur avez pas fait leur leçon.

Content écouta sans s'émouvoir cette demande, qui équivalait à un ordre. Sans montrer aucune hésitation ni aucune crainte, il se disposa à obéir. Tirant l'échelle légère de la trappe qui était au-dessous de lui, il la plaça contre celle de l'étage supérieur. Il monta, et leva la porte; alors il redescendit, indiquant par un geste que ceux qui désiraient monter en étaient les maîtres. Les étrangers se regardaient les uns les autres avec un air de doute ; les inférieurs ne semblaient point disposés à précéder leur chef, et ce dernier hésitait sur l'ordre de marche qu'il fallait suivre.

— N'y a-t-il pas d'autres moyens de monter que par cette étroite échelle? demanda-t-il.

— Aucun : tu trouveras l'échelle sûre et peu difficile; elle a été faite à l'usage des femmes et des enfants.

— Oui, murmura l'officier, mais vos femmes et vos enfants ne sont pas destinés à affronter le diable sous une forme humaine. Mes garçons, vos armes sont-elles en bon état? nous aurons besoin de courage avant que d'attraper notre... Chut! Par les droits divins de notre gracieux maître, il y a réellement quelqu'un qui marche là-haut. Écoute, mon ami, tu connais si bien le chemin que tu ne te refuseras pas à nous le montrer.

Content, qui ne permettait pas aux événements ordinaires de troubler le calme de son âme, obéit promptement et montra la route comme quelqu'un qui ne voit aucun motif de crainte. L'agent de la couronne s'élança derrière lui, ayant soin de s'en tenir aussi près que possible, et appelant ses compagnons, afin qu'ils ne perdissent point de temps à venir le soutenir. Ils montèrent à travers la trappe avec la même vivacité qu'ils auraient mise à escalader une brèche de muraille; aucun des quatre ne se donna le temps de regarder autour de lui, jusqu'à ce que toute la petite armée fut rangée en bataille, chacun la main posée sur ses pistolets ou sur la poignée de son large sabre.

— Par le sombre visage de Stuart! s'écria le principal personnage après avoir jeté dans la chambre un regard pour se convaincre de la vérité de ce qu'il voyait, il n'y a rien ici qu'un jeune sauvage sans armes.

— Croyais-tu trouver autre chose? demanda Content toujours avec la même tranquillité.

— Ce que nous croyons trouver ici est suffisamment connu du vieux gentilhomme qui est en bas et de notre propre sagesse. Si tu doutes de nos droits à faire des recherches jusque dans vos propres cœurs, nous pouvons montrer nos ordres. Le roi Charles n'a aucun sujet d'être miséricordieux envers les habitants de ces colonies, qui prêtent une oreille trop attentive aux doléances hypocrites de loups couverts de la peau de mouton dont la vieille Angleterre est maintenant si heureusement débarrassée. Mais ta maison sera de nouveau fouillée depuis le faîte de tes cheminées jusqu'au fond de tes caves, à moins que tu ne renonces à ta fausseté rebelle au roi et à tes finesses, et que tu ne proclames la vérité avec la franchise d'un véritable Anglais.

— Je ne sais ce qu'on appelle la franchise d'un véritable Anglais, puisque la franchise ne peut être la vertu de tout un peuple, de tout un pays; mais je sais fort bien que tromper est un vice, et que ce vice est peu mis en pratique dans cet établissement. J'ignore ce qu'on cherche, il ne peut donc exister aucune trahison de ma part.

— Tu entends, Hallam; il raisonne sur un sujet qui a rapport à la paix et à la sûreté du roi! s'écria le chef avec une arrogance qui augmentait à proportion de la colère que lui causait son manque de succès. Mais pourquoi ce garçon à peau rouge est-il prisonnier ? Oses-tu te constituer le souverain des natifs de ce continent, et as-tu des fers et des donjons pour ceux qui encourent ta disgrâce ?

— Ce jeune Indien est en effet captif, mais nous l'avons pris pour défendre notre vie ; du reste il n'a à se plaindre que de la perte de sa liberté.

— J'examinerai à fond ta conduite. Quoique je sois envoyé pour une autre affaire, je prends sur moi de protéger tout sujet opprimé de la couronne ; il peut en résulter des découvertes, Hallam, dignes d'être présentées au conseil lui-même.

— Tu trouveras ici peu de choses dignes d'occuper le temps et l'attention de ceux qui sont chargés des soins d'un royaume, reprit Content. Ce jeune païen a été surpris en embuscade près de notre habitation, la nuit dernière, et nous l'avons fait prisonnier afin qu'il n'aille pas raconter ce qu'il sait de notre position aux gens de sa tribu, qui sont sans doute cachés dans la forêt, attendant une occasion favorable pour commettre le mal.

— Que veux-tu dire ? s'écria le chef avec précipitation ; ils sont cachés dans la forêt ?

— Nous ne pouvons en douter ; il serait étonnant qu'on eût trouvé un si jeune Indien loin des guerriers de sa tribu, surtout lorsque évidemment il était chargé de remplir le rôle d'espion.

— J'espère que tes gens ont une provision d'armes suffisante, et les munitions nécessaires ; j'espère aussi que les palissades sont solides et les poternes bien défendues.

— Nous veillons à notre sûreté d'un œil diligent, car, nous autres habitants des frontières, nous savons trop bien qu'il n'y a de salut que dans une infatigable surveillance. Les jeunes gens ont gardé les portes jusqu'au jour, et nous avions l'intention d'aller à la découverte dans les bois vers le milieu de la journée, afin de chercher les signes qui pourraient nous faire connaître le nombre et les desseins de ceux qui nous environnent, mais ton arrivée nous a appelés à remplir un autre devoir.

— Et pourquoi nous parles-tu si tard de cet incident ? demanda l'agent du roi en descendant promptement l'échelle. Ton projet est d'une grande prudence, et il ne faut pas tarder à l'exécuter. Je prends sur moi le droit de commander que tout soin soit apporté dans la défense des sujets de la couronne qui sont ici réunis. Nos coursiers sont-ils rassasiés, Hallam? Le devoir, comme tu dis, est un maître auquel on ne peut résister, il nous rappelle dans le cœur de la colonie..... Je voudrais qu'il nous montrât le plus tôt possible le chemin de l'Europe! murmura le chef en touchant la terre. Allez veiller à ce que nos chevaux soient prêts à partir dans un instant, ajouta-t-il en s'adressant à ses compagnons.

Ces soldats, quoique gens de courage dans une guerre ordinaire et conduite suivant leurs habitudes, avaient, comme les autres hommes, la prudente frayeur d'un danger inconnu, et qui se présentait à eux sous un aspect terrible. Il existe une vérité bien connue, et qui a été prouvée par une expérience de deux siècles : c'est que le soldat européen, toujours disposé à avoir recours au terrible guerrier des forêts de l'Amérique, comme auxiliaire, a, dans presque toutes les occasions, montré les craintes les plus lâches et les plus ridicules lorsque la vengeance où le hasard l'a rendu l'objet et non le spectateur de la cruelle guerre des sauvages. Pendant que Content envisageait le péril avec un si grand calme, les quatre étrangers semblaient en voir toute l'horreur sans connaître le moyen de l'éviter. Leur chef renonça promptement à l'insolence du pouvoir et au ton du mécontentement, pour prendre des manières polies; et comme on voit souvent la politique changer subitement les sentiments de personnages d'une plus haute distinction, lorsque leur intérêt le leur conseille, on vit de même le langage de l'étranger prendre un caractère de courtoisie et de conciliation.

Il ne lorgna plus les servantes, il traita la maîtresse de la maison avec respect, et ne s'adressa plus au vieux Puritain qu'en lui témoignant la plus profonde vénération. Il prononça quelques mots en forme d'apologie sur les obligations désagréables du devoir, et sur les manières qu'il avait été utile d'affecter pour accomplir un dessein secret; mais ni Mark ni son fils ne parurent prendre assez d'intérêt à leur hôte pour lui donner la peine de répéter cette explication aussi maladroite qu'elle leur semblait inutile à ceux qui l'écoutaient.

Loin d'opposer un nouvel obstacle aux intentions de la famille, les étrangers invitèrent sérieusement les colons à ne point renoncer à visiter les bois. L'habitation devait être confiée pendant ce temps à la vigilance du vieux capitaine ; il garda sous ses ordres à peu près la moitié des valets, soutenus par les Européens, qui se placèrent, par un attachement d'instinct, sous la protection de la forteresse, leur chef déclarant et répétant, avec assez de vérité, que, bien qu'il fût prêt en tout temps à risquer sa vie en plaine, il avait toujours éprouvé une répugnance insurmontable à l'exposer au milieu des buissons. Content, accompagné par Eben Dudley, Reuben Ring et deux autres jeunes gens vigoureux et bien armés, quoique légèrement, quitta l'habitation et se dirigea vers la forêt. Ce petit détachement entra dans les bois par le point le plus proche, marchant avec une prudence que la nature du danger devait inspirer, et qu'une grande habitude pouvait seule diriger. La manière de faire cette recherche était aussi simple qu'elle promettait d'être efficace. Les batteurs d'estrade commencèrent un circuit autour de la partie défrichée, étendant leur ligne aussi loin qu'il était possible de le faire sans se séparer, et chacun d'eux portant toute son attention sur les signes qui eussent pu faire découvrir la trace et les réduits des dangereux ennemis qui, suivant toute probabilité, étaient cachés dans leur voisinage. Mais, de même que la recherche faite dans les bâtiments, pendant longtemps cette battue n'eut aucun résultat. Les colons avaient parcouru plusieurs milles, la moitié de leur tâche était remplie, et ils n'avaient trouvé aucun indice, excepté la trace des quatre étrangers et celle d'un seul cheval, le long d'un sentier conduisant à la plantation, et par lequel était arrivé la veille l'inconnu qui avait disparu si promptement. Les valets de ferme traversèrent ce sentier presque en même temps, et ne firent aucun commentaire sur ces indices; mais tout à coup une voix basse les appela. Ils reconnurent celle de Reuben Ring, et se réunirent auprès de lui.

— Voici d'autres traces laissées par un cheval qui s'éloignait de l'habitation, dit le valet au regard perçant; celui qui le montait n'appartient point à la famille de Wish-ton-Wish, puisque son cheval avait des fers aux pieds, ce qui n'est jamais arrivé à aucun des nôtres.

— Nous suivrons cette piste, dit Content, qui aperçut aussitôt à des signes non équivoques qu'un animal avait traversé ce chemin quelques heures auparavant.

Leur recherche dura peu. A une faible distance de cet endroit, ils trouvèrent la carcasse d'un cheval mort; il leur fut facile de reconnaître quel avait été le propriétaire de ce malheureux animal. Quoique quelques bêtes féroces eussent déjà à moitié dévoré le cadavre, qui était encore frais, et dont le sang coulait encore, il était évident, par les restes d'un équipage usé autant que par la couleur et la taille de l'animal, que c'était celui qui avait été monté par l'étranger mystérieux, lorsque, après s'être mêlé aux prières de la famille de Wish-ton-Wish et avoir partagé son repas, il avait disparu d'une manière si subite et si étrange. Le sac de cuir, les armes qui avaient appelé l'attention du vieux capitaine, tout enfin, excepté une vieille selle, tout avait disparu ; mais ce qui restait encore était suffisant pour faire reconnaître l'animal.

— La dent du loup a passé par là, dit Eben Dudley en s'arrêtant pour examiner une blessure profonde dans le cou de l'animal, et ici la lame d'un couteau ; mais était-il tenu par la main d'une Peau Rouge? Mes connaissances ne vont pas jusque-là.

Chaque individu se pencha sur la blessure; mais les résultats de cette curiosité n'allèrent pas plus loin que lui prouver que c'était incontestablement le cheval de l'étranger qui avait perdu la vie. Quel avait été le sort de son maître? Il était impossible de le savoir. Abandonnant cette recherche après un long et inutile examen, la petite troupe termina le circuit de la partie défrichée; la nuit était proche avant que cette tâche fatigante fût achevée. Ruth était à la poterne, attendant avec impatience le retour de son mari ; elle vit sur son visage que s'il n'avait rien découvert qui pût augmenter les alarmes, il n'avait non plus obtenu aucun témoignage qui pût expliquer les doutes pénibles dont la tendre et sensible mère avait été tourmentée pendant tout le jour.

CHAPITRE VII.

> Ne pouvez-vous attendre que tout le monde soit retiré ? ou n'y a-t-il pas quelque lieu solitaire dans lequel vous puissiez épancher vos secrets, au lieu de parler ainsi devant tout le monde ?
> SHAKSPEARE. *Le Conte d'hiver.*

Une longue expérience a prouvé que lorsque les blancs se sont trouvés placés dans une position qui les forçait à adopter quelques unes des habitudes des sauvages, ils possèdent bientôt cette adresse particulière par laquelle les Indiens de l'Amérique du nord sont si remarquables, celle de découvrir les traces imprimées sur le sol des forêts, avec une intelligence qui ressemble presque à de l'instinct. Les craintes de la famille furent donc en partie apaisées par le rapport de ceux qui venaient de visiter les bois; tous s'accordèrent à dire qu'aucune bande de sauvages assez forte pour être dangereuse n'était cachée dans les environs de la vallée, et quelques uns, parmi lesquels se trouvait le vigoureux Eben Dudley, offrirent hardiment de répondre sur leur propre vie de ceux dont la sûreté était confiée à leur vigilance.

Ces paroles consolantes calmèrent un peu les craintes de Ruth et celles de ses servantes; mais elles ne produisirent pas le même effet sur les quatre étrangers qui attristaient toujours Wish-ton-Wish de leur présence. Quoiqu'ils eussent renoncé à tout soupçon relatif au but de leur visite, ils ne parlèrent pas de départ. Au contraire, lorsque la nuit approcha, le chef entra en communication avec le vieux capitaine, et lui fit des propositions auxquelles le Puritain ne vit aucune raison de s'opposer.

Des sentinelles furent donc placées aux palissades jusqu'au lendemain matin, et les différents membres de sa famille se retirèrent dans leurs chambres à coucher, tranquilles en apparence, sinon entièrement rassurés. Les étrangers, à leur grande satisfaction, prirent poste dans la plus basse des chambres fortifiées de la citadelle, et les heures de la nuit s'écoulèrent dans la plus grande tranquillité. L'aurore se leva dans la vallée solitaire, et n'éclaira, comme de coutume, que des scènes de calme et de paix.

Le soleil se coucha et se leva trois fois sur l'habitation de Wish-ton-Wish sans amener aucun sujet de danger ou d'alarme. Le temps rendit aux agents du roi Charles leur ancienne tranquillité, cependant ils ne manquaient jamais de se mettre sous la protection de la forteresse lorsque les ténèbres commençaient à couvrir la terre. Hallam observa plusieurs fois avec gravité que leurs habitudes militaires et leur discipline les rendaient plus propres que d'autres à défendre la citadelle. Bien que le Puritain éprouvât un grand mécontentement du séjour des étrangers dans la vallée, l'habitude de l'abnégation et l'empire qu'il avait sur lui-même lui donnaient les moyens de cacher son dégoût. Pendant les deux premiers jours la conduite des étrangers fut irréprochable; toutes leurs facultés semblaient être concentrées dans leur vigilance et la crainte que leur inspirait la forêt, d'où ils croyaient voir sortir à chaque instant une troupe de cruels sauvages. Mais leur légèreté reparut lorsque la paix qui régnait dans la vallée leur eut rendu leur ancienne sécurité.

Le soir du toisième jour après l'arrivée des étrangers dans la plantation, celui qu'on appelait Hallam se hasarda pour la première fois hors de la poterne et se dirigea vers les bâtiments extérieurs. Son visage était moins préoccupé qu'il ne l'avait été jusque là, et ses pas étaient assurés. Au lieu de porter, comme il l'avait fait depuis son arrivée dans la vallée, une paire de lourds pistolets à sa ceinture, il avait mis de côté sa large épée, et offrait plutôt l'apparence d'un homme qui cherche ses aises que celle d'un soldat accablé du poids de tout un attirail guerrier, costume que jusqu'alors Hallam et ses compagnons avaient cru prudent de conserver. Il arrêtait tranquillement ses yeux sur les champs de la famille Heathcote qui réfléchissaient les doux et brillants rayons du soleil couchant ; il permettait même à ses regards de s'étendre jusqu'à cette immense forêt que son imagination peuplait naguère d'êtres si hideux et si féroces.

C'était l'heure à laquelle se terminent tous les travaux champêtres. Parmi ceux qui étaient occupés hors de la maison dans ce moment d'activité, était une servante de Ruth, dont la voix claire se faisait entendre dans une des étables, tantôt chantant d'un ton élevé un chant religieux, tantôt murmurant d'une manière à peine intelligible, tandis qu'elle était occupée à ravir à un animal favori le tribut qu'il donnait chaque soir à la laiterie de sa maîtresse. Les pas de l'étranger se dirigèrent comme par hasard vers le lieu où chantait la jeune fille, et comme s'il eût accordé autant d'admiration au troupeau qu'à tout autre objet.

—De quel oiseau as-tu reçu des leçons, ma jolie fille? J'ai pris ta voix pour celle du plus doux chantre de tes bois, dit Hallam en s'appuyant avec indolence et d'un air de supériorité sur une des planches de l'enclos. On croirait entendre un rouge-gorge et un roitelet plutôt qu'une voix humaine s'élevant et s'abaissant dans une psalmodie quotidienne.

—Les oiseaux de nos forêts parlent rarement, répliqua la jeune fille, et celui d'entre eux qui a le plus à dire parle comme ceux qu'on appelle hommes, lorsqu'ils mettent leur esprit à la torture pour séduire l'oreille d'une fille de campagne.

—Et que peut dire cet oiseau?

—Il se moque.

— Ah ! j'ai entendu parler de son talent. On dit que son harmonie est un composé de celle de tous les autres oiseaux de la forêt, et cependant je ne vois pas en quoi il peut ressembler à l'honnête langage d'un soldat dans sa manière franche de s'exprimer.

— Il parle sans qu'il y ait beaucoup de sens dans ses paroles, et plutôt pour plaire à l'oreille que par aucune autre et honnête raison.

— Tu oublies ce que je t'ai dit ce matin, jeune fille ; on serait tenté de croire que ceux qui t'ont donné le nom de Foi n'ont pas lieu de se vanter de leur perspicacité, car celui d'Incrédulité conviendrait mieux à ton caractère.

— Ceux qui m'ont nommée savaient peu combien la crédulité doit être grande pour donner crédit à tout ce que vous voulez que je croie.

— Tu peux bien, j'espère, croire facilement que tu es charmante, puisque tes yeux eux-mêmes peuvent t'en convaincre. Celle qui a la repartie si prompte ne devrait pas douter non plus qu'elle est spirituelle. Jusque-là j'admets que le nom de Foi convient à ton caractère.

— Si Eben Dudley entendait des discours aussi mondains, reprit la jeune fille à demi contente, il te croirait moins de droits à l'esprit que tu ne sembles en accorder aux autres. J'entends son pas lourd au milieu des bestiaux, et avant peu nous pouvons être certains de voir une tournure qui ne peut pas se vanter d'être beaucoup plus légère.

— Cet Eben Dudley n'est pas un personnage de peu d'importance, je le vois, murmura Hallam en continuant sa promenade au moment où le valet qu'il venait de nommer faisait son entrée dans le parc aux brebis.

Les regards qu'échangèrent les deux hommes n'eurent rien d'amical ; cependant l'habitant des frontières laissa passer l'étranger sans lui adresser aucune parole de mécontentement.

— Le taureau ombrageux s'apprivoise à la fin, dit l'habitant des frontières en posant la crosse de son fusil à ses pieds avec une violence qui laissa une empreinte profonde sur la pelouse flétrie. Ce bœuf roux, le vieux Loger, ne consent pas plus volontiers à porter son joug que la vache de quatre ans à donner son lait.

— La créature est devenue douce depuis que vous avez enseigné la manière de dompter son humeur, reprit la jeune laitière d'une voix qui, en dépit de tous ses efforts, trahissait une partie de son émotion, et tandis qu'elle redoublait de vivacité pour accomplir sa tâche.

— Hum! j'espère qu'on se souvient aussi bien de quelques autres de mes leçons. Mais tu es prompte à apprendre, Foi; il est facile de s'en apercevoir par la rapidité avec laquelle tu as pris l'habitude de discourir avec un homme à la langue légère, comme ce réprouvé d'outre-mer.

— J'espère qu'écouter poliment n'est pas une preuve qu'une jeune fille habituée jusqu'ici à la modestie tienne des discours inconvenants, Eben Dudley. Tu as souvent dit qu'il était du devoir de celle à qui l'on parlait de prêter l'oreille, de crainte qu'on ne croie qu'elle a l'esprit dédaigneux, et qu'elle ne soit renommée plutôt pour son orgueil que pour sa bonté.

— Je vois que tu gardes mes leçons dans ton souvenir plus que je ne pensais. Ainsi, tu n'écoutes si volontiers, Foi, que parce qu'une jeune fille ne doit pas être dédaigneuse?

— Tu l'as dit; et quels que soient mes défauts, tu n'as pas le droit de compter le dédain dans le nombre.

— Si je le fais, puissé-je...! Eben Dudley se mordit les lèvres et réprima une expression qui eût été une grave offense pour une jeune fille dont les habitudes vertueuses étaient aussi sévères que celles de Foi.—Tu dois avoir entendu bien des choses profitables aujourd'hui, ajouta-t-il, en considérant la facilité avec laquelle tu prêtes l'oreille, et le nombre des occasions.

— Je ne sais ce que tu veux dire par le nombre des occasions, répondit la jeune fille en se penchant davantage encore afin de cacher la rougeur dont sa conscience l'avertissait, et qui couvrait ses joues.

— Je voulais dire que l'histoire devait être longue, lorsqu'on avait besoin de quatre entretiens particuliers pour la terminer.

— Quatre! aussi vrai que je crois être une fille sincère dans mes paroles et dans mes actions, c'est seulement la troisième fois que l'étranger m'a parlé depuis le lever du soleil.

— Si je connais le nombre des doigts de ma main, c'est la quatrième.

— Mais comment peux-tu, Eben Dudley, toi qui as été aux champs depuis le lever de l'aurore, savoir ce qui s'est passé dans les environs de la maison? Il est certain que la jalousie ou quelque autre vilaine passion te fait parler avec colère.

— Comment je puis le savoir ? Peut-être tu penses, Foi Ring, que ton frère Reuben a seul le don d'y bien voir.

— Le travail doit avoir été profitable au capitaine, lorsque les yeux étaient tournés vers un autre objet ! mais peut-être il entretient les plus vigoureux pour observer ce qui se passe, et envoie les plus faibles à l'ouvrage.

— Je ne néglige pas assez ta sûreté pour ne pas jeter de temps en temps un regard du côté de l'habitation, jeune éveillée ; peu importe ce que tu penses de ce soin, mais ce serait une belle désolation dans les laiteries et dans les offices, si les Wampanoags arrivaient dans la partie défrichée, et s'il ne se trouvait personne pour donner l'alarme à temps.

— En vérité, Eben, ta terreur de l'enfant qui est dans la forteresse est grande pour un homme de ton âge, ou bien tu ne surveillerais pas d'aussi près la maison, répondit Foi en riant ; car, avec la sagacité de son sexe, elle commençait à s'apercevoir qu'elle obtenait peu à peu la supériorité dans la conversation. Tu ne te rappelles donc pas que nous avons de vaillants soldats de la vieille Angleterre pour empêcher le jeune enfant de faire du mal ? Mais voilà un de ces braves. Il sera prudent de lui recommander la vigilance ; ou peut-être cette nuit, pendant notre sommeil, nous ferons connaissance avec le tomahawk.

— Tu parles de l'arme des sauvages, dit l'Anglais qui s'était approché de nouveau avec un désir visible de prendre part à une conversation qui, pendant qu'il surveillait les interlocuteurs à une certaine distance, semblait être devenue intéressante. J'espère qu'il n'existe plus aucune crainte dans ce quartier.

— Comme vous le dites, dans ce quartier, dit Eben, sifflant à voix basse après avoir prononcé cette phrase, et regardant tranquillement le corps lumineux auquel il venait de faire allusion. Mais le premier quartier qui suivra pourra nous donner un joli échantillon de la manière dont les sauvages font la guerre.

— Et que la lune a-t-elle de commun avec les invasions des sauvages ? Y en a-t-il parmi eux qui étudient le secret des astres ?

— Ils étudient les secrets du diable, et sa méchanceté plus que toute autre chose. Il n'est pas facile à l'esprit de l'homme de se figurer les horreurs auxquelles ils se livrent lorsque la Providence leur a fait obtenir quelque succès.

— Mais tu parlais de la lune. De quelle manière la lune est-elle d'accord avec leurs sanglantes attaques ?

— Elle est maintenant dans son plein, et il y a peu de moments dans la nuit où une sentinelle ne pourrait pas voir une Peau Rouge dans la partie défrichée. Mais il en sera bien autrement lorsqu'une heure ou deux de ténèbres répandront leurs ombres sur les bois. Il y aura dans peu un changement de lune, cela nous avertit d'être sur nos gardes.

— Tu crois donc réellement qu'il y a dans les environs une bande de sauvages qui attendent le moment opportun? demanda l'officier avec une inquiétude si marquée, que Foi, quoique à peine apaisée, ne put s'empêcher de jeter un regard malin à son compagnon. Cependant on voyait en même temps dans les yeux de la jeune fille une expression qui avertissait Eben Dudley de prendre garde à lui, et qui menaçait de contredire ses sinistres présages.

— Il peut y avoir des sauvages cachés dans les montagnes, à un jour de marche dans la forêt; mais ils connaissent trop bien la portée des fusils des blancs pour dormir à la distance qu'elle peut atteindre. Il est dans la nature de l'Indien de manger et de dormir lorsqu'il a du temps à consacrer au repos, et de jeûner et d'assassiner lorsque l'heure de l'attaque est venue.

— Et quelle est la distance jusqu'à l'établissement le plus voisin du Connecticut? demanda l'Anglais avec un air d'indifférence si affectée qu'il laissait deviner l'agitation intérieure de son esprit.

— Vingt heures à peu près conduiraient un habile coureur aux plus proches habitations, en réservant peu de temps pour les repas et le sommeil. Néanmoins celui qui est sage ne se livrera guère au repos avant d'être en sûreté dans quelque bâtiment semblable à cette forteresse, ou du moins avant qu'il y ait entre lui et la forêt une bonne palissade de pieux de chêne.

— N'y a-t-il aucun sentier par lequel les voyageurs puissent éviter la forêt pendant les ténèbres?

— Je n'en connais aucun. Celui qui quitte Wish-ton-Wish pour les villes qui sont au bas de la montagne, doit faire son lit de la terre, ou bien voyager aussi longtemps que sa monture peut le orter.

— Nous en avons vraiment fait l'expérience en venant ici. Tu penses donc, ami, que les sauvages sont dans leur temps de repos et qu'ils attendent le changement de lune?

— D'après mon opinion, nous ne les aurons pas avant, reprit

Eben Dudley, prenant soin de ne point expliquer cette opinion, si réellement il l'avait conçue, et d'en enfermer le sens dans une réserve mentale.

— A quelle heure montez-vous en selle, lorsque vos affaires vous appellent dans les établissements qui sont au bas de la montagne?

— Nous ne manquons jamais de partir vers le temps où le soleil touche le grand pin qui est là-bas sur la montagne. L'expérience nous a prouvé que c'était le temps le plus sûr; aucune montre ne peut indiquer l'heure d'une manière plus juste que cet arbre.

— Cette nuit me plaît, dit l'étranger en regardant autour de lui comme une personne subitement frappée de l'apparence du beau temps; les ténèbres ne couvrent plus la forêt; il me semble que c'est un moment convenable pour mettre un terme à l'affaire qui nous a amenés jusqu'ici.

En disant ces mots, et supposant probablement qu'il avait suffisamment caché le motif de sa décision, le dragon inquiet s'avança vers la maison avec une tranquillité affectée, faisant signe à un de ses compagnons qui était à quelque distance de venir lui parler.

— Maintenant crois-tu encore, stupide Dudley, que les quatre doigts de ta lourde main ont compté le véritable nombre de ce que tu appelles mes occasions? dit Foi lorsqu'elle fut certaine qu'elle n'était entendue que de celui auquel elle s'adressait, et riant en se penchant sous la vache dont elle tirait le lait, quoiqu'elle éprouvât encore un mécontentement qu'elle ne pouvait tout à fait réprimer.

— Ai-je dit autre chose que la vérité? Ce n'est point à moi d'enseigner la manière de voyager à celui qui fait l'honnête métier de chasseur d'hommes. Je n'ai rien dit que de raisonnable, c'est ce que pourraient attester tous ceux qui habitent dans ces cantons.

— Sûrement, rien qui ne soit vrai. Mais la vérité devient si amère dans ta bouche, qu'elle ressemble à une médecine qu'on ne peut prendre qu'à plusieurs gorgées et en fermant les yeux; ceux qui la boivent trop vite courent le risque de s'étouffer. Je m'étonne que celui qui est si rempli de sollicitude pour des étrangers prenne si peu d'intérêt à ceux qui sont confiés à sa garde.

— Je ne sais ce que tu veux dire. — Foi, lorsqu'il y a du danger dans la vallée, mon fusil ne fait-il pas son devoir?

— Ce bon fusil remplit mieux son devoir que son maître. Il est possible que tu aies la permission de dormir à ton poste, car, nous autres filles, nous ne pouvons deviner le bon plaisir du capitaine sur ces matières-là; mais il serait aussi utile, sinon aussi militaire, de placer ton mousquet à la poterne et toi dans ton lit la première fois que tu seras de garde et que tu auras envie de dormir.

Dudley eut l'air aussi confus qu'un homme de son caractère, rude et inflexible, pouvait l'avoir; mais il refusa obstinément de comprendre l'allusion de la compagne qu'il avait offensée.

— Tu n'as pas conversé en vain avec le soldat d'outre-mer, dit-il, puisque tu parles si savamment d'armes et de sentinelles.

— En effet, il m'en a beaucoup appris sur ce sujet.

— Hum! et quel est le résultat de ses leçons?

— Que celui qui dort à une poterne ne doit pas parler si hardiment de l'ennemi, ni croire que les jeunes filles doivent placer une grande confiance dans...

— Dans quoi, Foi?

— Eh! tu sais bien que je veux dire dans sa vigilance. Sur ma vie, si quelqu'un avait passé plus tard qu'à l'ordinaire près du poste de ce soldat aux douces paroles, il ne l'aurait pas trouvé, comme on aurait pu voir une sentinelle de cette maison, dormant et rêvant aux bonnes choses qui se trouvent dans la laiterie de madame.

— En vérité, es-tu venue, jeune fille? dit Eben en baissant la voix et manifestant en même temps son plaisir et sa honte; mais tu sais, Foi, que nous avions laissé de l'ouvrage de côté pour aller faire une battue dans la forêt, et que le travail d'hier surpassait nos fatigues ordinaires. Cependant je garde la poterne cette nuit, de huit heures à minuit, et...

— Et tu feras un bon somme pendant ce temps-là, je n'en doute pas. Non, celui qui a été si vigilant pendant la journée, ne doit pas se vanter lorsque la nuit approche. Adieu, Dudley l'éveillé; si tes yeux doivent s'ouvrir le lendemain, remercie les jeunes filles de n'avoir pas cousu tes habits aux palissades.

Malgré les efforts du jeune homme pour la retenir, la fille aux pieds légers lui échappa en portant son fardeau à la laiterie; et sur son visage, qu'elle détournait à moitié, on voyait en même temps un air de triomphe et de repentir.

Pendant ce temps le chef des étrangers et ses compagnons

avaient entre eux une intéressante conférence. Lorsqu'elle fut terminée, le premier se dirigea vers l'appartement où l'on savait que Mark Heathcote passait une partie du temps qu'il ne consacrait pas au secret de ses pratiques de piété ou à surveiller les travailleurs dans les champs. En employant une circonlocution qui devait, selon lui, cacher son véritable motif, l'agent du roi annonça ainsi son intention de partir cette nuit :

— Comme un homme qui a acquis une grande expérience dans le métier des armes, je me suis fait un devoir de rester dans ta demeure tant que les sauvages te menaçaient d'une attaque. Ce serait mal à des soldats de faire parade de leur bravoure; mais si l'alarme avait eu réellement lieu, tu me croiras lorsque je t'assurerai que la forteresse aurait été vaillamment défendue. Je ferai mon rapport à ceux qui m'ont envoyé. Mark Heathcote, Charles a en toi un sujet loyal, et la constitution un ferme appui. Des soupçons, des renseignements qui se trouvent faux nous ont conduits jusqu'ici ; ils seront contredits, et sans doute on trouvera qu'on a été induit en erreur. Si l'occasion se présente de parler de la dernière alarme, je suis sûr que mes compagnons ne la laisseront point échapper sans faire tous leurs efforts pour te rendre service.

— L'esprit humble se fait un devoir de ne jamais parler mal de ses frères et de ne point cacher le bien, répondit le Puritain réservé. Si tu as trouvé ton séjour dans ma demeure suivant tes désirs, tu es le bienvenu ; et si ton devoir et ton désir t'engagent à la quitter, que la paix soit avec toi. Il est utile que tu t'unisses à nous pour demander que ton passage à travers le désert soit sans danger, que celui qui veille sur toutes ses créatures te prenne sous sa garde spéciale, et que le sauvage païen...

— Penses-tu que les sauvages soient hors de leur village? demanda l'étranger avec une promptitude impolie qui interrompit l'énumération des bénédictions et des dangers que son hôte jugeait à propos d'introduire dans la prière d'adieu.

— Puisque tu es resté ici pour nous aider à nous défendre, tu ne peux pas douter que tes services auraient pu nous être utiles, répondit Mark sèchement.

— Je voudrais que le prince des ténèbres te tînt dans ses griffes ainsi que les autres diables de ces bois, murmura l'étranger entre ses dents. — Et alors, poussé par un esprit qui ne pouvait se vaincre longtemps, il reprit une partie de sa légèreté naturelle,

refusa hardiment de se joindre à la prière, sous prétexte qu'il était pressé et qu'il devait surveiller les préparatifs du départ.
— Mais que cela ne t'empêche pas, dit-il, digne capitaine, de prier en notre faveur tandis que nous serons en selle ; car nous avons encore à digérer le pieux aliment dont tu nous as nourris. Nous ne doutons pas cependant que si ta voix s'élevait en notre honneur pendant que nous traverserons les premières lieues de la forêt, le trot de nos chevaux n'en serait pas plus lourd, et nous-mêmes nous ne nous en trouverions pas plus mal.

Alors, adressant un regard de moquerie mal déguisée à un de ses compagnons qui était venu l'avertir que les chevaux étaient prêts, il fit le salut d'adieu avec un air dans lequel se mêlait ce respect involontaire qu'un homme comme le Puritain ne pouvait manquer d'inspirer, et un dédain habituel pour toutes les choses sérieuses.

Tous les membres de la famille de Mark Heathcote, jusqu'au dernier des serviteurs, virent le départ des étrangers avec une grande satisfaction intérieure ; les jeunes filles elles-mêmes, dans lesquelles la nature avait éveillé une légère vanité, furent charmées d'êtres débarrassées de galants dont les éloges flattaient souvent leur oreille, mais plus souvent encore blessaient la sévérité de leurs principes par des allusions frivoles et mondaines à des choses qu'elles étaient habituées à considérer avec autant de crainte que de respect. Eben Dudley put à peine cacher la joie qu'il éprouva lorsqu'il vit la petite troupe entrer dans la forêt ; mais ni lui ni ceux dont l'expérience était plus grande n'avaient l'idée que les Anglais pussent s'exposer à un danger réel par leur brusque départ.

L'opinion de ceux qui avaient fait une battue dans la forêt sembla se confirmer chaque jour ; la nuit et bien d'autres qui la suivirent s'écoulèrent sans alarme. La saison s'avançait, et les serviteurs terminèrent leurs travaux sans qu'un second appel fût fait à leur courage, ou qu'il y eût de nouvelles raisons pour redoubler de surveillance. Whittal Ring suivait les chevaux avec impunité dans les profondeurs les plus sombres de la forêt, et les troupeaux de la famille, aussi longtemps que la saison le permit, allèrent paître tranquillement dans les bois. Le temps du danger et la visite des agents de la couronne fournirent un sujet de traditions, et pendant l'hiver suivant, la visite des Anglais surtout fut un texte qui entretint la gaieté autour de ces feux brillants si nécessaires dans le pays.

Il existait toujours dans la famille un souvenir vivant de la nuit mémorable. Le captif indien resta dans l'habitation longtemps encore après que les événements qui l'avaient placé au pouvoir des colons furent presque oubliés.

Le désir de faire éclore les semences de la régénération spirituelle que le vieux Mark Heathcote supposait germer dans le sein de tous les hommes, et par conséquent dans celui du jeune païen, était devenu une espèce de passion pour le Puritain. L'habitude et la manière de penser de l'époque avaient une grande tendance vers la superstition, et il était facile qu'un homme dont les dispositions étaient ascétiques et les doctrines exaltées, en vînt à croire qu'une Providence spéciale avait placé le jeune garçon entre ses mains dans quelques desseins puissants et mystérieux que le temps révélerait un jour.

Malgré le fanatisme outré dont était empreint le caractère des religionnaires de cette époque, ils ne manquaient ni d'adresse ni de prudence; les moyens qu'ils jugeaient convenables d'employer pour aider les desseins cachés de la Providence étaient en général utiles et raisonnables. Mais cependant, tandis que Mark n'oubliait jamais de faire appeler le jeune Indien à l'heure de la prière, et d'y introduire une demande spéciale en faveur des païens ignorants, et en particulier de celui que le ciel lui avait envoyé, il hésitait à croire qu'un miracle manifeste aurait lieu en sa faveur. Afin qu'aucun blâme ne s'attachât au devoir qui était confié aux moyens humains, il avait recours à la bonté, à une continuelle et douce sollicitude. Mais toute tentative pour amener le jeune Indien à adopter les habitudes de l'homme civilisé furent vaines. Lorsque le froid augmenta, la compatissante Ruth essaya de lui persuader de prendre des vêtements que des hommes plus forts que lui et plus endurcis au travail jugeaient si nécessaires. Elle fit préparer des habits ornés de manière à flatter le goût d'un Indien; mais les prières et les menaces furent vaines pour le décider à les porter. Une fois, Eben Dudley l'habilla de force, et le conduisit aussitôt en présence du vieux capitaine; qui offrit à Dieu une prière particulière pour obtenir que le jeune Indien sentît le mérite de cette concession aux principes de l'homme instruit et civilisé. Mais au bout d'une heure, le vigoureux serviteur qui avait été choisi dans cette occasion pour être l'instrument de la civilisation, apprit à Foi que l'expérience n'avait point eu de succès; et suivant l'expression d'Eben, qui rapporta d'une manière un peu irrévérencieuse l'essai du Puritain, le païen avait déjà repris ses brodequins de peau et sa ceinture peinte, quoique le capitaine eût tenté d'attacher les vêtements sur son corps par la vertu d'une prière qui aurait pu couvrir la nudité d'une tribu tout entière. Enfin, le résultat de cette expérience fut, comme celui de beaucoup d'autres, la preuve de la difficulté qui existe à plier un homme accoutumé à l'aisance de la liberté sauvage, sous le joug d'une existence qu'on estime bien supérieure à la sienne.

Dans toutes les occasions où le jeune Indien avait la liberté du choix, il rejetait avec dédain les coutumes des blancs, et suivait avec une obstination étrange et presque héroïque les usages de sa nation.

Le jeune captif était surveillé avec une grande vigilance. Un jour qu'on lui avait permis de se promener dans les champs, il essaya ouvertement de s'échapper, et on ne parvint à s'emparer de nouveau de sa personne qu'en mettant l'agilité d'Eben Dudley et de Reuben Ring à la plus sévère épreuve qu'elle eût jusqu'alors subie, de l'aveu des vigoureux serviteurs eux-mêmes. Depuis ce moment, il ne fut plus permis au jeune Indien de dépasser les palissades. Lorsque le travail appelait aux champs, l'Indien était ordinairement renfermé dans sa prison, où, comme une compensation de sa captivité, on supposait qu'il jouissait d'une société intime avec le vieux capitaine, qui avait l'habitude de passer plusieurs heures de la journée, et souvent une grande partie de la nuit, dans l'intérieur de la forteresse. Lorsque les portes étaient fermées, ou lorsque quelques serviteurs d'une force et d'une activité suffisantes pour s'opposer à son évasion étaient présents, l'Indien avait la permission d'errer parmi les divers bâtiments de l'habitation. Le jeune captif ne manquait jamais de profiter de cette liberté, mais d'une manière qui excitait péniblement la sensibilité de Ruth.

Au lieu de se joindre aux jeux des autres enfants, le jeune Indien restait seul; il regardait leurs amusements d'un œil distrait, ou, s'approchant des palissades, il passait quelquefois des heures entières les yeux fixés sur ces forêts immenses où il avait reçu la vie, et qui contenaient probablement tout ce que ses simples pensées estimaient le plus dans le monde. Ruth, touchée de cette douleur expressive et silencieuse, essayait en vain de gagner sa confiance et de lui enseigner des occupations qui auraient pu distraire son chagrin; mais le jeune obstiné rejetait tout ce qui, à la longue, aurait pu lui faire oublier son origine. Il paraissait comprendre les intentions de sa douce maîtresse, et souvent il souffrait qu'elle le conduisît au milieu de ses joyeux enfants; mais après avoir regardé un instant leurs jeux d'un air froid, il retournait à sa place chérie près des palissades. Cependant on s'apercevait, à des preuves particulières et mystérieuses, qu'il commençait à comprendre le langage qu'on parlait autour de lui et les opinions des habitants de la vallée, plus que son origine et la solitude complète dans laquelle il vivait ne semblaient le permettre. Ce fait important et inexplicable était prouvé par les regards expressifs de ses grands yeux noirs, lorsqu'on parlait devant lui de quelque chose qui avait rapport, même d'une manière détournée, à sa position, et une ou deux fois par le feu et l'expression de férocité qui animèrent son visage lorsque Eben Dudley vantaient les prouesses des blancs dans leurs rencontres avec les premiers habitants de l'Amérique. Le Puritain ne manquait jamais de prendre note de ces symptômes d'une intelligence naissante, gages de la récompense future de ses pieux travaux, et ils servaient à le consoler d'un scrupule que son zèle ne pouvait pas entièrement vaincre, celui de causer tant de souffrances à un être qui, après tout, ne lui avait fait aucun tort positif.

A l'époque dont nous nous occupons, le climat des Etats-Unis différait d'une manière sensible de celui qui est aujourd'hui connu de ses habitants. Un hiver dans la province de Connecticut ne se passait pas sans que la neige tombât sur la terre à diverses reprises, et ne la couvrît bientôt des masses compactes de l'élément congelé. Des dégels accidentels, des pluies d'orage, auxquels succédait le retour du froid clair et piquant qu'occasionnent les vents du nord ouest, étendaient souvent sur la terre une glace brillante; l'on voyait des hommes, des animaux et quelquefois des traîneaux glisser sur sa surface comme sur un lac uni. Pendant une saison aussi sévère, les infatigables habitants des frontières, ne pouvant se livrer à leurs travaux ordinaires, avaient l'habitude de poursuivre à travers la forêt le gibier, qui, conduit par la faim dans des parties du bois connues des colons, devenait facilement la proie d'hommes aussi intelligents et aussi adroits que Eben Dudley et Reuben Ring.

Lorsque les jeunes serviteurs quittaient l'habitation pour ces chasses, le captif indien prenait le plus vif intérêt à leurs actions. Dans toutes ces occasions, il passait la journée entière à l'ouverture de sa prison, écoutant les coups de fusil éloignés qui résonnaient dans la forêt; et la seule fois qu'il laissa échapper un sourire pendant une si longue captivité, ce fut en examinant les yeux éteints et les griffes formidables d'une panthère qui était tombée sous les coups d'Eben Dudley pendant une de ces excursions sur les montagnes. Dans ce moment la compassion des habitants des frontières s'éleva fortement en faveur du jeune Indien, qui souffrait avec tant de patience et de dignité son emprisonnement, et ils lui auraient procuré avec joie le plaisir de la chasse, si ce désir n'eût pas présenté de si grands inconvénients; Dudley l'eût volontiers conduit lui-même comme un chien en laisse, mais c'était une espèce de dégradation contre laquelle un jeune Indien, ambitieux et jaloux du caractère et du titre de guerrier, se serait ouvertement révolté.

Ruth, observant le captif avec plus d'intérêt encore, comme on l'a déjà vu, avait découvert que son esprit commençait à s'éclairer. Les moyens par lesquels un enfant qui n'avait aucune part aux occupations, et qui semblait écouter rarement les conversations de famille, avait pu comprendre la signification d'un langage difficile aux écoliers eux-mêmes, lui paraissaient incompréhensibles, ainsi qu'aux autres colons. Cependant, à l'aide de ce tact qui si souvent instruit l'esprit des femmes, elle était certaine de ce fait. Profitant de cette connaissance, elle essaya d'obtenir de son protégé l'assurance qu'il reviendrait à la vallée vers la fin du jour si on lui permettait de se joindre aux chasseurs. Mais, quoique les paroles de Ruth fussent aussi douces que son caractère, et qu'elle mit tout son zèle à obtenir que le captif lui donnât une preuve qu'il la comprenait, elle n'obtint pas, dans cette occasion, le plus léger symptôme d'intelligence de son élève. Chagrine et trompée dans son attente, Ruth avait abandonné son louable dessein, lorsque tout à coup le vieux Puritain, qui avait été spectateur silencieux des inutiles efforts de sa fille, annonça sa confiance dans l'intégrité du jeune Indien et son intention de lui permettre de suivre la première chasse qui aurait lieu.

La cause de ce brusque changement dans la sévère vigilance qu'avait jusqu'alors exercée Mark Heathcote fut, comme la source de la plupart de ses actions, un secret qui resta renfermé dans son sein. On avait remarqué que, pendant la vaine expérience que Ruth avait tentée, le Puritain observait ses efforts avec attention et intérêt. Il parut sympathiser à son chagrin; mais le bonheur de ces tribus païennes, qui pouvaient être amenées à la lumière de la foi par l'entremise du jeune Indien, était trop important pour perdre légèrement les avantages qu'il avait gagnés sur l'intelligence de son prisonnier, en lui procurant les moyens de s'échapper. Suivant toute apparence, l'intention de permettre au prisonnier de quitter les palissades était entièrement abandonnée, lorsque le vieux capitaine annonça subitement son changement de résolution. Les conjectures que chacun forma sur les causes de cette détermination inattendue varièrent à l'infini; quelques uns pensèrent que le Puritain avait été favorisé d'une mystérieuse révélation des desseins de la Providence; d'autres, au contraire, que, commençant à désespérer du succès de sa pieuse entreprise, il voulait essayer si la Providence manifesterait plus clairement ses projets s'il abandonnait le jeune Indien à ses propres impulsions. Chacun sembla croire que si le captif revenait à la vallée, cette circonstance pourrait être considérée comme un miracle. Cependant lorsque le vieux capitaine eut pris cette résolution, elle demeura inébranlable. Il annonça son intention après une de ces longues et solitaires visites dans la forteresse, où probablement il avait soutenu un grand combat spirituel à cette occasion. Comme le temps était favorable à son projet, Mark Heathcote ordonna à ses serviteurs de se préparer à faire une sortie le matin suivant.

L'expression d'une joie soudaine se montra sur les traits du jeune Indien lorsque Ruth remit entre les mains du captif l'arc de son propre fils, et que par ses signes et ses paroles elle lui fit comprendre qu'il pourrait s'en servir avec liberté dans la forêt. Mais cette expression de plaisir disparut aussi promptement qu'elle était venue. Lorsque le jeune Indien reçut les armes, ce fut plutôt avec l'air d'un chasseur accoutumé à leur usage qu'avec celui d'un prisonnier aux mains duquel elles étaient depuis si longtemps étrangères. Au moment où il quitta les portes de Wish-ton-Wish, les servantes de Ruth se précipitèrent autour de lui avec un curieux intérêt, car il semblait étrange de voir un jeune sauvage, jusqu'alors surveillé avec une aussi grande vigilance, jouir d'une entière liberté. Malgré la confiance ordinaire dans les lumières et la grande sagesse du Puritain, on croyait généralement que l'enfant dont l'arrivée avait été enveloppée de mystère, et dont la présence était d'une si grande importance à la sécurité de la plantation, allait disparaitre pour ne plus revenir. Le jeune Indien conserva son calme inébranlable jusqu'au dernier moment. Cependant il s'arrêta un instant lorsque son pied toucha le seuil de la porte; il parut regarder Ruth et ses enfants avec un intérêt passager ; puis, reprenant la dignité d'un guerrier indien, son regard devint froid et distrait, et il suivit d'un pas léger les chasseurs, qui avaient déjà quitté les palissades.

CHAPITRE VIII.

> Fort bien, je suis l'objet de vos railleries ; vous l'emportez sur moi. Je suis battu, je ne suis pas capable de répondre sur un morceau de flanelle de Galles. L'ignorance elle-même pèse comme un plomb sur moi. Traitez-moi comme il vous plaira.
>
> SHAKSPEARE. *Les Joyeuses femmes de Windsor.*

Les poëtes, aidés par l'impatience naturelle à l'homme, ont fait au printemps une réputation qu'il mérite rarement. Malgré ce que ces écrivains d'une imagination vive ont pu nous apprendre de son souffle balsamique, de ses zéphirs embaumés, le printemps est presque partout la moins agréable et la plus inconstante des saisons. C'est la jeunesse de l'année ; et, comme cette époque de la vie, elle ne fait encore que promettre ; il y a un combat continuel entre l'espérance et la réalité pendant cette période, qui semble se traîner lentement et avoir un penchant irrésistible à tromper. Tout ce qu'on dit sur ses productions précoces est exagéré, car le sol est aussi peu capable de répandre ses généreux tributs avant d'avoir senti l'influence vivifiante des chaleurs de l'été, que l'homme l'est de porter des fruits précieux sans l'assistance d'un pouvoir moral plus noble que celui qu'il possède en vertu de ses dispositions innées ; d'un autre côté, le déclin de l'année est rempli d'une douceur, d'un calme, d'une harmonie qui rappellent le déclin d'une vie bien employée. C'est, dans chaque pays et dans tous les climats, l'époque où les causes morales et physiques s'unissent pour fournir les sources les plus riches de jouissances. Si le printemps est la saison de l'espérance, l'automne est la saison des fruits. Il existe assez de changements pour donner du mouvement au cours de l'existence, et pas assez de vicissitudes pour tromper. Succédant à la nudité de l'hiver, le printemps est gracieux par comparaison, et l'on jouit encore des beautés de l'automne lorsque celles de l'été se sont montrées dans tout leur luxe.

Pour obéir à cette loi de la nature, malgré l'imagination des poëtes, le printemps et l'automne d'Amérique participent largement du caractère distinctif de ces saisons rivales. Ce que la nature a fait sur le continent américain n'a point été fait avec parcimonie; et lorsque nous pouvons tirer gloire d'un automne qui l'emporte certainement en beauté, à peu d'exceptions près, sur ceux de la plupart des climats de l'ancien monde, le printemps manque rarement, pour égaliser les dons de la Providence, de se montrer avec toute son inconstance.

Plus de la moitié d'une année s'était écoulée depuis le jour où le jeune Indien avait été trouvé en embuscade dans la vallée de la famille Heathcote, et celui où il lui fut permis de se rendre dans la forêt sans autre chaîne que ce lien moral qui, suivant le propriétaire de l'habitation, devait le ramener volontairement dans une captivité aussi pénible. On était au mois d'avril; mais c'était avril comme il était connu il y a un siècle dans le Connecticut, et comme il se présente encore souvent aujourd'hui dans cette capricieuse saison. Le temps avait repris subitement et avec violence toute la rigueur de l'hiver; au dégel avaient succédé une neige abondante ou de la pluie, et l'époque qui annonce le temps des fleurs avait amené un vent froid et piquant du nord-ouest, qui pouvait faire croire à la présence du mois de février.

Le jour où Content conduisit ses serviteurs dans la forêt, les colons étaient revêtus d'habits de peau. Leurs jambes étaient protégées par les grossiers brodequins qu'ils avaient portés dans les chasses de l'hiver précédent, si l'on peut regarder comme passé ce qui est de retour; car, bien que le froid fût un peu moins piquant, la campagne avait l'apparence qu'elle offre dans le premier mois de l'année. Eben Dudley, qui sortit le dernier de la poterne, et qui était le plus lourd de la troupe, marcha sur la neige durcie d'un pas aussi ferme que s'il eût foulé la terre. Plus d'une fille déclara que, bien qu'elle eût essayé de découvrir la trace des chasseurs lorsqu'ils eurent quitté les palissades, la sagacité d'un Indien lui-même n'aurait pu suivre leur piste le long du sentier glacé qu'ils suivaient.

Les heures se succédèrent sans apporter aucune nouvelle de la chasse. On entendait de temps en temps le bruit des armes à feu, qui résonnait sous les voûtes de la forêt et se répétait d'échos en échos dans les antres et dans les montagnes ; mais ce bruit éloigné expira graduellement avec le cours du jour, et longtemps avant que le soleil eût atteint son méridien, et que sa chaleur, qui à cette époque de l'année n'était pas sans pouvoir, se fût répandue sur la vallée, la forêt était plongée comme à l'ordinaire dans son triste et solennel silence.

Cet événement, si l'on en excepte l'absence de l'Indien, était trop commun pour occuper exclusivement. Ruth travailla au milieu de ses servantes ; et lorsque le souvenir des chasseurs s'emparait de son esprit, il se mêlait à la sollicitude avec laquelle elle surveillait les préparatifs qui devaient leur procurer un copieux repas après les fatigues de la journée. C'était un devoir qu'elle n'accomplissait jamais légèrement. La position de Ruth était bien propre à nourrir les plus douces affections d'une femme ; car elle présentait peu de tentations de céder à des pensées qui n'étaient pas dictées par les sentiments les plus naturels. Dans toutes les occasions, elle exerçait les devoirs si doux de son emploi avec tout le dévouement de son sexe.

— Ton père et ses compagnons reconnaîtront nos soins avec plaisir, disait la maîtresse de la maison à sa petite fille, tandis qu'elle ordonnait qu'on retirât du garde-manger une provision plus considérable que de coutume : le retour au logis est toujours plus doux après le travail et la fatigue.

— Je crois que Mark est déjà à moitié mort de faim après une course si fatigante, dit l'enfant que nous avons présentée à nos lecteurs sous le nom de Martha : il est bien jeune pour aller dans les bois avec des chasseurs comme le grand Dudley.

— Et le païen, ajouta la petite Ruth, il est aussi jeune que Mark, quoique plus habitué à la fatigue. Il se pourrait, mère, qu'il ne revînt plus jamais parmi nous.

— Cela causerait du chagrin à notre vénérable père, répondit Ruth ; car vous saurez, ma fille, qu'il a l'espérance de changer l'esprit du païen, et de forcer sa nature sauvage à céder au pouvoir de la raison. Mais le soleil se cache derrière la montagne, et la soirée devient froide comme dans l'hiver. Allez à la poterne, Ruth, et regardez dans les champs. Je voudrais savoir si l'on peut apercevoir ton père et les chasseurs.

Ruth, tout en donnant cet ordre à sa fille, ne négligeait point elle-même de remplir la même mission. Tandis que l'enfant allait à la porte extérieure, la maîtresse de la maison se rendit à l'appartement le plus bas de la forteresse, et par ses différentes ouvertures, elle examina attentivement les environs. L'ombre des arbres qui bornaient l'horizon du côté de l'ouest s'abaissait déjà sur la blanche masse de neige, et la température qui suivit le coucher du soleil annonçait l'approche d'une nuit aussi froide que l'avait été le jour. Un vent piquant, qui avait amené avec lui l'air glacé des grands lacs et qui avait triomphé de la force d'un soleil d'avril, venait de cesser à la chute du jour; le climat ressemblait alors à celui des saisons les plus douces de l'année au milieu des glaciers des Hautes-Alpes.

Ruth était trop habituée à la vue de la forêt et à cette prolongation d'hiver jusqu'aux approches de mai, pour en ressentir quelque émotion pénible. Mais l'heure était arrivée à laquelle elle attendait le retour des chasseurs. Elle espérait à chaque instant les voir sortir de la forêt, et cette attente trompée était bientôt suivie de l'inquiétude que cause un espoir déçu. L'ombre du crépuscule s'étendait peu à peu sur la vallée, et bientôt les ténèbres de la nuit lui succédèrent sans apporter aucune nouvelle des chasseurs. A ce retard, qui n'était point un événement ordinaire dans un lieu aussi isolé que Wish-ton-Wish, se joignirent plusieurs petites observations qu'on avait faites pendant la journée, et qui pouvaient causer quelques inquiétudes raisonnables. Les décharges des armes à feu avaient été entendues de bonne heure dans la matinée sur des points opposés de la montagne, et d'une manière trop distincte pour faire supposer que c'étaient des échos, preuve certaine que les chasseurs s'étaient séparés dans la forêt. Dans de semblables circonstances il n'était pas étonnant que l'imagination d'une femme, d'une mère, d'une sœur, ou de celle qui éprouvait intérieurement une tendre affection pour un des chasseurs, se représentât avec effroi les dangers auxquels ils étaient exposés.

—Je crains que la chasse ne les ait éloignés de la vallée plus qu'il n'est convenable à cette heure et dans cette saison, dit Ruth à ses servantes qui s'étaient réunies auprès d'elle dans un endroit d'où l'œil pouvait, autant que les ténèbres le permettaient, embrasser les terres découvertes qui entouraient la maison. L'homme le plus raisonnable devient distrait comme l'enfant irréfléchi, ajouta Ruth, lorsqu'il est entraîné par l'ardeur de la chasse. C'est le devoir des plus âgés de penser pour ceux qui sont sans expérience. Mais à quelles plaintes indiscrètes me portent mes inquiétudes! Peut-être mon mari est occupé maintenant à rassembler sa troupe afin de revenir au logis. Quelqu'un a-t-il entendu sa conque sonner le rappel?

— Les bois sont tranquilles comme le jour où le premier bruit de la hache retentit parmi les arbres, répondit Foi ; j'ai entendu un son qui ressemblait à une des chansons de Dudley, mais je me suis aperçue plus tard que ce n'était que le mugissement d'un de ses bœufs. Peut-être cet animal appelle les soins de son maître.

— Whittal Ring s'est occupé des bestiaux aujourd'hui, et il ne semble pas probable qu'il ait oublié ceux dont Dudley est particulièrement chargé, répondit Ruth. Ton esprit s'abandonne à la légèreté, Foi, lorsque tu parles de ce jeune homme. Il n'est pas convenable qu'une personne de ton sexe et de ton âge manifeste un si grand éloignement pour un jeune homme dont les sentiments sont aussi honnêtes que la conduite, quoiqu'il puisse paraître lourd, et qu'il ne possède pas la faveur d'une personne de ton caractère.

— Je ne critique point sa tournure, et il m'est indifférent qu'il soit lourd ou qu'il ne le soit pas, répondit Foi en se mordant les lèvres et en secouant la tête. Quant à ma faveur, si jamais cet homme me la demande, je ne lui ferai pas attendre longtemps une réponse. Mais n'est-ce pas lui-même, madame Heathcote, qui descend de la montagne du côté de l'est, et qui suit le sentier du verger? Par ici vous pourrez le voir dans ce moment, tournant près de l'endroit où le ruisseau fait un coude.

— Je vois quelqu'un, certainement, et ce ne peut être qu'un de nos chasseurs. Cependant, je ne crois pas reconnaître la tournure et la taille d'Eben Dudley ; tu devrais reconnaître tes parents, jeune fille : il me semble que c'est ton frère.

— Ce peut être en effet Reuben Ring ; cependant je crois reconnaître l'air fanfaron de l'autre, quoique leur taille soit à peu près la même... La manière de porter le fusil est aussi la même parmi tous les habitants des frontières... Mais à cette heure il n'est pas facile de distinguer un homme d'un tronc d'arbre... et... mais je crois que nous allons avoir la preuve tout à l'heure que c'est le paresseux Dudley lui-même.

—Paresseux ou non, il est le premier à revenir de cette chasse si longue et si fatigante, dit Ruth en soupirant péniblement, et regrettant qu'il en fût ainsi. Va à la poterne et fais-le entrer, jeune fille; j'ai ordonné qu'on fermât les verrous, car je n'aime pas que les portes soient ouvertes à cette heure dans une garnison défendue par des femmes. Je vais me hâter de retourner à la maison, et faire préparer tout ce qui est nécessaire pour le repas des chasseurs, car nous ne serons pas longtemps à voir le reste de la troupe.

Foi obéit avec une grande lenteur et une indifférence affectée. Au moment où elle atteignit la poterne, un homme descendait l'éminence, et se dirigeait vers le même point. Une minute plus tard l'effort qu'il fit pour entrer annonça son arrivée.

— Doucement, maître Dudley, dit la jeune fille enjouée qui tenait le verrou d'une main, quoique par malice elle ne voulût pas l'ouvrir. Nous savons que vous avez un bras puissant, et pourtant les palissades ne tomberont pas sous vos efforts. Il n'y a pas ici de Samson pour renverser les piliers sur notre tête. Peut-être ne sommes-nous pas disposées à donner entrée à ceux qui sont restés trop tard dehors.

— Ouvre la poterne, jeune fille, dit Eben Dudley; ensuite, si tu as quelque chose à me dire, nous serons plus à notre aise pour la conversation.

— Il se pourrait que ta conversation fût plus agréable lorsqu'on l'entend d'un peu loin. Rends un compte exact de tes fautes pendant la journée, prudent Dudley, et je prendrai pitié de ta position. Mais de crainte que la faim ne t'ait fait perdre la mémoire, je vais t'aider à te rappeler les faits. La première de tes offenses est d'avoir laissé Reuben Ring tuer le cerf; la seconde, d'en avoir réclamé la gloire, et la troisième est la mauvaise habitude que tu as d'écouter ta propre voix, ce qui fait que les animaux s'enfuient à ton approche, tant ce bruit leur est désagréable.

— Tes plaisanteries sont hors de saison, Foi; je voudrais parler tout de suite au capitaine.

— Peut-être emploie-t-il assez bien son temps pour ne pas désirer une telle compagnie. Tu n'es pas le premier animal, il s'en faut, qui ait beuglé à la porte de Wish-ton-Wish.

— Quelqu'un est-il venu pendant la journée, Foi? demanda le valet de ferme avec cet air d'intérêt naturel à un homme qui avait l'habitude de vivre dans une aussi grande solitude.

—Que dirais-tu d'une seconde visite du soldat au doux langage, celui qui nous faisait entendre des discours si gais à la fin de l'année? Ce serait un hôte bien reçu; je puis parier qu'il ne frapperait pas deux fois de suite à la porte.

— Le galant devrait plutôt faire attention à la lune! s'écria Dudley en frappant la crosse de son fusil sur la glace, avec tant de force que le bruit fit tressaillir sa compagne. Quel sot message l'a engagé de nouveau à se hasarder si avant dans la forêt?

— Ton esprit ressemble à un cheval indompté et opiniâtre, il est toujours prêt à prendre le mors aux dents. Je ne te dis pas positivement que cet homme soit venu, je t'invite seulement à donner ton opinion sur cet événement, dans le cas où il arriverait sans être attendu, quoique je sois loin d'être certaine que quelqu'un ici espère revoir jamais son visage.

— Voilà de folles plaisanteries, dit le jeune homme fâché d'avoir été ainsi conduit à trahir sa jalousie. Je te dis de tirer les verrous, car je suis pressé de parler au capitaine ou à son fils.

— Tu peux parler au premier, s'il veut écouter ce que tu as à lui dire, reprit la jeune fille en ouvrant la poterne; mais tu parleras plus sûrement au second en restant à la porte, puisqu'il n'est pas encore de retour.

Dudley recula un pas et répéta les mots que Foi venait de prononcer, d'un ton qui montrait que l'inquiétude se mêlait à sa surprise.

— Pas encore de retour! certainement il n'y a personne dehors depuis que je suis rentré?

— Quoi que tu dises, je plaisantais avec toi plutôt pour te punir de tes anciennes transgressions que pour tes offenses présentes. Loin d'être le dernier, tu es le premier des chasseurs que nous ayons vu depuis le matin. Hâte-toi d'aller près de madame, raconte-lui le danger, s'il y en a, afin que nous prenions toutes les mesures nécessaires pour notre sûreté.

— Cela ne produirait pas grand bien, certainement, murmura l'habitant des frontières; il sembla réfléchir un instant, et il ajouta: — Reste ici, Foi; je vais retourner dans la forêt; car un mot dit à propos ou un signal de ma conque pourra hâter leur retour.

— Quelle folie vient de te saisir, Dudley! tu ne voudrais pas retourner dans les bois, seul, à cette heure, s'il y a quelque danger. Avance un peu, que je puisse mettre le verrou ; madame sera surprise que je reste si longtemps ici.

— Ah! j'entends des pas dans la prairie, je les distingue au craquement de la neige ; ils ne tarderont pas.

Malgré son apparente certitude, le jeune homme, au lieu d'aller à la rencontre de ses amis, avança un pas et ferma le verrou que Foi tenait encore dans la même intention, prenant soin en même temps de laisser tomber une pesante barre de bois qui ajoutait encore à la solidité de la poterne. La crainte de Dudley, si c'était un semblable sentiment qui lui avait dicté cette précaution, était sans fondement, car, avant qu'il eût eu le temps de réfléchir, la voix bien connue du maître se fit entendre et demanda qu'on ouvrît. Content entra avec tous ses compagnons chargés de gibier. Le tumulte de cette arrivée mit fin au dialogue ; Foi se glissa dans l'obscurité afin d'annoncer à sa maîtresse que les chasseurs étaient de retour, tâche qu'elle accomplit sans entrer dans aucun détail sur son entrevue avec Eben Dudley.

Il est inutile de s'arrêter sur la satisfaction qu'éprouva Ruth en revoyant son mari et son fils, après l'inquiétude dont elle avait été tourmentée. Quoique la sévérité des manières de la famille n'admît l'expression violente d'aucun sentiment, une joie touchante se montrait dans les regards et sur les joues animées de la discrète Puritaine, tandis qu'elle faisait les honneurs du repas du soir.

Les chasseurs n'avaient à rapporter aucun événement extraordinaire ; ils n'avaient pas non plus cet air sérieux qu'on apercevait sur le visage et dans les manières de celui qui les avait précédés. Au contraire, chacun d'eux avait sa paisible histoire à raconter, quelquefois aux dépens d'un compagnon moins heureux, et souvent afin de faire briller son adresse personnelle comme chasseur. On expliqua le retard du retour à l'habitation par l'éloignement qu'avaient causé les tentations d'une chasse plus heureuse que de coutume. L'appétit des chasseurs avait été excité par la fatigue, les viandes étaient succulentes, et le commencement du repas s'écoula, comme nous l'avons dit, au milieu du récit d'exploits personnels, et de la fuite extraordinaire d'un cerf qui, si la fortune n'avait point été inconstante, eût servi de trophée pour celui dont l'adresse l'aurait fait tomber sous ses coups. Ce ne fut que lorsque la vanité fut bien satisfaite et la faim à peu près apaisée, que les chasseurs discutèrent les événements de la journée avec le calme et la modération qui étaient mieux en harmonie avec leurs manières habituelles.

— Nous avons perdu le son de ta conque, Dudley, lorsque nous nous enfoncions dans le ravin de la montagne, dit Content pendant un moment de silence. Depuis ce temps ni les yeux ni les oreilles n'ont pu deviner tes mouvements, jusqu'à ce que nous t'ayons trouvé près de la poterne, comme une sentinelle en faction.

Celui auquel Content s'adressait n'avait point partagé la gaieté de la soirée. Tandis que les autres chasseurs mangeaient avec appétit et se mêlaient aux innocentes plaisanteries, Dudley mangeait à peine, et ses traits durs n'avaient pas encore laissé paraître un sourire. Cette gravité et ce silence si extraordinaires ne manquèrent pas d'attirer l'attention. On l'attribua généralement à ce qu'il était revenu de la chasse les mains vides ; et lorsque le maître de la maison eut commencé l'attaque, le coupable imaginaire ne fut pas épargné.

— Le boucher a eu peu d'ouvrage dans la tuerie de ce jour; dit un des jeunes gens. Comme une punition de son absence, on devrait l'envoyer sur la montagne pour apporter les deux daims qui pendent à un jeune érable près de la source. Il faut que notre gibier passe par ses mains d'une manière ou d'autre, sans quoi il aurait moins de saveur.

— Depuis la mort du mouton, le commerce de Dudley ne lui a pas donné grande occupation, ajouta un autre : le jeune homme abattu ressemble à quelqu'un qui est prêt à céder son fonds au premier étranger qui le lui demandera.

— Les animaux qui courent en liberté sont une viande meilleure que les moutons enfermés dans les bergeries, reprit un troisième ; et d'ailleurs l'habitude commençait à se perdre avant cette chasse. Sans aucun doute il a une réserve pour ceux qui iront chercher de la venaison dans son étable.

Ruth s'aperçut que les manières de son mari devenaient plus graves pendant ces allusions à un événement qu'il aurait voulu pouvoir oublier ; et elle prit la parole pour diriger la conversation sur un sujet plus convenable.

— Qu'est-ce que cela veut dire? s'écria-t-elle; le vigoureux Dudley a-t-il perdu son adresse? Je n'ai jamais compté avec plus de certitude sur les richesses de notre table que lorsqu'on l'envoyait sur les montagnes à la recherche du cerf ou du dindon sauvage. Je serais fâché d'apprendre qu'Eben Dudley commence à perdre ses talents comme chasseur.

— Cet homme devient triste parce qu'il est trop bien nourri, dit la voix d'une femme qui était occupée à ranger la vaisselle dans une autre partie de la chambre. Il chasse seul afin qu'on ne s'aperçoive pas qu'il perd tous les jours de son adresse. Je crois qu'il a l'intention de se rendre de l'autre côté de la mer pour être soldat.

Jusqu'à ce moment celui qui était exposé à ces joyeuses plaisanteries les avait écoutées comme ayant trop de confiance dans sa réputation bien établie pour s'en affecter ; mais en écoutant les paroles de la jeune femme, il saisit d'une main la barbe épaisse qui lui couvrait la moitié du visage, et tournant un regard irrité sur Foi Ring, qui se repentait déjà de ce qu'elle avait dit, il reprit toute son assurance naturelle.

— Il se peut que j'aie perdu mon adresse, dit-il, et que j'aime mieux être seul que d'être ennuyé de la compagnie de gens que je pourrais facilement nommer, car nous ne devons pas de reconnaissance à ces galants qui voyagent du haut en bas de la colonie, donnant des leçons de malice aux filles d'honnêtes gens ; mais pourquoi Eben Dudley doit-il supporter à lui seul tout le feu roulant de vos plaisanteries, lorsqu'il y en a un autre, ce me semble, qui s'est encore plus éloigné de vous?

Les yeux de tous les chasseurs se rencontrèrent, et leurs regards semblaient se demander qui pouvait être absent. Les jeunes habitants des frontières secouèrent la tête ; et reconnaissant les traits de tous ceux qui composaient la petite communauté de Wish-ton-Wish, ils allaient exprimer leur pensée lorsque Ruth s'écria :

— Le jeune Indien n'est point ici!

La crainte qu'inspiraient les sauvages était si générale parmi ceux qui vivaient sur cette frontière exposée à tant de dangers, que tous les planteurs se levèrent en entendant ces mots, par une impulsion soudaine et commune, chaque individu regardant autour de lui avec une surprise qui ressemblait presque à de l'effroi.

— Le jeune garçon était avec nous quand nous quittâmes la forêt, dit Content, après un moment de silence. J'ai fait l'éloge de son activité et de l'intelligence qu'il avait montrée en découvrant les retraites où le daim se cachait, quoiqu'il y ait peu de raison de croire que mes paroles fussent comprises.

— Et si ce n'était offenser le ciel que de prêter un serment aussi solennel pour une chose aussi légère, je jurerais sur les saintes Ecritures qu'il était auprès de moi lorsque nous sommes entrés dans le verger, ajouta Reuben Ring, célèbre dans l'habitation pour la sûreté de sa vue.

— Et je ferai serment, ou toute autre déclaration loyale et consciencieuse, qu'il n'a pas passé par la poterne lorsque je l'ai ouverte de ma propre main, reprit Eben Dudley; j'ai compté ceux qui entraient, et il est certain qu'il n'y avait pas de Peau Rouge parmi eux.

— Ne peux-tu rien nous dire de plus du jeune garçon? demanda Ruth, prompte à prendre l'alarme sur un sujet qui avait si longtemps causé son inquiétude et donné carrière à son imagination.

— Rien. Il n'a point été avec moi depuis le milieu de la journée; je n'ai pas vu le visage d'un homme vivant depuis ce moment, à moins qu'on ne puisse appeler ainsi un être mystérieux que j'ai rencontré dans la forêt.

Le ton et les manières de celui qui parlait étaient trop sérieux et trop naturels pour que les auditeurs ne prissent pas un peu de la même gravité. Peut-être l'arrivée du Puritain dans ce moment aida-t-elle à réprimer la joie qui avait été si vive parmi les chasseurs; car lorsqu'il parut, un sentiment profond de curiosité se manifesta sur tous les visages. Content attendit dans un respectueux silence que son père eût fait lentement le tour du cercle; alors il se prépara à demander des renseignements sur une affaire qui commençait à devenir digne de son attention.

CHAPITRE IX.

> La dernière nuit, lorsque cette étoile qui est à l'ouest du pôle suivait son cours pour éclairer la partie du ciel où elle brille maintenant, Marcellus et moi, l'horloge sonnait une heure...
> — Paix! taisez-vous; regardez, il vient encore.
> SHAKSPEARE. *Hamlet.*

Il est de notre devoir, comme fidèle historien des événements racontés dans cette simple légende, de ne dédaigner aucune circonstance qui puisse jeter quelque lumière sur les incidents, ni aucune opinion qui puisse instruire le lecteur du caractère des acteurs. Afin que cette obligation soit remplie avec une précision et une clarté suffisantes, il est devenu nécessaire de faire une courte digression qui nous éloignera un instant de l'action immédiate de cette histoire.

On a déjà prouvé, par le récit lui-même, que la famille Heathcote vivait à une époque et dans un pays où des dogmes religieux particuliers et exagérés avaient une grande influence. Dans ce temps, on espérait et on proclamait ouvertement la manifestation visible de la bonté de la Providence ; il n'est donc pas étonnant qu'on crût aussi que les agents du mal exerçaient leur pouvoir d'une manière qui est un peu opposée à l'expérience de notre siècle. Comme nous n'avons aucun désir de faire dans ces pages un cours de théologie ou de controverse métaphysique, nous raconterons simplement les événements importants qui, suivant les écrivains contemporains, eurent lieu dans les colonies de la Nouvelle-Angleterre, à peu près à l'époque dont nous nous occupons. On sait assez que l'art de la sorcellerie, et un autre plus diabolique encore dans son origine, étaient florissants dans cette partie du monde à un degré qui était probablement en proportion de la négligence qu'on apportait à tous les autres arts.

Il y a tant de graves et respectables autorités qui prouvent l'existence de ces influences malignes, qu'il faudrait une plume plus vigoureuse que la mienne pour les attaquer sans un motif convenable. Les esprits légers, dit le savant et pieux Cotton Mather[1], docteur en théologie et membre de la société royale ; les esprits légers peuvent se moquer de ces choses, mais lorsque des centaines de personnes raisonnables, dans un pays où elles ont autant de jugement que dans le reste du monde, attestent qu'elles sont vraies, l'esprit pervers et absurde des Saducéens peut seul les contester. Contre cette grave autorité nous ne prétendons élever aucune objection de scepticisme ; nous nous soumettons au témoignage d'un tel écrivain, quoique, comme la crédulité est quelquefois bornée par des limites géographiques et possède quelque chose du caractère national, il puisse être prudent de

---

[1]. Le docteur Cotton Mather, qui vivait jeune encore à l'époque de cette histoire, était un savant ministre de Boston, qui a laissé, entre autres ouvrages, un Traité de philosophie chrétienne et les *Jugements des Sorciers*. On le consultait souvent sur les cas de sorcellerie.

renvoyer certains lecteurs qui habitent l'autre hémisphère aux lois de l'Angleterre sur cet intéressant sujet, comme elles sont ingénieusement expliquées par Kéeble [1], et approuvées par les douze juges de cette île éclairée, où la civilisation est portée à un si haut degré. Avec l'aide de ces graves autorités, que nous invoquons à l'appui de ce que nous allons raconter, nous retournons à notre histoire, avec la ferme confiance que ses incidents jetteront quelque lumière sur un sujet d'un intérêt si général et si profond.

Content attendit respectueusement que son père se fût placé sur son siége; et alors, s'apercevant que le vénérable Puritain n'avait aucune intention de s'occuper personnellement de cette affaire, il commença l'examen de ses serviteurs de la manière suivante, avec tout le sérieux que réclamait la gravité du sujet :

— Tu as parlé de quelqu'un que tu avais rencontré dans la forêt, dit Content à Eben Dudley; achève l'explication de cette entrevue, et dis-nous quel était cet homme.

Eben Dudley, interrogé d'une manière aussi directe, se disposa à donner une réponse franche et satisfaisante. Il jeta d'abord un regard autour de lui, comme pour examiner l'expression des différents visages : sa vue s'arrêta un peu plus longtemps sur un œil noir un peu moqueur, et à demi touché, à demi incrédule, qui était fixé sur les siens. Alors il commença de la manière suivante :

— Vous savez tous que, lorsque nous eûmes atteint le haut de la montagne, nous nous divisâmes, afin que chaque chasseur pût balayer la forêt de manière à ce que ni daim ni ours n'eût aucune chance d'échapper. Reuben Ring étant vigoureux et plus agile à la course qu'on ne l'est ordinairement, le jeune capitaine lui ordonna de flanquer une des extrémités de la ligne, et à un homme, qui le vaut pour la force et la rapidité de la course, de remplir le même devoir à l'autre extrémité. Il n'arriva rien qui soit digne d'être raconté sur le flanc que je conduisais, pendant les deux premières heures, excepté que jusqu'à trois fois je tombai sur la piste d'un daim qui autant de fois ne me conduisit à rien.

— Ce sont des incidents fréquents dans les forêts; ils servent seulement à prouver que ces animaux ont leurs caprices comme

---

[1] Joseph Keeble, jurisconsulte anglais, qui a laissé plusieurs écrits sur *la Justice de paix*.

les autres créatures lorsqu'ils ne sont pas pressés par la faim, observa tranquillement Content.

— Je ne prétends pas attacher une grande importance à ces races trompeuses, reprit Dudley. Mais lorsque j'eus perdu le son des conques, je fis lever un daim magnifique de son réduit derrière une touffe de ciguë; ayant le gibier en vue, je le poursuivis, et il me conduisit dans le désert, peut-être à la distance de deux lieues.

— Et pendant l'espace de temps qui s'écoula, ne trouvas-tu pas l'occasion d'ajuster l'animal?

— Je n'en trouvai aucune; autrement, j'ose pouvoir l'assurer, ma main eût été assez téméraire pour le renverser.

— Qu'y avait-il dans ce daim qui pût décider un chasseur à l'épargner?

— Ce qui pouvait porter un chrétien à de sérieuses réflexions.

— Parle-nous plus ouvertement de la nature et de l'apparence de cet animal, dit Content avec un peu moins de flegme qu'à l'ordinaire, tandis que les jeunes gens et les jeunes filles prirent des attitudes qui décelaient une plus vive attention.

Dudley réfléchit un instant, et commença une énumération moins équivoque des merveilles de son histoire.

— Premièrement, dit-il, il n'y avait aucune trace depuis l'endroit où l'animal s'était élancé; secondement, lorsque je le fis lever, il ne prit point l'alarme, mais bondit joyeusement en avant, prenant soin de se tenir toujours hors de la portée du fusil, sans se cacher jamais à ma vue; et enfin il disparut d'une manière aussi digne d'être racontée que les mouvements qui avaient précédé.

— Et de quelle manière perdis-tu de vue l'animal?

— J'étais arrivé sur le haut de la montagne; où un œil subtil et une main sûre auraient pu viser un daim d'une plus petite espèce, lorsque... N'avez-vous point entendu un bruit extraordinaire dans une saison de l'année où la neige couvre encore la terre?

Les auditeurs se regardèrent les uns les autres avec curiosité, essayant de se rappeler quelque son qui pût venir à l'appui de la vérité de la narration qui commençait à avoir l'intérêt du merveilleux.

— Est-il bien sûr, Charité, que le bruit que nous avons entendu de la forêt soit les cris d'un chien qu'on battait? demanda une des servantes de Ruth à sa compagne aux yeux bleus, qui semblait également disposée à contribuer pour sa part à l'évidence du récit d'Eben Dudley.

— Cela pourrait être autre chose, lui répondit-on, quoique les chasseurs assurent qu'ils ont battu un chien pour le corriger de son opiniâtreté.

— Les échos répétèrent un bruit qui résonna comme la chute d'un arbre, dit Ruth d'un air pensif. Je me souviens que j'ai demandé si quelque gros gibier n'avait pas exigé une décharge générale de mousqueterie. Mais mon père pensa que quelque chêne pesant, dont la racine avait été minée par la vieillesse, venait d'être renversé.

— A quelle heure ce bruit s'est-il fait entendre?

— Plus de la moitié du jour s'était écoulée, car je commençais alors à songer aux besoins de ceux qui travaillaient depuis le matin sur la montagne.

— Alors, c'était le bruit dont je parle. Il ne fut point causé par la chute d'un arbre; mais il se fit entendre dans les airs, loin de toutes les forêts. S'il avait été entendu par quelqu'un plus instruit dans les secrets de la nature...

— Ce quelqu'un aurait dit qu'il tonnait, interrompit Foi Ring, qui, plus incrédule que les autres auditeurs, était peu douée de la vertu qu'exprimait son nom. En vérité, Eben Dudley a fait des merveilles pendant cette chasse! il est arrivé avec un coup de tonnerre dans la tête, au lieu d'un daim sur les épaules.

— Parlez avec respect, jeune fille, de ce que vous ne comprenez pas, dit Mark Heathcote avec sévérité. Les prodiges se manifestent à l'ignorant comme à l'homme instruit; et bien que de prétendus philosophes affirment que, lorsque les éléments se font la guerre, la nature travaille simplement à sa purification, nous savons cependant par d'anciennes autorités qu'elle choisit ce moyen pour d'autres manifestations. Satan peut avoir du pouvoir sur les nuages; il peut lancer à son gré l'artillerie des cieux; le prince des ténèbres a une bonne part dans la fabrication de ce produit chimique appelé l'*aurum fulminans*[1]. Cela nous est assuré par un des plus sages écrivains de notre époque.

Il n'y eut personne d'assez hardi pour contredire l'opinion du Puritain, et surtout l'érudition qu'il avait montrée. Foi se cacha

---

[1]. L'or fulminant (*borate d'ammoniaque*) détonne avec force par la percussion, le frottement et la chaleur.

derrière les jeunes servantes effrayées, et Content, après une pause respectueuse, invita Eben Dudley, qui n'avait point encore communiqué les détails les plus importants, à continuer son récit.

— Tandis que mon œil cherchait l'éclair qui aurait dû précéder le tonnerre, si le coup avait été naturel, le daim avait disparu; et lorsque je montais sur une petite éminence pour retrouver la vue du gibier, un homme qui montait de l'autre côté se trouva subitement si près de moi que son fusil se trouva sur ma poitrine, et le mien sur la sienne, avant qu'aucun de nous eût le temps de parler.

— Quel homme était-ce?

— Autant qu'un jugement humain peut prononcer, il paraissait un voyageur qui traversait les déserts, venant des villes qui sont au bas de la montagne, et allant aux établissements de la Baie-Province; mais je trouvai qu'il était étrange que la piste d'un daim nous eût amenés l'un devant l'autre d'une manière si soudaine.

— Après cette rencontre, revis-tu le gibier?

— Dans le premier moment de la surprise, il me parut certainement qu'un animal bondissait le long du bois, dans un buisson éloigné; mais on sait comme on peut être induit en erreur par de fausses apparences; j'ai lieu de croire que c'est une illusion. Il n'y a pas de doute que l'animal, ayant rempli la commission dont on l'avait chargé, disparut de la manière dont je vous l'ai raconté.

— Cela se peut. Et l'étranger, eûtes-vous quelque conversation avant de vous quitter?

— Nous restâmes ensemble à peu près une heure; il me raconta des choses merveilleuses sur le peuple qui habite près de la mer. Suivant son témoignage, le pouvoir de l'Esprit des ténèbres s'est manifesté dans les provinces d'une horrible manière. Un nombre considérable de Croyants ont été persécutés par les Invisibles, et ils ont grandement souffert de corps et d'âme[1].

— Dans mon temps, j'ai été témoin d'exemples surprenants de ce genre, dit Mark Heathcote, rompant avec sa voix sombre et imposante le silence qui avait succédé à ce terrible récit. Celui

---

1. Le lecteur, familier avec l'histoire de la Nouvelle-Angleterre, reconnaîtra, dans ce dialogue, l'espèce de jargon et les opinions singulières qui dominaient dans cette portion de l'Amérique à l'époque où ce conte est placé.

à qui tu parlas entra-t-il dans quelques détails sur les épreuves des fidèles?

— Il me cita certains autres signes qui sont les avant-coureurs des troubles. Lorsque je lui ai parlé de la chasse fatigante que j'avais faite et du son que j'avais entendu dans les airs, il me dit que ces choses seraient regardées comme des bagatelles dans les villes de la Baie[1], où le tonnerre et les éclairs avaient causé bien des malheurs la saison dernière, Satan, dans sa colère, les ayant principalement dirigés sur les maisons du Seigneur.

— Depuis longtemps, il y avait raison de penser que le pèlerinage des justes dans ces déserts serait troublé par ces esprits envieux qui, nourrissant eux-mêmes le mal, jettent un œil de colère sur ceux qui suivent la voie étroite. Nous allons avoir recours à la seule arme dont il nous soit permis de nous servir dans de telles circonstances, et qui, lorsqu'on en fait usage avec zèle et diligence, ne manque jamais de conduire à la victoire.

En disant ces mots, et sans attendre la continuation de l'histoire d'Eben Dudley, le vieux Mark Heathcote se leva, et, prenant l'attitude d'usage parmi les personnes de sa secte, il se mit à prier. La grave congrégation effrayée, mais remplie de confiance, suivit l'exemple du vieillard, et les lèvres du Puritain commençaient à s'ouvrir, lorsqu'un faible son, semblable à celui qui peut être produit par un instrument à vent, s'éleva dans l'air, et pénétra dans le lieu où la famille était assemblée. Une conque était suspendue à la poterne, afin que les habitants de la vallée pussent en faire usage s'ils étaient retenus plus tard qu'à l'ordinaire, soit par le travail, soit par accident, en dehors des palissades. On eût dit, par la direction et la nature du bruit, que quelqu'un implorait à la porte l'hospitalité. Ce bruit produisit un effet général sur les auditeurs. Malgré la conversation récente, les jeunes gens cherchèrent involontairement leurs armes, et les jeunes filles, tremblantes, se pressèrent l'une contre l'autre comme un troupeau de daims timides.

— Ce bruit est certainement un signal du dehors, observa Content, après avoir attendu que le son allât se perdre dans les angles du bâtiment. Quelque chasseur égaré réclame l'hospitalité.

Eben Dudley secoua la tête comme quelqu'un qui ne partageait

---

[1]. La colonie de Massachusetts-Baie était vulgairement appelée « colonie de la Baie, » de même qu'on dit souvent aujourd'hui « l'état de la Baie, » désignation qui vient de sa situation sur la baie de Massachusetts.

pas cette opinion ; mais ayant, comme tous les autres, saisi son fusil, il était aussi incertain que ses compagnons sur la conduite qu'il devait suivre. On ne peut prévoir combien cette indécision eût duré, si un nouveau signal ne se fût fait entendre. Celui qui était dehors paraissait trop impatient pour attendre. La conque résonna de nouveau avec plus de succès que la première fois. Le son fut plus prolongé et plus franc que celui qui l'avait précédé ; il retentit dans les airs, et l'on pouvait juger que celui qui venait d'appliquer la conque à ses lèvres était habitué à se servir de cet instrument.

Content eût peut-être désobéi à un ordre de son père s'il n'avait point été conforme à ses intentions ; mais une seconde pensée lui montra la nécessité d'une prompte décision, et il était sur le point de dire à Eben Dudley et à Reuben Ring de le suivre, lorsque le Puritain l'engagea à s'occuper de cette affaire. Content, faisant signe aux autres serviteurs de rester en place, s'arma d'un fusil, qui avait été plus d'une fois éprouvé dans la journée, et il prit le chemin de la poterne.

— Qui se présente à ma porte? demanda Content lorsqu'il eut atteint avec ses serviteurs une position qui se trouvait protégée par un petit monticule de terre élevé à dessein de dominer l'entrée ; qui appelle une paisible famille à cette heure de la nuit hors de sa demeure?

— Celui qui a besoin de ce qu'il demande, sans quoi il ne troublerait pas ta tranquillité. Ouvre la poterne, maître Heathcote, ouvre sans crainte ; c'est un frère en religion et un sujet des mêmes lois qui te demande cette faveur.

— Il y a réellement un chrétien dehors, dit Content, se pressant d'atteindre la poterne, qu'il ouvrit sans hésiter un instant. — Entrez par la miséricorde de Dieu, et soyez le bienvenu.

Un homme de haute taille, enveloppé dans un manteau de voyage, et dont la démarche semblait pesante, salua pour remercier Content de son hospitalité, et aussitôt passa le seuil de la porte. Tous les regards étaient dirigés sur l'étranger, qui, après avoir gravi l'élévation, s'arrêta à quelque distance, tandis que les serviteurs, sous l'inspection de leur maître, fermaient la poterne avec soin. Lorsque les verrous furent tirés, Content rejoignit son hôte ; et, après avoir essayé en vain, à la faible lueur des étoiles, d'examiner sa personne, il lui dit avec sa douceur et sa tranquillité ordinaires :

— Tu dois avoir bien besoin de chaleur et de nourriture; la distance de la vallée à la plus proche habitation est bien longue, et celui qui l'a traversée dans une saison semblable à celle-ci doit éprouver une grande fatigue. Suis-moi, et fais usage de tout ce que nous possédons, comme si c'était ta propriété.

Quoique l'étranger ne manifestât pas cette impatience que le maître de la vallée supposait à quelqu'un se trouvant dans une situation aussi étrange, il n'hésita point à se rendre à une telle invitation. Il suivit les pas de Content avec calme et dignité, et une ou deux fois, lorsque le maître de l'habitation s'arrêta à demi pour faire une observation polie, il ne montra point cet air pressé qu'on aurait pu facilement pardonner à une personne qui avait voyagé si longtemps, et dans une si mauvaise saison, sur une route où il n'avait pas trouvé un lieu de sûreté ou de repos.

— Voici un appartement chaud et paisible, dit Content en faisant avancer l'étranger au milieu d'un groupe de personnes inquiètes ou effrayées; dans quelques minutes on pourvoira à tes autres besoins.

Lorsque l'inconnu se trouva exposé à la lueur d'une lumière brillante et à l'examen de tant de regards curieux et surpris, il sembla hésiter un instant; puis, avançant avec calme, il jeta le court manteau de voyage qui avait jusqu'alors caché son visage, et découvrit l'œil sévère, les traits sombres et les formes athlétiques de celui qui était déjà entré dans l'habitation de Wish-ton-Wish, et qui l'avait quittée si mystérieusement.

Le Puritain s'était levé avec une grave courtoisie pour recevoir l'étranger; mais un intérêt puissant et visible brilla sur ses traits ordinairement mornes, lorsqu'il reconnut la personne qui s'avançait vers lui.

— Mark Heathcote, dit l'inconnu, ma visite est pour toi; elle sera ou ne sera pas plus longue que la dernière, suivant la manière dont tu recevras les nouvelles que je t'apporte: des affaires d'une grande importance demandent à être écoutées sans perdre un moment.

Malgré la surprise excessive que le vieux capitaine éprouvait certainement, elle ne dura que le temps nécessaire pour être aperçue de ceux qui l'entouraient. Le calme revint avec l'empire qu'il avait sur lui-même, et d'un geste amical il invita l'inconnu à le suivre dans l'autre appartement. L'étranger obéit, et salua Ruth en passant devant elle pour se rendre dans l'appartement choisi pour une entrevue qui, suivant toutes les apparences, devait être secrète.

CHAPITRE X.

> Mar. L'attaquerai-je avec mes partisans?
> Hor. Oui, s'il ne reste pas.
> Mar. Il est ici!
> Hor. Il est ici!
> Mar. Il est parti.
>
> Shakspeare, *Hamlet.*

Il ne s'écoula pas plus d'une minute depuis le moment où l'étranger jeta son manteau, et s'exposa ainsi aux regards curieux du groupe qui remplissait la première chambre, jusqu'à celui où il suivit le Puritain. Ce fut assez pour permettre à des gens aux yeux desquels rien n'échappait de remarquer ce qu'il y avait de plus frappant dans sa personne. Les pesants pistolets qu'on avait déjà vus étaient encore à sa ceinture, et le jeune Mark jeta un regard sur un poignard à manche d'argent qu'il avait admiré lors de la précédente visite de l'inconnu. Mais la disparition subite de cet homme avec le vieux capitaine ne laissa point à l'enfant le temps de décider s'il était entièrement de la même forme que celui qui, en mémoire de ses services passés plutôt que pour ceux qu'on en attendait encore, était suspendu au-dessus du lit de son grand-père.

— Cet homme n'a point abandonné ses armes, s'écria le jeune homme au coup d'œil perçant, lorsqu'il s'aperçut que chacun continuait à garder le silence. Je voudrais qu'il les laissât maintenant à mon grand-père, afin que je pusse m'en servir pour chasser le cruel Wampanoag des lieux où il se cache.

— Mauvaise tête! ton esprit est trop adonné à la légèreté, dit Ruth, qui avait non seulement repris son siége, mais le travail qu'elle avait interrompu en écoutant le signal du dehors, avec un calme dans son maintien qui ne contribuait pas à rassurer ses servantes, — au lieu de profiter des leçons de paix qu'on t'enseigne, tes pensées sont toujours portées vers la guerre.

— Y a-t-il du mal à désirer de posséder une arme convenable

à mon âge, afin que je puisse me rendre utile pour renverser le pouvoir de nos ennemis, et peut-être aussi aider à rassurer ma mère?

— Ta mère n'a point de craintes, reprit Ruth avec gravité, tandis que sa tendresse reconnaissante jetait un regard rapide, mais affectueux, sur le téméraire jeune homme; la raison m'a déjà démontré la folie de s'alarmer parce qu'on frappe à notre porte à nuit close. Mettez bas les armes, jeunes gens, vous voyez que mon mari ne tient plus son fusil; soyez certains que sa prudence nous avertira lorsqu'il y aura un danger réel.

La tranquillité du mari était encore plus rassurante que ne le pouvait être le simple langage de sa femme. Content avait non seulement posé ses armes, mais il avait repris sa place près du feu avec un air aussi calme, et, aux yeux d'un observateur, aussi expressif que celui de Ruth. Jusqu'à ce moment, le vigoureux Dudley était resté appuyé sur son fusil, et en apparence impassible comme une statue; mais, suivant l'ordre d'une personne à laquelle il était habitué à obéir, il plaça son fusil contre la muraille, avec le soin d'un chasseur, et alors, passant une main à travers ses cheveux épais, comme pour rassembler des idées qui n'étaient pas remarquables par leur activité, il s'écria :

— Un bras armé convient à ces forêts; mais il n'a pas moins besoin d'un talon armé, celui qui veut conduire un cheval depuis le Connecticut jusqu'à Wish-ton-Wish, entre le lever et le coucher du soleil; l'étranger ne voyage plus sur une selle, puisque ses bottes ne portent plus d'éperons. Lorsque, à force de coups, il conduisait à travers la forêt la misérable haquenée qui sert maintenant de pâture aux loups, il était plus à son aise. J'ai vu les os de l'animal pas plus tard qu'aujourd'hui; ils ont été polis par le froid et par les oiseaux, et la neige des montagnes n'est pas plus blanche.

Un regard inquiet et rapide fut échangé entre Ruth et son mari au moment où Eben Dudley exprima les réflexions qui lui avaient été suggérées par le retour inattendu de l'étranger.

— Allez voir vers les palissades de l'ouest, dit Content, peut-être le jeune Indien est à rôder autour de l'habitation, honteux d'arriver si tard, et n'osant peut-être pas demander à être admis. Je ne puis croire que cet enfant veuille ainsi nous quitter sans aucun signe de reconnaissance et sans prendre congé de nous.

— Je ne prendrai pas sur moi d'assurer, dit Eben Dudley,

quel degré de reconnaissance l'Indien croit devoir au maître de la vallée et à sa famille ; mais s'il n'est pas déjà parti, la neige ne fondra pas, au dégel, avec plus de rapidité que l'enfant n'en mettra à s'enfuir un jour ou l'autre. Reuben Ring, tu as des yeux qui voient dans les ténèbres comme pendant la clarté du jour, viens avec moi, afin qu'aucun signe ne nous échappe. Si ta sœur Foi voulait se joindre à nous, il ne serait pas facile à la Peau Rouge de passer dans la partie défrichée sans être aperçue.

— Allez-y sans moi, répondit avec précipitation une voix de femme ; il est plus convenable que je veille aux apprêts qui se font pour celui qui voyage depuis le lever du soleil. Si l'Indien échappe à ta vigilance, Dudley l'Éveillé, il n'aura rien à craindre de celle des autres.

Bien que Foi refusât d'une manière aussi décidée de faire partie de la petite troupe, son frère accepta sans répugnance. Les jeunes gens étaient sur le point de quitter l'appartement, lorsque le loquet, sur lequel la main de Dudley était déjà posée, se leva tranquillement sans le secours de ses doigts ; la porte s'ouvrit, et l'objet de la recherche des jeunes gens glissa près d'eux, et alla prendre sa place accoutumée dans un des coins de la chambre. Le jeune captif entra sans bruit, et d'une manière si semblable à celle qu'il employait chaque soir, que, pendant un moment, ceux qui le suivirent des yeux, lorsqu'il traversait l'appartement, ne songèrent plus qu'à la visite qu'il lui était permis de faire à cette heure. Mais la réflexion revint promptement, et avec elle le souvenir de sa fuite et l'étonnement que causait la manière inexplicable dont il avait pénétré dans la maison.

— Il faut examiner les palissades, s'écria Dudley aussitôt qu'un second regard l'eut assuré que ses yeux ne le trompaient pas. La place qu'un jeune garçon peut escalader suffit pour introduire toute une armée.

— En vérité, dit Content, ceci demande une explication. Cet enfant n'est-il point entré lorsque la porte fut ouverte pour l'étranger ?... Mais voici celui qui peut nous l'apprendre.

— Oui, répondit l'inconnu, qui entra dans la chambre assez à temps pour entendre cette question ; j'ai trouvé cet Indien près de la porte, et j'ai pris sur moi de remplir l'office d'un chrétien, et de l'engager à entrer. J'étais certain que la maîtresse de la maison, dont le cœur est si bon, dont le caractère est si doux, ne le chasserait pas de chez elle.

— Ce n'est point un étranger à notre foyer ni à notre table, dit Ruth; et en eût-il été autrement, tu aurais encore bien fait.

Eben Dudley avait un air incrédule; son esprit avait été fortement ébranlé pendant toute la journée par des visions merveilleuses, et en effet il y avait raison de s'étonner de la manière étrange dont le jeune Indien avait reparu.

— Il serait bon d'aller voir aux verrous, murmura-t-il, de crainte que d'autres moins aisés à contenir ne suivissent celui-ci. Maintenant que des puissances invisibles sont déchaînées contre cette colonie, il ne faut pas dormir trop profondément.

— Eh bien! va faire sentinelle, et reste en faction jusqu'à ce que l'horloge ait sonné minuit, dit le Puritain d'un ton qui prouvait qu'il était mu par d'autres considérations que les craintes vagues de son serviteur. Si le sommeil te surprend, un autre sera prêt pour te remplacer.

Mark Heathcote parlait rarement sans que le calme le plus grand permit d'écouter jusqu'à la moindre de ses paroles. Dans cette occasion, lorsque sa voix fut entendue, il se fit un silence plus profond encore; et lorsque le vieillard finit sa phrase, on entendait à peine la respiration des auditeurs. En ce moment d'une tranquillité semblable à celle de la tombe, on entendit tout à coup un son de la conque qui était à la porte, et qui paraissait être un écho de celui qui avait déjà effrayé les habitants de la vallée. A la répétition de ce bruit étrange, chacun se leva sans parler. Content jeta un regard inquiet sur son père, et celui-ci porta les yeux sur l'étranger. Ce dernier était calme et impassible. Une de ses mains était appuyée sur le dos de la chaise qu'il venait de quitter; l'autre tenait, involontairement peut-être, la poignée d'une de ces armes qui avaient attiré l'attention du jeune Mark, et qui était toujours passée dans son ceinturon de cuir.

— Ce son est produit par quelqu'un qui n'est point habitué à se servir d'instruments terrestres, dit un de ceux que la narration de Dudley avait disposés à croire au merveilleux.

— N'importe d'où il vienne, répondit Content, c'est un signal auquel il faut répondre. Dudley, prends ton fusil; cette visite est si inattendue que plus d'une main doit faire l'office de portier.

Le serviteur obéit aussitôt, et murmura en achevant de charger son fusil: — Les galants d'outre-mer sont prompts à suivre la piste ce soir! Puis portant son fusil à son épaule, il jeta un regard mécontent et courroucé sur Foi Ring, et il allait ouvrir la porte pour laisser passer Content lorsqu'un nouveau bruit s'éleva dans les airs. Ce son fut plus faible et plus prolongé que celui qui l'avait précédé.

— On dirait que la conque se moque de nous, observa Content en regardant l'étranger d'un air expressif; ces sons ressemblent, à s'y méprendre, à ceux que nous entendîmes lorsque tu demandas à être admis dans notre demeure.

Une lumière subite parut briller dans les traits de l'étranger. Il s'avança vers le cercle, et avec la liberté que lui aurait donnée une longue familiarité, il dit :

— Que personne ne bouge, excepté le jeune capitaine, ce hardi serviteur et moi; nous allons à la découverte et veiller à la sûreté de ceux qui restent.

Malgré la singularité de cette proposition, comme elle ne parut exciter ni surprise ni opposition de la part du Puritain et de son fils, le reste de la famille ne fit aucune objection. L'étranger n'eut pas plus tôt parlé, qu'il s'avança près de la lumière pour voir dans quel état se trouvaient ses pistolets; et se tournant vers le vieux Mark, il ajouta d'une voix plus basse :

— Peut-être le combat tiendra-t-il plus de la nature humaine que celui que peuvent livrer les puissances qui conjurent les esprits inquiets des colonies; dans une telle extrémité, il faut montrer la prudence d'un soldat.

— Je n'aime pas ces sons moqueurs, reprit le Puritain; ils ressemblent à l'insulte d'un démon. Nous avons eu dernièrement dans ces colonies de tragiques exemples de ce que peut tenter la malice d'Azazel, et l'on ne peut espérer que ses agents ne soient pas irrités à la vue de mon Bethel.

Bien que l'étranger écoutât les paroles de son hôte avec respect, il était facile de s'apercevoir que ses pensées s'arrêtaient sur un danger d'un autre caractère. La main qui était restée sur la poignée de son arme la serrait avec plus d'énergie; il y avait sur ses lèvres une expression mélancolique, mais on y voyait en même temps quelque chose de contracté qui dénotait une résolution toute physique. Il fit un signe aux compagnons qu'il avait choisis, et les conduisit dans la cour.

Les ombres de la nuit s'étaient répandues peu à peu; et, bien que l'heure ne fût pas encore avancée, des ténèbres si épaisses couvraient la vallée qu'il était difficile de distinguer les objets, même à une faible distance. Cette obscurité rendait nécessaire à ceux qui sortaient de la maison d'observer la plus grande prudence, de crainte d'exposer leur personne à quelque danger imprévu. Lorsqu'ils furent établis en sûreté derrière le rideau de planches et de terre qui couvrait et protégeait l'entrée, et où ils étaient à l'abri des flèches depuis les épaules jusqu'aux pieds, Content demanda quels étaient ceux qui voulaient être admis dans sa demeure à une heure où les portes étaient ordinairement fermées pour la nuit; au lieu de recevoir, comme la première fois, une prompte réponse, le silence fut si profond, qu'on entendit, comme c'était assez ordinaire à cette heure paisible, les échos des bois voisins répéter les paroles qui venaient d'être prononcées.

— Que ces sons aient été produits par un démon ou par un homme, dit tout bas l'étranger, il y a de la trahison; on doit opposer l'artifice à l'artifice; mais vous serez plus habile à donner conseil sur ce qu'il est nécessaire d'entreprendre contre les ruses pratiquées dans les forêts, que celui qui est habitué aux fourberies moins adroites des guerres que se font les chrétiens.

— Que penses-tu? Dudley, demanda Content; devons-nous faire une sortie, ou attendrons-nous un nouveau signal de la conque?

— Cela dépend beaucoup de la qualité des hôtes que nous attendons, répondit Dudley, car pour les orgueilleux galants qui sont si braves parmi les filles, et si craintifs lorsqu'ils prennent le cri d'un geai pour celui d'un Indien, je m'inquiète peu que vous renversiez les pieux pour les prier d'entrer au galop. Je connais la manière de les envoyer à l'étage supérieur de la forteresse plus vite que le gloussement du dindon ne peut rassembler ses petits; mais...

— Il est convenable d'être réservé en paroles dans le moment d'une pénible incertitude, dit l'étranger; nous n'attendons aucun galant de cette espèce.

— Alors je vais vous donner un moyen de connaître par quelle raison la conque fait entendre une telle harmonie. Allez-vous-en tous les deux à la maison, causez beaucoup le long du chemin, afin qu'on puisse vous entendre du dehors. Lorsque vous serez entrés, ma tâche sera de trouver un poste près de l'entrée, afin que si l'on frappe de nouveau il y ait un portier tout prêt pour demander ce qu'on veut.

—Ceci vaut mieux, répondit Content; et afin que ce soit fait en toute sûreté, d'autres jeunes gens qui sont habitués à ces espèces de ruses sortiront par la porte secrète et se mettront en sentinelle derrière les bâtiments pour te prêter secours en cas de violence. Quel que soit ce que tu as l'intention de faire, Dudley, souviens-toi que tu ne dois pas ouvrir la poterne.

— Envoyez-moi le renfort, répondit le serviteur; et s'il se composait de Reuben Ring à l'œil subtil, je n'en serais que plus sûr d'avoir un bon aide dans l'occasion. Tous les membres de cette famille ont l'esprit prompt et inventif, excepté celui qui a la forme d'un homme sans en avoir la raison.

— Tu auras Reuben, et rien que lui, reprit Content. Rappelle-toi que je t'ai recommandé de ne point ouvrir la poterne; et puisses-tu avoir du succès dans une ruse qui ne peut être répréhensible, puisqu'elle n'a pour but que notre sûreté!

Lorsqu'il eut prononcé ces recommandations, Content, suivi de l'inconnu, laissa Dudley accomplir ses desseins, parlant très-haut en retournant à la maison, afin que ceux qui pouvaient écouter en dehors pussent supposer que toute la petite troupe se retirait convaincue de l'inutilité de ses recherches.

Pendant ce temps, celui qui était resté près de la poterne s'occupa avec ardeur à remplir la tâche qu'il s'était imposée. Au lieu de descendre en droite ligne aux palissades, il monta, et fit un circuit parmi les bâtiments extérieurs sur les bords de l'élévation; alors, se courbant assez bas pour se mettre de niveau avec les objets qui couvraient la neige, il atteignit un angle des palissades, à un point éloigné du lieu où il avait l'intention de faire sentinelle, et, aidé par les ténèbres et les ombres de la montagne, il espéra être entièrement à l'abri de l'observation. Lorsqu'il fut derrière les palissades, Dudley se coucha par terre, rampant avec une grande prudence le long d'une poutre qui en réunissait les extrémités inférieures, jusqu'à ce qu'il fût arrivé à une espèce de guérite qui avait été élevée pour le dessein même qu'il était sur le point de mettre à exécution. Une fois à l'abri dans cette petite retraite, le robuste serviteur se plaça d'une manière aussi commode et aussi sûre que les circonstances pouvaient le permettre. Là, il se prépara à passer bien des minutes d'ennui avant que ses services devinssent nécessaires.

Le lecteur croira facilement qu'Eben Dudley, avec les opinions qu'on lui connaît, ne commença pas sa faction silencieuse sans éprouver une grande défiance sur le caractère des hôtes qu'il était peut-être sur le point de recevoir. Nous en avons assez dit pour prouver que le soupçon qui tourmentait le plus son esprit était que les agents du gouvernement allaient reparaître à la suite de l'étranger ; mais malgré la probabilité de cette conjecture, il avait un secret pressentiment que les sons qu'il avait entendus n'étaient point d'une origine terrestre. Toutes les légendes et les preuves les plus évidentes en fait de prestiges, connues dans les colonies de la Nouvelle-Angleterre, démontraient que les esprits de ténèbres se complaisaient à jouer des tours malicieux ou à tourmenter de quelque manière que ce fût ceux qui mettaient leur confiance dans une religion odieuse aux enfants de l'enfer. Sous l'influence des impressions excitées naturellement par les communications du voyageur de la montagne, l'esprit d'Eben Dudley était partagé entre la crainte de voir un de ces hommes qu'il avait engagés avec si peu de cérémonie à quitter la vallée, revenir de nouveau s'établir dans l'habitation, et celle d'être à regret le témoin de la manifestation du pouvoir qui était momentanément confié aux esprits invisibles. Il était destiné à se tromper dans ces deux conjectures. Malgré le penchant de la sentinelle crédule pour les objets surnaturels, il y avait dans la composition de son être des matières trop grossières pour l'élever au-dessus des faiblesses de l'humanité. Son esprit accablé se lassa bientôt de ses contemplations, affaibli par ses propres efforts. La matière reprit insensiblement son empire ; ses pensées, loin d'être claires et actives comme la circonstance l'eût exigé, se couvrirent peu à peu d'un voile épais. Une ou deux fois l'habitant des frontières se souleva à moitié, et parut regarder autour de lui d'un œil observateur ; puis, lorsque la masse de son corps se penchait de nouveau, il retrouvait sa première tranquillité. Ce mouvement fut répété plusieurs fois à des intervalles qui s'éloignaient de plus en plus, enfin, au bout d'une heure, oubliant la chasse, les soldats et les mystérieux agents du mal, le jeune homme céda aux fatigues de la journée. Les chênes de la forêt voisine n'étaient pas plus immobiles que le corps de Dudley appuyé contre les planches de l'étroite guérite.

Combien de temps s'écoula-t-il pendant ce sommeil ? Eben ne put jamais précisément en rendre compte. Il soutint toujours fermement qu'il ne dormit pas longtemps, car son repos ne fut pas troublé par ces sons qui se font entendre quelquefois dans les bois pendant l'obscurité des nuits, et qu'on pourrait appeler les soupirs de la forêt pendant son sommeil. Son premier souvenir distinct fut celui d'une main qui le saisissait avec la force d'un géant. Sautant sur ses pieds, le jeune homme étendit un bras et prononça quelques paroles incohérentes.

— Si le daim a été frappé d'une balle à la tête, dit-il, je conviens qu'il t'appartient, Reuben Ring : mais s'il a été frappé dans un de ses membres ou dans le corps, je réclame l'animal pour une main plus sûre.

— C'est un partage fort juste du butin, reprit quelqu'un d'une voix basse, et parlant comme si des sons plus élevés eussent été dangereux. Tu donnes la tête du daim pour boucler à Reuben Ring, et gardes le reste pour ton propre usage.

— Qui t'envoie à cette heure à la poterne? Ne sais-tu pas qu'il se passe d'étranges choses dans les champs?

— Je sais du moins qu'il s'en passe d'étranges dans une guérite, répondit Foi Ring. Quelle honte pour toi, Dudley, si le capitaine et ceux qui n'ont pas cessé de prier dans la maison soupçonnaient combien peu tu veilles à leur sûreté pendant ce temps!

— Leur est-il arrivé aucun mal? Si le capitaine leur fournit des occupations spirituelles, j'espère qu'il conviendra que je n'ai laissé passer par cette poterne rien de terrestre qui pût troubler leurs pieux exercices. Aussi vrai que je tiens à ma réputation, je n'ai pas une seule fois quitté la poterne depuis que je suis en faction.

— Sans doute, ou tu serais le plus fameux somnambule de la colonie du Connecticut! Dormeur! la conque ne peut pas produire un son plus bruyant que celui que tu fais entendre dans ton sommeil. Cela s'appelle-t-il être en faction? L'enfant dans son berceau n'est pas plus ignorant de ce qui se passe autour de lui que tu ne le peux être.

— Je pense, Foi, que tu te laisses trop aller à la médisance aux dépens de tes amis, depuis la visite de ces galants d'outre-mer.

— Laisse-moi tranquille avec tes galants d'outre-mer, jeune homme. Je ne suis point une fille qui consente à être insultée par un homme qui ne sait s'il dort ou s'il veille. Je te dis que ta réputation aurait été perdue dans la famille, si le capitaine s'était aperçu, et surtout ce soldat étranger, pour lequel madame elle-même fait de si grandes cérémonies, que tu faisais sentinelle avec les yeux fermés, la bouche ouverte et un nez qui laissait entendre une bruyante harmonie.

— Si tout autre que toi eût répété cette calomnie sur mon compte, jeune fille, il y aurait eu du bruit entre nous! Ton frère Reuben Ring me connaît mieux, et ne voudrait pas m'irriter par une aussi fausse accusation.

— Tu te conduis si généreusement avec lui qu'il est toujours prompt à oublier tes fautes. En vérité, tu lui donnerais la tête du daim, tandis que tu te contenterais modestement du reste! Va, Dudley, tu rêvais profondément lorsque je t'ai éveillé.

— Dans quel temps vivons-nous, si les jupons vont faire la ronde autour des sentinelles pour dire celles qui dorment ou qui veillent, au lieu d'hommes barbus et bien armés? Qui t'a amenée si loin de tes occupations et si près des portes, mistress, maintenant qu'il n'y a plus de galants d'outre-mer pour flatter tes oreilles par de doux mensonges et des paroles légères?

— Si parler pour ne pas être crue est ce que je venais chercher, mon message a eu sa récompense. Ce qui m'amène ici? Madame a besoin de plusieurs articles de la laiterie extérieure, et... et... mes oreilles m'ont conduite à la poterne. Tu sais, harmonieux Dudley, que ce n'est pas la première fois que j'entends la musique de ton sommeil. Mais mon temps est trop utile pour le perdre ainsi à ne rien faire. Tu es maintenant éveillé, et tu pourrais remercier celle qui t'a rendu un service, et qui ne s'en vantera pas, d'avoir empêché qu'une barbe noire ne devienne le jouet de tous les jeunes gens de la famille. Si tu gardes ton secret, le capitaine pourra encore te louer d'être une sentinelle vigilante; et que le Ciel lui pardonne l'injure qu'il fera involontairement à la vérité.

— Peut-être un peu de colère contre d'injustes soupçons m'a emporté plus loin que je ne l'aurais dû, Foi, lorsque je t'ai taxée d'aimer à médire. Je rétracte cette expression, bien que je n'avouerai jamais qu'aucune autre chose qu'un souvenir vague de la chasse se fût emparé de mes pensées, et m'ait fait oublier peut-être le silence que j'aurais dû garder à la poterne. Ainsi, je te pardonne, aussi vrai que je suis un chrétien, le...

Mais Foi était déjà hors de vue, et ne pouvait plus entendre. Dudley, qui commençait à avoir certains remords de conscience sur l'ingratitude qu'il avait manifestée à l'égard d'une personne qui avait pris tant d'intérêt à sa réputation, réfléchit sérieusement à ce qui lui restait à faire. Il soupçonnait avec raison que la nuit était plus avancée qu'il ne l'avait cru d'abord, et il sentit la nécessité de faire un rapport quelconque sur les incidents de sa faction. Il jeta un regard scrutateur autour de lui, afin d'être certain que les faits ne viendraient pas démentir son témoignage ; puis il examina les serrures de la poterne ; enfin il gravit la montagne, et se présenta devant la famille. Le long intervalle de son absence avait en effet été rempli par des exercices spirituels et une conversation religieuse, ce qui empêcha qu'on s'aperçût du retard qu'avait mis la sentinelle à venir faire son rapport.

— Quelles nouvelles nous apportes-tu ? dit Content aussitôt qu'il aperçut Dudley. As-tu vu ou as-tu entendu quelque chose qui soit suspect ?

Avant de répondre, Dudley ne manqua pas d'étudier l'expression malicieuse d'une jeune fille qui était occupée à des soins de ménage, absolument en face de lui ; mais ne voyant sur son visage qu'un sourire un peu moqueur, il reprit courage et répondit :

— Ma faction a été paisible. Il n'y a aucune raison qui empêche la famille d'aller se livrer au repos. Mais des yeux vigilants comme ceux de Reuben Ring et les miens feront bien de rester ouverts jusqu'au matin, c'est tout ce qui est nécessaire.

Peut-être l'habitant des frontières se serait étendu plus longuement sur son empressement à passer le reste de la nuit pour veiller à la sûreté de ceux qui dormaient, si le regard malin de celle qui était si bien placée pour l'observer ne l'eût averti qu'une modeste prudence convenait à sa position.

— Cette alarme s'est heureusement passée, dit le Puritain en se levant. Nous allons maintenant nous livrer au repos avec une tranquille reconnaissance. Tes services ne seront pas oubliés, Dudley, car tu t'es exposé pour nous au danger.

— En effet, répondit Foi à voix basse ; et nous autres filles nous n'oublierons point la bonne volonté avec laquelle il abandonne les douceurs du sommeil afin de protéger les faibles.

— Ne parle pas de cette bagatelle, reprit Dudley avec précipitation. Il y a eu quelque erreur dans les sons que nous avons cru entendre ; mon opinion est maintenant que la conque n'a été touchée ce soir que par cet étranger.

— C'est une erreur qui se répète ! s'écria Content en se levant de son siége. Dans ce moment, un son faible se faisait entendre, comme celui qui avait annoncé le premier la visite de l'étranger,

Le bruit fut entendu de toute la famille, et sembla se perdre au milieu des bâtiments.

— Voici un avertissement aussi mystérieux qu'il peut être de mauvais augure, dit le vieux Mark lorsqu'il fut revenu de la surprise, pour ne pas dire de la consternation que ce bruit avait excitée. N'as-tu rien vu, Dudley, qui puisse justifier ce que nous entendons?

Eben Dudley, ainsi que la plupart des auditeurs, était trop confondu pour répondre. Chacun semblait attendre le second son plus fort et plus prolongé, qui devait imiter complètement le signal de l'étranger. L'attente ne fut pas de longue durée, car dans un intervalle aussi semblable que possible à celui qui avait existé entre les deux premiers sons, un nouveau bruit se fit entendre comme un écho qui répond.

CHAPITRE XI.

> Je veux être de faction cette nuit, peut-être viendra-t-il encore.
> SHAKSPEARE. *Hamlet.*

— C'EST peut-être un avertissement que le ciel nous donne dans sa miséricorde, dit le Puritain, toujours disposé à croire aux manifestations surnaturelles de la Providence, avec une solennité qui ne manqua pas de produire une grande impression sur la plupart de ses auditeurs. L'histoire de nos colonies est pleine de faits qui prouvent la vérité de ces avertissements merveilleux.

— Nous le considérons ainsi, reprit l'étranger, auquel cette question semblait plus particulièrement adressée. La première mesure sera de rechercher le danger que ces avertissements annoncent. Que le jeune homme qu'on appelle Dudley m'aide de son courage et de son bras vigoureux, et fiez-vous à moi pour découvrir ce que veulent dire ces fréquents signaux.

— En vérité, Soumission, s'écria le vieux Mark avec une surprise qui fut également manifestée par Content et sa femme, vous ne vous exposerez pas de nouveau le premier au danger. Il vous faut réfléchir profondément à ce qu'il convient de faire avant de courir de tels hasards.

— Il vaut mieux que ce soit moi, dit Content ; je suis habitué aux forêts et aux signes qui peuvent annoncer la présence de ceux dont l'intention est de nous faire du mal.

— Non, répondit celui qui pour la première fois avait été appelé Soumission, nom qui indiquait l'enthousiasme religieux de l'époque, et qui avait pu être adopté par celui qui le portait, comme un aveu de sa promptitude à se courber sous le joug des volontés de la Providence : ce devoir m'appartient. Vous êtes époux et père, et tous ceux qui sont ici vous regardent comme leur soutien sur la terre ; tandis que moi, ni famille, ni... Mais ne parlons pas de choses étrangères à notre dessein. Tu sais, Mark Heathcote, que le péril et moi nous nous connaissons depuis longtemps. Il est peu nécessaire de me recommander la prudence. Viens, hardi jeune homme, mets ton fusil sur ton épaule, et apprête-toi à montrer ton courage, si l'occasion s'en présente.

— Et pourquoi Reuben Ring ne vous suivrait-il pas ? dit avec précipitation une voix de femme que chacun reconnut à l'instant pour être celle de Foi ; il a la main prompte et le coup d'œil juste ; dans des occasions comme celle-ci, ne serait-il pas prudent de vous adjoindre un tel aide ?

— Paix ! jeune fille, dit Ruth avec douceur. Il appartient maintenant de prendre une décision à celui qui a l'habitude du commandement. Il n'a pas besoin des conseils de ton inexpérience.

Foi se retira honteuse, et ses joues brunes se couvrirent d'un rouge éclatant.

Soumission (car nous conserverons ce nom à l'étranger, à défaut d'autre) attacha pendant un seul instant ses regards pénétrants sur la jeune fille, et comme si son attention n'eût point été détournée de son projet, il reprit froidement :

— Nous allons à la découverte comme observateurs, et nous aurons peut-être dans la suite besoin de l'assistance de ce jeune homme. Mais un trop grand nombre nous exposerait à être découverts, sans ajouter à notre sûreté... Cependant, ajouta-t-il en s'arrêtant (car il se dirigeait déjà vers la porte), et fixant son regard sur le jeune Indien, peut-être il y a quelqu'un ici qui pourrait nous éclairer s'il voulait seulement parler.

Tous les yeux se portèrent sur le jeune captif. L'Indien soutint cet examen avec le maintien assuré de l'impassibilité de sa race. Mais quoique ses regards fussent fiers et hautains, ils n'exprimaient plus cette sombre défiance qu'on avait remarquée si souvent lorsqu'il s'apercevait qu'il était un objet d'observation. Au contraire, l'expression de son visage basané indiquait plus d'amitié que de haine, et il y eut un moment, lorsque ses yeux s'arrêtèrent sur Ruth et ses enfants, qu'on put y lire le sentiment d'un triste intérêt. Un tel regard ne pouvait échapper à la pénétration d'une mère.

— Cet enfant s'est montré digne de notre confiance, dit Ruth ; et, au nom de celui qui pénètre dans le secret des cœurs, laissez-le vous suivre.

Les lèvres de Ruth se fermèrent tout à coup; car la conque annonçait de nouveau l'impatience apparente de ceux qui désiraient être admis. Le son vibra jusque dans le cœur de ceux qui l'entendirent, comme s'il eût annoncé quelque grand et terrible événement.

Au milieu de ces alarmes répétées, Soumission seul conserva un calme impassible. Détournant ses yeux du jeune Indien dont la tête s'était penchée sur sa poitrine, il dit précipitamment à Dudley de le suivre, et quitta la chambre.

Il y avait, dans la situation solitaire de la vallée, dans les ténèbres de la nuit, et dans la nature des différents signaux qui s'étaient fait entendre, des raisons assez plausibles pour éveiller des craintes dans le cœur de ceux qui étaient alors en chemin pour terminer une aventure dont le mystère devenait de plus en plus pénible. L'étranger, ou Soumission, comme nous aurons souvent occasion de le nommer, conduisit en silence son compagnon jusqu'à une élévation en dehors des bâtiments, d'où l'œil pouvait dominer au-dessus des palissades qui entouraient l'éminence et embrasser toute l'étendue que les ténèbres permettaient de découvrir.

C'était une scène qui ne pouvait être contemplée avec indifférence dans aucun temps que par ceux qui étaient habitués à la vie des frontières. La forêt immense qui les entourait, et où l'on eût dit qu'il n'existait aucune route frayée, bornait l'horizon aux limites étroites de la vallée, semblable à une oasis. Dans l'intérieur de la partie défrichée, les objets pouvaient être aperçus d'une manière un peu plus distincte, bien que ceux même qui étaient les plus rapprochés et les mieux connus parussent confus et incertains comme l'ombre de la nuit.

L'étranger et son compagnon jetèrent un prudent regard sur cette scène sombre et silencieuse.

— Je ne vois rien que des troncs immobiles et des haies couvertes de neige, dit le premier lorsque sa vue eut embrassé jusqu'à l'horizon le côté de la vallée où ils étaient placés. Il faut aller en avant afin de voir les champs de plus près.

— De ce côté est la poterne, répondit Dudley, observant que l'étranger prenait une direction opposée à celle qui conduisait à la porte. Mais un geste d'autorité le réduisit au même instant au silence, et lui ordonna de suivre son compagnon vers l'endroit où il lui plaisait d'aller.

L'étranger fit un circuit jusqu'au milieu de la montagne avant de descendre aux palissades à un point où étaient entassées des piles de bois qui avaient été réunies pour le chauffage de la famille. Ce lieu était un de ceux qui dominaient la partie la plus escarpée de l'éminence, ce qui rendait la provision des piquets bien moins nécessaire que sur ses surfaces plus unies. Cependant aucune précaution utile à la sûreté de la famille n'avait été négligée, même dans ce lieu fortifié. Les piles de bois étaient posées à une assez grande distance de la clôture pour qu'il fût difficile de l'escalader, tandis que de l'autre côté elles formaient des plates-formes et des parapets qui devaient ajouter à la sûreté de ceux qui auraient été obligés de défendre cette partie de la forteresse. Prenant ce chemin directement au milieu des piles parallèles, l'étranger descendit rapidement jusqu'à ce qu'il eût atteint l'espace découvert entre les rangs extérieurs et les palissades. C'était à dessein que cet espace avait été laissé assez large pour permettre à un homme de le franchir.

— Il y a longtemps que mes pieds n'ont touché ce lieu, dit Eben Dudley cherchant son chemin à travers un sentier que son compagnon semblait parcourir sans hésitation. C'est ma propre main qui a élevé cette pile, il y a quelques hivers, et je suis certain que depuis ce temps la main d'un autre n'a pas touché ces morceaux de bois. Cependant, pour un homme qui vient d'outremer, il paraît que tu ne trouves aucune difficulté à te frayer un chemin à travers d'étroites allées.

— Celui qui a des yeux peut facilement choisir entre le vide et des souches de hêtre, reprit l'étranger. En disant ces mots, il s'arrêta aux palissades dans l'intérieur des fortifications, lieu caché à tout œil curieux par de triples et de quadruples barrières de bois. Cherchant à sa ceinture, l'étranger en tira quelque chose que Dudley reconnut bientôt être une clef. Aidé par une faible lueur qui venait du ciel, il essaya de l'appliquer à une serrure qui était artistement cachée dans un pieu à une hauteur convenable; il la tourna deux fois d'une main vigoureuse. Un morceau de palissade d'environ trois pieds de haut tourna sur ses gonds, s'ouvrit, et présenta une ouverture assez large pour le passage d'un homme.

— Voici une porte qui se trouve toute prête pour notre sortie, dit froidement l'étranger. Puis il fit signe à Dudley de le précéder et referma soigneusement l'ouverture.

— Maintenant tout est refermé, et nous voilà dans les champs sans avoir causé d'alarmes à aucun être, mortel du moins, continua le guide. Et portant néanmoins une main à son gilet comme pour saisir une arme, il se prépara à descendre le sentier difficile qui le séparait de la base de la montagne. Eben Dudley hésita à le suivre; son entrevue avec le voyageur pendant la chasse se présenta à son souvenir, et les prestiges dont on lui avait parlé reprirent toute leur force sur son esprit. L'apparence et le caractère mystérieux de son compagnon étaient peu capables de rassurer une imagination troublée par de telles images.

— On fait courir le bruit dans les colonies, murmura l'habitant des frontières, que les Invisibles ont acquis pour un temps le pouvoir de se livrer à leur malice. Il se pourrait bien que quelques uns des leurs vinssent faire un tour à Wish-ton-Wish, faute de meilleure occupation.

— Tu dis vrai, répondit l'étranger; mais la puissance qui leur permet d'exercer leur malice peut avoir jugé convenable de leur opposer un de ses propres agents pour détruire leurs ruses. Nous allons maintenant nous rapprocher plus encore de la grille, afin d'avoir l'œil sur leurs malicieux desseins.

Soumission parlait avec gravité et d'un air solennel; Dudley se rendit à ses suggestions avec émotion et trouble, et suivit ses pas avec une précaution qui aurait pu tromper la vigilance de tout ennemi, excepté de celui qui tirait sa pénétration de moyens surnaturels.

Lorsque les deux sentinelles eurent trouvé une place convenable et secrète, elles se disposèrent à attendre en silence le résultat de leurs recherches. Sur les bâtiments extérieurs semblait régner le calme le plus parfait ; les êtres animés qu'ils contenaient ne faisaient pas entendre le plus léger bruit. Les haies, les souches noircies couvertes de petites pyramides de neige, les troncs plus hauts et plus propres à inspirer des soupçons, un arbre qui était resté debout, enfin la bordure immense de la forêt, tout était paisible et enveloppé des ombres de la nuit. L'espace qui entourait la poterne était vide ; une nappe de neige sans tache aurait trahi la présence d'un objet qui eût passé sur sa surface. On pouvait même distinguer la conque suspendue à un des pieux, aussi muette, aussi paisible que dans le temps où elle était encore lavée par les vagues sur les sables des bords de la mer.

—Nous attendrons ici l'arrivée de l'étranger ; qu'il soit envoyé par les pouvoirs aériens ou pour quelque message terrestre, murmura Soumission préparant ses armes pour un prompt usage, et s'arrangeant de la manière la plus commode pour supporter patiemment l'ennui d'une faction.

— Je voudrais que mon esprit fût à l'aise sur la question de mon droit à attaquer ceux qui troublent la tranquillité d'une famille des frontières, dit Eben Dudley : il pourrait se faire qu'il fût prudent de frapper le premier coup, si un galant d'outremer, par exemple, avait la fantaisie de nous inquiéter à cette heure.

— Dans ce cas, répondit l'inconnu d'une voix sombre, tu ferais bien d'attacher peu d'importance à la qualité d'agresseur. Si un nouvel agent de l'Angleterre paraissait...

L'étranger s'arrêta, car un son de la conque s'éleva graduellement dans les airs, et remplit bientôt la vallée de sa riche et mélancolique harmonie.

— Les lèvres d'un homme ne sont pas au coquillage, dit l'étranger qui, ainsi que Dudley, avait fait un mouvement vers la poterne à l'instant où le son avait frappé son oreille, et qui recula aussi comme l'habitant des frontières, dans un étonnement que son empire sur lui-même ne put vaincre lorsqu'il fut convaincu de la vérité de ce qu'il venait de dire. Ceci surpasse tout ce qu'on raconte de merveilleux !

— C'est en vain que l'homme prétend élever sa faible nature au niveau des choses qui viennent d'un monde invisible, reprit l'habitant des frontières. Dans une semblable circonstance, il serait convenable que des pécheurs retournassent à l'habitation, afin de soutenir leur faiblesse par les prières du capitaine.

L'étranger ne fit aucune objection à cette proposition prudente; et, sans prendre les précautions qu'ils avaient observées à leur arrivée, les deux compagnons se trouvèrent promptement à l'entrée secrète qu'ils avaient traversée il y avait peu de temps.

— Entrez, dit l'étranger baissant le morceau de bois pour le passage d'Eben Dudley : entrez, au nom du ciel, car il faut en effet nous rassembler pour demander des secours spirituels.

Dudley allait obéir, lorsqu'une ligne sombre accompagnée d'un sifflement sourd fendit l'air entre sa tête et celle de son compagnon ; au même instant une flèche pénétra dans la poutre.

— Les païens! s'écria l'habitant des frontières recouvrant toute son énergie lorsqu'un danger connu devint apparent, et il envoya en réponse une traînée de feu dans la direction qu'avait suivie la flèche perfide. — Aux palissades, les jeunes gens! voici les féroces païens!

— Les païens! répéta l'étranger comme un écho, d'une voix pleine et sonore, et qui, suivant toute apparence, avait souvent donné le signal au milieu de scènes d'un plus grand danger encore, et levant un pistolet qui fit ployer le genou à une figure noire glissant sur la neige. Les païens! ajouta-t-il, les féroces païens!

Les assaillants et les assiégés gardèrent un moment le silence, comme pour rendre un instant de tranquillité à cette nuit qui avait tout à coup été troublée par d'aussi terribles exclamations; puis les cris des deux aventuriers furent bientôt suivis des hurlements de toute une troupe formant un cercle qui entourait presque la montagne. Au même moment tout objet sombre dans les champs prit une forme humaine; aux cris succéda une grêle de flèches qui exposaient à la mort tous ceux qui seraient restés hors des barricades. Dudley entra, mais le passage de l'étranger eût été coupé par une bande de sauvages qui s'élançaient en hurlant après lui, si une flamme brillante partie de la montagne opposée, qui éclaira un instant leurs visages basanés, n'eût fait reculer les assaillants sur leurs traces. Un instant plus tard la porte fut fermée, et les fugitifs se trouvèrent en sûreté derrière les énormes piles de bois.

CHAPITRE XII.

>Il n'y avait pas besoin d'un fantôme sorti de la terre,
>Milord, pour nous dire cela.
>SHAKSPEARE. *Hamlet.*

Quoique l'esprit de la plupart, sinon de tous les habitants de Wish-ton-Wish eût été si profondément troublé de la pensée que les puissances du monde invisible étaient conjurées contre eux, le danger venait de se montrer sous des formes trop palpables pour laisser aucun doute. Le cri : — Voici les païens! avait été prononcé par toutes les bouches; les lèvres même de la petite fille de Ruth et celles de son élève Martha le répétaient en fuyant d'un appartement dans l'autre; et pendant un instant la terreur et la surprise excitèrent parmi les assiégés une inexprimable confusion; mais la promptitude des jeunes gens à se mettre sur la défensive et le calme de Content rétablirent bientôt le bon ordre. Les femmes même reprirent au moins l'apparence de la tranquillité; la famille avait été trop longtemps menacée de ce danger pour ne pas être sur ses gardes, et elle fit usage de ses ressources aussitôt que la réflexion remplaça le premier mouvement d'alarme.

L'effet que produisit la détonation fut tel que l'expérience avait permis de l'espérer dans les guerres des colons contre les Indiens. L'attaque cessa aussi brusquement qu'elle avait commencé; un calme si parfait, une tranquillité si profonde y succéda, que celui qui eût pour la première fois été témoin d'une semblable scène aurait pu croire qu'elle était l'effet de quelque terrible illusion.

Pendant ces moments d'un silence profond et général, les deux sentinelles quittèrent l'abri des piles de bois et gravirent l'éminence à l'endroit où Dudley savait que Content devait être placé en cas d'attaque.

— A moins que mon expérience des ruses des païens ne me trompe, dit l'inconnu lorsqu'il fut arrivé près de Content, je crois que nous aurons le temps de respirer avant que l'attaque se renouvelle. La prudence nous fait un devoir de connaître le nombre de nos ennemis et leur position, afin de disposer suivant leur force nos moyens de résistance.

— De quelle manière pourrons-nous y parvenir? répondit Dudley; tu ne peux plus rien voir autour de nous que la tranquillité et les ténèbres de la nuit. Connaître le nombre de nos ennemis, c'est impossible; faire une sortie, nous ne le pouvons pas sans envoyer à une mort certaine tous ceux qui quitteront les palissades.

— Tu oublies que nous avons un otage dans le jeune Indien. Nous pouvons en tirer parti, si nous usons avec prudence du pouvoir que nous avons sur sa personne.

— Je crois que tu te flattes d'une vaine espérance, reprit Content se dirigeant néanmoins, tout en parlant, vers la cour qui communiquait au principal bâtiment. J'ai profondément étudié le regard, l'expression de l'Indien depuis son étrange arrivée dans l'habitation, et j'y ai vu peu de chose qui puisse nous engager à avoir confiance en lui. Il serait heureux que quelque intelligence secrète avec ceux du dehors ne lui eût point fait franchir les fortifications ce soir, et qu'il ne fût pas un dangereux espion, comme témoin de notre force et de nos mouvements.

— En ce qui concerne son entrée dans l'habitation sans avoir fait entendre le son de la conque ou sans le secours de la poterne, ne vous inquiétez pas, reprit l'étranger avec calme. Si cela est nécessaire, ce mystère pourrait être facilement expliqué. Mais il faut user de toute notre sagacité pour découvrir s'il a quelque intelligence avec nos ennemis. L'esprit d'un Indien ne trahit pas ses secrets comme la surface d'un miroir.

L'étranger parlait comme un homme qui gardait dans son cœur une partie de ses pensées, et son compagnon écoutait comme une personne qui en comprend plus qu'il ne lui semble convenable de le montrer. En terminant cette conversation équivoque, ils entrèrent dans la maison, et se trouvèrent en présence de toute la famille réunie.

Le danger continuel auquel l'existence était exposée sur les frontières avait habitué la famille à un ordre méthodique et régulier de défense. Des devoirs étaient assignés en cas d'alarme aux corps les plus délicats, aux cœurs les plus faibles, et avant l'arrivée de son mari, Ruth avait imposé aux femmes qui étaient sous ses ordres les devoirs que l'usage et plus encore le danger imminent leur prescrivait.

— Charité, hâte-toi de te rendre à la forteresse, et vois si les baquets et les échelles sont en bon état, afin que si les païens nous forcent de nous y réfugier, nous ne manquions dans cette extrémité ni d'eau ni de moyens de retraite. Foi, cours vite dans les appartements supérieurs pour prendre garde qu'aucune lumière ne puisse diriger leurs flèches meurtrières dans les chambres. La réflexion vient trop tard, lorsque les dards et les balles ont pris leur essor. Et maintenant que le premier assaut est terminé, et que nous espérons déjouer les ruses de nos ennemis par la prudence, Mark, tu peux aller près de ton père. C'eût été tenter la Providence avec trop de témérité, de t'envoyer avec ton inexpérience au milieu du tumulte du premier danger. Viens ici, et reçois les bénédictions et les prières de ta mère. Ensuite tu te placeras parmi les combattants ; je confie ta jeunesse à la protection spéciale de la Providence. Souviens-toi que tu es aujourd'hui d'un âge à faire honneur à ton nom et à ton origine ; mais que cet âge est trop tendre encore pour être téméraire dans tes paroles, et moins encore dans tes actions, pendant une nuit semblable à celle-ci.

Une rougeur fugitive, qui servit seulement à rendre la pâleur qui lui succéda plus frappante encore, se montra sur les joues de la tendre mère. Elle imprima un baiser sur le front de son fils impatient, qui, après avoir reçu cette marque de tendresse, s'élança au milieu des défenseurs de l'habitation.

— Maintenant, dit Ruth en détachant lentement ses regards de la porte par laquelle le jeune garçon avait disparu, et parlant avec une tranquillité affectée, maintenant nous allons travailler à la sûreté de ceux qui ne peuvent rendre service qu'en donnant l'alarme. Lorsque tu seras certaine, Foi, qu'on n'a négligé d'éteindre aucune lumière dans les étages supérieurs, mène les enfants dans la chambre secrète. De là elles peuvent voir ce qui se passe dans les champs, sans aucun danger de servir de but aux flèches des sauvages. Tu te rappelles, Ruth, les fréquentes leçons que je t'ai données à ce sujet. Qu'aucun bruit, qu'aucun cri effrayant de ceux qui sont en dehors, ne t'engage à quitter ton poste ; tu seras là plus en sûreté que dans la citadelle, contre laquelle sans doute bien des flèches seront dirigées ; si nous étions forcés de nous y réfugier, on t'en avertirait promptement.

Tu ne descendras que si tu vois les ennemis escalader les palissades du côté qui domine le ruisseau ; car c'est là que nous avons le moins de monde pour examiner leurs mouvements. Souviens-toi que du côté des bâtiments extérieurs et du côté des champs sont rassemblées nos forces principales ; il n'y a donc aucune raison d'exposer votre vie en regardant avec trop de curiosité ce qui se passe dans les champs. Allez, mes enfants, et que la divine Providence veille sur vous.

Ruth s'arrêta pour déposer un baiser sur la joue que sa fille lui présentait. Elle embrassa aussi l'autre enfant, qu'elle aimait presque aussi tendrement : c'était la fille d'une amie pour laquelle elle avait eu l'affection d'une sœur. Mais ces baisers n'étaient pas accompagnés de la même émotion que celui qu'elle avait imprimé sur le front de Mark. Elle avait envoyé son fils dans une position dangereuse, et sous l'apparence de quelque utilité elle envoyait les autres dans un lieu qu'on jugeait moins exposé que la citadelle elle-même, tant que l'ennemi ne serait pas maître des fortifications. Cependant toute la tendresse maternelle agita son cœur au moment où sa fille la quitta ; et cédant à une impulsion soudaine, elle rappela l'enfant auprès d'elle.

— Répète la prière pour demander une protection spéciale contre le danger du désert, dit Ruth d'une voix solennelle ; dans tes supplications, n'oublie pas celui auquel tu dois la vie, et qui expose maintenant la sienne pour notre sûreté. Tu connais le rocher des chrétiens, place ta foi sur ses fondements.

— Et ceux qui en veulent à notre vie, demanda l'enfant, sont-ils au nombre de ceux pour lesquels il mourut ?

— Nous ne devons pas en douter, quoique les vues de la Providence à leur égard soient mystérieuses ! Sauvages dans leurs habitudes, et cruels dans leurs inimitiés, ce sont cependant des créatures de la même nature que nous ; elles sont également les objets de sa sollicitude.

Des cheveux blonds, qui couvraient à moitié le front et le visage de la jeune fille à laquelle s'adressait Ruth, ajoutaient encore à l'éclat d'un teint qui semblait n'avoir jamais été touché par les brises brûlantes de l'Amérique. L'enfant secoua ces boucles ondoyantes, et arrêta avec effroi ses grands yeux bleus sur le sombre visage du captif indien, qui, dans ce moment, était pour elle le sujet d'une secrète horreur. Ce jeune garçon avait l'air calme et hautain, et en apparence insensible, mettant toute sa prudence à ne montrer aucun signe de faiblesse ou d'intérêt dans cette scène touchante.

— Ma mère, murmura l'enfant étonnée, pourquoi ne le laisserions-nous pas retourner dans la forêt? Je n'aime pas à...

— Ce n'est pas le temps de parler. Va dans la chambre secrète, mon enfant, et souvenez-vous toutes les deux des prières que vous devez adresser à Dieu et de la prudence que je vous ai recommandée. Allez, et que le ciel protége vos têtes innocentes!

Ruth s'arrêta de nouveau; son visage se pencha une seconde fois sur celui de sa fille, et fut couvert des boucles de ses cheveux. Après un moment d'éloquent silence, lorsque Ruth releva la tête, une larme brillait sur la joue de sa fille. Cette dernière avait reçu le baiser avec la légèreté d'un être imprévoyant; mais lorsqu'on la conduisit dans les appartements supérieurs, ses regards ne quittèrent le jeune Indien que lorsque les murailles le dérobèrent à sa vue.

— Tu t'es montrée réfléchie et semblable à toi-même, ma bonne Ruth, dit Content en entrant dans l'appartement, et contemplant avec une tendre approbation le calme de sa femme. Les jeunes gens n'ont pas été plus prompts à courir à la rencontre des ennemis et aux fortifications, que tes servantes à se rendre où le devoir les appelait. Tout est de nouveau tranquille au dehors, et nous venons plutôt pour nous consulter que dans le dessein d'aller nous battre.

— Faut-il faire avertir notre père, qui est à son poste dans la forteresse, près de la pièce d'artillerie?

— Cela n'est pas nécessaire, répondit l'étranger; le temps presse. Ce calme sera bientôt suivi d'une tempête que tous nos efforts ne pourront apaiser. Amenez-moi le captif.

Content fit signe au jeune Indien de s'approcher. Lorsqu'il fut à portée de sa main, il le plaça devant l'étranger.

— Je ne connais ni ton nom ni le nom de ta tribu, dit ce dernier après un moment de silence, pendant lequel il semblait étudier attentivement les traits du jeune captif; mais je suis certain, quoique l'esprit malin puisse s'efforcer de maîtriser ton esprit, que la noblesse des sentiments n'est point étrangère à ton cœur. Parle, as-tu quelque chose à dire du danger qui menace cette famille? J'en ai appris beaucoup cette nuit par tes manières; mais pour être clairement compris, il est temps que tu t'exprimes par des paroles.

Le jeune Indien tint les yeux fixés sur ceux de l'étranger jusqu'au moment où celui-ci termina son discours; puis il les détourna lentement, et parut observer l'expression de la physionomie de Ruth. On eût dit que son orgueil et sa sensibilité se livraient un combat. Ce dernier sentiment l'emporta; et, maîtrisant la profonde répugnance qu'il éprouvait, il fit entendre, pour la première fois depuis sa captivité, le langage d'une race abhorrée.

— J'entends les cris des guerriers, répondit-il avec calme; les oreilles des hommes pâles sont-elles fermées?

— Tu as parlé avec les jeunes gens de ta tribu dans la forêt, et tu avais connaissance de cette attaque?

Le jeune homme ne fit aucune réponse, quoiqu'il supportât sans crainte le regard perçant du questionneur. S'apercevant qu'il avait demandé plus qu'on ne voulait lui en apprendre, l'étranger changea son mode d'examen, et mit un peu plus d'artifice dans ses questions.

— Il se peut que ce ne soit pas une grande tribu qui nous a déclaré la guerre. Des braves eussent sauté par-dessus les bois des palissades comme sur des roseaux pliants. Ce sont des Pequots qui ont manqué à la foi promise aux chrétiens, et qui hurlent au dehors comme les loups pendant la nuit.

Une expression sauvage brilla sur les traits sombres de l'Indien. Ses lèvres s'entr'ouvrirent avec mépris, et il murmura ces mots plutôt qu'il ne les prononça :

— Le Pequot est un chien!

— C'est comme je le pensais; les coquins sont sortis de leurs villages afin que les Yengeeses[1] puissent nourrir leurs squaws[2]. Mais un Narragansett ou un Wampanoag est un homme; il dédaigne de se cacher dans les ténèbres; lorsqu'il arrive, le soleil éclaire sa course. Le Pequot glisse en silence, car il craint que les guerriers n'entendent ses pas.

Il n'était pas facile de découvrir si le captif faisait attention, soit à la louange, soit à la censure; car le marbre n'est pas plus froid que ne l'était son visage impassible.

---

[1]. Les tribus indiennes qui eurent les premières relations avec les colons de la Nouvelle Angleterre nommaient les blancs *Yengeeses*. Ils ne pouvaient approcher davantage du mot English, que beaucoup d'individus de cette région prononcent encore comme il est écrit, au lieu d'Inglish. L'explication la plus raisonnable du sobriquet bien connu Yœnkees est dérivée de Yengeese.

[2]. Leurs femmes.

L'étranger étudia en vain l'expression de ses traits; et, s'approchant assez près pour poser sa main sur l'épaule nue du jeune garçon, il ajouta :

— Jeune homme, tu as entendu des choses bien touchantes sur notre religion chrétienne ; tu as été l'objet de bien des prières ferventes ; de si bonnes semences n'auront pas toutes été emportées par le vent. Parle, peut-on de nouveau se fier à toi ?

— Que mon père regarde sur la neige, les traces du mocassin vont et viennent.

— C'est vrai, jusqu'ici tu t'es montré honnête ; mais lorsque le cri de guerre vibrera dans ton jeune cœur, la tentation de rejoindre les guerriers pourra être trop forte. As-tu quelque gage dans lequel nous puissions trouver une garantie pour ton départ ?

Le jeune Indien regardait le questionneur de manière à prouver clairement qu'il ignorait ce qu'il voulait dire.

— Je voudrais bien savoir ce que tu peux me laisser, pour nous prouver que nos yeux reverront encore ton visage, lorsque nous aurons ouvert la porte pour que tu ailles dans les champs ?

Les regards de l'Indien montraient toujours la même surprise et la même ignorance.

— Lorsque l'homme blanc est sur le sentier de la guerre et qu'il permet à un ennemi de retourner près des siens, à la condition de revenir, il prend un gage de sa foi, en retenant quelqu'un qui lui est cher, comme une garantie de sa parole. Que peux-tu m'offrir, pour m'assurer que tu reviendras ?

— Le sentier est libre.

— Libre, oui ; mais il n'est pas certain que tu y reviendras ; la crainte peut te faire oublier le chemin qui y conduit.

Le captif commença alors à comprendre les doutes de l'étranger; mais, comme s'il dédaignait de répondre, il détourna les yeux et prit une de ces attitudes impassibles qui le faisaient si souvent ressembler à une statue d'une couleur sombre.

Content et sa femme avaient écouté ce dialogue de manière à prouver que quelque connaissance secrète diminuait la surprise qu'ils auraient dû ressentir lorsqu'ils s'aperçurent qu'il existait quelque liaison mystérieuse entre l'Indien et l'étranger ; mais les deux colons manifestèrent des signes non équivoques d'étonnement lorsqu'ils entendirent le jeune sauvage prononcer des mots anglais. Il y avait au moins de l'espoir dans la médiation de celle qui avait montré tant de bonté au captif dans toutes les occasions, et Ruth interposa la sienne entre l'Indien et l'étranger, avec toute la vivacité que lui donnait la sollicitude maternelle.

— Laissez le jeune garçon partir, dit-elle, je lui servirai de caution ; et s'il manquait à sa parole, son absence serait moins à craindre que sa présence.

La vérité de ce dernier raisonnement eut probablement plus de poids aux yeux de l'étranger que le gage qui était offert.

— Il y a de la raison dans ce que vous dites, reprit-il. Va dans les champs alors, et dis aux gens de la tribu qu'ils se sont trompés de chemin ; que celui où ils sont les conduit à la maison d'un ami. Il n'y a point ici de Pequots ni des hommes du Manhattoes, mais des chrétiens yengeeses qui se conduisent depuis longtemps avec des Indiens comme un homme juste doit se conduire avec un autre. Va, et lorsque tu feras entendre un signal à la porte, elle te sera ouverte.

En disant ces mots, l'étranger fit signe à l'Indien de le suivre, prenant soin, en quittant la chambre, de l'instruire de tout ce qui pouvait l'aider à effectuer sa mission pacifique.

Quelques minutes de doute et d'une incertitude pénible suivirent cette expérience ; l'étranger, après s'être assuré qu'on avait permis à son messager de sortir, rejoignit ses compagnons. Il se promena dans la chambre comme un homme profondément préoccupé ; quelquefois le bruit de ses pas lourds était interrompu, et alors chacun écoutait, afin de pouvoir deviner ce qui se passait au dehors. Au milieu d'une de ces pauses, un hurlement, qui ressemblait au cri de joie des sauvages, s'éleva dans les champs ; il fut suivi de ce calme solennel qui, depuis l'attaque passagère, avait été plus alarmant qu'un danger plus positif et mieux connu ; mais toute l'attention que pouvait donner l'anxiété ne permit pas d'entendre d'autres sons. Pendant quelques minutes, la tranquillité de la nuit reprit son cours dans l'intérieur des palissades et en dehors ; dans ce moment d'incertitude, le loquet de la porte fut levé, et le messager traversa la chambre avec ce pas léger et ce maintien calme qui distinguent le peuple de sa race.

— Tu as rencontré les guerriers de ta tribu ? demanda précipitamment l'étranger.

— Le bruit n'a pas trompé les Yengeeses, ce n'était pas une fille riant dans les bois.

— Et tu as dit à ta tribu que nous étions amis ?

— J'ai prononcé les paroles de mon père.

— Et elles ont été entendues? Ont-elles été prononcées assez haut pour entrer dans les oreilles des jeunes hommes?

L'Indien garda le silence.

— Parle, continua l'étranger en se redressant fièrement, comme quelqu'un qui est préparé à recevoir une mauvaise nouvelle. Ce sont des hommes qui t'écoutent. Le calumet des sauvages est-il rempli? Le fumeront-ils en paix? ou bien saisiront-ils le tomahawk d'une main ferme?

La contenance du jeune captif montrait une sensibilité qu'un Indien trahit rarement. Il porta son regard attristé sur le doux visage de Ruth, et, tirant lentement sa main de dessous la légère robe qui couvrait en partie son corps, il jeta aux pieds de l'étranger un paquet de flèches enveloppées dans la peau brillante et rayée d'un serpent à sonnettes.

— Ceci est un symbole auquel nous ne pouvons nous méprendre, dit Content en relevant et présentant à la lumière l'emblème bien connu d'une guerre cruelle, et le montrant aux yeux moins expérimentés de son compagnon. Jeune homme, qu'ont fait les gens de ma race pour que tes guerriers en veuillent à leur vie?

Lorsque le jeune Indien eut rempli son message, il se plaça de côté, et parut ne point vouloir observer l'effet qu'il produisait sur ses compagnons. Mais à cette question il fut sur le point d'oublier tous les sentiments doux qui s'étaient emparés de son cœur, pour se livrer à un emportement subit. Un regard rapide qu'il jeta sur Ruth arrêta ce mouvement, et il continua à être calme et silencieux.

— Jeune homme, répéta Content, je te demande pourquoi ton peuple recherche notre sang?

Le passage de l'étincelle électrique n'est pas plus subtil ni plus brillant que la flamme qui jaillit des yeux noirs de l'Indien. Son regard semblait darder des rayons éclatants comme celui du serpent. On eût dit que son visage se gonflait; un éclair de colère jaillit de ses yeux; mais le triomphe de ce sentiment fut de courte durée. Le jeune Indien redevint maître de lui-même par un inconcevable pouvoir de sa volonté; et, s'avançant assez près de celui qui lui avait fait une question si téméraire, pour poser un doigt sur sa poitrine, il lui dit avec hauteur:

— Vois! le monde est bien grand. Il y a place pour la panthère et pour le daim. Pourquoi les Yengeeses et les hommes rouges se sont-ils rencontrés?

— Nous perdons de précieux moments à sonder le cœur d'un païen, dit l'étranger. Le dessein de son peuple est certain ; et avec l'aide de la prudence des chrétiens, nous renverserons les projets des sauvages. La sagesse exige que ce jeune garçon soit mis en lieu de sûreté; après quoi nous nous rendrons aux fortifications, et nous nous montrerons hommes.

On ne pouvait élever aucune objection raisonnable contre une semblable proposition. Content était sur le point d'enfermer son prisonnier dans une cave, lorsqu'une suggestion de sa femme le fit changer de projet. Malgré le farouche maintien du sauvage, une intelligence entre Ruth et lui avait été établie par des regards de bonté et d'intérêt, et la mère de famille répugnait à l'idée d'abandonner l'espérance qu'elle avait fondée sur lui.

— Miantonimoh! dit-elle, quoique d'autres puissent soupçonner tes desseins, je veux placer en toi ma confiance. Viens avec moi; et en même temps que je te garantis ta sûreté personnelle, je te demande ta protection pour mes enfants.

Le jeune Indien ne fit point de réponse; mais comme il suivit passivement sa conductrice dans les chambres, Ruth s'imagina qu'elle lisait sa loyauté dans l'expression éloquente de ses yeux. Au même moment, son mari et Soumission quittèrent l'appartement pour prendre leurs postes aux palissades.

CHAPITRE XIII.

Tu es mon bon jeune homme, mon page; je veux être ton maître. Viens avec moi, parle franchement.
SHAKSPEARE. *Cymbeline.*

L'APPARTEMENT dans lequel Ruth avait envoyé ses enfants était sous le toit, et, comme nous l'avons déjà dit, du côté du bâtiment faisant face au ruisseau qui coulait au bas de la montagne; il avait une seule et longue fenêtre par laquelle on découvrait la forêt et les champs qui étaient de ce côté de la vallée. D'étroites ouvertures permettaient aussi d'apercevoir de petites portions de terrain qui se trouvaient plus en arrière. Outre la couverture des toits et la massive charpente des bâtiments, une cloison intérieure en bois protégeait ce lieu contre la plupart des dangers alors connus dans les guerres du pays. Pendant les premières années des enfants, cet appartement avait été leur chambre à coucher; il ne fut abandonné que lorsque les bâtiments extérieurs, qui augmentèrent avec le temps autour du principal corps de logis, enhardirent la famille à se tenir pendant la nuit dans des appartements plus commodes, et qu'on ne croyait pas moins assurés contre toute surprise.

— Je sais que tu connais les obligations d'un guerrier, dit Ruth en conduisant le jeune Indien devant ses enfants; tu ne me tromperas pas : la vie de ces êtres si chers est sous ta garde, veille sur eux, Miantonimoh, et le Dieu des chrétiens ne t'abandonnera pas dans les heures de danger!

Le jeune Indien ne répondit pas, mais la mère de famille prit pour gage de sa foi la douce expression qu'elle voyait sur son visage. Avec la délicatesse de ceux de sa race, il se retira à l'écart, afin que ceux qui étaient unis par des liens si tendres pussent se livrer sans contrainte à toute leur émotion. Ruth s'approcha de sa fille, et toute l'affection d'une mère brilla dans ses yeux.

— Je t'ordonne encore une fois, dit-elle, de ne point regarder avec trop de curiosité l'affreux combat qui peut avoir lieu vers la façade de notre habitation. Les païens sont réellement parmi nous avec des projets sanguinaires. Les jeunes et les vieux doivent maintenant montrer leur confiance dans la protection de notre maître, et le courage qui convient à des croyants.

— Et pourquoi, ma mère, demanda l'enfant, cherchent-ils à nous faire du mal? leur en avons-nous jamais fait?

— Je ne puis le dire. Celui qui a créé le monde nous l'a donné pour en jouir; et la raison semblerait nous apprendre que si quelques parties de sa surface sont vides, celui qui en a réellement besoin peut les occuper.

— Le sauvage! murmura l'enfant en se cachant le visage sur le sein de sa mère, ses yeux brillent comme l'étoile qui est suspendue au-dessus des arbres.

— Paix! ma fille! sa fierté s'imagine que sa race est injuriée.

— Sûrement, nous avons le droit d'être ici; j'ai entendu dire à mon père que lorsque le Seigneur me déposa pour la première fois dans ses bras, notre vallée était une forêt épaisse, et que ce n'est qu'avec beaucoup de travail qu'on l'a rendue ce qu'elle est.

— J'espère que nous en jouissons avec justice! et cependant il paraît que le sauvage est prêt à contester nos droits.

— Où ces cruels ennemis habitent-ils? ont-ils des vallées comme celles-ci, et les chrétiens vont-ils les attaquer au milieu de la nuit, pour répandre leur sang?

— Ils ont des habitudes cruelles et sauvages, Ruth, et connaissent peu notre manière de vivre. La femme n'est point aimée parmi eux comme parmi le peuple de la race de ton père, car la force de corps y est plus respectée que de tendres liens.

La petite fille frémit, et lorsqu'elle s'approcha de nouveau du sein de sa mère, ce fut avec une affection filiale plus vive et un sentiment plus intime de la bonté de ses parents que son esprit enfantin n'avait pu le concevoir jusqu'alors. Après avoir cessé de parler, Ruth déposa le baiser d'adieu sur le front des deux petites filles, implora tout haut pour elles la bénédiction du ciel, et se détourna pour aller remplir d'autres devoirs qui ne demandaient pas moins de courage. Avant de quitter la chambre, elle s'approcha encore une fois de l'Indien, et, élevant la lumière à la hauteur de son visage calme, elle dit avec solennité :

— Je confie mes enfants à la protection du jeune guerrier!

Il répondit par un regard semblable aux autres, froid, sans être décourageant. Ruth, après avoir arrêté longtemps ses yeux sur ses enfants, se disposa à quitter la chambre, troublée par son incertitude sur les projets du gardien qu'elle laissait avec ses filles, et cependant espérant aussi que la bonté qu'elle avait montrée au jeune sauvage pendant sa captivité ne resterait pas sans récompense. Sa main était posée sur la serrure pendant le moment d'indécision; mais, se rappelant tout à coup le retour de l'Indien à l'habitation, et ses différentes actions qui justifiaient sa confiance, elle était sur le point de sortir lorsqu'un bruit affreux s'éleva dans les airs, et remplit la vallée de cris horribles et des hurlements que les sauvages font entendre au moment de l'attaque. Tirant le verrou, Ruth descendit en tressaillant, et, sans réfléchir plus longtemps, se rendit précipitamment à son poste, ne voyant plus que la nécessité de se montrer sur une nouvelle scène.

— Reste ferme aux palissades, Reuben Ring! renverse sur leurs féroces compagnons les assassins qui s'approchent en rampant! Les piques! Ici, Dudley; voilà une occasion de montrer ta valeur! — Que le Seigneur ait pitié des âmes des ignorants païens! Ces mots, mêlés au bruit de la mousqueterie, aux cris des guerriers, aux sifflements des balles et des flèches, frappèrent Ruth au moment où elle entrait dans la cour. La vallée était accidentellement éclairée par l'explosion des armes à feu, puis l'horrible bruit continuait au milieu d'une obscurité profonde. Heureusement, malgré cette affreuse confusion, les jeunes gens de la vallée étaient fermes à leurs postes. Une tentative d'escalader les palissades avait été déjà repoussée, et lorsqu'on eut reconnu la nature de deux ou trois ruses, la principale force de la garnison fut employée à résister à l'attaque.

— Au nom de celui qui est avec nous dans tous les dangers! s'écria Ruth en s'avançant vers deux personnes qui étaient assez occupées d'elles-mêmes pour ne pas s'apercevoir de son arrivée, dites-moi comment va le combat, où sont mon mari et mon fils?... A-t-il plu à la Providence que quelqu'un de nos gens soit frappé?

— Il a plu au diable, répondit Dudley avec un peu d'irrévérence pour un homme élevé à une aussi sévère école, d'envoyer une flèche indienne à travers ma manche et ma peau, dans le bras qui m'appartient! Doucement, Foi; ne crois pas, jeune fille, que la peau d'un homme soit comme celle d'un mouton, dont la toison peut-être enlevée à volonté! je ne suis point une poule dans la mue, et cette flèche n'est point une plume de mon aile. Que le Seigneur pardonne au coquin qui m'a joué ce tour, ai-je dit; j'ajoute *amen*, comme chrétien. Il aura aussi occasion d'obtenir miséricorde, car il n'a plus rien à espérer dans le monde. Maintenant, Foi, je reconnais que je suis redevable à ta bonté; qu'il n'y ait plus de paroles mordantes entre nous. Ta langue est quelquefois plus piquante que la flèche d'un Indien.

— A qui la faute, si une vieille connaissance a quelquefois surveillé de trop près de nouvelles conversations? tu sais que lorsqu'on me parle convenablement, il n'y a pas de fille dans la colonie capable de donner de plus douces réponses. Sens-tu de la douleur dans ton bras, Dudley?

— Ce n'est pas chatouiller avec une paille que d'envoyer une flèche à pointe de caillou jusque dans l'os! Je te pardonne tes conversations trop fréquentes avec le soldat; et toutes les morsures de ta langue acérée, à la condition que...

— Hors d'ici, bavard! tu causerais volontiers toute la nuit sous prétexte d'une écorchure, tandis que les sauvages sont à nos portes. Madame rendra un joli compte de tes actions, lorsque les autres jeunes gens auront repoussé les Indiens, et que tu te seras amusé au milieu des bâtiments!

Le pauvre Dudley était sur le point de maudire dans son cœur l'humeur versatile de sa maîtresse, lorsqu'un regard jeté sur lui à la dérobée lui apprit que des oreilles étrangères au sujet qu'ils traitaient allaient entendre leur conversation. Saisissant l'arme qu'il avait posée contre les murs de la forteresse, il passa près de la maîtresse de la maison, et quelques minutes après le bruit de sa voix et celui de son fusil se firent entendre au milieu du bruit général.

— A-t-il apporté des nouvelles des palissades? répéta Ruth, trop contente de voir le jeune homme retourner à son poste pour arrêter sa course; que dit-il de l'attaque?

— Les sauvages ont souffert de leur témérité, et ont fait peu de mal à nos gens. Excepté cette masse d'homme qui s'est imaginé de placer son bras devant le passage d'une flèche, je crois que personne n'est blessé.

— Écoute! ils se retirent; les hurlements s'éloignent, et nos jeunes gens l'emporteront! Va remplir ton devoir parmi les piles de bois, et prends garde qu'aucun espion ne se cache. Le Seigneur a eu pitié de nous dans sa miséricorde, et il est possible que ce malheur s'éloigne de nous.

L'oreille de Ruth ne l'avait pas trompée. Le tumulte de l'assaut reculait graduellement; et bien que le feu des armes et le bruit que répétaient les échos de la forêt ne fussent pas moins fréquents, il était évident que le moment critique de l'attaque était déjà passé. Aux efforts que les sauvages venaient de faire pour emporter la place d'assaut succédèrent des moyens plus méthodiques, qui, bien moins effrayants en apparence, étaient peut-être plus favorables à leurs succès. Ruth profita d'un moment où les traits cessaient d'être lancés pour chercher ceux au sort desquels elle prenait un si vif intérêt.

— Aucun autre que le brave Dudley a-t-il été blessé dans l'attaque? demanda l'épouse alarmée en passant rapidement auprès d'un groupe d'hommes aux visages noircis qui se consultaient sur le sommet de l'éminence; quelqu'un a-t-il besoin des soins que la main d'une femme peut donner? Heathcote n'est pas blessé!!!

— Un Dieu de miséricorde a veillé sur nous, car nous avons eu peu d'occasions de songer à notre sûreté. Je crains que quelques uns de nos jeunes gens ne se soient pas mis à couvert autant que la prudence l'exigeait.

— L'étourdi Mark n'a point oublié mes avis! Enfant, tu n'as pas perdu de vue ton devoir, qui était de suivre ton père.

— On voit peu et on pense peu aux Peaux Rouges lorsque les hurlements résonnent au milieu du bois des palissades, ma mère, répondit le jeune enfant en passant la main sur son front pour empêcher que les gouttes de sang qui le sillonnaient ne fussent aperçues. Je me suis toujours tenu près de mon père; mais si c'est en avant ou par derrière, l'obscurité ne m'a pas permis d'en juger.

— Cet enfant s'est conduit comme un brave, dit l'étranger, et il a montré le métal des magasins de son grand-père...... Ah ! qu'est-ce que je vois briller au milieu des hangars ! Une sortie serait peut-être nécessaire pour sauver les greniers et les bestiaux !

— Aux granges ! aux granges ! crièrent deux jeunes gens par les différentes ouvertures.

— Le feu est aux bâtiments ! s'écria une des servantes qui remplissait le même devoir à l'abri de la maison. Une décharge générale suivit ces avertissements ; tous les fusils étaient dirigés vers la lumière brillant à une effrayante proximité des matières combustibles qui remplissaient la plupart des bâtiments extérieurs. Un cri sauvage et la disparition soudaine de la lumière annoncèrent que les planteurs avaient visé juste.

— Ceci ne doit pas être négligé, dit Content, dont la tranquillité avait cédé à l'imminence du danger. Mon père, s'écria-t-il à voix haute, il est temps d'user de toute notre force.

Un moment d'incertitude succéda à cet appel, et la vallée fut aussi soudainement éclairée que si elle eût été traversée par un torrent de fluide électrique. Une flamme s'élança du toit de la forteresse, et l'on entendit le bruit de la petite pièce d'artillerie qui pendant si longtemps s'était reposée en silence. Bientôt le sifflement du boulet résonna dans les hangars, et le bois fut abattu. On vit, à la lueur momentanée, cinquante figures sombres glisser à travers les bâtiments extérieurs, avec un effroi naturel à leur ignorance, et avec une agilité proportionnée à leur effroi. L'occasion était propice : Content fit un signe à Reuben

Ring; ils passèrent ensemble la poterne, et disparurent en se dirigeant vers les granges. Ce moment fut affreux pour Ruth, et il ne fut pas sans angoisses pour ceux dont la sensibilité était moins vive et moins excitée. Quelques secondes suffirent pour dissiper cette anxiété; Content et son compagnon reparurent. Le craquement de la neige sous les pieds des animaux, le hennissement des chevaux, le beuglement des vaches au moment où les bestiaux effrayés se précipitaient dans les champs, apprirent le but de cette sortie dangereuse.

— Entrez, dit à voix basse Ruth, qui tenait la poterne de sa propre main; entrez, pour l'amour du ciel! Vous avez ouvert toutes les portes, afin qu'aucune créature vivante ne périsse dans les flammes?

— Toutes, et ce n'était pas trop tôt. Vois, le feu reparaît encore.

Content avait raison de s'applaudir de son expédition, car, tandis qu'il parlait, des torches à moitié cachées, faites, comme à l'ordinaire, de sapin résineux, furent aperçues au milieu des champs, s'approchant des bâtiments extérieurs par une route indirecte, couverte, et qui pouvait protéger ceux qui les portaient contre le feu de la garnison. Les planteurs réunirent leurs efforts pour arrêter le danger. Les jeunes gens firent feu avec une grande activité, et plus d'une fois la citadelle du vieux Puritain envoya ses flots de flammes afin de repousser les assaillants. Quelques cris de désappointement et de douleur annonçaient le succès de ces décharges; mais bien que la plupart de ceux qui s'approchaient des granges reculassent avec effroi, un d'entre eux, plus téméraire ou plus habitué à l'artillerie que ses compagnons, vint à bout d'effectuer son dessein. Le feu avait cessé, et les assiégés se félicitaient de leur succès, lorsqu'une lumière subite éclaira les champs, une flamme blanchâtre tourbillonna au-dessus du toit d'un grenier à blé, et enveloppa bientôt tout le bâtiment. Il n'existait aucun remède à ce malheur : les granges et les enclos, qui avaient été cachés jusqu'alors dans une obscurité profonde, furent au même instant illuminés, et celui qui eût voulu hasarder sa personne dans les limites de cette lueur éclatante eût payé de sa vie sa témérité. Les planteurs furent obligés de se réfugier sous l'ombre que projetait la montagne, et de chercher l'abri que pouvaient offrir ses fortifications, afin d'éviter les flèches ou les balles.

— Quel triste spectacle pour celui dont les moissons appartenaient à tous les hommes ! dit Content à sa compagne tremblante qui serrait son bras, tandis que la flamme, tourbillonnant dans les courants de l'air échauffé, balayait les toits d'un hangar et pénétrait dans la couverture en bois. La récolte de toute une saison est sur le point d'être réduite en cendre par le feu de ces maudits...

— Paix, Heathcote ! Qu'est-ce que la richesse en comparaison de ce qui nous reste ! Chasse ces plaintes de ton esprit, et bénis Dieu qui nous a laissé nos enfants et notre maison.

— Tu dis vrai, répondit le mari en essayant d'imiter la douce résignation de sa compagne. Que sont en effet les biens de ce monde comparés à la tranquillité d'esprit... Ah ! cette malheureuse bouffée de vent achève la perte de notre récolte, l'élément destructeur est dans le centre de nos greniers.

Ruth ne fit aucune réponse ; bien qu'elle fût moins attachée que son mari aux richesses temporelles, les effrayants progrès du feu l'alarmaient pour la sûreté personnelle de la famille. Les flammes avaient passé d'un toit à un autre, rencontrant partout les matières les plus combustibles ; les vastes granges, les hangars, les greniers, les étables et tous les bâtiments extérieurs étaient enveloppés d'un torrent de feu. Jusqu'à ce moment, l'incertitude et l'espérance d'un côté et l'appréhension de l'autre avaient rendu les deux partis spectateurs muets de cette scène ; mais des cris de triomphe proclamèrent bientôt l'enthousiasme avec lequel les Indiens contemplaient le succès de leur projet ; les hurlements succédèrent bientôt à ces cris de joie, et une troisième attaque commença.

Les assiégés et les assiégeants combattirent alors à la lueur d'une clarté moins pure que celle du soleil, mais presque aussi brillante. Stimulés par l'espérance du succès que leur promettait l'incendie, les sauvages se précipitèrent sur les fortifications avec plus d'audace qu'ils n'en montraient ordinairement dans leur manière prudente de faire la guerre. La montagne et les bâtiments qui s'y trouvaient placés jetaient une ombre obscure sur les champs ; du côté opposé aux flammes et à l'abri de cette ombre, la troupe cruelle des sauvages parvint jusqu'aux palissades avec impunité ; sa présence fut annoncée par les cris d'usage, car trop de regards curieux s'étaient attachés sur l'effrayant incendie pour avoir aperçu l'approche des Indiens, jusqu'au moment où leur audace était presque couronnée par le succès. Les planteurs se précipitèrent avec autant de promptitude aux fortifications ; la mousqueterie devenait inutile, les bois de charpente offrant une sécurité égale aux assiégeants et aux assiégés. C'était un combat d'homme à homme, dans lequel le nombre l'eût emporté si le parti le plus faible n'avait été sur la défensive. Les couteaux passaient rapidement à travers les morceaux de bois, et l'on entendait de temps en temps la décharge d'un fusil ou le sifflement d'une flèche.

— Tenez ferme aux palissades, jeunes gens, dit la voix sonore de l'étranger qui parlait au milieu de ce combat terrible avec cette tranquillité rassurante que la familiarité avec le danger peut seule inspirer. Tenez ferme aux palissades, elles sont imprenables. Ah ! c'était bien visé, ami sauvage, murmura-t-il entre ses dents en parant, non sans péril pour une de ses mains, un coup qui l'eût atteint à la gorge, tandis que de l'autre il saisissait le guerrier qui l'avait attaqué, et qu'avec la force d'un géant il attirait la poitrine nue de son adversaire à une ouverture entre les morceaux de bois, et lui enfonçait dans le corps son couteau jusqu'au manche. Les yeux de la victime roulèrent avec fureur dans leurs orbites ; et lorsque la main de fer qui avait attaché le sauvage aux palissades, comme avec le secours d'une vis, abandonna sa proie, l'Indien tomba sans mouvement sur la terre. Cette mort fut suivie d'un cri douloureux, et les assaillants disparurent aussi promptement qu'ils s'étaient approchés.

— Dieu soit loué ! Nous devons nous réjouir de cet avantage ! dit Content, qui compta sa petite troupe avec anxiété lorsque tous ses serviteurs furent assemblés autour de lui sur la montagne, où, à la faveur de la clarté brillante, ils pouvaient surveiller les parties les plus exposées de leurs fortifications. Il ne manque personne, ajouta-t-il, mais je crains qu'un grand nombre n'ait souffert.

Le silence et l'occupation de ses auditeurs, dont la plupart étanchaient leur sang, étaient une réponse suffisante.

— Vois, mon père, dit le jeune Mark au coup d'œil rapide, il y a quelqu'un sur les palissades, près du guichet : c'est un sauvage ; ou bien est-ce un tronc d'arbre que j'aperçois plus bas dans les champs ?

Tous les yeux se portèrent sur la direction que le jeune Mark indiquait, et chacun vit quelque chose qui semblait penché sur un des morceaux de bois, et qui avait l'apparence d'une forme humaine. La partie des fortifications où cette figure paraissait suspendue était plus obscure que le reste des palissades, et chacun présentait ses doutes sur la nature de cet objet.

— Qui escalade ainsi nos palissades? s'écria Eben Dudley a voix haute, parlez, afin que nous ne fassions pas de mal à un ami.

Le bois lui-même n'est pas plus impassible que ne le fut l'objet sombre, jusqu'au moment où le bruit du fusil de Dudley fut entendu. Alors cet objet tomba sur la terre comme une masse insensible.

— Il est tombé comme un ours frappé au haut d'un arbre; la vie était en lui, ou ma balle ne l'aurait pas renversé, s'écria Dudley un peu exalté du succès de sa tentative.

— Je veux aller en avant, et voir s'il est...

La bouche du jeune Mark fut fermée par la main de l'étranger, qui dit avec calme :

— Je veux aller moi-même connaître le sort de ce païen.

L'inconnu se disposait à avancer lorsque l'homme prétendu mort ou blessé se dressa sur ses pieds en poussant un cri qui fut répété par tous les échos de la forêt, et bondit vers le bâtiment, en sautant avec autant de promptitude que de légèreté. Les planteurs envoyèrent deux ou trois balles de leur fusil sur la route, mais sans succès apparent. Sautant de manière à éviter d'être atteint, le sauvage fit bientôt entendre un autre cri de triomphe, et disparut dans les angles de l'habitation. Ses cris furent compris; car on entendit dans les champs des hurlements qui leur répondaient, et l'ennemi se rallia pour commencer une nouvelle attaque.

— Cet incident ne doit pas être négligé, dit celui qui, par son calme et son air d'assurance, plutôt que par le droit de commander, avait pris insensiblement une grande autorité dans les événements importants de la nuit. Un sauvage dans l'intérieur des murailles pourrait promptement être cause de la destruction de la garnison. La poterne pourrait être ouverte à l'ennemi et...

— Une triple serrure en défend l'entrée, interrompit Content; la clé est cachée dans un lieu où d'autres que ceux qui composent notre maison ne pourraient la trouver.

— Et heureusement les moyens de passer le guichet particulier sont en ma possession, murmura l'étranger à voix basse. Jusque-là, tout est en ordre; mais le feu! le feu! Les servantes doivent faire attention aux lumières, tandis que les jeunes gens resteront aux palissades, car l'assaut va recommencer.

En disant ces mots, l'étranger donna l'exemple du courage en retournant à son poste, où, soutenu par son compagnon, il continua à défendre l'approche des palissades, malgré une grêle de balles et de flèches, qui, bien que partant d'un point plus éloigné, n'étaient pas beaucoup moins dangereuses pour ceux qui étaient à découvert sur le côté de la montagne, que celles qui avaient été déjà dirigées contre la garnison.

Pendant ce temps, Ruth rassembla ses servantes, et se hâta d'accomplir le devoir qu'on lui avait prescrit. On jeta de l'eau sur tous les feux ; et comme l'incendie continuait toujours à donner plus de lumière qu'il n'était utile et sûr, on prit soin d'éteindre toutes les torches ou toutes les chandelles que, dans le premier moment d'effroi, on avait pu oublier dans les appartements nombreux de l'habitation principale et dans ses dépendances.

CHAPITRE XIV.

> Ma douce et triste mère, ne le quitte pas si tôt ! ma mère, reste par pitié ! le désespoir et la mort sont avec lui. Et peux-tu, avec ta bonté et ce regard rempli de douceur, le quitter maintenant?
> *Dana.*

Lorsque toutes les précautions eurent été prises, les femmes retournèrent à leurs différents postes, et Ruth, dont le devoir dans ces moments de danger était d'exercer une surintendance générale, fut laissée seule à ses réflexions et à la surveillance que ses craintes lui indiquaient. Quittant les appartements intérieurs, elle approcha de la porte qui communiquait avec la cour, et pendant un instant elle oublia ses occupations à la vue de la scène imposante dont elle était entourée.

Les vastes bâtiments extérieurs, qui avaient été construits, suivant l'usage des colonies, avec les matériaux les plus combustibles et avec une grande profusion de bois, étaient entièrement enveloppés par les flammes. Malgré la position des édifices intermédiaires, de larges lames de feu traversaient à chaque instant la cour sur la surface de laquelle il eût été facile de distinguer le plus petit objet, tandis que les cieux étaient couverts d'un rouge livide. A travers les ouvertures, entre les bâtiments du carré, l'œil pouvait pénétrer dans les champs, et Ruth y découvrit les sauvages; tout annonçait qu'ils persévéraient dans leurs intentions hostiles. Elle vit leurs figures sombres et à moitié nues se glisser d'abri en abri, car il n'y avait ni tronc d'arbre ni souche qui ne protégeât dans l'occasion ces ennemis infatigables contre les balles ou les flèches de la garnison. Il était facile de s'apercevoir que les Indiens se trouvaient au nombre de plusieurs centaines; et comme les assauts continuaient après la non-réussite d'une attaque, il n'était que trop évident qu'ils voulaient obtenir une victoire complète au péril de leur vie. Aucun des moyens ordinaires pour ajouter à l'horreur d'une scène semblable n'était négligé.

Des hurlements et des cris s'élevaient à chaque instant dans les airs, tandis que les sons éclatants et souvent répétés de la conque trahissaient l'artifice par lequel les sauvages avaient si souvent essayé, dans le commencement de la nuit, d'attirer la garnison hors des palissades. Quelques décharges rares, faites avec prudence et partant des lieux les plus exposés des fortifications, attestaient le calme et la vigilance des assiégés. Le petit canon de la forteresse était silencieux, car le Puritain connaissait trop bien son pouvoir réel pour affaiblir sa réputation par un trop fréquent usage. Cette arme était réservée pour les moments de danger plus pressant, et on pouvait malheureusement les prévoir.

Ruth contemplait ce spectacle dans un mélancolique effroi. Le calme champêtre des lieux où sa jeunesse s'était écoulée venait d'être détruit par la violence, et à la place de cette tranquillité qui approchait, autant qu'il est possible sur cette terre, de la sainte paix à la jouissance de laquelle tendaient tous ses pieux efforts, elle était témoin, ainsi que tous ceux qu'elle aimait, de ce qui existe de plus effrayant parmi les fléaux terrestres. Dans un semblable moment, la tendresse maternelle devait se faire sentir puissamment au cœur de Ruth; et avant de se donner le temps de la réflexion, aidée par la lumière de l'incendie, elle se dirigea promptement à travers les passages tortueux de l'habitation, pour chercher ceux qu'elle avait laissés dans les appartements.

—Vous vous êtes souvenues qu'il fallait éviter de regarder dans les champs, mes filles? dit la mère tremblante et respirant à peine au moment où elle entrait dans la chambre. Remerciez Dieu, mes enfants; jusqu'ici les efforts des sauvages ont été inutiles, et nous sommes encore les maîtres de notre habitation.

— Pourquoi la nuit est-elle si rouge? Viens ici, mère, et tu pourras voir dans le bois comme à la clarté du soleil.

— Les païens ont incendié nos greniers, et tu vois la lueur des flammes, mais heureusement ils ne peuvent mettre le feu à notre maison tant que ton père et les jeunes gens en défendent l'entrée. Nous devons être reconnaissantes de cette sécurité, quelque légère qu'elle soit. Tu t'es agenouillée devant Dieu, ma fille, et tu n'as pas oublié de prononcer le nom de ton père et celui de ton frère dans tes prières?

— Je vais encore le faire, maman, murmura la petite fille en ployant les genoux et cachant son visage dans les vêtements de sa mère.

— Pourquoi cacher ton visage? Un être aussi jeune et aussi pur que toi peut lever ses yeux vers le ciel avec confiance.

— Ma mère, je vois l'Indien lorsque je ne me cache pas le visage : il me regarde, je crains qu'il n'ait le désir de nous faire du mal.

— Tu es injuste envers Miantonimoh, ma fille, répondit Ruth en jetant un regard autour d'elle pour chercher le jeune sauvage qui s'était modestement retiré dans un coin de la chambre. Je l'ai laissé près de toi afin qu'il soit ton protecteur, et non pas comme quelqu'un qui pourrait te faire du mal. Maintenant, prie Dieu, ajouta Ruth en imprimant un baiser sur le front de sa fille qui était froid et blanc comme le marbre, et confiez-vous à sa bonté. Miantonimoh, je te laisse de nouveau avec ces enfants, afin que tu sois leur protecteur. Avant de prononcer ces paroles, Ruth s'était avancée vers le jeune captif.

— Ma mère! s'écria la petite fille d'une voix déchirante, viens à moi, ou je meurs!

Ruth se retourna avec la vivacité que donne l'instinct. Un seul regard lui apprit le péril de son enfant. Un sauvage nu, basané, de haute taille, hideux par les peintures guerrières qui couvraient son corps, tournait dans une de ses mains la chevelure blonde et soyeuse de l'enfant, tandis que de l'autre il tenait une hache brillante au-dessus de la jeune tête qui semblait dévouée à la mort.

— Miséricorde! miséricorde! s'écria Ruth glacée d'horreur et tombant à genoux autant par faiblesse que pour demander la vie de sa fille. Monstre, frappe-moi, mais épargne cette enfant!

Les yeux de l'Indien s'arrêtèrent sur celle qui lui parlait, mais avec une expression annonçant qu'il comptait le nombre de ses victimes, plutôt qu'il ne changeait de résolution. Avec un calme qui annonçait la malice d'un démon et qui prouvait une grande science dans l'art de la cruauté, il enleva une seconde fois l'enfant tremblante, mais qui ne pouvait plus proférer une parole, et il se prépara à lui porter le coup fatal. Le tomahawk avait déjà tracé un cercle dans l'air, Un instant allait décider du sort de la victime, lorsque le captif se présenta en face de l'effrayant acteur de cette scène horrible. Par un rapide mouvement de son bras le coup fut arrêté. Une exclamation gutturale qui exprimait la surprise sortit de la poitrine du sauvage; son bras menaçant retomba et l'enfant avec lui. Le regard et le geste du jeune captif avaient exprimé l'autorité plutôt que le ressentiment ou l'horreur. Son visage était calme, recueilli et imposant.

— Va, dit-il, dans le langage de la race farouche à laquelle il appartenait, les guerriers des hommes pâles t'appellent par ton nom.

— La neige est rougie par le sang de nos jeunes gens, répondit le sauvage; et pas une chevelure n'est à la ceinture de mon peuple.

— Elles m'appartiennent, répondit le captif avec dignité, en dirigeant sa main de manière à prouver que sa protection s'étendait sur toutes celles qui étaient présentes.

Le guerrier regarda autour de lui d'un air sombre, et comme quelqu'un qui n'est qu'à moitié convaincu. Il avait couru un danger trop imminent en pénétrant dans l'intérieur des fortifications pour être facilement détourné de son dessein.

— Ecoute, dit-il après un moment de silence, pendant lequel on avait entendu un coup de canon, le tonnerre est avec les Yengeeses! Nos jeunes squaws regarderont d'un autre côté et nous appelleront Pequots, si nous n'avons point de chevelure à notre ceinture.

Pendant un instant le visage du jeune captif changea d'expression, et sa résolution parut chanceler. Le guerrier qui observait ses yeux avec anxiété saisit de nouveau la victime par les cheveux, lorsque Ruth s'écria dans l'angoisse du désespoir :

— Jeune homme ! si tu n'as pas pitié de nous, Dieu nous a abandonnées !

— Elle est à moi, dit le captif avec vivacité. Ecoute mes paroles, Wompahwisset ; le sang de mon père est brûlant dans mon cœur.

Le guerrier obéit, et le coup fut encore suspendu. Les yeux brillants du sauvage restèrent fixés sur le visage sévère du jeune héros, dont la main levée semblait menacer d'un prompt châtiment celui qui dédaignerait ses ordres. Les lèvres du guerrier tremblèrent, et il prononça lentement le nom de Miantonimoh ! comme si ce nom rappelait un sentiment de chagrin. Au même moment des cris prolongés se firent entendre, et le farouche Indien, abandonnant la jeune fille que l'effroi avait rendue presque insensible à ce qui se passait autour d'elle, bondit comme un lévrier dont on vient de rompre les liens, et qui s'élance sur une nouvelle piste.

— Jeune homme, jeune homme ! murmura la mère tremblante, païen ou chrétien, il y a quelqu'un qui te bénira !

Un geste rapide interrompit les ferventes expressions de la gratitude de Ruth. Montrant du doigt la figure du sauvage qui fuyait, le captif figura un cercle autour de sa propre tête, d'une manière à laquelle on ne pouvait se méprendre, et prononça d'une voix calme, mais avec l'emphase d'un Indien :

— Le jeune visage pâle a un crâne.

Ruth n'en écouta pas davantage. Excitée par une angoisse qui déchirait son âme, elle descendit avec la rapidité du vent, afin de détourner du jeune Mark les machinations de son cruel ennemi. On entendit un seul instant le bruit de ses pas résonner dans les chambres vides ; alors le captif, qui venait de signaler son autorité en faveur des enfants, reprit son attitude méditative, et parut aussi calme que s'il n'avait pris aucun intérêt aux événements de la nuit.

La situation de la garnison devenait de plus en plus critique. Un torrent de feu avait passé de l'extrémité des bâtiments extérieurs à ceux qui étaient le plus près des fortifications ; ils tombaient les uns après les autres sous la dévorante empreinte des flammes, et les palissades commençaient à jeter autour d'elles une chaleur brûlante.

L'alarme que causa un aussi grand danger fut promptement répandue, et lorsque Ruth entra dans la cour, une servante passa rapidement auprès d'elle, chargée, suivant toute apparence, de quelque message important.

— L'as-tu vu? demanda la mère, qui respirait à peine en arrêtant la course précipitée de la jeune fille.

— Non pas depuis que les sauvages ont livré leur dernier assaut; mais je garantis qu'on le trouvera près des ouvertures de l'ouest repoussant bravement les ennemis.

— Grand Dieu! j'espère qu'il n'est point ainsi en avant dans le combat. De qui parles-tu, Foi? Je te questionne sur Mark; il y a un sauvage dans l'intérieur de notre habitation cherchant une victime.

— En vérité, je pensais qu'il était question de... l'enfant est avec son père et le soldat étranger qui fait tant d'actions valeureuses en notre faveur. Je n'ai vu aucun ennemi dans l'intérieur des palissades, madame Heathcote, depuis que cet homme, qui, grâce à l'obscurité, a échappé à la balle du fusil d'Eben Dudley, s'y est introduit.

— Ce malheur doit-il s'éloigner de nous, dit Ruth respirant plus à son aise lorsqu'elle eut appris que son fils était en sûreté, ou la Providence voile-t-elle son visage dans sa colère?

— Nous gardons toujours notre terrain, quoique les sauvages pressent nos jeunes gens jusque dans leurs derniers retranchements. Oh! cela rassure lorsqu'on voit quels braves défenseurs nous avons dans Reuben Ring et ceux qui sont auprès de lui. Je pense, madame Heathcote, qu'après tout, il y a un grand courage dans ce criard de Dudley! il a fait merveille en exposant si souvent sa vie. J'ai cru vingt fois cette nuit qu'il allait se faire tuer.

— Et celui qui est ici, demanda Ruth alarmée et d'une voix basse, qui est tombé, ajouta-t-elle en montrant un point où l'on voyait un homme couché par terre près de ceux qui combattaient.

Les joues de Foi devinrent de la couleur du linge que, même dans cette nuit de confusion, une main amie de la décence avait trouvé le temps de jeter sur le cadavre.

— Dieu! dit la jeune fille tremblante. Mon frère, quoique blessé et sanglant, garde l'ouverture de l'angle de l'ouest. Ce n'est pas non plus Whittal, qui possède assez de bon sens pour se garantir du danger. Cela ne peut être l'étranger, qui tient conseil à l'abri du parapet de la poterne.

— En es-tu sûre, Foi?

— Je les ai vus tous les deux il n'y a qu'une minute. Plaise à

Dieu, madame Heathcote, que nous puissions entendre les cris du bruyant Dudley ; ces cris iraient au cœur dans un moment terrible comme celui-ci.

— Lève ce linge, dit Ruth avec un calme solennel, afin que nous puissions voir quel est celui de nos amis qui vient d'être appelé devant le souverain juge.

Foi hésita ; et lorsque, par un puissant effort dans lequel les intérêts de son cœur avaient autant d'influence que la soumission, elle obéit, ce fut avec une résolution inspirée par le désespoir. Lorsque le linge fut levé, les yeux des deux femmes s'arrêtèrent sur le pâle visage d'un jeune homme qui avait été percé d'une flèche à tête de fer. Foi laissa tomber le drap, et s'écria dans une agitation convulsive :

— Ce n'est que le jeune homme qui vint le dernier parmi nous ! la Providence nous a épargné le chagrin de pleurer un ancien ami.

— C'est un homme qui mourut pour nous défendre, répondit Ruth ; je donnerais une grande partie des biens de ce monde pour qu'une telle calamité ne fût pas arrivée, ou qu'il eût eu plus de temps pour se préparer à rendre compte de sa vie. Mais il ne faut pas perdre de précieux moments dans la douleur. Hâte-toi, jeune fille, sonne l'alarme, qu'on apprenne qu'un sauvage est caché dans l'intérieur de nos murailles, et qu'il cherche à porter un coup fatal. Recommande à chacun d'être prudent ; si le jeune Mark se trouve sur ton chemin, parle-lui deux fois du danger. Cet enfant est étourdi et téméraire, il ne ferait peut-être pas attention à des paroles qui seraient prononcées avec trop de précipitation.

Après avoir donné ces ordres, Ruth quitta la servante ; et tandis que cette dernière allait donner les avertissements nécessaires, la maîtresse de la maison se dirigeait vers le lieu où elle devait trouver son mari.

Content et l'étranger se consultaient en effet sur la destruction qui menaçait leurs derniers et leurs plus importants moyens de défense. Les sauvages eux-mêmes semblaient convaincus que les flammes travaillaient pour eux ; leurs efforts se ralentissaient insensiblement ; et ayant beaucoup souffert dans leurs tentatives contre la garnison, ils s'étaient réfugiés sous leurs abris, et ils attendaient le moment où leur finesse exercée les avertirait qu'ils pouvaient recommencer l'attaque avec plus d'espérance de succès. Une courte explication servit à faire connaître à Ruth tout le danger qui menaçait la garnison. Egarée par la crainte, elle perdit le souvenir de son projet, et les yeux remplis de larmes, elle restait près de son mari, spectatrice effrayée des progrès de l'incendie.

— Un soldat ne doit point prodiguer ses paroles en plaintes inutiles, dit l'étranger en croisant ses bras comme un homme convaincu que les efforts humains n'étaient plus d'aucun secours. Sans cela, j'aurais dit qu'il est dommage que ceux qui ont tracé cette ligne de fortification ne se soient pas souvenus de l'utilité d'un fossé.

— Je vais ordonner aux filles de se rendre aux puits, dit Ruth.

— Cela ne nous servirait de rien ; les flèches les atteindraient ; et bientôt aucun mortel ne pourra supporter la chaleur de cette fournaise. Vois-tu comme le bois fume déjà et se noircit ?

L'étranger parlait encore lorsqu'une petite flamme tournoyante parut à l'un des angles des palissades, près des piles de bois enflammées. L'élément perfide glissa en traçant un sillon sur les bords du bois, et bientôt s'étendit sur toute la surface des palissades, depuis la base jusqu'à l'extrémité. Il sembla que c'était le signal d'une destruction générale ; la flamme brilla au même instant dans cinquante endroits différents, et toute la ligne des fortifications qui avoisinaient le foyer de l'incendie devint la proie des flammes. Un cri de triomphe s'éleva dans les champs, et une grêle de flèches tomba au milieu des palissades, annonçant l'impatience de ceux qui surveillaient le progrès du feu.

— Il faut nous retirer dans la forteresse, dit Content. Assemble tes servantes, Ruth, et fais de prompts préparatifs pour notre dernière retraite.

— J'y vais ; mais ne hasarde pas ta vie inutilement en essayant d'éteindre les flammes. Il nous reste encore le temps de faire tout ce qui est nécessaire à notre sûreté.

— Je n'en sais rien, dit l'étranger ; l'assaut recommence sous un nouvel aspect.

Les pieds de Ruth restèrent fixés sur la terre, lorsque, levant les yeux, elle vit ce qui avait causé cette remarque. Un point brillant, parti du milieu des champs, décrivit un demi-cercle dans l'air, passa sur la tête des assiégés, et tomba sur les bâtiments qui formaient une partie du carré de la cour intérieure. C'était une flèche lancée par un arc éloigné ; la route qu'elle décrivait était suivie d'une longue ligne de feu qui ressemblait à un brillant météore. Cette flèche enflammée avait été lancée avec une grande habileté; elle s'arrêta sur des matériaux presque aussi inflammables que de la poudre, et l'œil l'avait à peine suivie dans sa course et sa chute que le feu tourbillonnait déjà sur le toit embrasé.

— Essayons de sauver nos habitations, s'écria Content. Mais la main de l'étranger l'arrêta en se plaçant sur son épaule. Au même instant, une douzaine de météores semblables s'élevèrent dans l'air, et vinrent tomber sur différents endroits des piles à moitié allumées. De plus longs efforts eussent été inutiles. Content, abandonnant l'espoir de sauver sa propriété, vit bien que tous les efforts devaient se tourner vers leur sûreté personnelle.

Ruth, revenue de sa frayeur, se hâta de donner les ordres nécessaires. Pendant quelques instants, les femmes transportèrent dans la petite citadelle tout ce qui était utile à leur subsistance; la lueur éclatante qui pénétrait jusque dans les plus sombres passages des appartements rendait le mystère impossible; les cris annoncèrent une nouvelle attaque, les flèches tombaient de toutes parts, chacun était obligé d'exposer sa personne en transportant à la citadelle les objets d'une absolue nécessité. Néanmoins la fumée croissante servait en quelque sorte de rideau, et Content reçut bientôt l'heureuse nouvelle qu'il pouvait commander la retraite de la petite troupe. La conque donna le signal convenu, et avant que les sauvages eussent le temps de comprendre sa signification, ou de profiter de la destruction des palissades, les assiégés atteignirent la porte de la citadelle. Cependant il y eut un moment de confusion qui n'aurait pas été sans danger si ceux qui reçurent l'ordre de se rendre aux meurtrières n'eussent été prêts à faire feu sur les sauvages qui auraient eu la hardiesse de se présenter à la portée de leur fusil. Pendant ce temps, quelques personnes restaient encore dans la cour, cherchant si aucun objet utile n'avait été oublié. Ruth avait été l'une des plus empressées; elle restait alors immobile, les deux mains appuyées sur son front, comme pour ressaisir les pensées de son esprit fatigué par la souffrance.

— Et notre ami mort! dit-elle; laisserons-nous ici ses restes pour être déchirés par les sauvages?

— Non certainement, répondit Content. — Dudley, prête-moi l'aide de ton bras; nous le porterons dans la plus basse des... Ah! la mort a frappé un autre membre de la famille.

La douleur avec laquelle Content fit cette découverte fut bientôt partagée par tous ceux qui l'écoutaient. Il n'était que trop facile de s'apercevoir, par la forme du linge, que deux corps étaient étendus sous ses plis. Chacun porta autour de soi ses regards avec inquiétude, pour savoir quel était celui qui manquait. Convaincu du danger d'un plus long retard, Content souleva le linge afin de faire cesser toute incertitude. Le corps du jeune homme fut découvert avec lenteur ; mais ceux même qui avaient le plus d'empire sur leurs sensations reculèrent d'horreur lorsque sa tête, qui avait disparu, leur laissa voir un tronc fumant encore, qui montrait que la cruauté des sauvages s'était exercée sur le cadavre.

— L'autre ! essaya de dire Ruth, à laquelle la frayeur coupait la parole. Et ce ne fut que lorsque son mari eut à moitié soulevé le linge qu'elle put prononcer ces mots : — Prends garde à l'autre !...

Cet avertissement n'était pas inutile, car le linge s'agita violemment au moment où Content le souleva, et un Indien hideux sauta dans le centre même du groupe effrayé, faisant mouvoir sa main armée autour de lui. Le sauvage se fraya une issue, et, jetant le cri terrible de sa tribu, il bondit à travers la porte ouverte du principal bâtiment avec une célérité qui rendait toute poursuite inutile. Les bras de Ruth, dans un accès de désespoir, s'étendirent vers le lieu où le sauvage venait de disparaître ; elle était sur le point de se précipiter sur ses traces, lorsque la main de son mari l'arrêta.

— Voudrais-tu hasarder ta vie, lui dit-il, pour sauver quelques bagatelles ?

— Laisse-moi ! s'écria Ruth, dont les sanglots étouffaient la voix, la nature s'est endormie dans mon sein.

— La crainte égare ta raison !

Ruth cessa de résister ; le délire qui avait égaré ses yeux disparut, et un calme presque surnaturel lui succéda. Rassemblant toute son énergie dans l'effort désespéré qu'elle faisait sur elle-même, elle se tourna vers son mari, et, l'âme remplie de terreur, elle lui dit d'une voix effrayante par son calme même :

— Si tu as le cœur d'un père, laisse-moi ; nos enfants ont été oubliés.

La main de Content retomba sans force ; et au même instant il perdit de vue sa femme, qui s'était précipitée sur les traces du sauvage. C'était le moment que l'ennemi avait choisi pour poursuivre ses avantages. Des hurlements affreux proclamèrent l'arrivée des assaillants, et une décharge générale, partie des meurtrières, annonçait à ceux qui étaient restés dans la cour que l'attaque se portait dans le centre même des fortifications. Tous les jeunes gens avaient couru à leur poste, excepté ceux qui avaient été chargés de rendre au mort un triste et dernier devoir; ils étaient en trop petit nombre pour qu'il fût prudent de résister ouvertement, et trop nombreux pour songer à abandonner la mère au désespoir et son enfant sans tenter au moins un effort.

— Entrez, dit Content en montrant la porte de la citadelle ; c'est mon devoir de partager le sort de ceux auxquels je suis lié par le sang.

L'étranger ne fit aucune réponse; mais, plaçant sa main vigoureuse sur l'époux auquel l'excès de la douleur ôtait les forces, il le poussa par un effort irrésistible jusque dans la citadelle, et fit signe à tous ceux qui restaient de venir rejoindre leur maître. Lorsque le dernier d'entre eux fut passé, il ordonna que les portes fussent fermées, se croyant seul en dehors; mais un regard rapide lui découvrit qu'il restait encore quelqu'un contemplant avec effroi le cadavre : il était trop tard pour réparer cet oubli. Des cris épouvantables se faisaient alors entendre au milieu de la fumée épaisse qui s'élevait des bâtiments enflammés, et il était évident qu'une bien courte distance les séparait de leurs ennemis. Ordonnant à celui qui n'avait point été admis dans la forteresse de le suivre, le soldat courut au principal bâtiment, qui avait jusque-là peu souffert des flammes; guidé plutôt par le hasard que par aucune connaissance des détours de la maison, il se trouva bientôt dans les appartements. Il ne sut alors de quel côté avancer; mais son compagnon, qui n'était autre que Whittal Ring, prit les devants, et le conduisit à la porte de la chambre secrète.

— Chut! dit l'étranger en levant la main pour commander le silence au moment où il entrait dans l'appartement ; tout notre espoir est dans le mystère.

— Et comment pourrons-nous échapper sans être aperçus? dit Ruth, montrant autour d'elle tous les objets éclairés par une lumière assez forte pour pénétrer par toutes les crevasses de l'édifice. Le soleil n'est guère plus brillant que cet horrible incendie.

— Dieu est dans les éléments! sa droite nous montrera la route. Mais nous ne devons pas tarder davantage, car les flammes sont déjà sur les toits. Suivez-moi et ne parlez pas...

Ruth pressa ses enfants contre son sein ; et la petite troupe, réunie en corps, quitta l'appartement ; ils descendirent promptement dans une chambre basse sans être aperçus ; mais là leur guide s'arrêta ; car l'état des choses au dehors exigeait, pour traverser la cour, une grande force d'esprit et beaucoup de réflexion.

Les Indiens s'étaient rendus maîtres de toute la propriété de Mark Heathcote, à l'exception de la citadelle ; et comme leur premier soin était de mettre le feu partout, on entendait le pétillement de l'incendie dans toutes les directions ; la décharge des fusils et les cris des combattants, en ajoutant à l'horreur du spectacle, annonçaient la résolution de ceux qui défendaient la citadelle. Une fenêtre de la chambre où il se trouvait permit à l'étranger de s'assurer de ce qui se passait au dehors ; la cour, éclairée comme en plein midi, était vide, car la chaleur étouffante qui croissait à chaque instant, non moins que les décharges de mousqueterie, tenaient les prudents sauvages à l'écart. Il y avait peu d'espoir que cet espace, entre les bâtiments et la citadelle, pût être traversé en sûreté.

— Je voudrais avoir recommandé que la porte fût tenue ouverte, dit Soumission à voix basse ; il y va de la vie de s'arrêter un instant dans cette fournaise. N'avons-nous aucune manière de...?

L'étranger sentit qu'on touchait légèrement son bras ; il se détourna, et son regard rencontra les yeux noirs du jeune sauvage.

— Veux-tu le faire? demanda l'étranger d'une manière qui dévoilait ses doutes en même temps que son espérance.

Un signe de consentement fut la réponse, et l'Indien quitta promptement la chambre.

Un instant après, Miantonimoh parut dans la cour ; il marchait avec l'air calme d'une personne qui aurait été parfaitement en sûreté ; une de ses mains était élevée vers les meurtrières en signe d'amitié ; puis, laissant retomber son bras, il s'avança avec la même tranquillité jusqu'au centre de la cour. Là il s'arrêta entouré de tout l'éclat de l'incendie, et promena ses regards autour de lui. Cette action montrait qu'il invitait tous les yeux à examiner sa personne. Dans ce moment, les cris cessèrent parmi les sauvages, pour exprimer le sentiment général que sa présence avait éveillé, et le danger que tout autre aurait couru en s'exposant au milieu de cette scène effrayante. Lorsque cette action téméraire fut accomplie, le jeune Indien s'avança plus près de la citadelle.

— Viens-tu en paix, ou est-ce une nouvelle trahison des sauvages? demanda une voix à travers une ouverture de la porte qui avait été pratiquée dans le cas où l'ennemi enverrait un parlementaire.

L'Indien tourna la paume d'une de ses mains vers celui qui l'interrogeait, et plaça l'autre sur son sein découvert.

— As-tu quelque proposition à me faire en faveur de ma femme et de mes enfants? Si l'or peut payer leur rançon, indique-moi la somme.

Miantonimoh comprit facilement ce que ces mots signifiaient. Avec la promptitude d'un enfant dont les facultés avaient été de bonne heure exercées dans les circonstances difficiles, il fit un geste qui en disait beaucoup plus que les expressions figurées dont il se servit ensuite.

— Une femme des visages pâles peut-elle traverser le bois? La flèche d'un Indien est plus prompte que le pied de ma mère.

— Enfant, j'ai confiance en toi, reprit la voix. Si tu trompes des êtres si faibles et si innocents, Dieu se souviendra de ce crime.

Miantonimoh fit de nouveau un signe pour recommander la prudence, et il se retira d'un pas toujours calme et mesuré. Les sauvages cessèrent leurs cris une seconde fois, et trahirent ainsi l'intérêt qu'ils prenaient à celui dont leurs regards farouches suivaient tous les mouvements.

Lorsque le jeune Indien eut rejoint la petite troupe qui l'attendait dans les bâtiments, il la conduisit, sans être observé par les sauvages qui erraient au milieu de la fumée parmi les bâtiments environnants, dans un endroit où elle pouvait envisager d'un coup d'œil sa courte mais périlleuse route; dans ce moment, la porte de la citadelle s'entr'ouvrit et se referma aussitôt. Cependant l'étranger hésita, car il voyait combien peu il existait de chances, pour la petite troupe, de traverser la cour sans être atteinte; passer à différentes reprises était impossible.

— Enfant, dit-il, toi qui as tant fait pour nous, ne peux-tu faire plus encore? Demande merci pour ces enfants d'une manière qui puisse toucher le cœur de ton peuple.

Miantonimoh secoua la tête, et montrant le cadavre hideux qui était dans la cour, il répondit froidement :

— L'homme rouge a goûté au sang.

— Alors il faut essayer cette tentative désespérée ! Ne t'occupe pas des enfants, mère dévouée et courageuse, mais pense à ta propre sûreté. Ce jeune garçon et moi nous nous chargerons du soin de ces innocentes créatures.

Ruth repoussa l'étranger, et pressa sa fille muette et tremblante contre son sein, de manière à montrer que sa résolution était prise. L'étranger céda, et se tournant vers Whittal qui était auprès de lui, et plus occupé de son admiration pour l'incendie que de son danger personnel, il lui ordonna de veiller à la sûreté de l'autre petite fille. Se plaçant à la tête de la troupe, il était sur le point d'offrir à Ruth les secours qu'il pouvait lui accorder dans une semblable circonstance, lorsqu'une fenêtre du derrière de la maison fut arrachée, annonçant l'approche de l'ennemi et le danger imminent que courait la petite troupe de voir intercepter sa fuite. Il n'y avait point de temps à perdre, car il était évident qu'une simple chambre la séparait de l'ennemi ; la générosité des sentiments de Ruth fut éveillée, et prenant Martha des bras de Whittal Ring, elle essaya, par un effort désespéré, d'envelopper les deux enfants dans sa robe.

— Je suis avec vous, dit-elle à voix basse dans une agitation qui tenait du délire, taisez-vous, taisez-vous, enfants, votre mère est près de vous !

L'étranger s'occupait d'une manière différente. Au moment où il entendit le craquement des carreaux de la fenêtre, il se précipita en arrière et fut bientôt aux prises avec le sauvage que nous avons déjà nommé, et qui servait de guide à une douzaine de ses cruels compagnons.

— A la forteresse! cria le brave soldat tandis que d'une main puissante il retenait son ennemi à l'entrée de l'étroit passage, empêchant ainsi d'approcher ceux des sauvages qui se trouvaient derrière lui. Si tu tiens à la vie et à tes enfants, femme, rends-toi à la forteresse.

Ces paroles retentirent aux oreilles de Ruth effrayée; mais dans ce moment d'affreux danger elle perdit toute présence d'esprit. Ce cri fut encore répété et ce ne fut qu'alors que Ruth saisit sa fille pour l'emporter ; les yeux tournés vers l'horrible combat qui se livrait derrière elle, elle serra son enfant contre son cœur et prit la fuite en criant à Whittal Ring de les suivre. Le jeune idiot obéit, et avant que Ruth eût à moitié traversé la cour, l'étranger, tenant toujours le sauvage comme un bouclier entre lui et ses ennemis, prit la même direction. Les hurlements, le sifflement des flèches et la décharge de la mousqueterie annonçaient l'étendue du danger. Mais la crainte avait prêté des ailes à Ruth et donné une vigueur surnaturelle à ses membres ; les flèches elles-mêmes ne fendaient pas l'air avec plus de rapidité qu'elle n'en mit à pénétrer dans la forteresse ; Whittal Ring fut moins heureux. Comme il traversait la cour portant l'enfant confié à ses soins, il fut atteint d'une flèche ; exaspéré par la douleur, l'idiot se détourna en colère pour punir la main qui l'avait frappé.

— Avance, jeune fou, cria l'étranger en passant près de lui, et se servant toujours du corps du sauvage comme d'un bouclier. Avance, au nom de ta propre vie et de celle de l'enfant.

Cet ordre vint trop tard. La main d'un Indien était déjà sur l'innocente victime, et un instant plus tard elle était suspendue dans les airs, et la hache aiguisée voltigeait au-dessus de sa tête. Une balle partie des meurtrières étendit le sauvage mort sur la place. La petite fille fut aussitôt saisie par une autre main. Au moment où le vainqueur se précipitait avec sa capture vers les bâtiments enflammés, une exclamation de surprise et d'effroi sortit de la citadelle, où chacun répéta le nom de Miantonimoh ! Deux sauvages, profitant de ce moment d'inaction et d'horreur, se saisirent du blessé Whittal Ring, et l'entraînèrent dans la maison dont ils venaient de se rendre maîtres. Pendant ce temps l'étranger précipita le sauvage, qu'il tenait encore, sur les armes de ses compagnons. L'Indien sanglant fut frappé des coups qui avaient été destinés au brave inconnu ; il chancela, tomba, et son vainqueur disparut dans la citadelle. La porte fut aussitôt fermée, et les sauvages qui se précipitèrent à l'entrée de la forteresse entendirent le bruit des barres de fer qui la défendaient contre leur attaque. Le cri de retraite fut prononcé, et bientôt on ne vit plus dans la cour que le cadavre.

CHAPITRE XV.

— Le ciel, qui a les yeux sur eux, ne prendrait-il pas leur parti?
— Le ciel les protége maintenant.
SHAKSPEARE. *Macbeth.*

— Nous devons être reconnaissants, dit Content en aidant Ruth à demi morte à monter à l'échelle. Et cédant lui-même au sentiment de la nature, il ajouta : — Si nous avons perdu un enfant que nous aimions, du moins Dieu nous conserve notre propre fille.

Sa femme se jeta sur un siége, et serrant son sein contre le trésor qu'elle avait sauvé, elle murmura plutôt qu'elle ne dit : — Du fond de mon âme, Heathcote, je suis reconnaissante!

— Tu caches l'enfant à ma vue, reprit le père en se baissant pour essuyer une larme qui coulait le long de ses joues brunies par le soleil. Mais au moment d'embrasser sa fille il recula, et s'écria d'une voix remplie d'angoisse : — Ruth !

Effrayée par la manière dont son mari prononçait son nom, la mère dérangea les plis de son vêtement qui cachaient encore la petite fille; et, la prenant dans ses bras, elle s'aperçut que, dans l'horreur de la scène effrayante qui venait de se passer, les enfants avaient été changés, et qu'elle avait sauvé la vie de Martha!

Malgré la générosité des sentiments de Ruth, il lui fut impossible de déguiser l'excès de son chagrin au moment où elle s'aperçut qu'elle s'était trompée. La nature l'emporta.

— Ce n'est pas notre enfant! s'écria la mère en tenant toujours la petite fille dans ses bras, et regardant cette créature innocente et terrifiée avec une expression que Martha n'avait point encore vue dans des regards ordinairement si doux et si indulgents.

— Je t'appartiens, je t'appartiens aussi! murmurait la petite fille tremblante, essayant en vain d'atteindre jusqu'au sein sur lequel sa tête avait si souvent reposé. Si je ne suis pas à toi, à qui suis-je donc?

Les regards de Ruth décelaient toujours le désespoir qui déchirait son âme; ses traits étaient décomposés.

— Madame, mistress Heathcote, ma mère...., disait par intervalles la petite orpheline. Le cœur de Ruth fut touché, elle pressa la fille de son amie contre son sein, et la nature trouva un secours momentané dans un de ces accès de douleur qui menacent de rompre les liens qui unissent l'âme avec le corps, mais qui sont cependant encore moins dangereux qu'un muet et sombre désespoir.

— Viens, fille de John Harding, dit Content, regardant autour de lui avec le calme d'un homme qui a acquis le plus grand empire sur lui-même, tandis que son cœur était déchiré de regrets; c'est la volonté de Dieu, et nous devons baiser sa main paternelle. Soyons reconnaissants... En prononçant ces dernières paroles, son regard était calme, mais ses lèvres étaient tremblantes. — Soyons reconnaissants, ajouta-t-il, de la bonté qu'il nous a montrée. Notre enfant est avec les sauvages, mais nos espérances sont au-dessus de la malignité des Indiens. Nous n'avons point déposé notre trésor dans un endroit où les vers et la rouille puissent le corrompre, où les voleurs puissent le dérober. Peut-être demain pourrons-nous nous entendre avec l'ennemi, et lui offrir une rançon.

Il y avait une lueur d'espoir dans ces paroles. Cette idée sembla donner une nouvelle direction aux pensées de Ruth, et ce changement lui permit de ressaisir une partie de l'empire qu'elle savait exercer sur elle-même. Ses larmes cessèrent peu à peu de couler, et après quelques efforts affreux, elle fut capable de se montrer résignée. Toutefois, pendant l'effrayant combat qui suivit, elle ne montra ni la même activité ni le même ordre dont elle avait fait preuve dans les premiers événements de la nuit.

Il est à peine nécessaire de rappeler au lecteur que le coup affreux qui frappa Ruth et son mari fut porté au milieu d'une scène où d'autres acteurs étaient trop occupés de leur propre position pour y donner un grand intérêt : le sort des assiégés de la citadelle approchait trop évidemment de sa fin pour attirer l'attention générale sur un épisode de la grande tragédie du moment.

Le combat avait en quelque sorte changé de caractère. Les assiégés n'avaient plus à craindre les traits des assaillants, mais le danger se montrait peut-être sous un aspect plus horrible. De temps en temps, il est vrai, une flèche paraissait à l'ouverture des meurtrières ; et une balle guidée par le hasard ou dirigée par un coup d'œil juste, pénétra dans une des étroites ouvertures, et aurait terminé l'histoire du brave Dudley, si sa tête, qu'elle effleura, n'eût été assez solide pour résister à un semblable choc. L'attention de la garnison se portait principalement sur l'imminence du danger causé par le feu qui environnait la forteresse. Bien que les circonstances affreuses dans lequelles se trouvaient alors les planteurs eussent été prévues et leurs effets rendus infructueux par l'étendue de la cour et la construction de la forteresse, cependant il se trouva que le danger excédait tous les calculs qu'on avait pu faire.

La base de la citadelle ne devait laisser aucune crainte ; elle était en pierre, et assez épaisse pour défier tous les artifices que les sauvages auraient pu inventer. Les deux étages supérieurs eux-mêmes présentaient assez de sûreté, étant construits de masses si solides qu'ils offraient aussi de grands obstacles à la combustion ; mais le toit, semblable à ceux qu'on voit en Amérique de nos jours, avait été composé avec les planches inflammables du sapin. La hauteur de la tour était une faible protection ; mais comme le feu s'élevait au-dessus des bâtiments circonvoisins et décrivait en tourbillonnant de larges circuits, le toit fragile de la citadelle était souvent enveloppé de flammes : on peut prévoir les résultats. Content fut bientôt arraché à l'amertume de ses regrets par un cri qui passa de bouche en bouche, et qui lui annonça que le toit de la petite citadelle était embrasé. Un des puits de l'habitation était dans les fondements de l'édifice, et l'on n'avait négligé aucune des précautions nécessaires pour rendre son service utile dans de semblables circonstances. Un pilier creux en pierres solides s'élevait de l'appartement inférieur jusqu'aux autres étages. Profitant de cette heureuse précaution, les servantes tiraient les baquets avec promptitude, tandis que les jeunes gens jetaient l'eau sur le toit par les fenêtres de la tour. Ce dernier travail, comme on peut le prévoir, n'était pas accompli sans danger : des nuées de flèches étaient sans cesse dirigées contre les travailleurs, et plus d'un jeune homme reçut des blessures plus ou moins graves dans cette importante occupation.

Pendant quelques minutes les planteurs se demandèrent si leurs efforts et leurs dangers seraient couronnés de succès. La chaleur excessive que répandait l'incendie, et le contact des flammes lorsque leurs tourbillons enveloppaient les travailleurs, commençaient à rendre douteux que les efforts humains pussent jamais se rendre maîtres du fléau destructeur. Bientôt les poutres massives et humides commencèrent à fumer, et l'on pouvait à peine tenir la main un instant sur leur surface.

Pendant cet intervalle d'une cruelle incertitude, tous les planteurs postés près des ouvertures furent appelés pour éteindre le feu. La défense du fort fut oubliée pour un devoir plus pressant encore. Ruth elle-même fut distraite de son chagrin par ce nouveau danger, et tous les bras s'occupèrent avec ardeur d'un travail qui détournait l'attention d'incidents moins alarmants parce qu'ils menaçaient d'une destruction moins prochaine. On sait que l'habitude familiarise avec le péril. Les jeunes habitants des frontières négligèrent bientôt leur sûreté personnelle dans l'ardeur du travail; et comme le succès commençait à couronner leurs efforts, un éclair de la gaieté qui les inspirait dans des moments plus heureux vint les distraire de leurs malheurs. Lorsqu'ils se furent aperçus qu'ils s'étaient rendus maîtres des flammes, et que le danger du moment était passé, ils jetèrent de longs et curieux regards dans un lieu qui jusqu'alors avait été regardé comme sacré, et réservé à l'usage secret du Puritain. La lumière brillait à travers les ouvertures des planches, non moins qu'à travers les fenêtres, et l'on pouvait examiner le contenu d'un appartement que chacun avait souvent désiré de connaître, mais où personne n'avait osé pénétrer.

— Le capitaine ne dédaignait pas les biens du corps, murmura Reuben Ring à ses camarades, tout en essuyant la sueur qui coulait de son front basané; tu vois, Hiram, qu'il y a ici de quoi faire bonne chère.

— La laiterie n'est pas mieux approvisionnée, répondit Hiram avec la promptitude d'observation d'un habitant des frontières; on sait qu'il ne boit jamais que du lait pur, et nous trouvons ici le meilleur que la laiterie de madame puisse fournir.

— Sans doute cette jaquette de buffle est semblable à celles de ces soldats qui sont venus à Wish-ton-Wish. Je pense qu'il y a bien longtemps que le capitaine n'est monté à cheval dans un semblable accoutrement.

— C'était peut-être autrefois son habitude, car tu vois qu'il conserve aussi ce morceau d'acier à la mode des soldats anglais. Il est probable qu'il fait de longues et pieuses réflexions sur les vanités de sa jeunesse lorsqu'il se rappelle le temps où il portait ces habits.

Cette conjecture fut approuvée généralement ; mais la vue d'une nouvelle provision d'aliments corporels, qui étaient amassés de manière à donner accès presque jusqu'au toit, eût fourni aux habitants des frontières un nouveau genre d'observation si le temps leur en eût été laissé ; mais au même moment un cri d'effroi fut poussé par les servantes qui remplissaient les baquets dans la chambre au-dessous.

— Aux meurtrières ! ou nous sommes perdus.

C'était un appel auquel il fallait obéir sans délai. Conduits par l'étranger, les jeunes gens descendirent avec précipitation, et trouvèrent en effet à exercer leur activité et leur courage.

Les Indiens avaient toute la sagacité qui distinguait d'une manière si remarquable les guerres de cette race subtile. Le temps que les planteurs avaient employé à éteindre les flammes n'avait pas été perdu par les assaillants. Profitant de l'attention que donnaient les assiégés à un travail de la dernière importance, ils avaient trouvé moyen de transporter des tisons à la porte de la forteresse, contre laquelle ils avaient amassé des matières combustibles qui menaçaient d'ouvrir bientôt un accès dans les fondements de la citadelle. Afin de cacher leur dessein et de protéger leur approche, les sauvages avaient réussi à traîner des monceaux de paille et autres matières semblables jusqu'au pied de la forteresse, à laquelle le feu se communiqua bientôt, ce qui servit en même temps à augmenter le danger que courait le bâtiment, et à diviser l'attention de ceux qui le défendaient. Bien que l'eau qui tombait du toit servît à retarder les progrès des flammes, elle contribua aussi à produire l'effet que les sauvages désiraient avec le plus d'ardeur. Les nuages de fumée qui s'élevaient d'un feu à moitié éteint avertirent les femmes du nouveau danger qui les menaçait. Lorsque Content et l'étranger atteignirent le premier étage de la citadelle, il leur fallut un peu de temps et un grand sang-froid pour examiner tout ce que leur situation avait de dangereux. La vapeur qui s'élevait de la paille et du foin mouillés avait déjà pénétré dans l'appartement, et ce n'était pas sans difficulté que ceux qui venaient d'y entrer pouvaient distinguer les objets et même respirer.

— Voici de quoi exercer tout notre courage, dit l'étranger à son compagnon. Il faut porter toute notre attention sur ce nouveau danger, ou nous périrons au milieu des flammes. Appelle les plus vigoureux et les plus hardis de tes jeunes gens, et j'entreprendrai une sortie à leur tête avant que le mal devienne sans remède.

— Ce serait assurer une victoire certaine aux païens. Tu entends par leurs cris que nous sommes entourés par un grand nombre. Une tribu a envoyé des guerriers d'élite pour accomplir cette œuvre de cruauté. Il faut plutôt essayer de les éloigner de notre porte, et d'arrêter ce nuage de fumée; si nous nous hasardions hors de la forteresse dans ce moment, ce serait offrir notre tête au tomahawk. Demander sursis serait une espérance aussi vaine que celle d'attendrir un rocher par nos larmes.

— Et de quelle manière pouvons-nous rendre un si utile service?

— Nos fusils protégeront cette entrée à la faveur de ces meurtrières, et l'on jettera de l'eau par les ouvertures. On a prévu ce danger dans la construction de la forteresse.

— Allons, au nom de la miséricorde du ciel! ne tardons pas à employer ce moyen.

Les mesures furent prises au même instant. Eben Dudley appliqua le canon de son fusil à une ouverture, et le déchargea dans la direction de la porte. Mais il était impossible de viser dans l'obscurité, et son manque de succès fut proclamé par un cri de triomphe. On jeta ensuite des torrents d'eau; ils ne furent pas beaucoup plus utiles, les sauvages avaient prévu leur effet en plaçant au-dessus du feu, afin d'empêcher l'eau d'y arriver, des planches et les vases qu'ils avaient trouvés dispersés dans les bâtiments.

— Viens ici avec ton fusil, Reuben Ring, cria Content, le vent chasse la fumée. Les sauvages amassent encore des matières combustibles près de la muraille.

Le jeune homme obéit. Il y avait en effet des moments où l'on apercevait des figures sombres glissant autour du bâtiment, quoique la densité de la fumée rendît leurs formes indistinctes et leurs mouvements douteux. D'un œil calme et habile, le jeune homme chercha une victime. Mais lorsqu'il déchargea son fusil quelque chose passa près de son visage, comme si la balle était revenue sur celui qui lui avait donné une bien différente mission. Reculant avec un peu de précipitation, il vit l'étranger qui lui montrait à travers la fumée une flèche qui tremblait dans le plancher au-dessus d'eux.

— Nous ne pouvons longtemps soutenir ces attaques, murmura le soldat. Il faut prendre promptement une décision, ou notre perte est certaine.

Il cessa de parler, car des hurlements qui parurent soulever la planche sur laquelle il était debout annoncèrent la destruction de la porte et l'entrée des sauvages dans les fondements de la tour. Les deux partis parurent un moment confondus de ce succès inespéré; car, tandis que l'un restait muet d'étonnement et d'effroi, l'autre était surpris de son triomphe. Cette inaction cessa bientôt. Le combat recommença, mais les efforts des assaillants étaient dirigés par leur confiance dans la victoire, tandis que ceux des assiégés participaient de leur désespoir. On tira des coups de fusil de l'étage supérieur et des fondements de la citadelle à travers le plancher intermédiaire, mais l'épaisseur des planches empêcha les balles de faire aucun mal. Alors commença un combat dans lequel se montrèrent d'une manière caractéristique les qualités diverses des combattants. Tandis que les sauvages augmentaient leur avantage avec tout l'art connu dans leurs guerres, les jeunes planteurs résistaient avec cette aptitude étonnante à trouver des expédients et cette promptitude d'exécution qui distinguent l'Américain habitant des frontières.

La première tentative des assaillants fut de brûler le plafond de la chambre inférieure. Afin d'effectuer ce projet, ils amassèrent d'immenses monceaux de paille dans les fondements de la citadelle; mais avant qu'ils eussent le temps de s'enflammer, l'eau qui tombait par torrents les avait pénétrés et noircis. Cependant la fumée était sur le point de terminer une lutte que le feu n'avait pu achever. Les nuages de vapeur qui montaient à travers les crevasses suffoquaient les travailleurs, et les femmes furent obligées de chercher un refuge au haut de la tour. Là les ouvertures pratiquées dans le toit et un courant d'air leur procurèrent quelque soulagement.

Lorsque les sauvages s'aperçurent que le puits procurait aux assiégés les moyens de protéger les ouvrages en bois de l'intérieur, ils essayèrent de leur couper la communication de l'eau en pratiquant une ouverture dans la masse circulaire par laquelle l'eau était amenée dans les appartements supérieurs. Cette tentative fut rendue vaine par la promptitude avec laquelle les planteurs percèrent dans le plancher des trous par lesquels ils envoyaient une mort certaine à leurs ennemis. Le combat n'avait peut-être pas encore été si opiniâtre ; les guerriers des deux partis n'avaient peut-être pas encore couru d'aussi grands dangers personnels. Après de longs et pénibles efforts, les planteurs l'emportèrent, et les sauvages eurent recours à de nouveaux expédients, ne voulant point abandonner leurs cruels desseins.

Pendant les premiers moments qui précédèrent leur entrée dans la maison, et afin de recueillir les fruits de la victoire lorsque la garnison serait réduite, les vainqueurs avaient emporté une partie de l'ameublement sur le penchant de la montagne. Entre autres objets se trouvaient six ou sept lits qui avaient été arrachés des chambres à coucher. On les apporta sur le théâtre de l'attaque comme de puissants auxiliaires ; ils furent jetés l'un après l'autre sur le foyer mal éteint, et bientôt ils répandirent autour d'eux des nuages de fumée. Dans ce moment d'un danger croissant, un cri plus effrayant encore retentit dans la forteresse : le puits était tari ! Les baquets remontèrent aussi vides qu'ils étaient descendus, et furent jetés de côté comme inutiles. Les sauvages semblèrent comprendre ce nouvel avantage, car ils profitèrent du moment de confusion qui eut lieu parmi les assiégés, pour fournir au feu de nouveaux aliments. Les flammes s'élevèrent avec rapidité, et en moins d'une minute elles étaient devenues trop violentes pour être éteintes ; on les vit bientôt se frayer un passage à travers le plafond. L'élément subtil glissa d'un point à un autre, et finit par gagner les côtés extérieurs de la forteresse elle-même.

Les sauvages se virent assurés de la victoire ; des cris et des hurlements proclamèrent leur joie féroce. Cependant il y avait quelque chose de sinistre dans le silence avec lequel les victimes attendaient leur sort. Tout l'extérieur du bâtiment était déjà enveloppé par les flammes, et cependant on ne s'apprêtait point à une nouvelle résistance, et aucune voix ne s'élevait pour demander merci. Ce calme effrayant et surnaturel se communiqua peu à peu aux assiégeants. Les cris de triomphe cessèrent, et le pétillement des flammes et la chute des poutres dans les bâtiments voisins troublaient seuls cet affreux silence. Enfin une voix se fit entendre dans la forteresse ; ses accents étaient solennels, ils semblaient implorer. Les cruels Indiens qui entouraient la masse enflammée s'avancèrent pour écouter ; car, grâce à la finesse de leur ouïe, ils avaient entendu le premier son : c'était Mark Heathcote invoquant Dieu par une prière fervente, mais calme : et bien qu'elle fût prononcée dans une langue inintelligible aux sauvages, ces derniers connaissaient assez les pratiques des colons pour être convaincus que c'était le chef des visages pâles qui s'adressait à son Dieu. Moitié par crainte, moitié dans le doute des résultats de cette prière mystérieuse, la sombre armée s'éloigna à quelque distance, et surveilla en silence les progrès de l'incendie. Les sauvages avaient entendu d'étranges choses sur le pouvoir de la divinité des blancs; et, comme leurs victimes avaient cessé de faire usage d'aucun moyen connu de défense, ils supposaient qu'ils attendaient quelque manifestation non équivoque du pouvoir du Grand Esprit de l'étranger.

Cependant les assaillants ne montraient ni pitié, ni désir de ralentir les cruels effets de la barbarie; s'ils pensaient au sort de ceux qui étaient probablement sur le point de périr au milieu de cette masse de flammes, ce n'était que pour donner carrière au regret d'être privés de porter en triomphe dans leur village les gages sanglants de leur victoire. Mais ces sentiments caractéristiques s'évanouirent eux-mêmes lorsque les progrès effrayants des flammes leur ravirent l'espérance de pouvoir les satisfaire.

Le toit de la forteresse prit feu, et, par la lumière qui brillait à travers les meurtrières, il était évident que l'intérieur était enflammé. Une ou deux fois des sons étouffés parvinrent jusqu'aux oreilles des sauvages, comme si des femmes laissaient échapper de faibles cris; mais ils cessèrent si promptement qu'ils se demandèrent si c'était une illusion de leurs sens. Les sauvages avaient déjà contemplé de sang-froid bien des misères humaines, mais jamais ils n'avaient vu affronter la mort avec tant de calme; cette tranquillité solennelle au milieu des flammes leur inspira bientôt un sentiment d'effroi, et lorsque la forteresse s'écroula et couvrit la terre de ses ruines, ils quittèrent ce lieu de désolation, craignant la vengeance de ce Dieu qui était si capable d'inspirer de si profonds sentiments de résignation à ses adorateurs.

Les cris de victoire se firent encore entendre dans la vallée pendant cette nuit désastreuse, et le soleil se leva avant que les vainqueurs abandonnassent la montagne; mais peu de sauvages trouvèrent assez de courage pour approcher des ruines où ils avaient été témoins d'un si grand exemple d'héroïsme chrétien. Le petit nombre de ceux qui s'approchèrent de ce lieu éprouvèrent le respect que l'Indien paie à la tombe du juste, plutôt que cette joie féroce qu'il manifeste ordinairement près d'un ennemi vaincu.

CHAPITRE XVI.

> Quelles sont ces gens dont le costume est si étrange, si fané, qui sont sur la terre et qui ne ressemblent point à ses habitants?
> SHAKSPEARE. *Macbeth.*

La tristesse de la saison, dont nous avons déjà parlé, n'a jamais une longue durée dans le mois d'avril. Un changement dans le vent avait été observé par les chasseurs pendant leur course sur les montagnes ; et quoique trop préoccupés pour accorder une grande attention aux progrès du dégel, plus d'un jeune planteur avait trouvé l'occasion de remarquer que la fin de l'hiver était arrivée. La scène décrite dans le chapitre précédent commençait à peine, que les vents du sud s'étaient mêlés à la chaleur de l'incendie ; un air doux, qui avait suivi le cours du golfe Stream, s'était dirigé vers la terre, et passant sur l'île étroite qui, en ce lieu, forme la pointe avancée du continent, peu d'heures s'écoulèrent avant qu'il eût détruit les restes glacés de l'hiver. Les courants de cet air chaud pénétrèrent dans les forêts, fondirent les neiges des champs ; la nature entière en ressentit une heureuse influence, et elle parut renouveler l'existence des hommes et des animaux. Le lendemain de la chasse, un point de vue bien différent de celui que nous avons dépeint à nos lecteurs s'offrit aux yeux dans la vallée de Wish-ton-Wish.

L'hiver avait entièrement disparu ; et comme la végétation avait acquis de la croissance par la chaleur momentanée du printemps, un étranger dans la vallée n'aurait pu supposer que la saison avait été sujette à une aussi sombre interruption. Mais le changement principal et le plus triste n'était pas dans la nature. Au lieu de ces simples et heureuses habitations qui couronnaient la petite éminence, on voyait une masse de ruines noircies par le feu. Quelques ustensiles de ménage, quelques meubles à moitié détruits, étaient épars sur le sol ; et çà et là quelques palissades favorisées par le hasard avaient échappé aux flammes. Des cheminées massives s'élevaient au-dessus des ruines encore fumantes. Au milieu de cette désolation, on voyait les fondements de pierre de l'habitation, sur lesquels étaient encore des charpentes ressemblant à du charbon. Le pilier du puits, nu et sans support, élevait sa forme circulaire au centre des fondations, tel qu'un sombre monument du passé. L'immense ruine des bâtiments extérieurs noircissait tout un côté de la partie défrichée, et en différents endroits les haies, semblables à des rayons divergeant du centre commun de la destruction, avaient porté la flamme jusque dans les champs. Quelques animaux domestiques ruminaient autour de l'habitation, et même les habitants emplumés des hangars se tenaient éloignés, comme s'ils avaient été instruits par leur instinct du danger qui les menaçait encore dans leur ancienne demeure. La campagne était calme et belle. Le soleil brillait sur un ciel où l'on ne voyait aucun nuage; la douceur de l'atmosphère et l'éclat des cieux prêtaient un air animé même à la forêt sans feuilles, et la vapeur blanchâtre qui s'élevait des bâtiments encore brûlants ondulait au-dessus des montagnes comme la fumée paisible des chaumières se déploie en légers tourbillons au-dessus de leurs toits.

La troupe cruelle qui avait causé tant de malheurs était déjà loin sur le chemin de ses villages, ou peut-être à la recherche de quelque autre scène sanglante. Un œil habile aurait pu découvrir la route que ces sauvages avaient prise dans les bois, par les haies arrachées ou par la carcasse d'un animal immolé au milieu de la joie féroce de leur triomphe. Il restait un seul de ces êtres sauvages, et il paraissait attiré dans ce triste lieu par des sentiments bien différents de ceux qui avaient agité, il y avait peu de temps et dans la même place, le cœur de ses compagnons.

L'Indien solitaire errait au milieu de cette scène de destruction d'un pas léger qu'on entendait à peine. Il traversa d'abord d'un air pensif les ruines des bâtiments qui formaient le carré; puis conduit sans doute par l'intérêt qu'il prenait au sort de ceux qui avaient si misérablement péri, il s'approcha du centre de la cour. L'oreille la plus attentive n'aurait pas entendu le bruit du pied de l'Indien lorsqu'il avança au milieu des ruines de la forteresse; et sa respiration était moins élevée que celle de l'enfant qui vient de naître, lorsqu'il s'arrêta dans le lieu consacré par les dernières angoisses et le martyre d'une famille chrétienne. C'était Miantonimoh, cherchant quelque triste souvenir de ceux avec lesquels il avait vécu si longtemps en paix, sinon heureux.

Une personne instruite dans l'histoire des passions du sauvage aurait deviné ce qui se passait dans l'esprit du jeune homme. Son œil noir errait sur les fragments épars, et semblait chercher quelque vestige d'un corps humain. Mais le feu avait tout dévoré avec trop d'ardeur pour qu'il restât aucun vestige de sa furie. Un objet ressemblant à ce qu'il cherchait s'offrit aux regards de l'Indien, et, s'avançant vers le lieu où il reposait, il retira des tisons l'os d'un bras vigoureux. Dans ce moment, l'éclat de ses yeux annonçait la joie d'un sauvage dans sa vengeance ; mais de plus douces pensées remplacèrent bientôt ce sentiment cruel et la haine qu'il avait vouée dès son enfance à un peuple qui chassait peu à peu sa race de la surface du globe. Les restes humains s'échappèrent de ses doigts ; et si Ruth avait été témoin du nuage de mélancolie qui se répandit sur les traits sombres de l'Indien, elle aurait trouvé un moment de consolation dans la certitude que toute sa bonté n'avait point été perdue.

Au regret succéda bientôt un mouvement d'effroi. Il semblait à l'imagination de l'Indien entendre autour de lui une voix comme celle qui, suivant sa croyance, s'élevait du sein des tombeaux. Avançant la tête, il écouta avec toute la subtilité d'ouïe d'un Indien, et il lui sembla qu'il entendait encore la voix à demi étouffée de Mark Heathcote, adressant ses prières au dieu des chrétiens. Le pinceau d'un peintre grec aurait aimé à tracer les attitudes diverses de l'Indien étonné, lorsqu'il s'éloigna lentement et avec respect de ce triste lieu. Ses regards étaient arrêtés fixement sur l'espace vide où l'on voyait naguère les étages supérieurs de la forteresse, et où il avait entendu la famille, pour la dernière fois, demander dans son malheur le secours de son Dieu. L'imagination lui montrait les victimes au milieu des flammes. Pendant une minute encore, il s'arrêta, croyant voir sans doute quelque apparition de visages pâles ; puis alors, d'un air de méditation et les regards émus, il se dirigea légèrement vers le sentier qu'avait suivi son peuple. Lorsqu'il eut atteint les limites de la forêt, il s'arrêta encore ; et, jetant un dernier regard sur un lieu où le hasard l'avait rendu témoin de tant de bonheur domestique et de malheurs si soudains, il s'avança précipitamment dans l'obscurité de ses forêts natales.

La vengeance des sauvages semblait complète. Une nouvelle

barrière venait d'être placée devant les progrès de la civilisation, dans la vallée malheureuse de Wish-ton-Wish. Si la nature n'avait point été dérangée dans ses travaux, il eût fallu peu d'années pour couvrir la plantation abandonnée de son ancienne végétation, et un demi-siècle eût enseveli ses paisibles clairières sous l'ombre des forêts, mais il en était décrété autrement.

Le soleil avait atteint son méridien, et la troupe cruelle avait disparu depuis quelques heures, avant qu'il arrivât rien qui pût manifester cette décision apparente de la Providence. Un témoin des scènes d'horreur qui venaient de se passer aurait pris le frémissement du vent dans les ruines pour le murmure des ombres de ceux qui n'étaient plus. Enfin, il semblait que le silence du désert allait régner de nouveau, lorsqu'il fut faiblement interrompu. Un mouvement eut lieu dans les ruines de la forteresse : on eût dit que quelques morceaux de bois étaient déplacés avec prudence; alors une tête humaine s'éleva doucement et avec précaution au-dessus du puits. Le visage effrayant et défiguré de cette espèce de spectre, ses traits noircis par la fumée et teints de sang, un front entouré de quelques fragments d'un vêtement souillé, ses yeux, dont les regards exprimaient la tristesse et l'horreur, tout était en harmonie avec la scène de désolation qui l'entourait.

— Que vois-tu? demanda une voix calme et sévère qui s'éleva de l'intérieur du pilier. Faut-il reprendre nos armes, ou les agents de Moloch ont-ils disparu? Parle, jeune homme, que vois-tu?

— Une scène qui ferait pleurer un loup! répondit Eben Dudley, soulevant son corps vigoureux et se plaçant debout sur le pilier, de manière à embrasser d'un coup d'œil toute la vallée. Que le mal soit ce qu'il voudra, nous ne pouvons pas dire que les avertissements nous aient manqué. Mais quelle est la sagesse de l'homme le plus prudent, mise dans la balance avec la ruse des démons? Venez, Bélial a épuisé sa rage, et nous avons le temps de respirer.

Les sons qui sortirent de l'intérieur du puits annoncèrent la joie que causait cette nouvelle, non moins que la promptitude avec laquelle on obéit aux invitations d'Eben. Diverses pièces de bois et quelques planches furent passées à Dudley avec précaution, et il les jeta parmi les autres ruines du bâtiment. Alors il descendit du pilier, afin de faire place aux autres.

L'étranger vint après lui, puis Content, le Puritain, Reuben Ring, enfin tous ceux qui n'avaient point été immolés dans cet horrible combat. Lorsque tous ces individus sortirent l'un après l'autre de leur prison, ils s'empressèrent de faire quelques préparatifs pour la délivrance des plus faibles. L'adresse des habitants des frontières eut bientôt trouvé les moyens nécessaires. A l'aide de chaînes et de baquets, Ruth et la petite Martha, Foi et toutes les autres servantes sans exception, furent retirées des entrailles de la terre, et rendues à la lumière du jour. Il n'est pas nécessaire de dire à ceux que l'expérience rend capables de juger de cette entreprise, qu'elle n'exigea ni beaucoup de temps ni beaucoup de travail pour être accomplie.

Nous n'avons pas le dessein d'exciter la sensibilité du lecteur autrement que par le simple récit des événements de cette légende. Nous ne dirons donc rien des souffrances et des alarmes qu'avaient éprouvées les colons au moment où, par leur ingénieuse retraite, ils échappaient aux flammes et aux tomahawks; l'effroi fut la principale des souffrances. La descente fut facile, les jeunes gens ayant promptement trouvé les moyens, à l'aide de meubles jetés d'abord dans le puits, et par des fragments de planches bien assujettis et placés en travers, de rendre la situation des femmes et des enfants moins pénible qu'on ne pourrait le supposer, et de les protéger contre la chute de la forteresse. Mais de ce côté il existait peu de danger, la forme du bâtiment elle-même étant la plus forte protection contre la chute des parties les plus lourdes.

On peut se représenter la réunion de la famille, au milieu de la désolation de la vallée, heureuse encore d'avoir échappé à un sort plus affreux. La première action fut de remercier Dieu solennellement de cette délivrance miraculeuse; puis, avec la promptitude de gens habitués au travail, les planteurs donnèrent toute leur attention aux mesures qu'ils jugèrent nécessaires.

Les jeunes gens les plus actifs et les plus expérimentés furent envoyés à la découverte pour s'assurer de la route que les sauvages avaient suivie, et pour tâcher de connaître leurs intentions pour l'avenir. Les servantes se hâtèrent de réunir les bestiaux, tandis que d'autres, le cœur rempli d'amertume, cherchèrent parmi les ruines du bâtiment quelques provisions de bouche, afin de satisfaire aux premiers besoins de la nature.

Deux heures s'étaient écoulées dans ces premiers soins; les jeunes gens étaient de retour, et tout les portait à croire que les sauvages avaient pour toujours abandonné la vallée. Les vaches avaient donné leur tribut, et l'on s'était procuré contre la faim les provisions qu'on avait pu réunir dans de telles circonstances. Les armes furent examinées et mises en état de service autant que possible ; on fit à la hâte quelques préparatifs pour protéger les femmes contre le froid de la nuit qui s'approchait ; enfin tout ce que l'intelligence d'un habitant des forêts pouvait suggérer fut exécuté avec promptitude.

Le soleil commençait à se coucher derrière la cime des hêtres qui bordaient le point de vue du côté de l'ouest, avant que les arrangements nécessaires fussent terminés, et ce fut à ce moment que Reuben Ring, accompagné d'un autre jeune homme aussi actif, aussi courageux que lui, parurent devant le Puritain, équipés comme des hommes disposés à faire un voyage à travers la forêt.

— Allez, dit le vieux Puritain lorsque les jeunes gens se présentèrent devant lui, allez porter la nouvelle de nos désastres, afin qu'on vienne à notre secours. Je ne demande point vengeance contre les païens. Imitateurs des adorateurs de Moloch, ils ont fait le mal par ignorance. Qu'aucun homme ne s'arme pour venger les infortunes d'un pécheur... Laissons-les plutôt chercher dans les secrètes abominations de leur propre cœur, afin qu'ils écrasent le ver qui, rongeant les grains d'une utile espérance, peut détruire les fruits de la promesse dans leur âme. Je voudrais que cet exemple de la colère divine fût profitable. Allez, faites le tour des établissements pendant à peu près cinquante milles, et demandez à ceux qui sont disponibles de venir à notre secours. Ils seront les bienvenus ; et puisse-t-il s'écouler bien du temps avant que quelques uns d'entre eux envoient à moi ou aux miens une semblable prière pour remplir un aussi triste devoir ! Partez, et rappelez-vous que vous êtes des envoyés de paix, que votre message n'est point pour exciter à la vengeance, que ce sont les secours qu'on peut raisonnablement m'accorder, mais non des bras armés pour chasser le sauvage de sa retraite, que je demande à nos frères [1].

---

[1]. La nécessité de se prêter un appui mutuel dans un pays faiblement peuplé, avait établi parmi les habitants des frontières des relations d'une généralité et d'une bienveillance excessive. Un appel semblable à celui du vieil Heathcote aurait amené des hommes de plusieurs lieues. C'était une pratique alors de convoquer tout le voisinage pour bâtir une maison, ou pour tout autre travail qui exigeait la réunion d'un grand nombre de bras. Nul salaire n'était demandé, ni n'eût été accepté.

Après avoir écouté ces derniers conseils, les jeunes gens prirent congé de la famille. Cependant on voyait, au rapprochement de leurs sourcils, à leurs lèvres contractées, que ces principes de paix pourraient bien être mis en oubli, si pendant le voyage le hasard leur procurait la rencontre de quelques sauvages errants. Quelques instants plus tard on les vit traverser les champs d'un pas léger, et s'enfoncer dans la profondeur des forêts, le long du sentier qui conduisait aux villes bâties sur les rives du Connecticut.

Il restait une autre tâche à remplir. En faisant les arrangements nécessaires pour procurer un abri à la famille, on s'était d'abord approché de la forteresse. Les murs des fondements de ce bâtiment étaient encore debout, et avec le secours de charpentes à moitié brûlées, et de planches qui avaient échappé à l'incendie, il fut facile de les couvrir de manière à offrir une protection provisoire contre les intempéries de la saison. Cette construction simple et rapidement élevée, et une petite cuisine bâtie autour d'un rang de cheminées, composaient tout ce qui pouvait être fait jusqu'à ce que le temps et les secours attendus permissent de commencer d'autres bâtiments. En nettoyant les ruines de la forteresse, on rassembla religieusement les restes de ceux qui avaient péri dans le combat. Le corps du jeune homme qui était mort pendant les premières attaques fut trouvé dans la cour, à demi consumé par les flammes; on le réunit aux ossements recueillis dans la forteresse. Il restait un triste devoir à remplir, celui de les rendre à la terre.

On choisit pour cette triste et pieuse solennité le moment où l'horizon occidental se para, suivant la belle expression de nos poëtes, de cette pompe qui ouvre et termine le jour. Le soleil semblait toucher la cime des arbres, et on n'aurait pu choisir une lumière plus douce pour une semblable cérémonie. Les champs étaient encore couverts de la lueur du soleil, quoique la forêt commençât à s'envelopper des ombres de la nuit. Une large et sombre ceinture s'étendait autour des limites du bois; çà et là un arbre solitaire jetait son ombre sur les prés sans bornes, et traçait une ligne épaisse et noirâtre sur les reflets des rayons du soleil. Une de ces ombres, image mouvante d'un immense pin, dont la sombre pyramide toujours verte s'élève à cent pieds au-dessus des humbles hêtres, s'étendait sur le penchant de l'éminence où la forteresse était placée. On voyait l'extrémité de cette ombre glisser lentement vers la tombe entr'ouverte, emblème de cet oubli où ses modestes habitants allaient bientôt être ensevelis.

Mark Heathcote et ses compagnons s'étaient assemblés dans ce lieu. Une chaise de chêne sauvée des flammes était occupée par le vieillard, et deux bancs parallèles, formés par des planches posées sur des pierres, contenaient le reste de la famille. La tombe était entre eux. Le patriarche s'était placé à l'une des extrémités, tandis que l'étranger dont nous avons si souvent fait mention était en face du vieillard, debout, l'air pensif, et les bras croisés sur sa poitrine. La bride d'un cheval, caparaçonné de cette manière imparfaite que nécessitent les moyens bornés des habitants des frontières, était passée à une des palissades à demi brûlée sur le dernier plan.

— Une main juste mais miséricordieuse s'est appesantie sur ma demeure, dit le vieux Puritain avec le calme d'un homme qui depuis longtemps était habitué à maîtriser ses regrets par l'humilité; celui dont la bonté nous avait comblés de biens les a retirés; celui qui souriait à ma faiblesse s'est voilé la face dans sa colère. Je l'ai connu et béni dans ses dons; il est juste que je le voie dans son déplaisir. Un cœur trop confiant dans le bien qu'on répand sur lui se serait endurci dans l'orgueil; qu'aucun homme ne murmure des maux qui sont tombés sur nous; qu'aucun n'imite celle qui disait avec folie : Quoi! recevrons-nous des biens de la main de Dieu, et n'en recevrons-nous pas des maux? Je voudrais que les faibles d'esprit dans le monde, ceux qui hasardent le salut de leur âme pour des vanités, ceux qui regardent avec mépris l'indigence de la chair, pussent contempler les richesses du vrai croyant ferme dans la foi; je voudrais qu'ils pussent connaître les consolations du juste, que la voix de la reconnaissance fût entendue dans les déserts. Que la bouche s'ouvre pour chanter des louanges, afin que la gratitude d'un pénitent ne soit pas cachée.

Lorsque la voix du vieux Puritain cessa de se faire entendre, son œil morne et sévère s'arrêta sur le jeune homme qui était le plus près de lui, et il semblait lui demander d'exprimer aussi d'une manière intelligible pour tous les assistants sa propre résignation. Mais le sacrifice surpassait les forces de celui auquel il s'adressait. Après avoir porté les yeux sur les restes de ceux qui n'étaient plus, et promené ses regards sur la désolation d'un lieu que sa propre main avait contribué à embellir, le jeune habitant de frontières, qui ressentait en même temps la douleur des blessures qu'il avait reçues pendant le combat, détourna la tête, et sembla reculer devant cet acte de soumission. Remarquant qu'il ne pouvait répondre, Mark Heathcote continua :

— N'a-t-on pas de voix pour louer le Seigneur? Une bande de païens est tombée sur mes troupeaux, les flammes ont consumé ma demeure, mes gens ont été immolés par la fureur de sauvages aveuglés par l'idolâtrie, et il n'y a personne ici pour dire que le Seigneur est juste! Je voudrais que des cris de reconnaissance s'élevassent au milieu de mes champs! je voudrais que le concert des louanges fût plus bruyant que les hurlements des païens, et que la terre elle-même fît éclater sa joie!

Un long et profond silence succéda à ces paroles; alors Content répondit d'une voix calme mais ferme, et empreinte de cette modestie qui accompagnait tous ses discours :

— La main qui a tenu la balance est juste, et nous avons été abandonnés. Celui qui fait fleurir le désert a choisi les ignorants et les barbares pour être les instruments de sa volonté. Il a arrêté la saison de notre prospérité, afin que nous sachions qu'il est le Seigneur. Il a parlé dans l'ouragan, mais sa miséricorde garantit que vos oreilles ont reconnu sa voix.

Au moment où son fils cessait de parler, un rayon de satisfaction brilla sur le visage du Puritain. Ses regards interrogateurs se tournèrent ensuite vers Ruth, qui était assise parmi les servantes et portait sur ses traits l'empreinte de la douleur. Une même émotion parut suspendre la respiration de chaque individu de cette petite assemblée. Les yeux exprimaient autant de sympathie que de curiosité lorsqu'ils jetèrent un regard rapide sur son visage pâle, mais résigné. Ceux de la mère ne contenaient pas une larme, mais ils étaient fixés sur le triste spectacle qui était à ses pieds. Elle chercha involontairement parmi ces restes humains que le feu avait racornis, quelque relique de l'ange qu'elle avait perdu. On la vit frémir, faire un violent effort sur elle-même, et sa douce voix se fit entendre, mais si bas que les personnes qui étaient auprès d'elle purent seules entendre ces paroles :

— Le Seigneur nous l'avait donnée, le Seigneur nous l'a ôtée, que son saint nom soit béni!

— Maintenant, dit le vieux Mark Heathcote en se levant et s'adressant avec dignité à toute sa maison; maintenant je sais que celui qui m'a frappé est miséricordieux, car il châtie ceux qu'il aime ; notre vie est une vie d'orgueil. La prospérité rend les jeunes insolents, tandis que celui qui compte beaucoup d'années dit dans son cœur : — Il fait bon d'être ici ! Il y a un effrayant mystère en celui qui est assis au-dessus de tous ; le ciel est son trône, et il a créé la terre pour lui servir de marchepied. Que la vanité des esprits faibles ne prétende pas le comprendre, car celui qui possède le souffle de la vie existait avant les montagnes ! Les liens de Satan et des fils de Belial ont été relâchés afin que la foi des élus fût purifiée ; afin que les noms de ceux qui sont écrits depuis que les fondations de la terre ont été posées, pussent être lus en lettres d'or pur. Le temps donné à l'homme n'est qu'un moment dans le calcul de celui dont l'existence est de toute l'éternité, et la terre l'habitation d'une saison ! Les ossements de celui qui fut brave, jeune et vigoureux hier, sont maintenant étendus à nos pieds. Nul ne sait ce que l'espace d'une heure peut amener. Dans une seule nuit, mes enfants, tout cela a été fait. Ceux dont les voix retentirent dans ma demeure sont maintenant sans parole, et ceux qui se réjouissaient il y a quelque temps sont dans la douleur. Ces maux ont été permis afin qu'il en résultât un plus grand bien. Nous sommes les habitants d'un désert et d'une terre lointaine, ajouta le vieux Puritain, permettant insensiblement à ses pensées de s'occuper des détails les plus pénibles de son affliction ; notre patrie terrestre est bien éloignée ; nous avons été conduits ici par la colonne lumineuse de la vérité, et cependant la malice des persécuteurs n'a point oublié de nous suivre. Sans maisons et poursuivis comme le daim par les chasseurs, nous sommes encore obligés de prendre la fuite. Nous avons les cieux étoilés pour abri ; nul ne peut plus prier en secret dans l'intérieur de nos murailles. Mais le sentier que suit le fidèle, quoique rempli d'épines, conduit au repos, et la tranquillité éternelle du juste ne connaît point d'alarmes. Celui qui sait supporter la faim, la soif et les douleurs corporelles pour l'amour de la vérité, sait comment il peut être satisfait, et les heures de souffrance ne seront point perdues aux yeux de celui qui n'a pour but que la paix du juste.

Les traits sombres de l'étranger montrèrent encore une plus grande austérité que de coutume ; et comme le Puritain continuait, sa main, qui était restée sur la poignée d'un pistolet, la serra avec une telle force, que ses doigts semblèrent s'enfoncer dans le bois. Il salua cependant pour reconnaître l'allusion, et garda le silence.

— Si une femme pleure la mort temporelle de ceux qui ont perdu la vie en défendant, comme cela leur était permis, leur existence et leur demeure, ajouta Mark Heathcote en regardant une jeune fille placée près de lui, qu'elle se souvienne que depuis le commencement du monde ses jours étaient comptés, et qu'il ne tombe pas un moineau qui ne remplisse les vues de la Providence. Que l'accomplissement de ces choses nous rappelle plutôt la vanité de la vie, afin que nous puissions apprendre combien il est aisé de devenir immortel. Si le jeune homme a été renversé en apparence comme une herbe qui n'a pas encore atteint sa croissance, il a été renversé par la faux de celui qui sait le mieux à quelle époque il doit commencer la moisson qui est destinée à remplir ses greniers éternels. Un cœur qui était lié au sien, parce que le sexe le plus faible doit s'appuyer sur la force de l'homme, pleure sur sa chute; mais que son chagrin soit mêlé de joie.

Un soupir convulsif s'échappa du sein d'une des jeunes filles qui était la fiancée d'un des morts, et pendant quelques instants le discours de Mark fut interrompu. Mais lorsque le silence fut rétabli, il continua, le sujet le conduisant par une transition naturelle à faire allusion à ses propres chagrins.

— La mort n'est point une étrangère dans mon habitation, dit-il; son dard porta un coup bien rude lorsqu'il frappa celle qui, comme les amis que nous avons perdus, était dans tout l'éclat de sa jeunesse, et au moment où son âme était dans la joie d'avoir donné naissance à un homme. Toi qui es assis au plus haut des cieux, ajouta-t-il en levant ses yeux secs vers les nuages, tu sais combien ce coup fut pénible, et tu as compté les efforts d'une âme oppressée. Le fardeau ne fut pas trouvé trop lourd pour être supporté. Le sacrifice n'était pas suffisant; le monde s'emparait de nouveau de mon cœur. Tu nous avais donné une image de cet ange d'innocence et de grâces qui habite maintenant dans les cieux, et tu nous l'as retiré, afin que nous connaissions ton pouvoir; nous nous courbons sous tes jugements; si tu as appelé notre enfant dans le séjour du bonheur, elle est à toi, et nous ne devons pas nous plaindre. Mais si tu l'as laissée errante encore dans le pèlerinage de la vie, nous avons confiance en ta bonté; elle est d'une race qui a longtemps souffert, et tu ne l'abandonneras pas à l'aveuglement des païens; elle est à toi, entièrement à toi, roi du ciel! Et cependant tu avais permis que nos cœurs fussent émus pour elle de toute la tendresse d'un amour terrrestre. Nous attendons quelques nouvelles manifestations de ta volonté, afin de savoir si les sources de nos afflictions doivent être taries par la certitude de son bonheur éternel (à ces mots des larmes brûlantes sillonnèrent les joues pâles de la mère silencieuse), ou si l'espérance ou même notre devoir envers toi exige les recherches de ceux qui lui sont liés par le sang. Lorsque le même coup affligea le solitaire errant dans une terre étrangère et sauvage, il ne retint pas l'enfant que tu lui accordais à la place de celui que tu avais appelé à toi. Maintenant cet enfant est devenu un homme, et semblable à l'Abraham du temps passé, il met à tes pieds, comme une offrande volontaire, l'objet des affections paternelles. Fais-en ce que ta sagesse, qui ne se trompe jamais, jugera convenable..... Ces derniers mots furent interrompus par un gémissement sourd qui s'échappa de la poitrine de Content : un profond silence suivit; mais lorsque chaque individu de l'assemblée jeta un regard de pitié et de crainte sur le malheureux père, on s'aperçut qu'il s'était levé et qu'il regardait l'orateur avec calme, comme s'il était supris, ainsi que les autres, et se demandait d'où ce son douloureux avait pu sortir. Le Puritain reprit son sujet, mais sa voix s'affaiblit; et pendant quelques instants ses auditeurs contemplèrent le pénible spectacle d'un vieillard ébranlé par le chagrin. Convaincu de sa faiblesse, le vieillard cessa ses exhortations et prit le ton de la prière. Alors ses paroles devinrent fermes et distinctes, et l'invocation se termina au milieu d'un calme profond et religieux.

Après cette occupation préliminaire la simple cérémonie s'acheva : les restes des jeunes planteurs furent déposés silencieusement dans la tombe, et on les couvrit de terre. Alors Mark Heathcote, à haute voix, implora les bénédictions du Seigneur sur sa maison; et courbant la tête, comme il avait déjà courbé l'esprit à la volonté du ciel, il dit à la famille de se retirer.

L'entrevue qui eut lieu ensuite se passa sur la tombe; la main de l'étranger fut serrée avec force par celle du Puritain, et l'empire que l'un et l'autre possédaient sur soi-même parut céder aux regrets causés par une amitié qui s'était fortifiée au milieu de tant de scènes déchirantes.

—Tu sais que je ne puis m'arrêter, dit l'inconnu, comme s'il répondait à quelque désir exprimé par son compagnon, ils me sacrifieraient au Moloch de leurs vanités; et cependant je voudrais rester près de toi jusqu'à ce que le poids de ce coup affreux se fût allégé. Je t'ai trouvé dans la paix, et je te quitte dans les plus profondes souffrances!

— Tu n'as point de confiance en moi, ou tu fais injure à ta propre croyance, interrompit le Puritain avec un sourire qui brilla sur son visage sévère et décomposé, comme un rayon du soleil couchant qui brille sur un nuage d'hiver. — Te paraissais-je plus heureux lorsque ta main plaça celle d'une épouse chérie dans la mienne, que je ne le suis maintenant dans le désert, sans maison, dépouillé de mes biens, et — que Dieu me pardonne mon ingratitude! — j'allais presque dire sans enfants! Non, en vérité, tu ne dois pas t'arrêter, car la meute sanglante de la tyrannie est à la piste, et je n'ai plus de refuge à t'offrir.

Les yeux de l'inconnu et ceux du vieillard se tournèrent en même temps, par un sentiment commun de mélancolie, vers les ruines de la forteresse. Alors l'étranger pressa la main de son ami dans ses deux mains, et dit d'une voix attendrie :

— Mark Heathcote, adieu! celui qui ouvre son abri à un homme errant et persécuté ne sera pas longtemps sans asile, et les résignés ne connaîtront pas toujours le chagrin.

Ces mots de l'étranger retentirent à l'oreille de son compagnon comme une révélation prophétique. Les deux amis se serrèrent de nouveau la main, et se regardant l'un l'autre avec une tendresse dont l'expression ne pouvait être entièrement étouffée par l'austérité de leurs manières et celle de leur caractère, ils se dirent un dernier adieu. Le Puritain se dirigea lentement vers le misérable abri qui couvrait sa famille, tandis que l'étranger conduisit le cheval qu'il venait de monter à travers les pâturages de la vallée, se dirigeant vers les sentiers les plus retirés du désert.

CHAPITRE XVII.

> Nous marchâmes tous les deux vers le village, parlant des lieux que nous avions habités, de ceux qui ne s'y trouvaient plus, de ceux qui étaient morts, et de ceux qui habitaient encore la maison de leur père.
>
> *Dana.*

Nous laissons à l'imagination de nos lecteurs le soin de remplir un intervalle de plusieurs années. Avant de reprendre le fil de notre récit, il sera nécessaire de jeter à la hâte un nouveau coup d'œil sur la situation du pays qui était naguère la scène de notre histoire.

Les efforts des habitants des provinces ne se bornaient plus aux premières tentatives d'une colonie qui commence à exister. Les établissements de la Nouvelle-Angleterrre avaient supporté l'épreuve de l'expérience et étaient devenus permanents. Les Massachusetts composaient déjà une population nombreuse, et le Connecticut, colonie dont nous nous occupons plus immédiatement, était assez peuplé pour manifester déjà une partie de cet esprit entreprenant qui depuis a rendu si remarquable cette petite mais active communauté. Les résultats de ses efforts toujours croissants devenaient visibles, et nous nous efforcerons de mettre sous les yeux de nos lecteurs un de ces changements aussi distinctement que nous pourrons le faire.

On ne sait comment tracer le tableau de ce qu'on appelle en Amérique un nouvel établissement, comparé aux progrès de la société dans l'autre hémisphère. Dans cette dernière contrée, les arts ont été les fruits d'une intelligence qui s'est accrue peu à peu en raison des progrès de la civilisation, tandis que, dans nos colonies, toute amélioration est le résultat d'une expérience acquise ailleurs. La nécessité, aidée par le sentiment intime des besoins qu'on éprouve, excitée par un esprit louable d'émulation et encouragée par la liberté, donna naissance à ces changements heureux qui, avec une rapidité presque magique, ont fait d'un désert le séjour de l'abondance et de la sécurité. L'industrie a travaillé avec la confiance de ses forces, et le résultat en a été particulièrement heureux.

Il est à peine nécessaire de dire que, dans un pays où les lois favorisent toute entreprise louable, où elles n'imposent aucune restriction inutile, et où la main de l'homme n'a pas encore épuisé ses efforts, l'aventurier peut choisir avec plus de liberté le champ où doit se développer son esprit entreprenant. Le cultivateur traverse les terres stériles et couvertes de bruyères pour s'établir sur les bords de la rivière; le commerçant cherche le local où il pourra le plus facilement acheter et vendre, et l'artisan quitte le village qui l'a vu naître, pour aller se fixer dans le lieu où ses travaux seront le mieux récompensés. C'est par suite de cette liberté de choix que, quoique le grand tableau de la société américaine ait été esquissé avec tant de hardiesse, il reste pourtant encore bien des traits à y ajouter pour le rendre parfait. L'émigrant a consulté son intérêt immédiat; et quoiqu'on n'ait entièrement négligé aucune partie considérable de nos immenses possessions dont il fût possible de tirer parti, cependant aucun canton particulier ne brille encore du vernis de l'amélioration. Même encore à présent, on trouve la cité au milieu du désert, et le désert forme souvent une ceinture autour de la ville, tandis qu'elle envoie des essaims nombreux dans des scènes d'industrie plus éloignées. Après trente ans de soins paternels de la part du gouvernement, la capitale même conserve ses misérables villages, composés de maisons éparses, au centre des vieux champs abandonnés du Maryland[1], tandis que de jeunes et innombrables rivales fleurissent sur ces bords des eaux de l'Occident, dans des endroits où l'on entendait les ours gronder et les loups hurler longtemps après que cette ville portait déjà le nom de cité.

C'est ainsi qu'une civilisation fort avancée, un ordre de choses annonçant l'enfance de la société et un état de barbarie véritable, sont souvent en contact dans l'enceinte de cette république. Le voyageur qui a passé la nuit dans une chambre d'auberge dont le plus ancien pays de l'Europe n'aurait pas à rougir, peut se trouver obligé de dîner dans le *shanty*[2] d'un chasseur; la route

---

[1]. La culture du tabac épuise la terre en peu d'années, et comme nul bon système d'agriculture n'a encore été adopté pour l'engraisser, il en résulte qu'une grande partie des anciennes plantations de tabac dans la Virginie et le Maryland restent incultes. La ville de Washington est située au milieu d'un de ces districts presque stériles.

[2]. *Shanty* ou *shantee* est un mot fort usité dans les établissements les plus modernes.

bien nivelée et couverte de graviers aboutit quelquefois à un marécage impraticable ; les clochers de la ville sont cachés par les branches d'une épaisse forêt, et le canal conduit à une montagne qui semble nue et stérile. Celui qui ne revient pas voir ce qu'une autre année aura pu produire emporte ordinairement avec lui des souvenirs de ces scènes qui l'entraînent dans l'erreur. Pour voir l'Amérique avec les yeux de la vérité, il est indispensable de la voir souvent ; et pour bien comprendre la situation actuelle des États qui la composent, il faut se rappeler qu'il est aussi injuste de croire que tous les points intermédiaires participent à l'amélioration de certains lieux particuliers, que de conclure, d'après quelques faits défavorables glanés près du centre, qu'il ne se trouve aucune civilisation dans les établissements plus éloignés. Par un concours accidentel de causes morales et physiques, une grande partie de cette égalité qui distingue les institutions du pays s'étend aux progrès de la société sur toute sa surface.

Quoique l'impulsion donnée aux améliorations ne fût pas aussi forte du temps de Mark Heathcote que dans le nôtre, le principe en existait déjà activement. Nous fournirons une preuve suffisante de ce fait en suivant notre intention de décrire un de ces changements auxquels nous avons déjà fait allusion.

Le lecteur se rappellera que l'époque à laquelle se sont passés les événements que nous rapportons était les vingt-cinq dernières années du dix-septième siècle. Le moment auquel doit recommencer l'action de notre histoire est cette partie du jour où le crépuscule du matin commence à tirer les objets de cette profonde obscurité dont la nuit les couvre. On était dans le mois de juin, et la scène qui se présentait aux yeux mérite peut-être une description détaillée.

S'il avait fait jour, et qu'on eût été placé de manière à pouvoir jouir à vol d'oiseau de l'aspect du lieu dont nous allons parler, on aurait vu une immense forêt, océan de verdure, dont les vagues étaient doucement agitées, dans laquelle les arbres de la Nouvelle-Angleterre, dont les feuilles tombent tous les ans, étaient mêlés çà et là de masses d'arbres toujours verts, dont le feuillage était d'un coloris plus foncé. Au milieu de ces bois, qui s'éten-

---

Il signifie strictement une cabane d'écorces et de branches d'arbres, comme on en construit souvent dans la forêt pour s'en servir temporairement ; mais les habitants des frontières l'appliquent souvent aussi à leurs propres habitations. La seule étymologie que l'auteur ait entendu citer de ce mot américain est celle qui le suppose une corruption de *chiente*, terme qu'on dit employé dans le Canada pour exprimer un chenil.

daient à perte de vue, était une vallée située entre trois montagnes peu élevées. Sur ce terrain, et dans un espace de plusieurs milles, on voyait tous les signes d'un établissement qui se trouve dans un état croissant d'amélioration. Les détours d'un ruisseau profond et rapide qui dans l'autre hémisphère aurait porté le nom de rivière [1], pouvaient se suivre à travers les prairies, à l'aide des saules et des sumacs qui croissaient sur ses rives. Près du centre de la vallée les eaux du ruisseau avaient été resserrées par une petite digue sur laquelle s'élevait un moulin, dont la roue à cette heure était encore immobile. Tel était le site qu'occupait un hameau de la Nouvelle-Angleterre.

Le nombre des habitations du village pouvait être à peu près de quarante. Elles étaient, suivant l'usage, solidement construites en bois et proprement couvertes en planches. En général, toutes les maisons avaient un air remarquable d'égalité ; et, s'il était question de tout autre pays que le nôtre, on pourrait ajouter que, même dans la plus humble, l'aisance et l'abondance paraissaient régner à un degré peu ordinaire. Elles avaient pour la plupart deux étages peu élevés, le second s'avançant d'un ou deux pieds au-delà du premier ; genre de construction fort en usage dans les premiers jours des colonies orientales. Comme on ne pensait guère à cette époque à peindre les bâtiments, aucune de ces maisons n'avait une couleur différente de celle que le bois prend naturellement après avoir été exposé quelques années à l'air. Chacune d'elles avait sa seule cheminée au centre du toit, et l'on n'en voyait que deux ou trois qui eussent plus d'une fenêtre solitaire de chaque côté de la porte d'entrée. En face de chaque demeure était une petite cour tapissée de gazon, et séparée de la voie publique par une cloison légère en planches de sapin. Un double rang d'ormes jeunes et vigoureux bordait chaque côté d'une rue très-large, au centre de laquelle un énorme sycomore gardait encore le poste qu'il avait occupé dans la forêt avant que l'homme blanc y eût pénétré. C'était sous l'ombre de cet arbre que les habitants se réunissaient fréquemment pour ap-

---

1. Il existe une grande négligence et beaucoup d'inexactitude dans la nomenclature des fleuves d'Amérique. Le nom de rivière est donné en général à tous les courants d'eau considérables ; mais plusieurs, qui seraient regardés comme tels en Europe, sont appelés *creeks*, baies, quoiqu'ils soient tout à fait dans l'intérieur des terres, sans nulle communication avec la mer ni avec les lacs. Ainsi la baie du Canada et celle de Schoharie sont toutes deux plus larges que la Tamise à Kew, et versent leurs eaux dans la Mowhawk. Les fleuves de ce genre portent, dans quelques uns des Etats, le nom de branches.

prendre les uns des autres comment allaient leurs affaires, ou pour s'entretenir de quelque objet d'intérêt général dont la nouvelle était arrivée des villes plus voisines de la mer. Au milieu de cette rue couverte d'herbes on voyait un petit chemin décrivant diverses sinuosités tracées principalement par des brouettes, et qui, se réduisant à un sentier au sortir du village, conduisait dans la forêt à environ deux milles de distance. Çà et là s'échappaient des roses à travers les fentes que laissaient entre elle les planches qui formaient le mur de clôture des cours devant chaque habitation, et des buissons de lilas ornaient les angles de la plupart de ces cours.

Chaque maison isolée s'élevait sur un terrain séparé des autres et avait un jardin par derrière. Les granges, étables et autres bâtiments, servant à l'exploitation des terres, étaient placés à une distance que le bon marché du terrain et le désir de les mettre à l'abri du feu rendaient commode et convenable.

L'église était située à une extrémité du village et au centre de la rue. Le goût du temps avait été consulté avec soin pour la décoration et l'extérieur de ce temple imposant, dont la forme et la simplicité étaient d'accord avec la doctrine d'abnégation et l'humeur bizarre des religionnaires au culte desquels il était consacré. Ce bâtiment, de même que tous les autres, était construit en bois et avait extérieurement deux étages ; il était surmonté d'une tour sans cloches, et c'était la seule marque qui en indiquât le caractère sacré. En construisant cet édifice on avait pris un soin tout particulier pour qu'il n'offrît à la vue que des lignes droites et des angles droits. Sévères dans leurs principes de morale, les habitants de la Nouvelle-Angleterre regardaient ces croisées étroites et cintrées, si communes partout ailleurs, comme ayant quelque rapport mystérieux avec l'Eglise au manteau écarlate [1]. Le prêtre aurait plutôt songé à paraître devant son troupeau revêtu des vanités de l'étole et de la soutane, que ses ouailles à admettre ces décorations suspectes dans le style grave de leur architecture. Si le génie de la lampe merveilleuse avait opéré tout à coup un changement de place entre les fenêtres de l'église et celles de l'auberge, qui était presque en face, le critique le plus exercé de cet établissement n'aurait jamais pu s'apercevoir de cette liberté, puisque leurs formes, leurs dimensions et leur style étaient exactement les mêmes.

---

1. L'Eglise catholique, figure empruntée à l'Apocalypse.

Un petit enclos, situé d'un côté de la rue, à peu de distance de l'église, était destiné à servir de lieu de repos à ceux qui avaient terminé leur carrière terrestre ; il ne s'y trouvait encore qu'un tombeau solitaire.

L'auberge se distinguait des bâtiments qui l'entouraient par son étendue comme édifice, par un hangar destiné aux chevaux, et par une sorte d'air d'importance avec lequel elle s'avançait dans la rue au-delà de l'alignement général des autres maisons, comme pour inviter le voyageur à y entrer. Une enseigne était suspendue à un poteau qui ressemblait à un gibet, et que les gelées de la nuit et les chaleurs du jour avaient fait déjà dévier de la ligne perpendiculaire. L'objet qui y était représenté aurait, au premier coup d'œil, réjoui le cœur d'un naturaliste, en le portant à croire qu'il aurait fait la découverte de quelque oiseau inconnu. L'artiste avait pourtant facilité le moyen de ne pas commettre une pareille bévue, car il avait eu soin d'écrire au-dessous de la production de son pinceau : *Ceci est l'enseigne du Whip-poor-Will*, nom que le voyageur le moins lettré sait être celui que l'on donne communément dans ce pays au Wish-ton-Wish, ou Engoulevent d'Amérique.

On ne voyait que peu de restes de la forêt dans le voisinage immédiat du hameau. Les arbres avaient été abattus depuis longtemps, et il s'était passé assez de temps pour faire disparaître la plupart des traces de leur ancienne existence ; mais à mesure qu'on s'éloignait du groupe de bâtiments, les signes d'usurpations plus récentes sur la forêt devenaient évidents, et la vue se perdait dans de larges trouées où des arbres abattus et empilés annonçaient l'activité de la hache.

A cette époque, le cultivateur américain, comme la plupart de ceux de l'Europe, demeurait dans son village. La crainte des actes de violence des sauvages avait donné naissance à une coutume semblable à celle qu'avaient produite dans l'autre hémisphère, bien des siècles auparavant, les incursions des barbares conquérants ; coutume qui, à quelques exceptions près, a privé les paysages champêtres d'un charme qu'il paraît que le temps et un état de société plus prospère ne leur rendent que lentement. Quelques restes de cet ancien usage se retrouvent encore dans la partie de l'Union dont nous parlons, et où, aujourd'hui même, le fermier sort du village qu'il habite pour aller cultiver ses champs épars dans les environs. Cependant, comme l'homme n'a jamais été assujetti, en Amérique, à un système, et que chaque individu y a toujours eu le droit d'agir à sa volonté, des esprits plus hardis ont commencé de bonne heure à se soustraire au joug d'une coutume dont leur sécurité compensait à peine les inconvénients. Même dans l'établissement que nous venons de décrire, dix à douze humbles habitations, se montraient au milieu de défrichements récents, sur la pente des montagnes, dans des situations trop éloignées pour les rassurer beaucoup contre une attaque soudaine de l'ennemi commun.

Cependant pour la protection générale en cas de dernière extrémité, un bâtiment fortifié, à peu près semblable à celui que nous avons déjà eu occasion de décrire, s'élevait sur un site convenable à peu de distance du village. Les fortifications en étaient plus solides et plus soignées que de coutume, les palissades en étant flanquées de forts; et à tous égards cet édifice semblait en état d'opposer la résistance qui peut être nécessaire au genre de guerre de ce pays. C'était là que le prêtre faisait sa demeure; et l'on y conduisait à temps la plupart des malades, afin de prévenir la nécessité de les y transporter dans un moment moins commode.

Il est presque inutile de dire aux Américains que de lourdes cloisons en planches subdivisaient la totalité de cet établissement en enclos de huit à dix acres; qu'on voyait paître çà et là des bestiaux et des troupeaux, sans bouviers ou bergers pour les garder, et que, tandis que les champs les plus voisins des habitations commençaient à montrer une culture intelligente, les terres plus éloignées prenaient graduellement un caractère plus sauvage, jusqu'à ce qu'on arrivât aux nombreux défrichements, où les arbres abattus et dépouillés de leur écorce étaient étendus presque au milieu de la forêt vivante. Tels sont, en plus ou en moins, les accessoires de toute scène rurale dans les districts du pays où le temps n'a encore fait que les deux premiers pas dans la carrière des améliorations.

A la distance d'un demi-mille de la maison fortifiée, ou de la garnison, comme on l'appelait par un étrange abus de ce terme, s'élevait un bâtiment dont les prétentions étaient fort supérieures à toutes les autres habitations du village. Cet édifice, quoique fort simple, couvrait une beaucoup plus grande étendue de terrain, et quoiqu'il ne fût que de nature à pouvoir appartenir à un cultivateur aisé, il se faisait remarquer par un air de prospérité que le temps seul pouvait donner, et qui était peu ordinaire à une famille établie sur la frontière. En un mot, les matériaux dont la maison avait été construite, la main-d'œuvre des bâtiments de basse-cour, et d'autres circonstances innombrables, mais bien connues, prouvaient que tous ces édifices étaient des constructions refaites. Les champs voisins de cette habitation avaient une surface mieux nivelée que ceux qui en étaient à une grande distance ; les planches qui formaient les cloisons étaient plus légères et mieux rabotées ; les souches des arbres abattus avaient entièrement disparu, et les jardins étaient plantés d'arbres fruitiers en plein rapport. Une éminence de forme conique s'élevait à peu de distance derrière le bâtiment principal ; elle était couverte de ce bel ornement particulier à une ferme américaine, un verger régulier planté de beaux pommiers. Le temps n'avait pourtant pas encore donné toute sa beauté à cette plantation, qui ne paraissait avoir que huit à dix ans. Une tour noircie, en pierres, soutenant les ruines brûlées d'un bâtiment en bois qui avait été construit en dessus, s'élevait au-dessus des plus grands arbres, et était un souvenir suffisant de quelque scène de violence dans la courte histoire de cette vallée. On voyait aussi un petit fort près de l'habitation ; mais, d'après l'air de négligence qui régnait tout à l'entour, il était évident que ce petit ouvrage avait été construit à la hâte, et n'avait servi que temporairement. Quelques plantations de jeunes arbres fruitiers se voyaient aussi dans différentes parties de la vallée, qui commençaient à donner beaucoup d'autres preuves d'améliorations en agriculture.

Tous ces changements, produits du travail de l'homme, avaient un caractère anglais ; mais ils rappelaient l'Angleterre également dépouillée de son luxe et de sa pauvreté. Il s'y joignait une vaste étendue de terrain qui donnait à la plus humble habitation un air d'aisance et d'abondance qu'on cherche si souvent en vain autour de la demeure de l'homme comparativement riche, dans ce pays où la population est beaucoup plus nombreuse, en proportion du sol, qu'elle ne l'était alors et qu'elle ne l'est encore à présent dans les régions dont nous parlons.

CHAPITRE XVIII.

> Approchez, voisin Sea-Coal, Dieu vous a accordé une bonne renommée. Avoir bonne mine est un don de la fortune, mais savoir lire et écrire, cela vient de nature.
>
> SHAKSPEARE. *Beaucoup de bruit pour rien.*

Nous avons déjà dit que l'heure à laquelle doit recommencer l'action de notre histoire est celle du lever de l'aurore. La fraîcheur ordinaire de la nuit, dans un pays couvert d'une immense étendue de bois, était passée, et la chaleur d'une matinée d'été faisait élever au-dessus des arbres les vapeurs légères qui flottaient sur les prairies. Un nuage formé de ces vapeurs réunies se dirigea vers le sommet d'une montagne éloignée qui semblait être le rendez-vous général de tous les brouillards accumulés pendant les heures de ténèbres qui venaient de s'écouler.

Quoique les couleurs vives dont le firmament se parait du côté de l'orient annonçassent le prochain lever du soleil, cet astre n'était pas encore visible. Cependant un homme montait déjà une petite colline qui se trouvait sur la route, à peu de distance de l'entrée du village du côté du midi, et cet endroit commandait la vue de tous les objets décrits dans le chapitre précédent. Un mousquet appuyé sur son épaule gauche, la corne à poudre et la gibecière suspendues à son côté, et la petite valise qu'il portait sur son dos, indiquaient un individu qui revenait de la chasse ou de quelque autre excursion peut-être moins paisible. Il portait le costume ordinaire du temps et du pays, quoique un petit sabre, passé dans une ceinture qui lui serrait la taille, eût pu donner lieu à quelques observations. Sous tout autre rapport, il avait l'air d'un habitant du village qui avait eu occasion de quitter sa demeure pour quelque affaire de plaisir ou de devoir, mais qui n'avait pas exigé un grand sacrifice de temps.

Qu'on fût étranger ou habitant du pays, peu de personnes passaient jamais sur cette colline sans s'arrêter sur le sommet pour contempler le calme du groupe de maisons dont nous venons de parler. L'individu en question y fit une pause comme les autres ; mais ses yeux, au lieu de suivre le sentier qui conduisait en ligne droite au village, eurent l'air de chercher quelque autre objet du côté des champs. S'approchant, sans trop se hâter, d'une barrière qui fermait l'entrée d'une prairie, il en jeta par terre les deux barres d'en haut, et fit signe à un cavalier qui la traversait d'entrer dans le grand chemin par le passage qu'il venait d'ouvrir.

— Fais sentir l'éperon à ce paresseux, lui dit-il après cet acte de civilité, en remarquant que le cavalier paraissait hésiter à faire franchir par sa monture la barre qui restait et les deux qui étaient à terre ; sur ma parole ! ta rosse sautera par-dessus cet obstacle sans y toucher de plus de trois pieds. Fi ! docteur, il n'y a pas une vache dans le Wish-ton-Wish qui ne fît ce saut pour arriver la première à l'endroit où on les trait.

— Tout doux, enseigne ! répondit le cavalier timide en plaçant l'accent sur la seconde syllabe du titre de son compagnon, et en prononçant la première voyelle de ce mot comme si c'eût été la troisième de l'alphabet ; ton courage convient à un homme réservé pour des traits de valeur ; mais ce serait un jour malheureux que celui où les malades de la vallée viendraient frapper à ma porte sans que je pusse les secourir, parce que je me serais cassé un bras ou une jambe... Tes efforts ne serviront à rien, car ma jument a été bien élevée comme son maître ; je lui ai donné des habitudes mécaniques, et elle a conçu une antipathie profonde contre tout mouvement irrégulier. Cesse donc de tirer les rênes comme si tu voulais la forcer à passer malgré elle, et occupe-toi plutôt à ôter de sa place la troisième barre.

— Dans ces cantons à demi sauvages, un docteur devrait être monté sur un de ces oiseaux qui vont à l'amble, dont j'ai lu l'histoire quelque part, dit le premier en écartant le dernier obstacle qui s'opposait au libre passage de son ami ; car, sur ma foi ! un voyage de nuit au milieu de ces défrichements, n'offre pas toujours autant de sûreté qu'en trouvent, dit-on, les colons qui demeurent plus près de la mer.

— Et où as-tu trouvé un livre qui parlât d'un oiseau de taille et de force à porter le poids d'un homme ? demanda le docteur avec une vivacité qui prouvait qu'il désirait avoir le monopole de la science dans ce canton ; je croyais que, dans toute la vallée, il n'existait pas un seul livre qui traitât de ces sciences abstraites, si ce n'est dans mon cabinet.

— Crois-tu que nous ne connaissons pas les Ecritures saintes?

— La! te voilà maintenant sur la voie publique, et tu peux avancer sans danger.

— C'est une merveille pour bien des gens dans cet établissement, que tu puisses voyager ainsi pendant la nuit au milieu d'arbres déracinés, de troncs, de souches, de fagots, sans tomber...

— Je t'ai dit, enseigne, que c'est par suite de la bonne éducation que j'ai donnée à ma jument; je suis certain que ni fouet ni éperon ne la forceraient à dépasser les bornes de la prudence. J'ai souvent voyagé sur ce chemin sans aucune crainte, et véritablement sans danger, à des heures où la vue était un sens aussi inutile que l'odorat.

— J'allais dire sans tomber entre tes mains, ce qui serait une chute presque aussi dangereuse que celle même des mauvais esprits.

Le docteur affecta de rire de la plaisanterie de son compagnon; mais, se rappelant la dignité qui convenait à sa profession, il reprit la parole d'un ton grave :

— On peut parler avec cette légèreté quand on ne connaît pas tout ce que nous avons à endurer en ces lieux dans la pratique de notre profession. Je viens de gravir cette montagne là-bas, guidé par le seul instinct de ma jument.

— Ah! as-tu été appelé chez mon frère Ring? demanda l'enseigne, voyant, par la direction des yeux de son compagnon, de quel endroit il arrivait.

— Oui véritablement, et à cette heure inconvenante qui semble choisie tout exprès dans une proportion très-déraisonnable des cas où l'on a besoin de mon ministère.

— Et Reuben peut ajouter un garçon de plus aux quatre qu'il comptait hier?

Le docteur fit un signe affirmatif, en étendant trois de ses doigts avec un air expressif.

— Cela met Foi un peu en arrière, reprit l'enseigne, qui n'était autre que l'ancienne connaissance de nos lecteurs, Eben Dudley, élevé à ce grade dans la garde de la vallée. Le cœur de mon frère Reuben sera réjoui par cette nouvelle, quand il sera de retour de sa reconnaissance.

— Il aura sujet de rendre grâce au ciel, puisqu'il trouvera le nombre sept sous le toit où il n'avait laissé que celui de quatre[1].

— Je conclurai aujourd'hui même le marché avec le jeune capitaine pour le lot de pierre sur la montagne, murmura Dudley, comme s'il eût été convaincu tout à coup de la prudence d'une mesure relativement à laquelle il hésitait depuis longtemps. Après tout, sept livres, monnaie coloniale, n'est pas un prix usuraire pour cent acres de terre bien boisée, et surtout quand elle est en pleine vue d'un établissement où les enfants arrivent trois à la fois.

Le docteur arrêta sa jument, et répondit à son compagnon, en le regardant fixement et avec un air expressif :

— Tu viens de trouver le fil d'un mystère important, enseigne Dudley. Ce continent n'a pas été créé sans dessein ; le fait est prouvé par les richesses qu'il contient, par son climat, par sa vaste étendue, par les facilités qu'il offre à la navigation, et surtout par ce qu'il laisse encore à découvrir, jusqu'à ce que les progrès de la société fournissent aux hommes d'un certain mérite les occasions de faire ces découvertes, et de l'encouragement pour s'y livrer. Songe, voisin, aux pas prodigieux qu'il a déjà faits dans les arts et dans les sciences, à la réputation qu'il a acquise, aux ressources qu'il s'est ouvertes, et tu en viendras à ma conclusion, que ce continent n'a pas été créé sans dessein.

— Ce serait une présomption que d'en douter ; car il aurait la mémoire bien courte, celui à qui il serait nécessaire de rappeler le temps où la vallée où nous sommes n'était que le repaire d'animaux de proie, et le chemin sur lequel nous marchons un sentier frayé par les daims... Crois-tu que Reuben pourra élever la totalité du présent que le ciel vient de lui faire ?

— Sous le bon plaisir et par la protection de la Providence. L'esprit est actif, enseigne Dudley, quand le corps voyage dans les forêts, et mes pensées se sont occupées bien des fois de cet objet, pendant que toi et d'autres vous étiez à dormir paisiblement. Nous sommes encore dans le premier siècle de ces colonies, et tu vois à quel degré d'amélioration elles sont déjà parvenues. On m'a dit que l'établissement d'Hartford va être administré comme les villes de la métropole. Il y a donc lieu de croire que le jour pourra venir où nos provinces auront une puissance, une

---

[1]. Dans l'intérieur de l'Amérique, où les ouvriers sont rares et la nourriture abondante, rien n'est plus avantageux pour un homme pauvre qu'une famille nombreuse, surtout s'il a plusieurs garçons.

agriculture, et des communications égales à certaines parties de celles de l'île vénérable, notre mère-patrie.

— Allons, allons, docteur Ergot, répliqua Dudley avec un sourire d'incrédulité, c'est excéder les bornes d'une attente raisonnable.

— Tu te souviendras que j'ai dit *égales à certaines parties*; je crois que nous pouvons nous figurer avec raison qu'avant qu'il s'écoule plusieurs siècles, la population pourra se compter par millions dans ces régions où l'on ne voit à présent que des hommes et des animaux aussi sauvages les uns que les autres.

— J'irai avec qui que ce soit, sur cette question, aussi loin que la raison peut le permettre. Mais tu as sans doute lu dans les livres écrits par les auteurs au-delà des mers tout ce qu'on dit de la situation de ce pays; et par conséquent il est clair que nous ne pouvons jamais espérer d'arriver au degré de perfection qu'on y a atteint.

— Voisin Dudley, tu sembles disposé à interpréter un peu trop à la lettre une expression peut-être peu mesurée. J'ai dit *égales à certaines parties*, ce qui signifie toujours aussi *à certaines choses*. Or, on sait en philosophie que la taille de l'homme a dégénéré et doit dégénérer dans nos régions, par obéissance aux lois établies par la nature; en conséquence, il est juste de convenir qu'il peut se trouver aussi quelque déficit dans les qualités qui tiennent moins à la matière.

— En ce cas, il est probable que les plus beaux échantillons de l'espèce humaine au-delà des mers ne sont pas disposés à quitter leur pays, répliqua l'enseigne avec un air d'incrédulité, en jetant un regard sur les belles proportions de ses membres vigoureux. Nous n'avons pas moins de trois hommes venus des anciens pays dans notre village, et pourtant je ne trouve pas que ce soient des gens qu'on aurait pu choisir pour construire la tour de Babel.

— C'est décider un point savant et délicat en admettant en preuves quelques exceptions isolées. Je me permettrai de vous dire, enseigne Dudley, que les savants, les sages, les philosophes d'Europe ont fait d'actives recherches sur cet objet, et ont prouvé, à leur satisfaction, ce qui est la même chose que juger la question sans appel, que les hommes et les animaux, les arbres et les plantes, les montagnes et les vallées, les lacs et les étangs, le soleil, l'air, l'eau et le feu, manquent ici d'une partie de la perfection qui est leur attribut dans les pays plus anciens. Je respecte un sentiment patriotique, et je puis même porter cette disposition jusqu'à reconnaître autant que personne les bienfaits que ce pays a reçus de la main d'un Créateur plein de bonté; mais les faits démontrés par la science et recueillis par l'érudition sont placés trop au-dessus des objections de l'esprit léger des sophistes, pour que des hommes doués d'un caractère plus grave puissent en douter.

— Je ne disputerai pas contre les choses qui sont prouvées, répondit Dudley, qui était aussi pacifique dans une discussion morale que vigoureux et actif dans une lutte physique; mais puisque la science humaine doit être portée à un si haut point dans les anciens pays, attendu leur grand âge, ce serait une visite qui mériterait qu'on se la rappelât, si quelques uns de ses rares avantages se répandaient sur nos jeunes contrées.

— Et peut-on dire que nos besoins intellectuels aient été oubliés; que la nudité de notre esprit n'ait pas été couverte d'un vêtement convenable, voisin Dudley? Il me semble que nous avons toute raison de nous applaudir à cet égard, et que l'équilibre de la nature se trouve en quelque sorte rétabli par la main bienfaisante de l'art. Il est absurde, dans une province qui n'est pas éclairée, de prétendre à des qualités qu'on a prouvé qu'elle ne possède point; mais la science est un don qui peut se transmettre et se communiquer, et il est juste de dire qu'on la trouve ici en proportion suffisante aux besoins de la colonie.

— Je ne puis dire le contraire, car ayant toujours fait des courses dans la forêt, au lieu de voyager pour voir les établissements le long de la côte, il est possible qu'il s'y trouve bien des choses dont ma pauvre imagination ne peut se faire une idée.

— Et sommes-nous donc tout à fait sans lumières, même dans cette vallée écartée, enseigne? dit le docteur en se penchant sur le cou de son cheval, et en prenant ce ton doux et persuasif dont il avait probablement acquis l'habitude dans sa pratique étendue parmi les femmes de l'établissement. Doit-on nous classer, en fait de connaissances, parmi les païens? devons-nous être confondus avec les hommes non civilisés qui erraient autrefois dans ces forêts pour y chercher du gibier? Sans prétendre avoir un jugement infaillible, sans me vanter de connaissances supérieures, et malgré la défectuosité possible de mon intelligence, il ne me semble pas, maître Dudley, que les progrès de l'établissement aient jamais été arrêtés faute de prévoyance nécessaire, et que la croissance de la raison parmi nous ait été retardée faute d'aliments intellectuels. Nos conseils ne sont pas dépourvus de sagesse, enseigne, et il est rarement arrivé qu'on y ait discuté quelque question abstraite sans qu'il s'y soit trouvé, pour ne rien dire de plus en notre faveur, quelque esprit en état de lutter avec succès contre les difficultés qu'elle offrait.

— Qu'il y ait dans la vallée des hommes... ou peut-être devrais-je dire qu'il s'y trouve *un homme* qui, du côté des dons de l'intelligence, est égal lui seul à plusieurs merveilles...

Le docteur l'interrompit en se redressant sur sa selle avec un air de dignité apaisée.

— Je savais que nous finirions par nous entendre, enseigne Dudley, lui dit-il, car je t'ai toujours trouvé de la discrétion et de la justesse dans le raisonnement. Qu'il arrive souvent que des hommes d'au-delà des mers ne soient pas aussi bien taillés que quelques uns de ceux de ce pays, que toi, par exemple, dirons-nous, enseigne, c'est ce qu'il est impossible de contester, puisque la vue nous apprend qu'on peut trouver des exceptions sans nombre aux lois générales et positives de la nature. Je crois que nous ne serons pas divisés d'opinions à ce sujet.

— Il est impossible de résister à un homme muni de tant de connaissances et qui sait si bien en faire usage, répondit Dudley, content d'être reconnu comme offrant en sa personne une exception frappante à l'infériorité de ses compatriotes. Mais il me semble qu'on pourrait citer mon frère Ring comme un autre exemple d'une taille raisonnable ; et c'est un fait que tu peux reconnaître en ouvrant les yeux, docteur, car le voilà qui arrive à travers cette prairie ; il a été, comme moi, faire une reconnaissance sur les montagnes.

— Il y a beaucoup d'exemples de mérite physique parmi tes concitoyens, Dudley, répondit le médecin complaisant. Il paraît pourtant que ce n'est point parmi eux que Reuben a trouvé son compagnon ; il a avec lui un camarade dont la taille n'a pas pris beaucoup de développement, et l'on pourrait ajouter qui a mauvaise mine ; je ne le connais pas.

— Ah ! il semblerait que Reuben a trouvé la piste des sauvages. L'homme qui l'accompagne a certainement le visage peint, et il porte une couverture sur ses épaules. Nous ferions bien de nous arrêter ici et d'attendre leur arrivée.

Cette proposition ne lui offrant aucun inconvénient particulier, le docteur y consentit : ils s'approchèrent donc de l'endroit où les deux individus qu'ils voyaient s'avancer à travers les champs paraissaient devoir rejoindre le grand chemin.

Ils ne furent pas longtemps à les attendre. Quelques minutes s'étaient à peine écoulées quand Reuben Ring, vêtu et armé comme l'enseigne Dudley, arriva sur la route, suivi de l'étranger dont la vue avait causé tant de surprise à ceux qui attendaient leur arrivée.

— Eh bien! sergent, s'écria Dudley dès que le nouveau-venu fut à portée de l'entendre, et parlant un peu du ton d'un homme qui a le droit de faire des questions, as-tu trouvé quelque trace des sauvages et fait un prisonnier, ou un hibou a-t-il laissé tomber de son nid un de ses petits sur ton passage?

— Je crois qu'on peut donner le nom d'homme à cette créature, répondit Reuben en posant sur la terre la crosse de son mousquet, et en s'appuyant sur son long canon, tandis qu'il considérait avec attention le visage à demi peint, l'air stupide et la tournure extrêmement équivoque de son prisonnier; il porte sur le front et autour des yeux les couleurs d'un Narragansett, et pourtant il s'en faut de beaucoup qu'il en ait la forme et les mouvements.

— Il y a des anomalies dans le physique d'un Indien comme dans celui des autres hommes, dit le docteur Ergot en jetant un coup d'œil expressif à Dudley; la conclusion de notre voisin Ring peut être trop précipitée, puisque la peinture est un fruit de l'art, et qu'on peut nous l'appliquer sur la figure d'après un usage établi. Mais on peut compter davantage sur les preuves tirées de la nature même. Il est entré dans le cadre de mes études de faire des remarques sur ces différences de formes qui se trouvent dans les diverses familles de l'espèce humaine, et rien n'est plus facile à reconnaître pour un œil exercé dans ces matières abstraites, que le véritable caractère de la tribu des Narragansetts. Mettez cet homme dans une position à être mieux examiné, voisin, et nous verrons bientôt à quelle race il appartient. Tu trouveras dans la facilité de ce petit examen, Dudley, une preuve évidente de la plupart des choses dont nous nous sommes entretenus ce matin. Le patient parle-t-il anglais?

— J'ai trouvé quelques difficultés à l'interroger, répondit Reuben, ou, comme on l'appelait ordinairement, le sergent Ring. Je lui ai parlé en langue chrétienne et en langue païenne, et jusqu'à présent je n'ai pu en obtenir aucune réponse, quoiqu'il obéisse aux ordres qui lui sont donnés dans l'une comme dans l'autre.

— Peu importe, dit Ergot en descendant de cheval ; et il s'approcha en adressant à Dudley un regard qui semblait solliciter son admiration. Heureusement le succès de l'examen que j'ai à faire ne dépend pas de l'accident du langage. Placez cet homme dans une attitude aisée, dans une attitude qui n'impose aucune contrainte à la nature. La conformation de toute la tête est évidemment celle d'un aborigène ; mais la distinction des tribus ne doit pas se chercher dans ces traits généraux. Comme vous le voyez, voisin, le front est étroit et rejeté en arrière, les os des joues sont saillants, suivant l'usage, et l'organe olfactif a le caractère romain, comme dans tous les naturels du pays.

— Il me semble pourtant qu'il a le bout du nez un peu retroussé, dit Dudley, tandis que le docteur continuait à détailler avec volubilité les signes généraux et bien connus qui distinguent la physionomie d'un Indien.

— Par exception, s'écria le docteur. Tu vois, enseigne, par cette élévation de l'os et par la protubérance des parties plus charnues, que cette particularité n'est qu'une exception. J'aurais plutôt dû dire que le nez avait naturellement une tendance à la forme romaine. Cet écart du système régulier est la suite de quelque accident, d'un coup de tomahawk ou d'une arme tranchante reçu à la guerre. — Justement! Voyez cette marque laissée par la blessure! elle est cachée par la peinture ; mais ôtez ce masque, et vous trouverez une cicatrice parfaite. Ces différences dans les signes généraux tendent à mettre dans l'embarras les demi-connaisseurs ; mais c'est une circonstance heureuse en elle-même pour les progrès des sciences d'après des principes fixes. — Placez le sujet plus droit, afin que nous puissions voir le mouvement naturel des muscles. Voici dans les dimensions de ce pied une démonstration complète d'une grande habitude de l'eau, et elle confirme l'opinion que j'avais déjà conçue. C'est une heureuse preuve qui, par des conclusions prudentes et raisonnables, vient à l'appui du coup d'œil rapide et éclairé de l'expérience. — Je déclare que ce drôle est un Narragansett.

— C'est donc un Narragansett qui a un pied fait pour confondre ceux qui en suivent la piste, dit Eben Dudley, qui avait étudié les mouvements et les attitudes du prisonnier avec autant d'attention et un peu plus d'intelligence que le docteur. Frère

Ring, as-tu jamais vu un Indien laisser sur les feuilles les marques d'un pied tourné en dehors comme celui-ci?

— Enseigne, reprit le docteur, je suis surpris qu'un homme doué de ton discernement appuie sur une légère variété de mouvement, quand il a sous les yeux un cas dans lequel il peut observer les lois de la nature jusqu'à leur source. Cette habitude de suivre les traces des Indiens a occasionné ta critique sur la position du pied. J'ai dit que ce drôle est un Narragansett, et je ne l'ai pas avancé à la légère. Voyez la conformation particulière de ce pied, qui s'est développée depuis l'enfance; la force des muscles de la poitrine et des épaules, due à un exercice extraordinaire dans un élément qui a plus de densité que l'air; la construction plus délicate de...

Le médecin s'interrompit, car Dudley s'était approché du prisonnier avec le plus grand sang-froid, et, jetant de côté le vêtement de peau de daim qui lui couvrait le buste, il montra un signe moins équivoque que toutes les preuves du docteur, la peau d'un homme blanc. C'eût été une réfutation embarrassante pour un homme accoutumé à des discussions contradictoires; mais le monopole de certaines branches de connaissances avait obtenu au docteur Ergot une supériorité reconnue qui, dans ses effets, pouvait être comparée à l'influence prédominante de toute autre espèce d'aristocratie sur les facultés dont elle arrête l'essor. Il changea tout à coup d'opinion sinon de physionomie; et, avec cette promptitude d'invention qu'on trouve souvent dans les heureuses institutions dont nous venons de parler, et qui adapte le raisonnement à la pratique au lieu de le faire servir à la diriger, il leva les yeux et les mains vers le ciel en s'écriant d'un ton qui indiquait toute son admiration :

— Voici une autre preuve des moyens merveilleux qu'emploie la nature pour opérer graduellement des changements. Nous voyons en ce Narragansett...

— C'est un homme blanc ! s'écria Dudley en donnant un coup du plat de la main sur l'épaule nue qu'il exposait encore à sa vue.

— C'est un homme blanc, mais ce n'en est pas moins un Narragansett, répliqua le docteur; il n'y a pas de doute que votre prisonnier ne doive le jour à des parents chrétiens; mais un accident l'a jeté dans son enfance au milieu des aborigènes, et toutes les parties de son corps qui étaient susceptibles de changement ont promptement pris les signes distinctifs de la tribu dans laquelle il se trouvait. C'est un de ces beaux anneaux qui forment la jonction de la chaîne des connaissances, et par le moyen desquels la science passe des inductions aux démonstrations.

— Je ne me soucierais pas d'être exposé à une punition pour avoir usé de violence envers un sujet du roi, dit Reuben Ring, gaillard dont la physionomie annonçait la franchise et la résolution, et qui songeait moins aux raisonnements subtils du docteur qu'aux devoirs qu'il avait à remplir, et dont il cherchait à s'acquitter en citoyen paisible et bien intentionné. Nous avons eu depuis peu tant de nouvelles inquiétudes sur la manière dont les sauvages font leurs guerres, qu'il est à propos que ceux qui occupent des places de confiance soient sur leurs gardes; car tu sais, frère Dudley, ajouta-t-il en jetant un regard sur les ruines dont nous avons déjà parlé et qu'on voyait à quelque distance, que nous avons de bonnes raisons pour être vigilants dans un établissement placé si avant dans la forêt.

— Je te réponds de tout, sergent Ring, répondit Dudley avec un air de dignité, je me charge de la garde de cet étranger, et j'aurai soin qu'il soit conduit en temps convenable devant les autorités. En attendant, le soin de nos devoirs nous a fait oublier de te parler d'affaires importantes qui se sont passées chez toi, et dont il semble à propos de te faire part. Abondance n'a pas négligé tes intérêts pendant que tu faisais ta reconnaissance.

— Quoi! s'écria Ring avec plus de vivacité que n'en montrent ordinairement les gens dont les habitudes sont semblables à celles qu'il avait contractées, ma femme a-t-elle eu besoin du secours de ses voisines pendant mon absence?

Dudley fit un signe affirmatif.

— Et je vais trouver un autre garçon dans ma maison?

Le docteur Ergot fit trois signes de tête avec une gravité qui aurait pu convenir à une nouvelle plus importante encore que celle qu'il avait à annoncer.

— Il est rare que ta femme ne fasse les choses qu'à demi, Reuben, dit Dudley; tu verras qu'elle a eu soin de fournir un successeur à notre bon voisin Ergot, puisqu'un septième fils est né cette nuit chez toi.

La figure franche et honnête du père brilla de joie; mais au même instant un sentiment où il entrait moins d'égoïsme se fit sentir dans son cœur.

— Et ma femme? demanda-t-il avec un léger tremblement dans

la voix, dont le son n'en était que plus touchant en passant par les lèvres d'un homme dont les mouvements étaient si fermes et les membres si vigoureux ; comment Abondance a-t-elle supporté cette bénédiction du ciel ?

— Très-bravement, répondit le docteur. Retourne chez toi, sergent Ring, et rends grâces à Dieu de ce qu'il y a ici quelqu'un pour prendre soin de tes intérêts pendant ton absence. Celui qui a reçu du ciel le don de sept enfants en cinq ans ne doit pas craindre de se trouver jamais dans la pauvreté ni dans la dépendance, dans un pays comme celui-ci. Sept fermes ajoutées à la jolie étendue de terre que tu cultives déjà sur cette montagne, feront de toi un patriarche dans tes vieux jours, et propageront le nom de Ring dans quelques centaines d'années, quand ces colonies seront populeuses et puissantes, et je le dis hardiment, sans m'inquiéter qu'on m'accuse de fanfaronnade, quand elles se trouveront de niveau avec quelques uns de vos fameux royaumes d'Europe, si vantés par ceux qui les habitent ; oui, et peut-être égales à la puissante souveraineté du Portugal même. J'ai porté au nombre sept celui des fermes futures de ta famille, car l'allusion que l'enseigne vient de faire aux dispositions pour l'art de guérir qu'on prétend naturelles à un septième fils, ne doit être regardée que comme une plaisanterie ; ce n'est qu'une illusion de l'imagination, un conte de vieille femme ; et cela serait particulièrement inutile ici, puisque toutes les places de cette nature y sont déjà remplies en proportion raisonnable avec les besoins. Va donc retrouver ta femme, sergent, et dis-lui de se réjouir, car elle a rendu service à elle-même, à son mari et à son pays ; mais qu'elle ne s'occupe pas d'idées qui sont au-dessus de sa compréhension.

Le brave fermier à qui la Providence venait de faire ce riche présent ôta son chapeau, et, le plaçant devant ses yeux, offrit silencieusement ses actions de grâces au ciel. Remettant alors son prisonnier sous la garde de son officier supérieur, il se dirigea vers son habitation écartée en traversant les champs d'un pas lourd, mais le cœur allégé.

Pendant ce temps Dudley et son compagnon examinaient avec une attention plus particulière l'objet silencieux et presque immobile de leur curiosité. Quoiqu'il parût être de moyen-âge, ses yeux étaient sans expression ; il avait l'air timide et incertain, la tournure gauche et même servile. Sous tous ces rapports il était bien loin d'avoir les signes caractéristiques d'un guerrier du pays.

Avant de les quitter, Reuben Ring leur avait expliqué que, tandis qu'il traversait les bois en faisant une de ces reconnaissances rendues nécessaires par l'état de la colonie et quelques signes récents qu'on avait remarqués, il avait rencontré cet homme, et qu'il l'avait arrêté, jugeant cette mesure indispensable pour la sûreté de l'établissement. Celui-ci n'avait ni cherché Reuben, ni essayé de l'éviter; mais quand le sergent lui avait demandé quelle était sa tribu, pourquoi il se trouvait sur ces montagnes, et quelles étaient ses intentions, il n'avait pu en tirer aucune réponse satisfaisante. A peine le prisonnier avait-il voulu parler, et le peu qu'il avait dit était en une espèce de jargon tenant le milieu entre la langue de celui qui questionnait et le dialecte de quelque tribu sauvage. Quoique l'état où se trouvaient alors les colonies, et les circonstances dans lesquelles il avait été rencontré, justifiassent sa détention, le fait était qu'on n'avait pu arriver à la découverte de ce qu'il était réellement et des motifs qui l'avaient amené dans le voisinage immédiat de cette vallée.

Guidés uniquement par des renseignements si faibles, Dudley et son compagnon, tout en marchant vers le village, cherchèrent à tirer de leur prisonnier quelque aveu de ses intentions, en lui faisant des questions avec une adresse que possèdent assez ordinairement les hommes qui se trouvent dans les lieux écartés et dans des situations difficiles où le danger et la nécessité éveillent toute l'énergie naturelle de l'esprit humain. Ses réponses étaient décousues et inintelligibles; et elles semblaient indiquer tantôt la subtilité la plus fine de l'astuce des sauvages, tantôt l'imbécillité de l'idiotisme le plus abject.

CHAPITRE XIX.

> On ne me voit pas souvent répandre de larmes; quoiqu'elles soient l'attribut de notre sexe; mais je voudrais en verser des torrents, qu'elles n'éteindraient pas les feux que de nobles douleurs allument dans mon sein.
>
> SHAKSPEARE. *Conte d'hiver.*

Si la plume d'un compilateur, comme celle que nous tenons en main, avait les ressources mécaniques du théâtre, il nous serait facile de changer la scène de cette histoire d'une manière aussi rapide et aussi satisfaisante que nous en aurions besoin pour la faire bien comprendre et pour en soutenir convenablement l'intérêt. Ce qui ne peut se faire à l'aide magique des machines doit donc être essayé par des moyens moins ambitieux, et, à ce que nous craignons, beaucoup moins efficaces.

A la même heure du jour, et assez près de l'endroit où Dudley annonça à son frère Ring la bonne fortune qui venait de lui arriver, une autre réunion eut lieu entre des personnes du même sang et ayant les mêmes liaisons. Dès l'instant que le crépuscule qui précède le jour se montra dans le ciel, les fenêtres et les portes de la grande maison située de l'autre côté de la vallée avaient été ouvertes, avant que le soleil eût doré le firmament au-dessus des bois du côté de l'orient. Cet exemple de prudence et d'industrie avait été imité par les habitants de toutes les maisons du village et de celles qui se trouvaient éparses sur les hauteurs voisines; et lorsque son disque d'or s'éleva au-dessus des arbres, il ne restait pas dans tout l'établissement une seule créature humaine en bonne santé et d'un âge convenable qui ne fût sur ses pieds et en activité.

Il est inutile de dire que la maison que nous venons de désigner était alors l'habitation de Mark Heathcote. Quoique l'âge eût miné sa vigueur et presque tari en lui les sources de la vie, le vénérable Puritain vivait encore. Cependant, si ses facultés physiques avaient graduellement cédé à l'influence irrésistible du temps, l'homme moral n'avait guère changé. Il est même probable que ses visions de l'avenir étaient moins obscurcies par les brouillards de l'intérêt mondain que lorsque nous l'avons vu pour la dernière fois, et que son esprit avait gagné quelque portion de cette énergie qu'avaient certainement perdue les parties plus matérielles de son existence. A l'heure que nous avons déjà indiquée, le Puritain était assis sur la terrasse parallèle à la façade d'un bâtiment auquel manquaient les belles proportions de l'architecture, mais rien de ce qui peut contribuer aux agréments plus substantiels d'une demeure spacieuse et commode sur la frontière.

Pour avoir un portrait fidèle d'un homme qui a des rapports si intimes avec notre histoire, nos lecteurs se le représenteront comme parvenu à quatre-vingt-dix ans. On voyait sur son front les traces profondes de ses longues méditations; il y avait encore dans ses membres tremblants des restes de leur vigueur et de leur souplesse, et toute sa physionomie exprimait son caractère ascétique, dont l'austérité n'était que faiblement adoucie par les mouvements d'une bonté naturelle que ni sa manière de vivre ni son habitude de rigorisme n'avaient jamais pu complètement effacer. Les premiers rayons du soleil frappaient alors doucement ce type d'une vieillesse vénérable et de l'abnégation de soi-même, et donnaient à un œil terne et à un front sillonné de rides un air rayonnant de paix. Peut-être la douceur de cette expression extraordinaire appartenait-elle autant à l'heure du jour et à la saison de l'année qu'au caractère habituel de l'homme. Il s'y mêlait sans doute aussi le recueillement de la prière, qu'il venait de faire, suivant l'usage, au milieu du cercle de ses enfants et de ses domestiques, avant qu'ils sortissent des parties plus retirées du bâtiment, où ils avaient trouvé repos et sécurité pendant la nuit. Parmi les premiers aucun n'avait été absent, et les amples préparatifs qu'on faisait pour le déjeuner prouvaient suffisamment que le nombre des autres n'avait nullement diminué.

Le temps n'avait produit aucun changement bien frappant dans l'extérieur de Content. Il est vrai que son visage avait contracté une teinte plus brune, et que son corps commençait à perdre quelque chose de son élasticité et de sa vivacité, pour prendre les mouvements plus mesurés du moyen âge; mais le calme habituel de son âme avait réglé en quelque sorte tous les mouvements de son corps. Son âge mûr n'avait pas tenu les promesses de sa jeunesse; sa démarche, en un mot, avait toute la gravité de son esprit. Ses formes extérieures avaient subi peu de changement; quelques cheveux blancs paraissaient çà et là sur son front, comme quelques brins de mousse indiquent les interstices d'un bâtiment solide d'ailleurs.

Il n'en était pas de même de sa bonne et affectueuse épouse. Cet air de douceur, qui avait d'abord touché le cœur de Content, se retrouvait encore en elle, malgré ses chagrins secrets. La fraîcheur de sa jeunesse avait fait place à la beauté plus durable et plus touchante d'une physionomie expressive. Les yeux de Ruth étaient toujours tendres, et son sourire toujours aimable; mais ses yeux perdaient de leur expression, comme si les objets extérieurs ne pouvaient la distraire des tristes secrets de son cœur; et ce sourire ressemblait à la froide lueur de cet astre qui ne brille que d'un reflet d'emprunt. Ses belles formes, le charme tout féminin de ses traits et sa voix mélodieuse lui restaient encore ; mais ces formes semblaient se flétrir prématurément sous l'empreinte d'un chagrin continuel ; cette physionomie était soucieuse et inquiète, même quand elle exprimait un sentiment de sympathie, et cette voix avait le plus souvent ce son aigu qui donne comme un démenti aux paroles les plus calmes. Cependant, aux yeux d'un observateur inattentif ou désintéressé, ce n'étaient là que les signes du déclin ordinaire de l'âge. Sa bienveillance était la même pour tous ceux qu'elle aimait : elle était au-dessus de cet égoïsme de la douleur qui n'a plus de sympathie pour les peines des autres. Est-il besoin de dire que c'était sa fille qu'elle avait perdue ? Si elle eût été certaine de sa mort, une chrétienne comme elle aurait renfermé dans la tombe ses espérances et ses regrets. Mais elle se disait sans cesse que sa fille n'était morte que pour elle ; sa résignation était apparente. Les regrets d'une mère parlent plus haut que toutes les consolations.

L'imagination de Ruth Heathcote n'avait jamais trompé sa raison dans des jours plus heureux. Ses visions de bonheur avec l'homme que son jugement et son inclination avaient choisi pour époux avaient été de nature à pouvoir être justifiées par l'expérience et la religion ; mais elle était destinée à apprendre qu'il existe dans le chagrin une poésie terrible qui l'emporte sur toutes les peintures d'une imagination exaltée. La brise d'été murmurait-elle, elle croyait entendre sa fille endormie respirer doucement ; il lui semblait que ses plaintes arrivaient à son oreille avec les mugissements du vent d'hiver. La question empressée, la tendre réponse à faire à son enfant, se présentaient à son esprit au milieu de tous ses soins domestiques. Les cris joyeux des enfants du village, que la brise du soir apportait, n'étaient pour elle qu'un son funèbre ; et la vue des amusements de l'enfance était une angoisse pour son cœur. Deux fois elle avait été mère depuis l'incursion des sauvages ; et, comme si elle eût été condamnée à voir toujours ses espérances se flétrir, les innocentes créatures auxquelles elle avait donné le jour reposaient côte à côte près de la base du fort ruiné. Elle s'y rendait souvent ; mais c'était moins pour pleurer que pour être victime des cruels souvenirs qu'évoquait son imagination. Elle pensait avec calme et même avec consolation aux enfants que la mort lui avait ravis ; mais quand ses pensées s'élevaient au séjour de la paix éternelle, et qu'elle essayait de revêtir d'un corps les formes d'un bienheureux, ses yeux y cherchaient celle qui n'y était peut-être pas, plutôt que les êtres dont elle croyait la félicité certaine.

Quelque pénibles, quelque cruelles que fussent ces idées, il en était d'autres encore plus insupportables parce qu'elles se présentaient sous les traits d'une réalité plus certaine et qu'elles appartenaient à ce monde. Les habitants de la vallée pensaient généralement, et peut-être était-ce un bonheur pour eux, qu'une mort prompte avait scellé le sort de ceux qui étaient tombés entre les mains des sauvages lors de l'incursion qu'ils avaient faite. Ce résultat était conforme à leurs usages bien connus, quand ils étaient vainqueurs, et aux passions violentes qui les agitaient. Rarement ils épargnaient la vie de leurs captifs, à moins que ce ne fût pour ajouter de nouvelles cruautés à leur vengeance, ou pour offrir à une mère de leur tribu quelque consolation, en remplaçant par un prisonnier le fils qu'elle avait perdu. Ruth trouvait quelque consolation à se représenter sa fille sous la forme souriante d'un chérubin dans les cieux ; mais quand elle se la figurait encore vivante, exposée aux frimas de l'hiver, succombant sous les chaleurs brûlantes de l'été, réduite à une abjecte servitude, et souffrant avec patience le joug insupportable d'un maître, c'était pour elle une angoisse mortelle.

Quoique le père ne fût pas tout à fait exempt d'un semblable chagrin, il n'en était pas aussi constamment accablé. Il savait lutter en homme contre l'affliction. Quoique fermement convaincu que la mort avait mis les malheureux prisonniers à l'abri de nouvelles souffrances, il n'avait rien négligé de ce que pouvaient exiger sa tendresse pour une épouse désolée, son amour paternel et ses devoirs comme chrétien.

La terre était couverte de neige lors de l'incursion des Indiens, et le dégel qui survint immédiatement après avait effacé toutes les traces qui auraient pu indiquer la marche de ces ennemis rusés. On ne savait à quelle tribu ni même à quelle nation appartenaient ces maraudeurs. La paix de la colonie n'avait pas encore été ouvertement troublée, et cette attaque avait été un symptôme violent et féroce des maux dont on était menacé, plutôt que le commencement véritable des hostilités qui avaient depuis ce temps ravagé les frontières. Mais si la politique obligeait les colons à maintenir la paix, l'affection privée n'oublia aucun moyen pour effectuer la délivrance des infortunés captifs s'il était possible qu'ils eussent été épargnés.

Des messagers avaient été envoyés aux tribus les plus voisines, avec lesquelles on n'était en paix qu'à demi, et qui conspiraient déjà. On avait employé les promesses et les menaces pour tâcher d'apprendre quels étaient les sauvages qui avaient dévasté la vallée, et pour savoir, ce qui était encore plus intéressant, quel avait été le sort de leurs malheureuses victimes. Mais toutes les mesures qu'on avait prises pour connaître la vérité avaient échoué. Les Narragansetts affirmèrent que leurs ennemis constants, les Mohicans, agissant avec leur perfidie ordinaire, avaient pillé leurs amis les Anglais; et les Mohicans, de leur côté, rejetèrent avec force cette imputation sur les Narragansetts; d'autres fois quelques Indiens affectaient de faire de sombres allusions aux sentiments hostiles de guerriers farouches qui, sous le nom des Cinq Nations, vivaient, comme on le savait, dans les limites de la colonie hollandaise des Nouveaux-Pays-Bas. Quelques uns parlaient aussi de la jalousie des visages pâles qui parlaient une autre langue que les Anglais [1]. En un mot, toutes les enquêtes ne produisirent aucun résultat; et Content, après avoir permis à son imagination de lui représenter sa fille comme vivant encore, se trouva obligé d'admettre la probabilité qu'elle était ensevelie bien loin dans cet Océan de déserts qui couvrait alors la plus grande partie de ce continent.

Un jour, pourtant, un bruit de nature à ranimer les espérances éteintes était parvenu jusqu'aux oreilles de la famille. Un marchand ambulant, qui avait voyagé des établissements les plus reculés dans l'intérieur jusqu'à ceux des côtes de la mer, arriva dans la vallée, et dit qu'une jeune fille de l'âge que devait avoir alors celle dont la mort paraissait indubitable, vivait parmi les sauvages sur les bords des petits lacs de la colonie voisine. Il y avait une grande distance à parcourir pour s'y rendre; ce voyage exposait à mille dangers, et le résultat n'en était nullement certain : cependant ce rapport réveilla l'espoir endormi depuis si longtemps. Mais Ruth ne faisait jamais aucune demande qui au-

---

1. La colonie de New-York étant originairement un établissement hollandais, une grande rivalité existait entre les Hollandais et les Anglais, et de continuelles discussions s'élevaient au sujet des limites. Les premiers réclamaient le territoire entre la rivière de Connecticut et la baie de Chesapeake, qui contient maintenant les États de Delaware, de Pensylvanie, de New-Jersey, New-York et une partie du Connecticut. Comme cette spacieuse ceinture de terres séparait les colonies anglaises du Nord de celles du Sud, les premières reçurent le nom de Nouvelle-Angleterre, pour les distinguer des autres qui conservent encore celui de Pays-Bas.

rait pu exposer son mari à quelque danger sérieux, et depuis plusieurs mois celui-ci avait même cessé de parler d'un sujet qui occupait les pensées de toute la famille. La voix de la nature ne s'en faisait pourtant pas moins entendre à son cœur ; ses yeux, toujours calmes et réfléchis, étaient devenus plus pensifs ; des traces plus profondes de souci s'étaient gravées sur son front ; enfin la mélancolie prit possession d'une physionomie qui était ordinairement si tranquille.

Ce fut précisément cette époque qu'Eben Dudley choisit pour faire l'aveu formel de ses sentiments à Foi, à qui il faisait la cour depuis assez longtemps à sa manière, c'est-à-dire de distance en distance. Un de ces hasards bien amenés qui procuraient de temps en temps au jeune habitant des frontières un tête-à-tête avec sa maîtresse, lui permit d'accomplir son dessein, et il s'exprima assez clairement. Foi l'écouta sans montrer aucun de ses caprices ordinaires, et lui répondit aussi franchement que le cas semblait l'exiger.

— C'est bien, Eben Dudley, lui dit-elle, et ce n'est que ce qu'une honnête fille a droit d'attendre d'un jeune homme qui a pris, comme toi, tant de moyens pour gagner ses bonnes grâces. Mais celui qui veut me charger de faire le tourment de sa vie a un devoir solennel à remplir avant que je réponde à ses désirs.

— J'ai été dans les villes situées plus bas dans le pays, et j'y ai vu leurs manières de vivre ; j'ai été au-delà des frontières de la colonie pour retenir les Indiens dans leurs wigwams, lui répondit son amant, voulant lui prouver qu'il avait fait tous les exploits qu'on pouvait raisonnablement attendre d'un homme décidé à se lancer sur la mer hasardeuse du mariage. J'ai presque conclu le marché avec le jeune capitaine pour le lot de terre sur la montagne et pour un terrain dans le village ; et comme les voisins ne se feront pas tirer l'oreille pour m'aider, je ne vois rien qui...

— Tu te trompes, Dudley, si tu crois que tes yeux puissent voir ce que tu dois faire avant qu'une seule et même fortune devienne ta propriété et la mienne. As-tu remarqué comme les joues de madame ont pâli, comme ses yeux sont devenus creux depuis que le marchand de pelleteries a passé par ici la semaine du grand orage ?

— Je ne puis dire que j'aie remarqué beaucoup de changement dans l'extérieur de madame, autant que je puis m'en souvenir, répondit Dudley, qui ne pouvait passer pour un observateur exact en ce genre, quoiqu'il ne manquât pas d'attention pour ce qui concernait plus intimement ses affaires journalières. Elle n'est pas jeune et fraîche comme toi, Foi, et c'est bien rarement que nous voyons...

— Je te dis que c'est le chagrin qui a produit ces changements, et qu'elle ne vit que dans le souvenir de son enfant.

— C'est porter le deuil au-delà des bornes de la raison. Sa fille est en paix, de même que ton frère Whittal; il n'y a pas à en douter. Si nous n'avons pas trouvé leurs os, c'est le feu qui en a été cause, car il ne nous a laissé que peu de chose à dire de...

— Ta tête est un vrai cimetière, Dudley; mais cet échantillon de son ameublement ne me suffira pas. Celui qui veut être mon mari doit être sensible aux chagrins d'une mère.

— Que se passe-t-il donc dans ton esprit, Foi? Est-ce qu'il m'est possible de rappeler les morts à la vie, ou de replacer dans les bras de ses parents un enfant qu'ils ont perdu depuis tant d'années?

— Oui... N'ouvre pas de si grands yeux, comme si la lumière entrait pour la première fois dans l'obscurité d'un cerveau qui n'est rempli que par des brouillards. Je te le répète, oui.

— Je suis charmé d'avoir obtenu de toi cette déclaration, car j'ai déjà perdu trop de temps de ma vie à des galanteries qui n'avaient aucun but, tandis que la prudence et l'exemple de tous ceux qui m'entourent doivent m'apprendre que, pour devenir un père de famille et être regardé comme un colon raisonnable, j'aurais dû commencer un défrichement, et me marier il y a déjà quelques années. Je désire me conduire avec justice à l'égard de tout le monde, et comme je t'ai donné lieu de croire que le jour pourrait venir où nous vivrions ensemble comme il convient à des gens de notre état, j'ai cru devoir te proposer de courir avec moi les chances de la vie; mais puisque tu me demandes des choses impossibles, je vois qu'il faut que je cherche ailleurs.

— Tu as toujours été le même, Dudley. Quand la bonne intelligence règne entre nous, tu trouves toujours quelque cause de mécontentement et tu rejettes le blâme sur moi; et Dieu sait si je fais rarement quelque chose qui puisse t'offenser. Quelle folie te fait rêver que je demande une chose impossible? Certainement, Dudley, tu n'as pas remarqué de quelle manière madame se laisse consumer peu à peu par le chagrin; tu n'as pas vu toute l'affliction d'une mère, sans quoi tu aurais écouté avec plus de complaisance le plan d'un voyage qui ne serait pas bien long, pour savoir si la jeune fille dont le marchand a parlé est celle que la famille a perdue ou l'enfant de quelque étranger.

Quoique Foi s'exprimât avec dépit, elle y mêlait de la sensibilité ; son œil noir était humide, et les couleurs de sa joue brune devenaient plus vives. Son compagnon trouva donc de nouvelles raisons pour oublier son mécontentement, qui fit place à un sentiment de compassion ; car son cœur, quoique peu facile à émouvoir, n'était jamais entièrement fermé à la pitié.

— Si un voyage de quelques centaines de milles est tout ce que tu me demandes, Foi, répondit-il d'un ton amical, pourquoi me parler en paraboles ? il ne fallait qu'un mot pour m'y décider. Nous serons mariés le jour du sabbat prochain, et, s'il plaît au ciel, le mercredi ou le samedi suivant au plus tard, je prendrai le chemin indiqué par le marchand.

— C'est trop de délai, il faut que tu partes demain au soleil levant. Plus tu mettras d'activité dans ce voyage, plus tôt tu auras le pouvoir de me faire repentir d'une folie.

Foi se laissa pourtant persuader de se relâcher de cette sévérité. Ils furent mariés le dimanche ; et dès le lendemain Content et Dudley quittèrent la vallée pour aller chercher la tribu éloignée où la violence avait transplanté le rejeton d'une autre race.

Nous n'entrerons pas dans le détail des dangers qu'ils coururent et des privations qu'ils eurent à supporter dans une telle expédition. Ils traversèrent l'Hudson, la Delaware et le Susquehannah, rivière que les habitants de la Nouvelle-Angleterre ne connaissaient presque encore que de nom ; et, après un voyage pénible et hasardeux, ils arrivèrent au premier de ces petits lacs intérieurs dont les bords sont maintenant embellis par tant de fermes et de villages. Là, au milieu de tribus sauvages, exposé à des périls de toute espèce, et uniquement soutenu par la présence d'un compagnon que les fatigues et les dangers ne pouvaient aisément rebuter, Content commença à chercher sa fille avec le plus grand soin.

Enfin il se trouva une peuplade parmi laquelle vivait une jeune captive qui répondit à la description que le marchand en avait faite. Combien fut ému Content en approchant du village qui contenait cette descendante d'une race blanche ! Il n'avait pas caché le motif de son voyage, et le caractère sacré sous lequel il se présentait excita le respect et la pitié même des habitants barbares du désert. Une députation des chefs vint le recevoir, et le conduisit dans un wigwam où l'on alluma le feu du conseil. Un interprète exposa sous le jour le plus favorable les intentions pacifiques des deux voyageurs, la demande qu'ils avaient à faire, et montra les objets qu'ils avaient apportés pour la rançon de la prisonnière. Le sauvage américain ne relâche pas aisément un individu naturalisé dans sa tribu. Mais l'air de douceur de Content et sa noble confiance touchèrent la sensibilité secrète de ces enfants des bois, généreux, quoique féroces. Ils envoyèrent chercher la captive, pour qu'elle se présentât devant les anciens de la peuplade.

Aucune expression ne pourrait peindre la sensation qu'éprouva Content au premier coup d'œil qu'il jeta sur cette fille adoptive des sauvages. Elle paraissait être du même âge qu'aurait eu sa fille; mais au lieu des cheveux blonds et des yeux d'azur de l'ange qu'il avait perdu, il vit une jeune fille dont les yeux noirs comme le jais et la chevelure de même couleur annonçaient plutôt le sang français du Canada que la race saxonne dont il descendait. Le père n'avait pas une grande vivacité d'esprit dans les occupations ordinaires de la vie, mais en ce moment la nature l'inspirait, et il n'eut pas besoin d'un second regard pour voir que ses espérances avaient été cruellement trompées. Un gémissement à demi étouffé s'échappa de son cœur; mais il reprit sur-le-champ son empire sur lui-même avec toute la dignité de la résignation chrétienne. Il se leva, remercia les chefs de leur indulgence, et ne leur cacha pas la méprise qui lui avait fait entreprendre un voyage si inutile.

Tandis qu'il parlait ainsi, les signes et les gestes de Dudley lui apprirent que son compagnon avait quelque chose d'important à lui communiquer. Dans une entrevue particulière, son ami lui fit sentir qu'il serait à propos de dissimuler la vérité, afin de tirer cette jeune fille des mains de ses maîtres sauvages. Il était alors trop tard pour recourir à une supercherie qui aurait pu les conduire à ce but si les principes austères de Content lui eussent permis d'employer cet artifice. Mais se mettant à la place du père inconnu, qui probablement gémissait comme lui sur le sort incertain de sa fille, il offrit pour le rachat de la jeune captive la rançon qu'il avait apportée pour celui de la fille qu'il cherchait. Son offre fut refusée. Trompés dans toutes leurs espérances, les deux amis furent obligés de quitter le village, plus tristes encore que fatigués.

Si quelqu'un de ceux qui lisent ces pages a jamais connu les tourments de l'incertitude sur un enfant chéri, il saura apprécier les souffrances d'une mère pendant le mois que son mari employa à ce pèlerinage. Quelquefois l'espoir brillait dans son cœur, et le plaisir rendait à ses joues leur ancien coloris, et à ses yeux tout leur éclat. La première semaine de l'absence des deux amis fut presque pour elle un temps de bonheur. Le résultat qu'elle espérait de ce voyage lui en fit presque oublier les dangers, et quoique la crainte fît de temps en temps battre bien vivement le cœur de cette mère affligée, l'espoir était le sentiment qui y dominait. On la voyait parcourir sa maison avec une physionomie où la joie luttait contre l'habitude d'une douce gravité, et ses sourires commençaient de nouveau à briller d'un bonheur renaissant. Jusqu'au jour de sa mort le vieux Mark Heathcote n'oublia jamais la sensation soudaine qu'il éprouva quand, dans un moment où il ne s'y attendait nullement, il entendit rire la femme de son fils. Quoique des années se fussent écoulées depuis l'instant où ce son extraordinaire s'était fait entendre jusqu'au moment de notre histoire où nous sommes parvenus, ce phénomène ne s'était jamais répété. Une autre circonstance avait contribué à ajouter encore aux espérances de Ruth. En arrivant à une journée de distance de la peuplade parmi laquelle il avait appris qu'il se trouvait une jeune captive blanche, Content avait trouvé une occasion pour l'instruire de la perspective favorable qui s'offrait à lui. Ce fut au milieu d'un espoir bien fondé que le désappointement vint glacer de nouveau le cœur de la malheureuse mère, et le bonheur qu'elle avait goûté d'avance fut détruit par le plus cruel de tous les maux, celui d'une attente trompée.

Le soleil allait se coucher lorsque Content et Dudley arrivèrent aux premiers défrichements en rentrant dans la vallée. Le chemin qu'ils suivaient traversait le flanc d'une montagne, et il s'y trouvait un endroit d'où l'on pouvait voir distinctement, à travers les arbres, les bâtiments déjà élevés sur les cendres de ceux qui avaient été incendiés. Jusqu'alors le père, l'époux, s'était cru en état de supporter le choc douloureux qu'il prévoyait, lorsqu'il rendrait compte de son infructueux voyage. Mais en ce moment il s'arrêta, et pria son compagnon de prendre les devants, et de porter la première nouvelle du peu de succès d'une mission qu'une erreur leur avait fait entreprendre. Peut-être Content ne savait-il trop lui-même ce qu'il désirait alors ; peut-être ignorait-il à quelle inexpérience il confiait une tâche qui exigeait une délicatesse plus qu'ordinaire. Il sentait seulement son incapacité, et avec une faiblesse que ses sensations pouvaient seules excuser, il vit partir son ami sans lui donner d'autres instructions, et sans autre guide que la nature.

Quoique Foi n'eut témoigné aucune inquiétude marquée pendant l'absence des voyageurs, son œil actif fut le premier qui reconnut son mari, pendant qu'il traversait les champs d'un pas qui annonçait la fatigue, en se dirigeant vers les bâtiments de la vallée. Longtemps avant que Dudley fût arrivé, tous les habitants de la maison s'étaient réunis sur la terrasse. L'accueil qu'il reçut ne fut pourtant ni empressé ni bruyant. Il s'approcha au milieu d'un silence si profond et si général, qu'il en fut déconcerté, et qu'il en oublia un plan qu'il avait conçu pour annoncer convenablement la nouvelle qu'il apportait. Sa main était sur la porte de la petite cour, et cependant personne ne parlait, son pied était sur les marches, et nulle voix ne se faisait entendre pour lui dire qu'il était le bienvenu. Les regards du petit groupe étaient fixés sur Ruth plutôt que sur le voyageur qui s'approchait. Elle était pâle comme la mort ; ses yeux fixes indiquaient l'effort de son courage, et ses lèvres tremblaient à peine quand, obéissant à un sentiment plus fort que celui qui l'avait si longtemps accablée, elle s'écria :

— Eben Dudley, où as-tu laissé mon mari?

— Le jeune capitaine était fatigué, et il s'est arrêté sur le second défrichement de la montagne ; mais un si bon marcheur ne peut être bien loin en arrière, nous le verrons bientôt dans la clairière du bouleau mort, et c'est là que j'invite madame à...

— Je reconnais la tendresse ordinaire d'Heathcote ; c'est elle qui l'a fait songer à cette prudente précaution, dit Ruth avec un sourire si attrayant qu'il donna à sa physionomie une expression céleste. Cependant elle était inutile, ajouta-t-elle, car il devait savoir que nous plaçons notre force sur le roc des siècles. Dis-moi comment ma fille chérie a supporté la fatigue d'un voyage si pénible?

Les yeux errants de Dudley avaient passé successivement d'un individu à l'autre, et ils finirent par se fixer sur sa femme, qu'il regardait d'un air distrait.

— Oui, reprit Ruth, et tu peux voir que Foi n'a perdu aucun de ses agréments extérieurs pendant ton absence, et elle s'est bien comportée tant comme mon aide que comme ta femme. Dis-moi maintenant, cette chère enfant a-t-elle eu la force qu'exigeait un tel voyage? Sa faiblesse n'a-t-elle pas retardé votre marche?.....
Mais je te connais, Dudley : tu l'as portée bien souvent dans tes bras vigoureux en gravissant des montagnes escarpées et en traversant de dangereux marécages. Tu ne me réponds pas, s'écriat-elle en concevant enfin des alarmes et en appuyant fortement la main sur son épaule; puis le regardant en face, quoiqu'il cherchât à se détourner, elle parut lire jusqu'au fond de son âme.

Dudley changea de visage, sa large poitrine s'enfla, et de grosses larmes tombèrent le long de ses joues. Prenant le bras de Ruth dans une de ses mains robustes, il employa, avec respect, la force pour l'écarter; et poussant ensuite sa femme sans cérémonie, il passa à travers le cercle assemblé autour de lui, et entra dans la maison à pas de géant.

La tête de Ruth tomba sur sa poitrine, la pâleur se répandit de nouveau sur ses joues, et ce fut alors, pour la première fois, que ses yeux et sa physionomie prirent cette expression de chagrin intérieur qui était si pénible à voir, et qui devint si constante en elle. Depuis cette époque jusqu'à celle où nous faisons reparaître sous les yeux de nos lecteurs la famille de Wish-ton-Wish, on n'apprit rien qui pût servir à diminuer ou à accroître ses cruels regrets.

CHAPITRE XX.

> Monsieur, il n'a jamais goûté les friandises qu'on trouve dans un livre : il n'a jamais, en quelque sorte, ni mangé de papier, ni bu d'encre. Son cerveau est vide; ce n'est qu'un animal, et il n'est sensible qu'à l'épiderme.
> SHAKSPEARE.

— VOICI Foi qui nous apporte des nouvelles du vieillard, dit le mari de la femme dont nous venons d'esquisser si facilement le caractère, en arrivant au commencement de la matinée sur la terrasse, au milieu du groupe dont nous avons déjà fait mention. L'enseigne est allé faire une reconnaissance cette nuit sur les montagnes avec quelques hommes d'élite ; et peut-être est-elle chargée de nous faire part de ce qu'ils peuvent avoir appris relativement aux traces inconnues qui ont été remarquées.

— Le pied lourd de Dudley aura à peine gravi la montagne qui forme nos limites, et où l'on dit qu'on a vu des traces de moccasins, dit un jeune homme dont tout l'extérieur annonçait l'agilité et la santé. A quoi bon faire des reconnaissances quand la fatigue du chef ne permet pas d'aller aussi loin qu'il le faudrait?

— Si tu crois que ton jeune pied est en état de le disputer à celui d'Eben Dudley, tu pourras trouver l'occasion de reconnaître ton erreur avant que le danger de cette attaque des Indiens soit passé. Tu es trop volontaire et trop opiniâtre, Mark, pour qu'on te confie la conduite de détachements qui peuvent avoir à garantir la sûreté de tous ceux qui demeurent dans cette vallée.

Le jeune homme parut mécontent ; mais, craignant que son père ne s'en aperçût et qu'il ne regardât son humeur comme un manque de respect, il se tourna d'un autre côté, fronçant les sourcils, laissant ses yeux s'arrêter un instant sur une jeune fille, dont les joues étaient aussi vermeilles que l'horizon du côté de l'orient, et qui lui jeta un regard à la dérobée, d'un air timide, tout en s'occupant des préparatifs du déjeuner.

— Quelles nouvelles nous apportes-tu de l'enseigne du Whippoor-Whill? demanda Content à Foi dès qu'elle entra dans la cour ; Dudley est-il revenu des montagnes, ou quelque voyageur t'a-t-il appris des choses dont tu viens nous faire part?

— Je n'ai pas vu mon mari depuis qu'il a ceint l'épée qui indique son grade, répondit Foi en arrivant sur la terrasse et en adressant un signe de tête à chacun de ceux qui s'y trouvaient ; et quant aux étrangers, quand l'horloge sonnera midi, il y aura un mois qu'il n'en est entré un seul chez moi. Mais je ne me plains pas de manquer de pratiques, car l'enseigne ne veut jamais quitter la maison pour aller travailler à la terre tant qu'il trouve quelqu'un disposé à lui remplir les oreilles des merveilles des anciens pays, ou même à lui conter les nouvelles des colonies.

— Foi, dit Ruth, tu parles bien légèrement d'un homme qui a droit à ton respect et à ton affection.

— L'affection due à un mari et le respect qu'il faut avoir pour un officier de la colonie, madame Heathcote, forment un fardeau qui n'est pas facile à porter. Si le représentant du roi avait donné à mon frère Reuben le grade d'enseigne et avait laissé Dudley la hallebarde à la main, il les aurait traités tous deux selon leur mérite, et cela n'en aurait fait que plus d'honneur à l'établissement.

— Le gouverneur a distribué ses faveurs d'après l'avis de gens en état d'en juger, répliqua Content : Eben s'est distingué au premier rang dans l'affaire sanglante des plantations, et son courage a donné l'exemple à tous ceux qui se trouvaient avec lui. S'il continue à se montrer aussi brave et aussi loyal, tu pourras vivre assez pour te voir la femme d'un capitaine.

— Ce ne sera pas pour la gloire qu'il a acquise dans sa marche de cette nuit; car le voilà là-bas qui arrive sain et sauf, à ce qu'il paraît, et avec l'appétit d'un César, oui, et d'un régiment tout entier, j'en réponds. Ce n'est pas une bagatelle qui peut le rassasier après une course semblable. Fasse le ciel qu'il ne soit pas blessé pourtant, car je vois auprès de lui notre voisin Ergot !

— Il y a encore un autre compagnon, car je vois derrière eux quelqu'un dont je ne reconnais ni l'air ni la tournure. Dudley a trouvé la piste, et il ramène un prisonnier. Oui, c'est un sauvage qui a la figure peinte et qui porte son vêtement de peau.

Cette annonce fit lever toute la compagnie; car la crainte d'une incursion des Indiens agissait fortement sur les esprits de tous ceux qui demeuraient dans ce lieu retiré. On ne prononça plus un seul mot jusqu'au moment où Dudley et ses compagnons arrivèrent.

Les yeux vifs de Foi examinèrent en un instant toute la personne de son mari, et, convaincue qu'il n'avait reçu aucune blessure, elle retrouva toute sa légèreté d'esprit, et fut la première à lui adresser la parole :

— Eh bien! enseigne, s'écria-t-elle, peut-être piquée d'avoir laissé voir qu'elle prenait plus d'intérêt à lui qu'il ne lui plaisait de le faire paraître, votre campagne ne vous a-t-elle valu aucun meilleur trophée que celui-ci?

— Ce drôle n'est pas un chef, ce n'est pas même un guerrier, à en juger par son air gauche et par sa marche pesante. Cependant il était à rôder dans les environs de l'établissement, et nous avons jugé prudent de l'amener ici, répondit le mari en s'adressant à Content, et se bornant à répondre à sa femme par un signe de tête. Ma reconnaissance ne m'a rien fait découvrir; mais mon frère Ring a trouvé la piste de l'homme que vous voyez, et nous n'avons pas eu peu d'embarras en voulant le sonder, comme l'a dit le bon docteur Ergot, sur les motifs de son arrivée dans ce voisinage.

— De quelle tribu est ce sauvage ?

— Nous avons eu quelque discussion à ce sujet, répondit Dudley en jetant un regard de côté sur le docteur. Les uns ont dit que c'est un Narragansett, les autres le croient issu d'une race beaucoup plus à l'est.

— En donnant la première opinion, dit Ergot, je ne voulais parler que de ses habitudes secondaires ou acquises ; car, quant au fond de la question, c'est indubitablement un homme blanc.

— Un homme blanc! répétèrent tous ceux qui l'entouraient.

— Sans le moindre doute, et c'est ce qu'on peut voir par plusieurs détails de sa conformation extérieure, la forme de sa tête, les muscles des bras et des jambes, la tournure, la démarche, et beaucoup d'autres indices qui sont familiers à ceux qui ont fait leur étude des différences physiques qui existent entre les deux races.

— Et voici un des indices, ajouta Dudley en entr'ouvrant la peau qui couvrait la partie supérieure du corps du prisonnier, et en offrant ainsi à tous les yeux la preuve qui avait dissipé ses propres doutes d'une manière si satisfaisante. Il est possible que la couleur de la peau ne soit pas une démonstration aussi positive que les signes dont vient de parler notre voisin Ergot; mais c'est quelque chose qui peut aider un homme qui n'a que peu de science à se former une opinion sur ce sujet.

— Madame! s'écria Foi avec tant de vivacité qu'elle fit tressaillir celle à qui elle s'adressait, pour l'amour du ciel, faites apporter du savon, et qu'on débarrasse bien vite la figure de cet homme de toute cette peinture.

— De quelle folie ton cerveau est-il attaqué? lui dit l'enseigne, qui depuis quelque temps affectait cet air de gravité et de supériorité qu'il pouvait croire convenables au grade qu'il occupait. Nous ne sommes pas en ce moment sous le toit de Whip-poor-Will, ma femme; nous nous trouvons en présence de gens qui n'ont pas besoin de tes conseils pour faire un examen officiel.

Foi n'écouta point cette observation. Au lieu de laisser une servante s'acquitter de la besogne qu'elle avait recommandée, elle s'en occupa elle-même sur-le-champ, et elle le fit avec une dextérité qu'elle avait acquise par une longue pratique, et avec un zèle qui semblait excité par quelque émotion extraordinaire. En une minute, toutes les couleurs factices disparurent du visage du prisonnier ; et, quoique son teint fût très-basané pour avoir été longtemps exposé à des vents piquants et à un soleil ardent, sa figure annonçait, aussi bien que sa peau, un homme qui avait des Européens pour ancêtres. Tous les yeux suivaient avec un intérêt de curiosité les mouvements empressés de celle qui opérait cette métamorphose ; et lorsqu'elle eut terminé sa courte tâche, un murmure général de surprise se fit entendre.

— Cette mascarade doit avoir un motif, dit Content après avoir examiné avec attention la physionomie gauche et sans expression qui était exposée à tous les regards ; j'ai entendu parler de chrétiens qui se sont vendus par intérêt, et qui, oubliant leur religion et l'amour de leur race, se sont ligués avec les sauvages pour piller nos établissements. Ce drôle a dans les yeux toute la subtilité des colons français du Canada.

— Retirez-vous, retirez-vous ! s'écria Foi en se plaçant devant lui ; et, appuyant ses deux mains sur le front du prisonnier, dont les cheveux étaient coupés à la manière des Indiens, comme pour mieux reconnaître ses traits, elle ajouta : — Ne parlez ni de lignes, ni de Français, ni de toutes ces folies ! Ce n'est ni un mécréant ni un conspirateur : c'est un pauvre innocent. — Whittal ! mon frère Whittal, me reconnais-tu ?

Les pleurs coulaient de ses yeux en abondance, tandis qu'elle examinait les traits de son frère idiot, dont l'œil brilla d'un de ces éclairs subits d'intelligence qui ne sont pas incompatibles avec la démence ; et qui, avant de lui répondre, se mit à rire d'un air niais.

— Les uns parlent comme des hommes d'au-delà des mers, et les autres comme des hommes des bois, dit-il ; mais n'y aurait-il pas dans le wigwam quelque chose comme de la chair d'ours ou une bouchée d'hominy ?

Si la voix d'une personne connue pour être depuis longtemps dans la tombe se fût fait entendre à cette famille, elle aurait à peine produit une sensation plus profonde que ne le fit cette découverte subite et inattendue du caractère du prisonnier. L'étonnement faisait régner un silence général, quand on vit Ruth s'avancer devant Whittal les mains jointes, les yeux suppliants, et dans une sorte d'angoisse.

— Si tu as dans le cœur quelque sentiment de pitié, lui dit-elle d'une voix dont la vive émotion aurait pu rendre la raison à un être à qui il en serait resté encore moins qu'à celui à qui elle s'adressait, dis-moi si ma fille vit encore!

— C'est une bonne fille, dit-il en accompagnant ce peu de mots de son rire niais et hébété; après quoi il tourna les yeux, avec une espèce de surprise stupide, sur Foi, dont la physionomie avait subi moins de changement que les traits expressifs, mais flétris, de celle qui était devant lui.

— Laissez-moi le soin de l'interroger, ma chère Madame, s'écria Foi; je connais son caractère, et j'ai toujours eu plus d'empire sur lui que qui que ce soit.

Cette demande était inutile. L'agitation violente qu'éprouvait la malheureuse mère l'avait rendue incapable de faire de nouveaux efforts pour soutenir la lutte qui avait lieu dans son sein. Elle tomba sans connaissance entre les bras de Content, qui était près d'elle, et on l'emporta dans l'intérieur de la maison; toutes les femmes la suivirent pour lui donner des secours, et pendant quelques minutes il ne resta que des hommes sur la terrasse.

— Whittal, mon ancien camarade! Whittal Ring! dit le fils de Content en s'avançant, les yeux humides, pour lui prendre la main, as-tu oublié le compagnon de ton enfance? C'est le jeune Mark Heathcote qui te parle.

Whittal le regarda un instant, comme s'il eût cherché à le reconnaître; mais bientôt, secouant la tête, il se retira avec un air de mécontentement, en murmurant assez haut pour être entendu:

— Comme les visages pâles sont menteurs! Voici un de ces grands coquins qui veut se faire passer pour un enfant!

Il continua à parler quelques instants; mais personne ne put le comprendre, parce qu'il avait tout à coup pris le dialecte de quelque tribu indienne.

— L'esprit de ce malheureux jeune homme a été encore plus abruti par la vie qu'il a menée avec les sauvages, qu'il ne l'avait été par la nature, dit Content, qui, rappelé par l'intérêt qu'il prenait à cette scène, était déjà revenu avec Foi et quelques autres sur le lieu où elle se passait. Que sa sœur lui parle avec ménagement, et avec le temps et le secours du ciel, nous apprendrons la vérité.

Le sentiment d'amour paternel qui faisait parler ainsi Content donnait une nouvelle autorité à ses paroles ; le groupe qui se pressait autour de l'objet de la curiosité générale recula à quelque distance, et ce qu'on pourrait appeler la solennité d'un interrogatoire officiel succéda aux questions empressées et irrégulières qu'on avait adressées au pauvre idiot de retour après sa longue absence.

Les domestiques restèrent debout, formant un demi-cercle derrière le fauteuil du vieux Puritain ; Content s'assit à côté de son père ; Foi se plaça, avec son frère, sur les degrés qui conduisaient de la terrasse dans la maison, de manière que chacun pût les entendre. Whittal ne faisait attention qu'aux aliments que sa sœur venait de lui présenter.

— Maintenant, Whittal, lui dit Foi, tandis qu'un profond silence prouvait combien ses auditeurs étaient attentifs, je voudrais savoir si tu te souviens du jour où je t'ai donné un habit dont le drap venait d'au-delà des mers, et du plaisir que tu avais à en admirer la couleur brillante pendant que tu gardais les vaches ?

Whittal la regarda en face, comme s'il eût entendu le son de sa voix avec quelque plaisir ; mais, au lieu de lui répondre, il continua à dévorer avec avidité la nourriture, grâce à laquelle elle avait espéré regagner sa confiance.

— Sûrement, mon frère, tu n'as pas oublié si promptement le présent que je t'ai fait, ce que j'ai acheté avec l'argent que j'avais gagné en travaillant à mon rouet pendant la nuit. Tu étais alors aussi brillant que ce paon qui étale là-bas sa belle queue. Mais je te ferai présent d'un autre habit, afin que tu puisses aller à l'exercice avec nos jeunes gens.

Whittal laissa tomber le manteau de peau qui lui couvrait les épaules, et répondit en étendant le bras avec la gravité d'un Indien :

— Whittal est un guerrier maintenant ; il n'a pas le temps d'écouter les propos des femmes.

— Tu oublies que, par les matinées les plus froides, c'était toujours moi qui t'apportais ton déjeuner, lorsque tu gardais nos troupeaux ; sans cela, tu ne me donnerais pas le nom de femme.

— As-tu jamais suivi la piste d'un Pequot ? Sais-tu pousser le cri de guerre parmi les hommes ?

— Qu'est-ce que le cri de guerre des Indiens auprès du bêlement de tes moutons et du mugissement de tes bestiaux dans les pâturages? Tu te rappelles le son de leurs clochettes, quand ils paissaient le soir dans le taillis de deux ans?

L'ancien berger tourna la tête, et eut l'air d'écouter avec la même attention qu'un chien qui entend le bruit des pas de quelqu'un qui approche; mais le souvenir qui semblait l'occuper ne fut qu'un éclair, et l'instant d'après il ne songea plus qu'à une affaire plus importante, et peut-être plus urgente, celle d'apaiser sa faim.

— Tu as donc perdu l'usage des oreilles? continua sa sœur, sans quoi tu ne dirais pas que tu as oublié le son des clochettes.

— As-tu jamais entendu un loup hurler? Voilà un son pour un chasseur! J'ai vu le grand-chef percer la panthère rayée, quand le plus brave guerrier de la tribu devenait blanc comme un lâche visage pâle en voyant les bonds qu'elle faisait.

— Ne me parle ni de tes bêtes féroces ni de ton grand-chef; rappelons-nous plutôt le temps où nous étions jeunes, et où tu trouvais du plaisir aux jeux de l'enfance des chrétiens. As-tu oublié, Whittal, comme nous allions jouer sur la neige, quand notre mère nous permettait d'employer ainsi nos moments de loisir?

— Nipset a une mère qui est dans son wigwam, mais il ne lui demande pas sa permission pour aller à la chasse. Nipset est homme, et aux neiges prochaines ce sera un guerrier.

— Pauvre insensé! C'est la perfidie des sauvages qui a chargé ta faiblesse des fers de leur astuce. Ta mère était une chrétienne, Whittal, une femme blanche, une bonne mère, qui gémissait de ton peu d'intelligence. Ne te souviens-tu pas, ingrat que tu es, des soins qu'elle prenait de toi dans ton enfance, dans tes maladies? de la manière dont elle fournissait à tous tes besoins? Qui te nourrissait quand tu avais faim? Qui avait compassion de ta faiblesse d'esprit, quand les autres ne faisaient que la mépriser ou en rire?

Whittal regarda un instant les traits animés de sa sœur, comme si un faible souvenir du passé se fût présenté à son esprit; mais les sensations purement animales l'emportèrent bien vite, et il se remit à manger.

— C'est plus que la patience humaine ne peut endurer! s'écria Foi. Regarde-moi, pauvre créature, et dis-moi si tu reconnais celle qui a remplacé pour toi la mère dont tu ne veux pas te souvenir ; celle qui a veillé à ce qu'il ne te manquât jamais rien, qui n'a jamais refusé d'écouter tes plaintes, qui a adouci toutes tes souffrances? Regarde-moi en face; te dis-je; me reconnais-tu?

— Certainement, répondit Whittal avec son rire niais, mais avec une expression de physionomie qui semblait indiquer qu'il la reconnaissait à demi. Tu es une femme des visages pâles ; une femme, j'en réponds, qui ne sera jamais satisfaite qu'elle n'ait sur le dos toutes les fourrures de l'Amérique, et tout le gibier de nos bois dans sa cuisine. Sais-tu comment cette race maudite arriva dans nos forêts pour les voler aux guerriers du pays?

L'espoir de Foi se trouvait trop cruellement déçu pour qu'elle pût continuer à l'écouter patiemment; mais en ce moment une femme parut à son côté, et, par un geste qui annonçait sa volonté avec douceur, elle l'invita à flatter l'humeur de son frère.

C'était Ruth, dont les joues pâles et les yeux inquiets semblaient le miroir de la tendresse maternelle. Quoiqu'elle eût succombé à la violence de son émotion bien peu de temps auparavant, le sentiment sacré qui la soutenait alors semblait lui tenir lieu de toute autre assistance ; et Content lui-même, quand il la vit entrer dans le cercle, crut devoir ne lui faire aucune remontrance pour l'arrêter, ni avoir besoin de la suivre pour la secourir au besoin. Le geste expressif qu'elle fit en arrivant semblait dire : — Ne vous lassez pas, et ayez toute l'indulgence possible pour la faiblesse d'esprit de ce jeune homme.

Le respect habituel qu'avait pour elle la femme de Dudley l'arma d'une nouvelle patience, et elle se disposa à obéir.

— Et que dit la sotte tradition dont tu parles? demanda-t-elle à son frère, espérant que le cours de ses idées n'aurait pas encore eu le temps de changer de direction.

— C'est ce que disent tous les vieillards des villages, et ce qu'ils disent est vrai comme l'Evangile. Toutes ces montagnes et ces vallées que vous voyez autour de vous étaient autrefois couvertes de forêts qui ne craignaient pas la hache et qui étaient remplies de gibier. Il y a dans notre tribu des coureurs et des chasseurs qui ont été toujours tout droit vers le soleil couchant, tant que leurs jambes ont pu les porter, et jusqu'à ce qu'ils ne vissent plus les nuages suspendus sur le grand lac d'eau salée, et ils ont trouvé partout la terre aussi belle que cette montagne que vous voyez là-bas, des rivières, et des lacs remplis de poissons et de castors, et de grands arbres, et des bois où les daims sont aussi nombreux que les grains de sable sur le bord de la mer. Le Grand-Esprit avait donné toutes ces terres et toutes ces eaux aux hommes à peau rouge, car il les aimait parce qu'ils sont fidèles à leurs amis, et qu'ils haïssent leurs ennemis, et qu'ils savent comment leur enlever leurs chevelures..... La neige a tombé et s'est fondue mille fois depuis que ce don précieux leur a été fait, continua Whittal, qui parlait avec le ton grave d'un homme qui rapporte une tradition importante, quoiqu'il ne fît probablement que répéter ce qu'il avait entendu dire si souvent que le souvenir s'en était gravé dans sa mémoire sans qu'il y pensât ; — et l'on ne voyait encore que des Peaux Rouges chasser l'élan, et marcher sur le sentier de la guerre. Mais alors le Grand-Esprit est devenu courroucé contre ses enfants et s'est détourné d'eux parce qu'ils se querellaient entre eux. De grands canots arrivèrent du côté du soleil levant, et amenèrent dans le pays des troupes d'hommes méchants et affamés. D'abord ces étrangers parlèrent d'un ton doux et plaintif comme des femmes. Ils demandèrent la permission de bâtir quelques wigwams, et dirent que si les guerriers voulaient leur accorder quelques terres, ils prieraient leur Dieu de regarder favorablement les hommes rouges. Mais quand ils furent devenus plus forts, ils oublièrent leurs promesses, et prouvèrent qu'ils étaient des menteurs. Oh ! ce sont de méchants coquins. Un visage pâle est une panthère. Quand il a faim, vous l'entendez pleurer dans les buissons, comme un enfant égaré ; mais si vous arrivez à sa portée, prenez garde à ses dents et à ses griffes !

— Et cette race perverse a donc volé aux guerriers rouges leur pays ?

— Certainement. Ils parlèrent comme des femmes malades tant qu'ils ne se sentirent pas assez forts, et ensuite ils surpassèrent en scélératesse les Pequots eux-mêmes, faisant boire aux guerriers leur eau de feu, et les tuant avec des armes semblables au tonnerre, et qu'ils font avec un métal jaune.

— Et les Pequots ? leur grand guerrier était-il mort avant l'arrivée de ces étrangers d'au-delà des mers ?

— Tu es une femme qui n'a jamais entendu rapporter une tradition, sans quoi tu parlerais mieux. Un Pequot est un chien faible et rampant.

— Et toi, tu es donc un Narrangansett ?

— N'ai-je pas l'air d'un homme ?

— Je t'avais pris pour un de nos plus proches voisins, les Pequots Mohicans.

— Les Mohicans sont des faiseurs de paniers pour les Yengeeses[1]; mais le Narragansett court dans les bois comme le loup sur la piste des daims.

— Tout cela est raisonnable, et maintenant que tu m'en fais remarquer la justesse, je ne puis manquer de la voir. Mais je suis curieuse d'en savoir davantage sur cette grande tribu : y as-tu jamais entendu parler de Miantonimoh? c'est un chef de quelque renom.

L'idiot avait continué à manger de temps en temps pendant cette conversation, mais en entendant cette question il sembla tout à coup oublier son appétit. Il baissa les yeux un moment, et répondit d'un ton lent et presque solennel :

— Un homme ne peut vivre toujours.

— Quoi! s'écria Foi en faisant signe à ses auditeurs qui l'écoutaient avec le plus vif intérêt de modérer leur impatience, ce grand chef a-t-il quitté son peuple? As-tu vécu avec lui, Whittal, avant qu'il arrivât à sa fin?

— Il n'a jamais vu Nipset, et Nipset ne l'a jamais vu.

— Je ne connais pas ce Nipset, parle-moi du grand Miantonimoh.

— Faut-il qu'on te le dise deux fois? le sachem est parti pour la terre des esprits; et Nipset sera un guerrier quand viendra la prochaine chute des neiges.

— J'avais cru que Miantonimoh était encore au nombre des guerriers de sa tribu. Dans quelle bataille a-t-il péri?

— Le Mohican Uncas a commis ce crime. Les visages pâles lui ont donné de grandes richesses pour assassiner le sachem.

— Tu parles du père; mais il y avait un autre Miantonimoh, celui qui, pendant sa jeunesse, a demeuré avec les hommes blancs.

Whittal l'écouta avec attention ; et, paraissant avoir rallié ses idées, il secoua la tête, en disant avant de se remettre à manger :

— Il n'y en a jamais eu qu'un seul de ce nom, il n'y en aura jamais un autre. Deux aigles ne font pas leur nid sur le même rocher.

— Tu as raison, répondit Foi, voyant bien que contester ce que disait son frère, c'était le moyen de lui fermer la bouche. Maintenant parle-moi de Conanchet, le sachem actuel des Narragan-

---

[1]. Les Anglais.

setts, celui qui a fait une ligue avec Metacom, et qui a été récemment repoussé des lieux qu'il occupait dans le voisinage de la mer. Vit-il encore?

Les traits de son frère subirent tout à coup un autre changement. Au lieu de cette importance puérile avec laquelle il avait répondu jusqu'alors aux questions de sa sœur, un air d'astuce se fit remarquer dans ses yeux peu expressifs : sans remuer la tête, il promena lentement et avec précaution ses regards autour de lui, comme s'il se fût attendu à découvrir quelque signe visible des intentions secrètes qu'il soupçonnait évidemment. Au lieu de répondre, il se remit à manger, mais c'était avec une nonchalance qui prouvait qu'il le faisait moins pour satisfaire son appétit que parce qu'il était résolu à ne pas faire une réponse qui lui paraissait dangereuse. Ce changement n'échappa ni à sa sœur, ni à aucun de ceux qui suivaient avec le plus vif intérêt les moyens qu'elle employait pour mettre un peu d'ordre dans les idées confuses d'un idiot, capable cependant de faire usage au besoin de la circonspection astucieuse des sauvages. Foi changea prudemment de sujet, et lui fit d'autres questions pour tâcher de diriger ses pensées vers un autre objet.

—Je suis sûre, continua-t-elle, que tu commences à te rappeler le temps où tu conduisais les bestiaux dans le taillis, et que tu avais coutume d'appeler Foi pour qu'elle te donnât à dîner, quand tu revenais fatigué d'avoir couru dans les bois pour rassembler les vaches. As-tu jamais toi-même été attaqué par les Narrangansetts, quand tu demeurais dans la maison d'un visage pâle?

Whittal cessa de manger, et il se mit à réfléchir avec toute l'attention dont était susceptible un homme dont l'intelligence était si bornée. Il ne fit pourtant d'autre réponse qu'un signe de tête négatif, et il reprit son agréable occupation.

—Quoi! es-tu devenu un guerrier sans avoir jamais vu enlever une chevelure ou mettre le feu à un wigwam?

Whittal plaça par terre le reste de ses aliments et se tourna vers sa sœur. Son visage avait pris une expression sauvage et féroce, et il se mit à rire tout bas, mais d'un air triomphant. Après avoir donné cette preuve de satisfaction, il daigna faire une réponse à sa sœur.

—Certainement, dit-il, nous marchâmes une nuit contre ces menteurs de Yengeeses; et jamais le feu qu'ils mirent à nos bois ne dessécha la terre comme celui que nous allumâmes dans leurs champs. Toutes leurs belles maisons ne furent plus que des monceaux de charbons.

— Et où, et quand fîtes-vous cet acte de bravoure et de vengeance?

— Ils avaient donné à cet endroit le nom de l'oiseau de la nuit, comme si un nom indien pouvait mettre à l'abri de la vengeance des Indiens.

— Ah! c'est de Wish-ton-Wish que tu parles? Mais tu as été une victime et non un acteur dans cette scène cruelle, mon frère!

— Tu mens comme une femme perverse des visages pâles, que tu es. Nipset était encore bien jeune lors de cette expédition, mais il marcha avec sa peuplade. Je te dis que nos tisons enflammés consumèrent la terre même, et pas une seule tête ne se releva de dessous les cendres.

Malgré tout son empire sur elle-même, et quoiqu'elle eût constamment sous les yeux le but où elle voulait arriver, Foi ne put s'empêcher de frémir du plaisir féroce avec lequel son frère insistait sur l'excès de la vengeance qu'il croyait avoir tirée de ses ennemis imaginaires. Cependant, ne voulant pas détruire une illusion qui pouvait conduire à la découverte qu'on cherchait à faire depuis si longtemps, et toujours sans succès, elle eut soin de cacher l'horreur qu'elle éprouvait, et continua ses questions.

— Sans doute, reprit-elle; cependant quelques uns ont été épargnés; les guerriers ont sûrement emmené quelques captifs dans leur village. Tu ne les as pas tués tous.

— Tous.

— Tu veux parler des malheureux qui se trouvaient dans le fort incendié; mais quelques uns de ceux qui étaient en dehors ont pu tomber entre tes mains avant que ceux qui étaient attaqués se fussent réfugiés dans la tour. Sûrement, bien sûrement tous n'ont pas été tués.

Le bruit de la respiration pénible de Ruth attira l'attention de Whittal, et il la regarda un instant avec un air d'étonnement stupide. Mais bientôt, secouant de nouveau la tête, il répondit d'un ton positif :

— Tous. Oui, depuis les femmes qui criaient, jusqu'aux enfants qui pleuraient.

— Mais il existe certainement dans la tribu une jeune enfant, je veux dire une jeune femme dont la peau est plus blanche que celle de ton peuple. N'est-ce pas une captive qui a été emmenée après l'incendie de Wish-ton-Wish?

— Crois-tu que le daim vive avec le loup? As-tu jamais trouvé le lâche pigeon dans le nid du faucon?

— Mais tu es toi-même d'une couleur différente, Whittal, et il peut bien se faire que tu ne sois pas le seul.

L'idiot regarda un moment sa sœur avec un air de mécontentement marqué, et murmura en reprenant sur ses genoux les restes de son copieux déjeuner :

— Il y a autant de feu dans la neige que de vérité dans un Yengeese.

— Il faut mettre fin à ces questions, dit Content en poussant un profond soupir; espérons qu'une autre fois nos efforts auront un résultat plus heureux. Mais je vois arriver quelqu'un qui est sans doute porteur d'un message spécial du gouverneur, puisqu'il est en voyage malgré la sainteté du jour, et à en juger par la rapidité de sa course.

Comme tous ceux qui voulurent regarder du côté du village pouvaient voir le cavalier qui s'approchait, son arrivée inattendue causa une interruption subite à l'intérêt général qu'excitait un sujet qui était connu à tous ceux qui demeuraient dans la vallée.

Il était encore de fort bonne heure, l'étranger arrivait au grand galop; il passa sans s'arrêter devant la porte de l'auberge à l'enseigne du Wipp-poor-Will, dont la porte ouverte semblait l'inviter à y entrer; toutes ces circonstances réunies annonçaient un messager qui était probablement chargé, par le gouvernement de la colonie, d'une mission importante pour Content Heathcote, qui occupait le principal poste d'autorité officielle dans cet établissement éloigné. Des observations à ce sujet passèrent de bouche en bouche, et la curiosité générale était sur le qui-vive quand le cavalier entra dans la cour. Là il mit pied à terre, et, encore tout couvert de la poussière de la route, il se présenta devant celui qu'il cherchait, avec l'air d'un homme qui avait passé la nuit à cheval.

— J'apporte des ordres au capitaine Content Heathcote, dit le messager en saluant tous ceux qui l'entouraient, avec la politesse grave, mais étudiée, ordinaire au peuple dont il faisait partie.

— Le voici pour les recevoir et y obéir, répondit Content.

Le voyageur avait quelque chose de cet air mystérieux si

agréable à certains esprits qui, n'ayant aucun autre moyen pour commander le respect, aiment à faire des secrets de choses qui pourraient se dire tout haut. Ce fut sans doute par suite de quelque sentiment de ce genre que le messager témoigna le désir de communiquer en particulier au capitaine ce qu'il était chargé de lui apprendre, et Content le conduisit sur-le-champ dans un appartement intérieur de la maison. Cet événement ayant donné une nouvelle direction aux idées des spectateurs de la scène qui avait précédé, nous saisirons aussi cette occasion pour faire une courte digression afin de mettre sous les yeux de nos lecteurs quelques faits généraux qui peuvent être nécessaires pour rattacher à ce qui précède la suite de notre histoire.

CHAPITRE XXI.

> Songez à ce que vous faites, Monsieur, de peur quo votre justice ne devienne violence.
> SHAKSPEARE. *Le Conte d'hiver.*

Les colons avaient appris les desseins du célèbre Metacom par la trahison d'un guerrier d'un rang subalterne nommé Sausaman. La punition de cette perfidie conduisit à des enquêtes qui se terminèrent par des accusations contre le grand sachem des Wampanoags. Dédaignant de se justifier devant des ennemis qu'il haïssait et doutant peut-être de leur clémence, Metacom ne chercha plus alors à cacher ses projets, et, mettant de côté tous les emblèmes de paix, se montra ouvertement les armes à la main.

Cette tragédie avait commencé environ un an avant l'époque à laquelle notre histoire est maintenant arrivée. Une scène à peu près semblable à celle qui a déjà été rapportée eut alors lieu : le couteau, le tomahawk et le tison enflammé opérèrent leurs œuvres de destruction sans pitié comme sans remords. Mais, bien différente de l'attaque de Wish-ton-Wish, cette expédition fut immédiatement suivie de plusieurs autres, et toute la Nouvelle-Angleterre se trouva engagée dans la guerre célèbre à laquelle nous avons déjà fait allusion.

Toute la population blanche des colonies de ce pays avait été évaluée peu de temps auparavant à cent vingt mille âmes ; et sur ce nombre on calculait que seize mille hommes étaient en état de porter les armes. Si Metacom avait eu le temps d'amener ses plans à leur maturité, il aurait pu facilement assembler des troupes de guerriers qui, aidés par la connaissance qu'ils avaient des bois, et habitués aux privations de ce genre de guerre, auraient menacé d'un danger sérieux la force croissante des Européens ; mais le sentiment d'égoïsme, ordinaire à l'homme, avait autant d'activité parmi ces tribus sauvages que chez les peuples plus civilisés. L'infatigable Metacom, de même que ce héros indien de nos jours, Técumthè[1], avait passé des années à tâcher d'apaiser d'anciennes inimitiés et de calmer les jalousies, afin que tous les peuples de la Peau Rouge pussent se réunir pour écraser leurs ennemis, persuadé que s'ils n'étaient promptement arrêtés dans leur progrès, ceux-ci allaient devenir bientôt trop formidables pour que les efforts des Indiens pussent venir à bout de les terrasser. L'explosion prématurée fut en quelque sorte ce qui détourna le danger ; elle donna aux Anglais le temps d'affaiblir la tribu de leur plus grand ennemi, avant que ses alliés se fussent déterminés à faire cause commune avec lui. L'été et l'automne de 1675 s'étaient passés en hostilités actives entre les Anglais et les Wampanoags, sans attirer ouvertement aucune autre nation dans leur querelle. Une partie des Pequots, avec les tribus qui dépendaient d'eux, prirent même parti pour les blancs ; et nous lisons que les Mohicans s'occupèrent activement à harasser le sachem lors de sa retraite bien connue de cette langue de terre où il était entouré par les Anglais qui se flattaient que le manque de vivres le réduirait à se soumettre.

Comme on pouvait s'y attendre, la guerre qui eut lieu pendant le premier été fut accompagnée de succès variés, la fortune favorisant aussi souvent les sauvages dans leurs attaques irrégulières que leurs ennemis mieux disciplinés. Au lieu de borner ses opérations à ses propres districts, plus faciles à entourer, Metacom avait conduit ses guerriers sur les établissements lointains du Connecticut, et ce fut pendant les opérations de cette saison que

---

1. Técumthè était un fameux chef de la tribu des Shawanees. Dans leur dernière guerre avec les Américains, en 1813, les Anglais appelèrent sous leurs drapeaux les derniers chefs des tribus de la vieille Amérique. Técumthè était le chef le plus considéré de tous ces guerriers sauvages : ses exploits, son héroïsme et ses talents sont encore en vénération parmi les Indiens. Il périt dans l'affaire de la *ville Morave*, et l'on prétend que les Américains firent de sa peau des cuirs à rasoirs.

plusieurs villes situées sur cette rivière furent d'abord attaquées et réduites en cendres. Les hostilités entre les Anglais et les Wampanoags cessèrent en partie lorsque les froids arrivèrent, les troupes des colonies s'étant mises en quartiers d'hiver, et les Indiens n'étant pas fâchés de reprendre haleine avant de faire un dernier effort.

Ce fut pourtant avant cette cessation d'hostilités que les commissaires des Colonies-Unies, comme on les appelait, se rassemblèrent pour aviser aux moyens d'opposer à l'ennemi une résistance concertée. Jamais les Indiens n'avaient mis les blancs dans un si grand danger, car il était manifeste, par la manière dont un sentiment hostile se répandait le long de toutes leurs frontières, qu'ils étaient dirigés par un esprit entreprenant qui avait donné aux mouvements des ennemis autant d'unité et d'ensemble qu'on pouvait probablement jamais en attendre d'une race divisée en tant de peuplades séparées les unes des autres par de si grandes distances. Qu'ils eussent tort ou raison, les colons décidèrent que la guerre de leur part était juste. Ils firent donc de grands préparatifs pour la continuer, l'été suivant, d'une manière mieux adaptée à leurs moyens et à la nécessité où ils se trouvaient. Ce fut par suite des arrangements qui furent pris pour mettre en campagne une partie des habitants de la colonie du Connecticut, que nous trouvons les principaux personnages de notre histoire portant le costume militaire sous lequel nous venons de les présenter de nouveau à nos lecteurs.

Quoique les Narragansetts n'eussent pas été d'abord ouvertement impliqués dans les attaques contre les colonies, on apprit bientôt des faits qui ne laissèrent aucun doute sur les sentiments de cette nation. On découvrit un grand nombre de leurs jeunes gens parmi les guerriers qui suivaient Metacom, et l'on vit dans leurs villages des armes qui avaient été prises aux blancs tués dans différentes rencontres. Une des premières mesures des commissaires fut donc de prévenir une résistance plus sérieuse en dirigeant contre ce peuple une force en état de l'écraser. Le corps qu'on réunit en cette occasion fut probablement le plus nombreux que les Anglais eussent encore levé dans leurs colonies; il était composé de mille hommes, dont une partie assez considérable consistait en cavalerie, espèce de troupe qui, comme l'expérience l'a démontré ensuite, convient admirablement aux opérations contre un ennemi si actif et si subtil.

L'attaque eut lieu dans le fort de l'hiver, et elle fut terrible e destructive à l'égard de ceux contre qui elle était dirigée. La résistance qu'opposa Conanchet, le jeune sachem des Narragansetts, fut, sous tous les rapports, digne de sa haute réputation de courage, et prouva les ressources de son génie. Les colons remportèrent la victoire, mais ce ne fut pas sans une perte sérieuse. Le jeune chef avait rassemblé ses guerriers, et avait pris son poste sur une petite étendue de terrain située au centre d'un marécage couvert d'un bois fourré, et ses préparatifs de défense montrèrent une connaissance singulière de la tactique militaire des Européens. Les colons eurent à s'emparer d'une palissade, d'un parapet, d'une espèce de redoute, et d'un fort régulier, avant de pouvoir attaquer le village fortifié. Leurs premières tentatives ne réussirent pas, et ils furent repoussés avec perte par les Indiens. Mais la supériorité des armes et de la discipline l'emporta enfin, après un combat qui dura plusieurs heures et qui ne se termina que lorsque les Indiens furent presque totalement entourés.

Les événements de cette journée mémorable avaient fait une profonde impression sur des hommes dont la vie simple était rarement agitée par des incidents importants. C'était encore le sujet des conversations animées et souvent mélancoliques des colons autour de leur feu. La victoire n'avait pas été remportée sans être accompagnée de circonstances qui, quelque inévitables qu'elles pussent être, tendaient à jeter dans l'esprit timoré des religionnaires des doutes sur la légitimité de leur cause. On disait qu'un village de six cents wigwams et des centaines d'hommes et de femmes avaient péri dans les flammes. On assurait qu'un millier de guerriers avaient perdu la vie dans cette affaire, et l'on croyait que le pouvoir de cette nation était anéanti pour toujours. Les colons eux-mêmes avaient beaucoup souffert, et le deuil était entré dans un grand nombre de familles à la suite du triomphe.

La plupart des habitants de Wish-ton-Wish avaient pris part à cette expédition sous les ordres de Content. Ils avaient aussi fait des pertes ; mais ils se flattaient qu'une longue paix serait la récompense de leur courage, ce que leur situation avancée et dangereuse leur rendait particulièrement désirable.

Cependant les Narragansetts étaient loin d'être subjugués. Pendant tout le reste de l'hiver ils avaient jeté l'alarme sur les frontières, et une ou deux fois leur célèbre sachem avait tiré une vengeance signalée de l'affaire dans laquelle son peuple avait été si maltraité. Pendant le printemps, leurs incursions devinrent encore plus fréquentes, et les apparences du danger augmentèrent au point d'exiger qu'on appelât de nouveau les colons aux armes. Le messager qu'on a vu arriver dans le chapitre précédent était chargé d'ordres urgents qui avaient rapport aux événements de cette guerre, et c'était pour les communiquer au chef de la force militaire de la vallée, qu'il lui avait demandé une audience secrète.

— Tu vas avoir à t'occuper d'affaires importantes, capitaine Heathcote, dit le voyageur fatigué, quand il se trouva seul avec Content. Les ordres de Son Honneur sont qu'on n'épargne ni le fouet ni l'éperon jusqu'à ce qu'on ait averti les principaux chefs des habitants des frontières de la situation actuelle de la colonie.

— Il s'est donc passé quelque événement important, puisque Son Honneur juge à propos qu'on exerce une vigilance extraordinaire? Nous avions espéré que les prières des âmes pieuses n'avaient pas été inutiles, et que la tranquillité allait succéder pour quelque temps à ces actes de violence dont nous avons été malheureusement les spectateurs involontaires, liés comme nous l'étions par nos pactes sociaux. La scène sanguinaire qui a eu lieu à Pettyquamscott nous a donné beaucoup à penser; elle a même fait naître des doutes sur la légitimité de quelques unes de nos mesures.

— Tu as un esprit de miséricorde très-louable, capitaine Heathcote, ou ta mémoire te rappellerait d'autres scènes que celles qui ont rapport à la punition d'un ennemi si implacable. On dit sur les bords de la rivière que la vallée de Wish-ton-Wish a été envahie par les sauvages il n'y a pas bien des années, et l'on parle des maux cruels qu'ont éprouvés les habitants en cette fatale occasion.

— On ne peut nier la vérité, quand même il devrait en résulter du bien. Il est vrai que l'attaque dont tu parles nous a fait cruellement souffrir, moi et les miens; mais nous nous sommes efforcés de la considérer comme un châtiment miséricordieux infligé par le ciel pour nous punir de tous nos péchés, plutôt que comme un acte de violence dont nous devions conserver le souvenir pour exciter des passions que la raison et la charité nous ordonnent de subjuguer autant que le peut la faiblesse humaine.

— Cela est fort bien, capitaine Heathcote, et parfaitement d'accord avec la doctrine la plus approuvée, répondit le messager avec un léger bâillement, suite du manque de repos de la nuit précédente ou du peu de goût qu'il avait pour un sujet d'entretien si grave ; mais cela n'a que peu de rapport avec la mission dont j'ai à m'acquitter ; elle a pour but spécial la destruction des Indiens ; et ce n'est pas le moment de discuter les doutes intérieurs que nous pouvons concevoir sur la légitimité des actes que réclame notre sûreté. Dans toute la colonie du Connecticut on ne trouverait pas un seul habitant qui eût fait plus d'efforts pour avoir une conscience scrupuleuse que le misérable pécheur qui est devant toi ; car j'ai l'extrême bonheur de recevoir les instructions d'un homme qui a reçu du ciel des dons spirituels tels que bien peu de mortels en ont obtenu. Je veux parler du docteur Calvin Pope, digne prédicateur qui fait rentrer la paix dans les âmes, qui n'épargne pas les verges quand la conscience a besoin de châtiments, qui n'hésite pas à donner des consolations à celui qui reconnaît sa chute ; et qui n'oublie jamais que la charité, l'humilité, l'indulgence pour les fautes de ses amis, et la miséricorde envers les ennemis, sont les principaux signes de la rénovation de l'existence morale. On n'a donc guère lieu de douter de la rectitude religieuse de tous ceux qui écoutent ses discours pleins d'onction. Mais quand il s'agit d'une question de vie et de mort, de la possession et souveraineté de ces belles terres que le Seigneur nous a données, je dis que nous devons imiter la conduite du peuple d'Israël à l'égard des idolâtres du pays de Canaan, être fidèles les uns aux autres et regarder les païens avec l'œil de la méfiance.

— Il peut y avoir de la raison dans ce que tu dis, répliqua Content douloureusement ; cependant il est permis de déplorer même la nécessité d'en venir à une guerre. J'avais espéré que ceux qui dirigent les conseils de la colonie auraient pu recourir à des moyens moins violents pour ramener les sauvages à la raison, au lieu de les y contraindre à main armée. Mais quels sont les ordres spéciaux que tu m'apportes ?

— Ils sont de la plus grande urgence, comme tu en jugeras en les entendant, répondit le messager en baissant la voix en homme habitué à la partie dramatique de la diplomatie, quelque peu habile qu'il pût être dans les talents réels de cette science. Tu étais présent au sac de Pettyquamscott, et il est inutile de te rappeler comment le Seigneur frappa nos ennemis dans cette journée où il se déclara pour nous ; mais un homme qui demeure si loin des événements journaliers de la chrétienté peut ignorer l'effet que ce châtiment a produit sur les sauvages.

L'infatigable Conanchet ne se tient pas encore pour vaincu ; il a abandonné ses villages et s'est réfugié dans les bois, où il est presque toujours difficile à nos soldats civilisés de découvrir la position et la force de leurs ennemis. Il est facile de deviner ce qui en est résulté. Les sauvages ont attaqué et dévasté en tout ou en partie, le 6 de ce mois (dit-il en comptant sur ses doigts), Lancastre, d'où ils ont emmené plusieurs prisonniers; le 10, Marlborough ; le 13, Groton et Warwick; le 17, Rehoboth. Chelmsford, Andover, Weymouth et plusieurs autres places ont aussi grandement souffert depuis cette dernière date jusqu'au jour où j'ai quitté Son Honneur. Pierre de Scituate, brave guerrier, accoutumé à cette guerre d'embuscade, s'est trouvé coupé avec toute sa compagnie; et Wadsworth, ainsi que Brocklebank, hommes connus et estimés par leur courage et leur science militaire, ont laissé leurs ossements dans les bois à côté de ceux de leurs malheureux compagnons.

— Ce sont des nouvelles bien faites pour nous faire pleurer sur la nature humaine, dit Content dont les regrets n'étaient nullement affectés sur un sujet si antipathique à son caractère plein de douceur. Il n'est pas facile de trouver un moyen pour arrêter les progrès de ce mal sans recourir encore une fois aux armes.

— Telle est l'opinion de Son Honneur et de tous ceux qui font partie de son conseil ; car nous connaissons suffisamment les démarches de l'ennemi pour être sûrs que le chef des esprits de ténèbres, en la personne de celui qu'on nomme Philippe, ne fait que courir sur toute la ligne des frontières pour représenter à toutes les tribus la nécessité de résister à ce qu'il appelle nos agressions, et pour les exciter à la vengeance par tous les expédients de l'astuce la plus subtile.

— Et quelles mesures a prises la sagesse de notre gouvernement dans un danger si pressant ?

— D'abord il a ordonné un jeûne général, afin de nous acquitter ensuite de nos devoirs en hommes purifiés par la lutte de l'esprit contre la chair, et par un examen attentif de nos consciences. Secondement, il recommande à toutes les congrégations d'agir avec une sévérité plus qu'ordinaire à l'égard de ceux qui s'arrêtent ou qui marchent à reculons dans la carrière de la sainteté, de peur que nos villes n'encourent le mécontentement du ciel, comme cela est arrivé aux habitants des cités du pays de Canaan. En troisième lieu, il a résolu de prêter notre faible secours aux décrets de la Providence en appelant aux armes le contingent des troupes disciplinées de chaque canton. Enfin il a le dessein de déjouer les projets de vengeance de nos ennemis en mettant leurs têtes à prix.

— J'approuve complètement les trois premières dispositions; ce sont des mesures connues, légitimes, et convenables à des chrétiens; mais la quatrième me paraît ne devoir être adoptée qu'avec beaucoup de prudence et après bien des réflexions.

— Ne crains rien, notre gouvernement n'a pas perdu de vue les principes de l'économie et de la discrétion, et il a réfléchi gravement sur ce sujet important. Il n'a pas dessein d'offrir plus de la moitié de la récompense qui a été proposée par notre sœur aînée de la Baie, et il n'a pas même encore tout à fait décidé la question de savoir s'il est nécessaire d'en accorder une pour les individus au-dessous d'un certain âge. Et maintenant, respectable capitaine Heathcote, j'entrerai dans les détails des troupes qu'on s'attend à voir sous tes ordres pendant la campagne prochaine.

Comme on verra par la suite de cette histoire le résultat de cette conversation, il est inutile de le rapporter plus au long. Nous laisserons donc le messager et Content continuer leur conférence, et nous retournerons auprès d'autres personnages qui doivent aussi nous occuper.

Après avoir été interrompue, comme nous l'avons déjà dit, par l'arrivée d'un étranger, Foi avait imaginé un nouvel expédient pour rendre l'usage de la mémoire à son frère. Accompagnée de quelques domestiques de la famille, elle le conduisit sur le haut de l'éminence devenue un verger couvert de jeunes et beaux pommiers, et le plaçant au pied du fort ruiné, elle avait essayé d'éveiller en lui une suite de souvenirs qui, en lui faisant une plus forte impression, amèneraient peut-être une découverte objet de tant d'intérêt et d'inquiétude.

Cette épreuve ne produisit pas un heureux résultat. Cet endroit et même toute la vallée avaient subi un si grand changement, qu'un homme doué de plus d'intelligence aurait pu hésiter à croire qu'il voyait les mêmes lieux que nous avons décrits au commencement de notre histoire. Ce changement rapide qu'éprouvent des objets qui, dans d'autres pays, ne changent guère d'aspect pendant le cours de plusieurs siècles, est un fait familier à tous ceux qui résident dans les établissements les plus récents de l'Union. Il a pour cause les améliorations promptes et successives qui ont lieu dans les premières époques d'un établissement; le défrichement seul d'une partie de forêt offre à l'œil une vue toute nouvelle, et il n'est nullement facile de reconnaître dans le site d'un village, quelque récente que soit son existence, et dans des champs cultivés, quelque imparfaite que soit leur culture, aucune trace des lieux que l'on connaissait peu de temps auparavant comme le repaire du loup et le refuge du daim.

Les traits et surtout les yeux de sa sœur avaient pourtant éveillé quelques souvenirs dans l'esprit de Whittal Ring, et ces rapides éclairs du passé avaient suffi pour ranimer cette ancienne confiance qui s'était déjà montrée en partie dans leur première conférence; mais il ne pouvait se rappeler des objets qui n'excitaient pas vivement son attention et qui avaient subi de si grands changements. Cependant il ne regarda pas les ruines du fort sans donner quelques signes d'émotion : quoique la verdure qui en entourait la base eût toute la fraîcheur des premiers jours de l'été, et que l'odeur délicieuse du trèfle sauvage flattât son odorat, il y avait dans ces murs noircis et délabrés, dans la position de la tour, dans la vue des montagnes qui l'environnaient, quoique dépouillées en partie des bois qui les avaient couvertes, quelque chose qui le frappait évidemment. Il regardait cet endroit comme un chien regarde un maître dont il a été si longtemps séparé que son instinct se trouve en défaut. Quand ses compagnons cherchaient à aider sa faible intelligence, il y avait des moments où sa mémoire paraissait sur le point de triompher, et où l'on aurait cru que toutes les illusions qu'il devait à l'habitude et à la compagnie des Indiens allaient disparaître devant le jour de la réalité; mais les attraits d'une vie qui offrait toute la liberté de la nature et les plaisirs de la chasse et des bois, ne pouvaient être écartés si facilement. Lorsque Foi ramenait avec adresse les idées de son frère sur les jouissances purement amicales qui avaient fait son bonheur dans son enfance, ses prédilections semblaient chanceler; mais quand il parvint à comprendre qu'il fallait abandonner la dignité de guerrier et tous les plaisirs plus récents et plus séducteurs de la vie sauvage, on voyait qu'il lui en coûtait de supposer un changement qui aurait été pour lui à peu près la même chose que la transmigration des âmes.

Après une heure d'efforts continués avec zèle, et non sans quelque dépit, pour réveiller sa mémoire, Foi renonça pour le moment à cette tentative; dans certains moments, elle s'était crue sur le point de triompher. Il se donnait lui-même le nom de Whittal; mais il soutenait qu'il était aussi Nipset, de la tribu des Narragansetts; qu'il avait une mère dans son wigwam, et qu'il avait raison de croire qu'il serait mis au nombre des guerriers de la peuplade à la prochaine chute des neiges.

Pendant ce temps, une scène toute différente se passait sur la terrasse où avait eu lieu la première conférence avec l'idiot. Tous les spectateurs s'en étaient retirés lors de l'arrivée subite du messager; mais un individu solitaire était assis devant la grande table qui y avait été placée pour le déjeuner, tant des maîtres de la maison que de leurs nombreux serviteurs. C'était un jeune homme qui s'était jeté sur une chaise; il semblait moins vouloir satisfaire son appétit que se livrer à des pensées qui absorbaient toutes les facultés de son âme. On ne pouvait voir son visage, car il avait la tête appuyée sur ses bras étendus sur une table, bien luisante, en bois de citronnier; cette table, placée à la suite d'une autre d'un bois plus commun, formait le seul point de distinction entre les convives; comme dans les temps plus reculés et dans d'autres pays, la salière marquait la différence des rangs parmi ceux qui devaient s'asseoir à la même table.

— Mark, lui dit une voix timide à son côté, tu es fatigué d'avoir passé la nuit sans dormir et à courir sur ces montagnes. Ne penses-tu pas à prendre quelque nourriture avant de te livrer au repos?

— Je ne dors pas, répondit Mark en se relevant et en repoussant avec douceur les aliments qui lui étaient offerts par une jeune personne dont les yeux étaient fixés avec intérêt sur ses traits agités, et dont les joues, couvertes d'une légère rougeur, indiquaient peut-être qu'il y avait dans ses regards quelque chose de plus tendre que la modestie d'une jeune fille. Je ne dors pas, Marthe; et en vérité je ne sais quand il me sera possible de dormir.

— Tes yeux ardents et égarés m'effraient, Mark. T'es-tu trop fatigué en parcourant les montagnes?

— Crois-tu qu'un homme de mon âge et de ma force ne soit pas en état de supporter quelques heures de veille et de marche dans la forêt ? Le corps va bien, mais l'esprit souffre cruellement.

— Et ne me diras-tu pas ce qui cause cette souffrance ? Tu sais, Mark, qu'il n'y a personne dans cette maison, et je puis dire dans toute cette vallée, qui ne désire de te savoir heureux.

— Je te remercie de parler ainsi, bonne Marthe ; mais... tu n'as jamais eu de sœur ?

— Il est vrai que je suis seule de ma race. Et cependant il me semble que les liens du sang n'auraient pu m'unir plus étroitement à personne qu'à celle que tu as perdue.

— Et tu n'as pas de mère ! Tu n'as jamais su ce que c'est que d'aimer une mère !

— Et ta mère n'est-elle pas la mienne ? répondit une voix profondément mélancolique, mais si douce que le jeune homme hésita avant de lui répondre.

— C'est vrai, c'est vrai, ajouta-t-il avec vivacité ; tu dois aimer, et tu aimes celle qui a pris soin de ton enfance, et qui t'a élevée avec tendresse jusqu'à l'âge où tu es devenue si belle et si intéressante.

Les yeux de Marthe devinrent plus brillants, et ses joues, où l'on voyait les couleurs de la santé, parurent plus vermeilles, pendant que Mark lui faisait ce compliment sans trop y songer. Avec la modestie naturelle à son sexe, elle détourna la tête pour se soustraire à ses regards ; mais il ne s'en aperçut pas, et continua :

— Tu vois que ma mère dépérit de jour en jour par suite du chagrin que lui cause la perte de notre petite Ruth ; et qui peut dire quelle sera la fin d'une affliction qui dure si longtemps ?

— Il n'est que trop vrai que nous avons eu lieu de craindre beaucoup pour elle ; mais depuis quelque temps l'espérance l'a emporté sur la crainte. Tu n'as pas raison, je te dirai même que tu as tort de te permettre ce mécontentement de la Providence, parce que ta mère cède un peu plus en ce moment à son chagrin, par suite du retour inattendu d'un homme dont le destin a tant de rapport avec celui de la fille qu'elle a perdue.

— Ce n'est pas cela, Marthe ; ce n'est pas cela !

— Si tu ne veux pas me dire ce qui te cause tant de peine, tout ce que je puis faire c'est d'en avoir compassion.

— Écoute, et je te le dirai. Tu sais qu'il s'est passé bien des années depuis que les sauvages, soit Mohawks ou Narrangansetts, soit Pequots ou Wampanoags, sont venus attaquer notre établissement par esprit de vengeance. Nous étions alors enfants, Marthe, et c'est comme un enfant que j'ai toujours pensé à cette scène terrible. De même que toi, notre petite Ruth n'avait alors que sept à huit ans ; et je ne sais quelle est la folie qui fait que je ne puis jamais penser à ma sœur que comme à une enfant de cet âge.

— Sûrement, tu sais que le temps ne peut s'arrêter, et c'est une raison de plus pour que nous tâchions de l'employer de manière...

— C'est ce que notre devoir nous apprend. Mais je te dis, Marthe, que lorsque mes rêves me présentent l'image de Ruth, comme cela m'arrive quelquefois, c'est toujours sous les traits d'une enfant folâtre et enjouée, telle qu'elle était alors, que je me la figure ; et même tout éveillé, je m'imagine quelquefois la voir assise sur mes genoux, comme c'était sa coutume quand elle écoutait quelqu'un de ces contes dont on amuse l'enfance.

— Mais nous sommes nées toutes deux la même année et le même mois, Mark. Penses-tu aussi à moi comme à une enfant de sept à huit ans?

— Quelle différence ! Ne vois-je pas que les années ont fait de toi une femme ; que tes petits cheveux bruns et bouclés sont devenus cette belle et longue chevelure noire qui te sied si bien ; que ta taille s'est élancée, et que le temps t'a donné, — je ne le dis pas pour te faire un compliment, car tu sais que ma langue n'est pas flatteuse, — tous les attraits qu'on peut trouver réunis dans une femme ? Mais il n'en est pas de même, ou, pour mieux dire, il n'en était pas de même de ma sœur. Depuis la nuit où elle a été arrachée de nos bras par ces cruels sauvages, je n'ai jamais pu me la représenter sous d'autres traits que ceux qui lui appartenaient quand elle n'était encore qu'une gentille enfant, la compagne innocente de nos jeux.

— Et qui a changé cette agréable image de notre chère Ruth ? demanda Marthe se détournant à demi pour cacher une rougeur encore plus vive occasionnée par ce qu'elle venait d'entendre. Je pense souvent à elle, et je la vois telle que tu viens de la décrire. Je ne sais pourquoi nous ne pourrions pas croire que, si elle vit, elle est tout ce que nous pouvons désirer.

— Impossible ! L'illusion a disparu, et il ne reste en place qu'une affreuse vérité. Vois Whittal Ring, il était encore jeune quand nous l'avons perdu : le voici de retour, et nous trouvons en lui un homme, un sauvage. Non, non, ma sœur n'est plus l'enfant à qui j'aimais à penser : elle est devenue femme aussi bien que toi.

— Tu es injuste à son égard, tandis que tu penses avec trop d'indulgence à d'autres pour qui la nature avait été moins libérale. Tu dois te rappeler, Mark, qu'elle avait des traits plus agréables qu'aucune des jeunes filles de son âge que nous connaissions alors.

— Je n'en sais rien, — je ne dis pas cela, — je ne le pense pas ; mais quand elle serait ce que les fatigues et les injures du temps peuvent l'avoir rendue, Ruth Heathcote est encore bien au-dessus des habitantes du wigwam d'un Indien. Oh ! il est horrible de penser qu'elle est la servante, l'esclave, peut-être la femme d'un sauvage !

Marthe tressaillit. Il était évident que cette dernière idée, cette idée révoltante se présentait à son esprit pour la première fois ; et le plaisir innocent que goûtait sa petite vanité satisfaite fit place sur-le-champ à ce sentiment de compassion si naturel au cœur d'une femme.

— Cela est impossible ! murmura-t-elle enfin après une minute de silence; cela ne peut jamais être ! — Notre Ruth doit se rappeler encore les leçons qu'elle a reçues dans son enfance. — Elle sait qu'elle est née chrétienne et d'une famille respectable. Elle connaît les espérances élevées et les promesses glorieuses de sa religion.

— Tu vois par l'exemple de Whittal, qui est plus âgé, à quoi peut servir ce qu'on a appris, quand on vit avec les sauvages.

— Mais Whittal est dépourvu des dons de la nature, il a toujours été au-dessous du reste des hommes du côté de l'intelligence.

— Et pourtant à quel degré n'a-t-il pas déjà acquis l'astuce des Indiens !

— Mais, Mark, répliqua sa compagne avec un air de timidité, comme si elle eût senti toute la force de ce raisonnement, et qu'elle n'eût cherché à le combattre que par compassion pour les sentiments d'un frère, nous avons, ta sœur et moi, le même nombre d'années, pourquoi ce qui m'est arrivé ne peut-il être aussi le sort de notre Ruth ?

— Veux-tu dire que, parce que tu n'es pas encore mariée, ou parce que tu as encore le cœur libre à ton âge, il soit possible que ma sœur ait échappé à la malédiction d'être la femme d'un Narragansett, ou, ce qui n'est pas moins effrayant, l'esclave de ses caprices?

— Je ne tirais guère mes conclusions que de la première circonstance.

— Et non pas de la seconde? s'écria le jeune homme avec une vivacité qui prouvait qu'il s'opérait une sorte de révolution soudaine dans le cours de ses idées; mais si, avec une opinion décidée, et quand ton cœur te parle pour un amant préféré, tu hésites encore, Marthe, il n'est pas probable qu'une jeune fille chargée des fers de la vie sauvage ait eu besoin d'un temps aussi long pour réfléchir. Même ici, dans nos établissements, toutes nos jeunes filles ne sont pas aussi lentes que toi à se déterminer.

Les longs cils de Marthe se baissèrent sur ses grands yeux noirs, et pendant un instant on aurait pu croire qu'elle n'avait pas intention de répondre. Cependant, jetant un regard timide de côté, elle répondit à voix si basse que son compagnon put à peine comprendre le sens des mots qu'elle prononçait.

— Je ne sais comment j'ai pu me faire, parmi mes amis, une réputation que je mérite si peu, dit-elle, car il me semble toujours qu'on ne connaît que trop facilement ce que je pense et ce que je sens.

— En ce cas, le beau galant de la ville d'Hartford, qui est si souvent sur la route entre cet établissement éloigné et la maison de ton père, est plus sûr de son succès que je ne le pensais : il ne fera plus bien longtemps ce voyage tout seul.

— Je t'ai fâché, Mark, ou tu ne me parlerais pas d'un air si froid, puisque nous avons toujours vécu ensemble sur le pied de l'amitié.

— Je ne suis point fâché; il ne serait pas raisonnable, il ne conviendrait pas à un homme de refuser à ton sexe le droit de choisir. Cependant il me paraîtrait juste que, quand une femme a rencontré celui qui plaît à son goût et à son jugement, elle ne persistât pas si longtemps à lui en faire un mystère.

— Voudrais-tu donc qu'une fille de mon âge se hâtât de croire qu'on lui fait la cour, tandis qu'il peut arriver que celui dont tu parles recherche ton amitié et ta société plutôt que mes bonnes grâces?

— En ce cas, il peut s'épargner beaucoup de peine et de fatigue, à moins qu'il ne trouve un grand plaisir à voyager à cheval ; car je ne connais pas un jeune homme qui me plaise moins dans toute la colonie du Connecticut. D'autres peuvent trouver en lui des choses à louer, mais, pour moi, il me semble hardi dans ses discours, gauche dans toute sa tournure et désagréable dans sa conversation.

— Je suis charmée que nous nous trouvions enfin du même avis ; car tout ce que tu viens de dire de ce jeune homme, il y a longtemps que je le pense aussi.

— Toi ! tu penses ainsi de ce galant ? et pourquoi donc l'écoutes-tu ? Je te croyais une fille trop franche, Marthe, pour vouloir ruser ainsi. Avec cette opinion de son caractère, pourquoi reçois-tu ses soins ?

— Une jeune fille doit-elle parler inconsidérément ?

— Et s'il était ici, et qu'il te demandât de t'épouser, ta réponse serait... ?

— Non, s'écria Marthe en levant les yeux un instant ; mais rencontrant ceux de Mark qui semblaient étinceler, elle les baissa sur-le-champ, quoiqu'elle eût prononcé ce monosyllabe avec fermeté.

Mark parut un instant comme égaré ; une nouvelle idée s'empara de son esprit. Le changement qui s'opérait en lui se faisait voir par son air joyeux et la couleur de ses joues. Ceux de nos lecteurs qui ont passé quinze ans peuvent deviner ce qu'il était sur le point de dire ; mais dans ce moment on entendit la voix de ceux qui avaient accompagné Whittal au fort ruiné et qui en revenaient avec lui ; et Marthe disparut à si petit bruit, qu'il fut un instant sans s'apercevoir de son absence.

CHAPITRE XXII.

> Lorsqu'au milieu de la foule notre cœur se sent
> attristé par le bruit de la vaine joie des hommes,
> avec quel empressement nos pensées abandonnent cette froide terre, et cherchent dans l'azur
> des cieux une place d'innocence et de repos.
> BRIANT. *Les Cieux.*

C'ÉTAIT le jour du sabbat. Cette fête religieuse, qui encore aujourd'hui est célébrée dans la plupart des Etats-Unis avec plus de recueillement que dans aucun pays de la chrétienté, était alors observée avec une sévérité en harmonie avec les habitudes austères des colons. Voyager un pareil jour, cette circonstance n'avait point échappé à tout le hameau; mais comme on vit l'étranger diriger sa monture vers la demeure d'Heathcote, et que le temps était fécond en événements intéressants pour la province, on pensa qu'il trouverait une excuse suffisante dans la nécessité. Cependant aucun individu ne se hasarda à s'enquérir des motifs de cette visite extraordinaire. Au bout d'une heure on vit le cavalier repartir comme il était arrivé, et, suivant toute apparence, pressé par quelque devoir urgent. Il allait en effet porter plus loin ses communications importantes, quoique le droit de remplir cet impérieux devoir le jour du sabbat eût été gravement discuté dans le conseil de ceux qui l'avaient envoyé. Heureusement ils trouvèrent ou crurent avoir trouvé dans quelques passages des saintes Ecritures un exemple suffisant pour ordonner au messager de continuer sa route.

Peu d'instants après ce départ, le mouvement qui avait été si soudainement excité dans la demeure de Heathcote fit place de nouveau à une tranquillité plus d'accord avec le caractère sacré de ce jour. Le soleil se levait brillant et sans nuages au-dessus des montagnes. Les vapeurs de la nuit, attirées par la chaleur, se mêlaient peu à peu à l'élément invisible. La vallée reposait alors dans cette espèce de calme religieux qui parle au cœur avec tant de douceur et de puissance. Le monde présentait le tableau le plus paisible du chef-d'œuvre sorti des mains de celui qui réclame la gratitude et l'adoration de ses créatures. Pour l'homme dont l'esprit n'est point encore corrompu, il existe dans une telle scène un charme enchanteur qui semble participer de celui de Dieu lui-même. Cette tranquillité générale permettait aux sons les plus faibles d'être entendus. Le bourdonnement de l'abeille, celui de l'aile de l'oiseau, parvenaient à l'oreille comme les accents d'une action de grâces à l'auteur de l'univers. Ce repos momentané est plein d'éloquence. Il devrait enseigner combien les jouissances des beautés de ce monde, combien la paix, combien même les charmes de la nature dépendent de l'esprit qui nous fait agir. Lorsque l'homme repose, tout, autour de lui, semble jaloux de contribuer à sa tranquillité; et lorsqu'il abandonne les grossiers intérêts du monde pour élever son esprit vers son Dieu, toutes les créatures vivantes semblent s'unir à son culte. Quoique cette apparente sympathie de la nature soit peut-être moins vraie qu'imaginaire, le bien qu'on peut en retirer n'en est pas pour cela moins réel; il montre suffisamment que ce que l'homme considère comme bon dans le monde est essentiellement bon, et que la plupart de ses maux viennent de sa propre perversité.

Les habitants de la vallée de Wish-ton-Wish étaient peu disposés à troubler le repos du sabbat. Leur erreur était dans l'excès contraire, car ils faisaient consister le bien dans leurs efforts à élever l'homme au-dessus des faiblesses de la nature. Ils substituaient le triste aspect d'une austérité qu'ils croyaient sublime, à cet extérieur gracieux, quoique régulier, si bien fait pour manifester leurs espérances et leur gratitude. Les manières particulières de ceux dont nous parlons étaient produites par l'erreur des temps et du pays, bien que quelque chose de leur caractère rigide et singulier pût être le résultat de l'exemple et des préceptes de celui qui avait la direction des intérêts spirituels de la paroisse. Comme cette personne se trouve liée aux incidents de notre récit, nous allons essayer de tracer son portrait.

L'esprit du révérend Meek Wolfe[1] présentait une rare combinaison de l'abnégation la plus humble et des opinions religieuses les plus violentes. Comme la plupart de ceux qui étaient revêtus, dans la colonie, du caractère sacré, il était non seulement le des-

---

[1]. Dans les romans, comme dans les pièces de théâtre, les Américains, à l'imitation des Anglais, donnent volontiers à leurs personnages un nom significatif, qui résume le caractère que leur attribue l'auteur. Le nom de *Meek Wolfe* est assez bizarre pour être remarqué; *Meek Wolfe* signifie *doux loup*.

cendant d'une race de prêtres, mais sa plus vive espérance sur la terre était de devenir le père d'une famille dans laquelle le saint ministère se perpétuât aussi scrupuleusement que si la formule régulière des lois de Moïse eût encore existé. Il avait été élevé dans le collége d'Harward, institution que les émigrants d'Angleterre avaient eu la sagesse de fonder dans les premières vingt-cinq années de leur résidence dans la colonie. Là, ce rejeton de l'arbre orthodoxe s'était abondamment pourvu de munitions spirituelles pour les guerres tout intellectuelles de son avenir, en se pénétrant assez profondément de certaines opinions pour donner lieu de croire qu'il ne céderait jamais un pouce de terrain sur ce qu'on pouvait appeler les fortifications placées comme un rempart devant sa foi. Aucune citadelle ne présenta jamais d'obstacles plus insurmontables à l'assiégeant, que l'esprit de ce zélé aux efforts de la conviction, car l'obstination avait élevé autour de lui une muraille inexpugnable pour ses adversaires. Il paraissait croire que ses ancêtres ayant fait usage de tous les arguments raisonnables, il ne lui restait qu'à se maintenir dans son système de défense, ou à repousser de temps en temps, par une sortie, les théologiens escarmoucheurs qui pouvaient dans l'occasion s'approcher de sa paroisse. Il y avait dans ce religionnaire une remarquable simplicité d'esprit, qui rendait en quelque sorte respectable sa bigoterie même, et en même temps écartait de la charge épineuse qu'il remplissait la plupart de ses difficultés. Dans sa pensée, la voie étroite devait contenir peu de croyants après ses ouailles. Il admettait quelques exceptions dans une ou deux des paroisses les plus voisines avec les ministres desquelles il avait l'habitude de changer de chaire, et peut-être de temps en temps en faveur d'un saint de l'autre hémisphère, ou des villes et des colonies dont l'éloignement ajoutait à ses yeux à l'éclat de leur foi, comme notre globe opaque paraît un orbe de lumière à ceux qui habitent un de ses satellites. Enfin il y avait dans Meek Wolfe un mélange de charité apparente et d'égoïste espérance, d'infatigable dévouement et de froideur de manières, d'humilité profonde et de complaisant orgueil, de soumission sans murmures aux maux temporels, et de si hautes prétentions spirituelles, que ces contradictions le rendaient un homme aussi difficile à comprendre qu'à décrire.

De bonne heure, dans l'après-midi, une petite cloche suspendue à un beffroi perché singulièrement sur le toit de l'église appela la congrégation au service divin. Chacun obéit promptement à ce signal ; et, avant que les premiers sons fussent répétés par les échos des montagnes, la rue large et gazonnée fut remplie des groupes des différentes familles, tous prenant la même direction. A la tête de chacun marchait le chef de la famille, au maintien sévère. Quelquefois il portait dans ses bras un enfant au berceau ou quelque autre trop jeune encore pour se soutenir. À une distance convenable on voyait la grave matrone jetant des regards obliques et sévères sur la petite troupe qui l'entourait ; ayant, par habitude, encore quelques conquêtes à faire sur les impulsions légères de la vanité. Lorsqu'il n'y avait point d'enfants à porter, ou lorsque la mère jugeait à propos de remplir elle-même ce devoir, le mari se chargeait d'un des lourds fusils de l'époque ; et quand ses bras étaient différemment occupés, le plus vigoureux de ses fils lui servait de *porte-armure*. Dans aucune circonstance cette utile précaution n'était négligée ; l'état de la province et le caractère de l'ennemi exigeaient que cette vigilance se mêlât jusque dans les pratiques religieuses. Il n'y avait point de traînards sur la route, et l'on n'y prononçait aucune parole légère. On ne se saluait qu'en ôtant le chapeau ou par un regard grave et sérieux ; c'était tout ce que l'usage accordait à la politesse le jour du sabbat.

Lorsque la cloche changea de son, Meek parut à la porte de la maison fortifiée, où il résidait en qualité de châtelain, par égard pour son caractère public, à cause de la sûreté de ce lieu, et parce que ses habitudes studieuses lui permettaient de remplir sa charge avec moins de travaux qu'il n'en aurait coûté au village si cet office de confiance avait été donné à un homme d'habitudes plus actives. Sa compagne le suivait, mais à une distance plus grande encore que celle qu'affectaient les autres femmes, comme si elle eût éprouvé le besoin de détourner d'un homme dont la profession était si sacrée toute réflexion qui ne s'accordait pas avec la pureté de cette profession. Neuf enfants de différents âges et une servante trop jeune encore pour être mère elle-même composaient la maison du ministre. La présence de tous les paroissiens était une preuve de la salubrité de la vallée, car la maladie seule était regardée comme une excuse suffisante pour s'absenter du service divin. Au moment où cette petite troupe sortait des palissades, une femme, dont les joues pâles attestaient les effets d'une indisposition récente, tenait sa porte ouverte pour laisser entrer Reuben Ring avec un vigoureux jeune homme qui portait la féconde compagne du premier et le don généreux qu'elle venait de recevoir du ciel, dans la citadelle du village, lieu de refuge que le seul courage de cette femme l'avait empêchée d'occuper plus tôt, car plus de la moitié des enfants de la vallée avaient vu la lumière à l'abri de ses fortifications.

La famille de Meek le précéda dans le temple, et lorsque lui-même en traversa le seuil, on n'aurait pu rencontrer personne hors de ses murailles. La cloche cessa de faire entendre sa triste et monotone harmonie, et la figure grande et maigre de l'ecclésiastique traversa l'aile étroite où il prenait ordinairement son poste, avec l'air d'un homme qui a déjà rejeté à moitié le fardeau des intérêts humains. Il promena un regard morne et scrutateur autour de lui, comme s'il avait eu le pouvoir de deviner les plus secrètes pensées des assistants; et, lorsqu'il fut assis, le profond silence qui précédait toujours les exercices religieux régna dans le temple.

Lorsque le ministre montra son austère visage à ses auditeurs attentifs, on vit sur ses traits plutôt une préoccupation mondaine que cette absence de tout intérêt charnel à laquelle il s'efforçait ordinairement d'atteindre lorsqu'il s'approchait de son Créateur par la prière.

— Capitaine Content Heathcote, dit-il avec une grave sévérité, après avoir permis qu'un instant de silence éveillât le respect, un cavalier a traversé cette vallée le jour du Seigneur, et il a fait halte dans ta maison. Le voyageur avait-il une garantie contre le manque de respect au jour du sabbat, et peux-tu trouver une raison suffisante dans ses motifs pour recevoir dans ta demeure un étranger qui néglige les ordres solennels donnés sur la montagne ?

Content, qui s'était levé par respect en entendant son nom, répondit :

— Il était chargé d'une commission spéciale ; un grave intérêt pour le bien-être de la colonie est le sujet de son message.

— Il n'y a rien de plus intimement lié au bien-être de l'homme, non seulement de celui qui habite cette colonie, mais de ceux qui résident dans de plus vastes empires, que le respect à la volonté de Dieu, reprit Meek, qui n'était apaisé qu'à demi par l'excuse de Content. Il eût été sage pour celui qui non seulement donne en général un si bon exemple, mais qui, de plus, est revêtu du manteau de l'autorité, de se défier des prétextes d'une nécessité qui peut n'être qu'apparente.

— Les motifs seront déclarés devant le peuple dans un moment convenable ; mais il a semblé plus sage de garder le secret du message jusqu'au moment où le service divin serait terminé, sans y mêler des intérêts temporels.

— En cela tu as agi avec sagesse, car les prières d'un esprit préoccupé ne sont point reçues dans le ciel avec joie. J'espère que tu as également une bonne raison à alléguer pour excuser l'absence d'une des personnes de ta maison dans le temple.

Malgré l'empire que Content possédait sur lui-même, il n'entendit point cette question sans une émotion visible. Il jeta un regard rapide sur le siége vacant où celle qu'il aimait avec une si vive tendresse adorait Dieu à ses côtés : puis il répondit d'une voix dans les accents de laquelle il était facile de reconnaître les efforts qu'il faisait pour recouvrer sa tranquillité habituelle :

— De puissants intérêts ont été éveillés aujourd'hui dans ma demeure ; et il se pourrait que les devoirs du sabbat eussent été négligés par des esprits exercés cependant à la prière. Si nous avons péché, j'espère que celui qui regarde avec indulgence le pénitent nous pardonnera ! Celle dont tu parles vient d'être accablée par la violence d'anciens chagrins ; son esprit était disposé, mais son faible corps n'eût point répondu à son courage, et n'était point capable de supporter la fatigue de paraître ici, quoique ce soit la maison du Seigneur.

Cet exercice extraordinaire d'autorité pastorale ne fut pas même interrompu par la respiration des assistants. Tout incident qui sortait des habitudes générales avait de l'attrait pour les habitants d'un village si isolé ; mais il y avait encore un profond intérêt local lié à cette contravention à l'usage et même aux lois ; chaque individu était excité par ce penchant secret qui nous porte à écouter avec une singulière satisfaction les détails qu'on voudrait nous cacher. Pas une des syllabes qui sortirent des lèvres du ministre ou de celles de Content, pas un mot prononcé plus sévèrement par le premier, pas un des accents douloureux du second n'échappèrent à l'oreille la plus dure de l'assemblée. Malgré l'air grave et austère de tous les assistants, il est inutile de dire que chacun trouvait du plaisir dans cette petite interruption, qui cependant n'était point extraordinaire dans une communauté où l'on croyait non seulement que l'autorité spirituelle pouvait s'étendre jusque sur les incidents les plus familiers de l'intérieur d'un ménage, mais où peu d'intérêts domestiques semblaient assez secrets, où peu de sentiments particuliers étaient considérés comme assez sacrés, pour qu'une grande partie de tout le voisinage ne se crût pas le droit de les connaître. Le révérend M. Wolfe fut apaisé par cette explication ; et après avoir accordé un laps de temps suffisant pour permettre aux esprits de se recueillir, il commença le service régulier du matin.

Il est inutile de rapporter la manière bien connue dont les Puritains accomplissaient les exercices religieux : assez de détails ont été donnés sur ce sujet, et leur doctrine ainsi que les formes de leur culte sont également familières à la plupart de nos lecteurs. Nous nous bornerons à une relation de quelques parties de la cérémonie (si l'on peut appeler ainsi un service qui en écarte soigneusement toute apparence), et lesquelles seront intimement liées avec les incidents de notre histoire.

Le ministre avait achevé sa courte prière préparatoire, il avait lu le passage de la sainte Écriture, et prononcé les versets du psaume ; il s'était joint à cette étrange mélopée nasillarde que ses ouailles essayaient de rendre doublement agréable ; il avait terminé sa longue et fervente lutte de l'esprit, dans une espèce de colloque qui dura près de trois quarts d'heure, pendant lequel des allusions directes avaient été faites non seulement au sujet de son récent examen, mais à divers intérêts particuliers à ses paroissiens, et toutes les choses avaient été accomplies de son côté avec son zèle ordinaire, et de la part de ses auditeurs avec le grave décorum et l'attention habituelle. Mais lorsqu'il se leva pour la seconde fois, dans l'intention de lire un des cantiques d'actions de grâces, on vit passer dans le centre de l'aile principale une figure qui, par son étrange accoutrement autant que par son retard irrévérend à se rendre à l'église, attira l'attention générale. Les interruptions de cette nature étaient rares, et le ministre lui-même, bien qu'absorbé dans ses pensées religieuses, s'arrêta un instant avant d'entonner l'hymne, quoiqu'il courût un bruit parmi les plus instruits de ses paroissiens, que cette version sonore était une effusion de sa muse.

L'interrupteur n'était autre que Whittal Ring. Ce jeune idiot s'était échappé de la maison de sa sœur et avait dirigé ses pas vers le lieu du rendez-vous général, où presque tout le village était assemblé. Pendant son ancienne résidence dans la vallée, il n'avait vu aucun temple, et l'édifice, sa distribution intérieure, les visages qu'il contenait, leurs occupations, tout lui était également étranger. Ce fut seulement lorsque le peuple éleva la voix dans des cantiques de louanges, que quelques lueurs d'anciens souvenirs se montrèrent sur son visage sans expression; alors il fit éclater une partie de la joie que peuvent inspirer des sons bruyants aux êtres dont les facultés mentales sont si bornées. Néanmoins, comme il parut satisfait de rester à l'écart dans une partie solitaire de l'église, le grave enseigne Dudley lui-même, dont le regard avait plus d'une fois annoncé le mécontentement, ne vit point la nécessité de le faire sortir.

Ce jour-là Meek avait choisi pour son texte ce passage du Livre des Juges : — Et les enfants d'Israël commirent le mal devant le Seigneur, et le Seigneur les abandonna pendant sept années entre les mains de Madian. — L'esprit subtil du docteur en théologie tirait un grand parti de ce texte, se jetant à corps perdu dans toutes les allusions mystérieuses et allégoriques fort en vogue à cette époque. Sous quelque point de vue qu'il considérât le sujet il trouvait moyen de comparer les souffrances supportées par les habitants de la colonie, quoiqu'elles fussent de leur choix, à celles de la race des Hébreux. S'ils n'étaient pas prédestinés parmi tous les peuples de la terre, afin qu'un être plus puissant qu'un homme fût tiré de leur sein, ils avaient été conduits dans ce désert loin des tentations d'un monde licencieux et de la perversité de ceux qui bâtissent l'échafaudage de leur foi sur les sables des honneurs temporels, pour conserver la parole dans sa pureté.

Comme il ne parut pas que le ministre doutât de la vérité avec laquelle il avait expliqué les paroles de son texte, la plupart de ses auditeurs prêtèrent bien volontiers l'oreille à un argument aussi rassurant.

En ce qui avait rapport à Madian, les explications du prédicateur furent moins étendues. On ne pouvait douter que cette allusion n'eût jusqu'à un certain point rapport à l'auteur du mal. Mais de quelle manière les habitants choisis de ces régions devaient-ils ressentir sa maligne influence? cela était un peu plus incertain. Quelquefois l'imagination exaltée de ceux qui avaient nourri la conviction que les manifestations visibles de la colère ou de l'amour de la Providence se présentaient journellement à leurs yeux, était flattée de l'étrange espérance que la guerre, qui répandait alors ses horreurs autour d'eux, était calculée pour mettre leur armure morale à l'épreuve, et que de leurs triomphes et de leurs victoires naîtraient l'honneur et la puissance de l'Église. Vinrent ensuite des qualifications ambiguës qui laissaient à décider si le retour des puissances invisibles, qui avaient eu tant d'occupation dans les provinces, n'était pas le jugement annoncé. Il n'est pas à supposer que Meek lui-même comprît parfaitement toutes ces subtilités, car il y avait quelque méprise grossière dans la manière dont il traitait son sujet, comme on le verra par les mots qui terminèrent son discours.

— S'imaginer, dit-il, qu'Azazel contemple d'un œil satisfait les longues souffrances et la constance du peuple choisi, c'est croire que la moelle de la justice peut exister dans la corruption du mensonge. Nous avons déjà vu son esprit envieux et sa rage s'exercer dans plus d'une circonstance tragique. Si nos yeux ont besoin d'un témoignage qui nous annonce la présence de ce perfide ennemi, je dirai, en empruntant les paroles d'un homme savant et ingénieux à deviner ses ruses, que lorsqu'une personne ayant toute sa raison cherche en connaissance de cause et volontairement à obtenir du démon ou de quelque autre dieu qui n'est pas le vrai Dieu Jehovah, la science de faire ou de connaître des choses surnaturelles auxquelles elle ne peut parvenir par aucun moyen humain, elle peut alors se défier de ses dons et trembler pour son âme. O mes frères, combien d'entre vous en ce moment penchent vers ces illusions fatales et adorent les vanités du monde au lieu de se nourrir de la famine du désert[1], qui est la subsistance de ceux qui veulent vivre à jamais ? Levez vos yeux vers le ciel, mes frères...

— Tournez-les plutôt vers la terre, interrompit de l'intérieur de l'église une voix dont les accents étaient sonores et remplis d'autorité. Toutes vos facultés vont vous être nécessaires pour sauver votre vie, et même pour garder les tabernacles du Seigneur !

Les exercices religieux composaient les récréations des planteurs de cet établissement éloigné. Lorsqu'ils se réunissaient en société pour alléger le fardeau de la vie, la prière et des cantiques de louanges étaient les amusements les plus ordinaires de ces réunions. Pour eux un sermon était un spectacle dans une autre communauté plus mondaine, et personne n'écoutait la parole

---

[1]. Il y a dans le texte *famine*; il faudrait peut-être lire *manne*.

divine d'une oreille froide et préoccupée. Pour obéir littéralement aux ordres du prédicateur, les yeux de chaque individu de la congrégation s'étaient élevés vers les soliveaux bruts de la voûte, lorsque la voix inconnue se fit entendre, et détruisit toute l'illusion. Par un mouvement général chacun sembla demander l'explication d'un appel aussi extraordinaire. Le ministre devint muet de surprise et d'indignation. Un seul regard fut suffisant pour prouver que d'importantes nouvelles allaient être communiquées. Un étranger d'un aspect austère, dont le regard était calme et rempli d'intelligence, était debout à côté de Whittal Ring. Son costume, composé des rustiques tissus du pays, avait la simplicité de ceux des colons. Il portait cependant sur sa personne l'équipage d'un homme familier avec les guerres de l'ancien hémisphère. Sa main était armée d'une épée large et brillante, semblable à celles que portaient les cavaliers d'Angleterre, et sur son épaule était suspendue la courte carabine d'un homme habitué à combattre à cheval. Ses manières étaient remplies de dignité, elles annonçaient qu'il était fait au commandement. Un premier coup d'œil suffit pour prouver que ce nouvel interrupteur était d'un caractère bien différent de celui du malheureux idiot qu'on voyait à ses côtés.

— Pourquoi un inconnu vient-il troubler le service du temple? demanda Meek lorsque l'étonnement lui permit de parler. Trois fois le jour saint a été profané par le pied de l'étranger; et nous pouvons douter si nous ne sommes pas sous l'influence du malin esprit.

— Aux armes! hommes de Wish-ton-Wish; aux armes; courez à vos fortifications!....

Un cri s'éleva du dehors, il sembla entourer la vallée tout entière; puis d'innombrables hurlements percèrent les vastes arcades de la forêt, comme pour se joindre à cette menace de destruction sur le hameau dévoué. Ces cris avaient été trop souvent entendus ou trop souvent décrits pour n'être pas compris au même instant. Une scène de confusion leur succéda.

Chaque homme, en entrant dans l'église, avait déposé ses armes à la porte, et chacun se précipita au même endroit pour les reprendre. Les femmes rassemblèrent autour d'elles leurs enfants, et les lamentations d'horreur, les larmes, commençaient à l'emporter sur l'empire de l'habitude.

— Silence! s'écria le pasteur dans un degré d'exaltation qui surpassait toute émotion humaine ; avant de marcher à l'ennemi, qu'une voix s'élève vers notre père qui est au ciel. Cette demande vaudra un millier d'hommes combattant en notre faveur !

Le désordre cessa aussi subitement que si l'ordre était descendu du lieu vers lequel s'adressent les prières. L'étranger lui-même, qui avait regardé ces préparatifs d'un œil sombre et avec anxiété, courba la tête et sembla se joindre à la prière avec un cœur pieux et confiant.

— Seigneur ! dit Meek en étendant ses bras maigres et posant ses mains ouvertes au-dessus de la tête de son troupeau spirituel, par ton ordre nous allons à l'ennemi. Avec ton secours, les portes de l'enfer ne prévaudront jamais contre nous ; avec ta miséricorde il y a de l'espoir dans le ciel et sur la terre. C'est pour ton tabernacle que nous répandons notre sang ; c'est pour ta parole que nous combattons : prends notre défense. Roi des rois ! envoie tes légions célestes à notre secours, afin que les chants de la victoire soient un encens sur ton autel et portent la consternation aux oreilles de l'ennemi. *Amen.*

Il y avait quelque chose de si profond dans la voix de l'orateur, un calme si surnaturel, et une telle confiance dans le secours de l'allié qu'il implorait, que ses paroles parvinrent jusqu'au cœur de chaque assistant. La nature était puissante chez ce peuple, mais l'enthousiasme l'élevait en ce moment au-dessus de son influence. Ainsi excités par un appel à des sentiments qui ne s'étaient jamais endormis, et stimulés par les intérêts les plus chers, les hommes de la vallée s'élancèrent hors du temple pour défendre leurs personnes, leurs demeures, et, suivant leur opinion, leur religion et leur Dieu.

Il y avait une nécessité pressante qui exigeait non seulement ce zèle, mais toute l'énergie physique des plus vigoureux planteurs. Le spectacle qui frappa leur vue lorsqu'ils sortirent du temple eût été capable de décourager des guerriers plus habiles, ou de paralyser les efforts d'hommes moins susceptibles d'exaltation religieuse.

Des figures noirâtres sautaient à travers les champs sur les flancs des montagnes ; et dans tous les sentiers qui conduisent à la vallée, on voyait des sauvages armés s'avançant témérairement, et ne respirant que la destruction et la vengeance. Derrière eux le feu et le couteau laissaient déjà des traces, car les fermes construites de troncs d'arbres, les provisions de bois et les bâtiments extérieurs de Reuben Ring et de ceux qui habitaient sur les confins de l'établissement, envoyaient des nuages d'une fumée noire au milieu desquels s'élevait déjà la flamme dévastatrice. Mais le danger était encore plus voisin : une ligne de féroces guerriers se prolongeait jusque dans les prairies, et l'œil ne rencontrait de tout côté que la preuve effrayante de la supériorité du nombre des sauvages qui entouraient la vallée.

— A la garnison! crièrent quelques uns de ceux qui virent les premiers la nature et l'imminence du danger, et se précipitant dans la direction de la maison fortifiée ; — à la garnison, où nous sommes perdus!

— Arrêtez! s'écria la voix qui était étrangère aux oreilles de la plupart de ceux qui l'entendaient, mais qui par son calme et un ton d'autorité commandait l'obéissance, si ce désordre continue, nous serons réellement perdus. Laissez le capitaine Heathcote parvenir jusqu'à moi.

Malgré le tumulte et la confusion qui croissaient autour de lui, le paisible Content, auquel appartenait peut-être légalement et moralement le droit de commander, n'avait perdu en aucune manière sa tranquillité habituelle. Il était évident, par la surprise avec laquelle il avait d'abord regardé l'étranger lors de sa soudaine interruption du service, et par les regards d'intelligence secrète qu'ils échangèrent, qu'ils s'étaient déjà rencontrés ; mais ce n'était pas le temps des reconnaissances et des explications ; les moments étaient trop précieux pour les perdre dans d'inutiles disputes d'opinions.

— Je suis ici, répondit Content à l'appel de l'étranger, prêt à suivre le chef dont la prudence et l'expérience montreront le chemin.

— Parle au peuple, et sépare les combattants en trois corps d'égale force. Le premier se dirigera vers les prairies pour faire reculer les sauvages avant qu'ils parviennent à entourer la maison fortifiée ; le second protégera la fuite des femmes jusque sous son abri, et le troisième... mais tu sais ce que je voudrais faire du troisième. Hâte-toi, ou nous nous perdrons par trop de lenteur.

Il était peut-être heureux que des ordres si urgents et si nécessaires fussent donnés à un homme aussi peu habitué que Content à un luxe de paroles. Sans offrir ni louange ni critique, Content obéit. Accoutumés à suivre son exemple, et convaincus de la situation critique de tout ce qui leur était cher, les hommes du village montrèrent une soumission plus prompte et plus efficace qu'on n'en rencontre ordinairement dans des soldats auxquels les habitudes de la discipline ne sont pas familières. Les combattants se séparèrent aussitôt en trois corps composés chacun d'un peu plus de vingt hommes. L'un d'eux, commandé par Eben Dudley, s'avança d'un pas rapide vers les prairies, sur les derrières de la forteresse, afin de repousser le corps hurlant de sauvages qui menaçait déjà de couper la retraite des femmes et des enfants; un autre prit une direction presque opposée, traversant la rue du hameau, dans le dessein d'arrêter la marche de ceux qui s'avançaient par l'entrée méridionale de la vallée; le troisième et dernier, aussi dévoué que les deux autres, resta stationnaire en attendant des ordres définitifs.

Au moment où la première de ces petites divisions fut prête à se mettre en marche, le ministre parut à sa tête; on voyait sur son visage une grande confiance spirituelle dans les desseins de la Providence, singulièrement mêlée à quelque ostentation de courage temporel. D'une main il portait la Bible, qu'il élevait comme l'étendard sacré de sa troupe, de l'autre il brandissait une courte et large épée, de manière à prouver qu'il ne serait pas sans danger de rencontrer sa lame. Le volume était ouvert, et par intervalles le ministre lisait d'une voix haute les passages qui frappaient accidentellement ses yeux; les feuilles volaient avec une rapidité qui produisait un remarquable mélange de doctrines et de sensations; mais à ces légères incongruités morales le pasteur et ses paroissiens étaient également indifférents, leurs exercices spirituels et subtils ayant donné à leur esprit une grande tendance à concilier ensemble les choses contradictoires, aussi bien qu'à rapporter les doctrines les plus obscures aux plus simples intérêts de la vie.

— Les Israélites et les Philistins s'étaient mis en bataille armée contre armée, dit Meek au moment où la troupe qu'il commandait commençait à avancer. Puis lisant de nouveau après un court intervalle, il continua : — Ecoutez, je vais faire une chose dans Israël au récit de laquelle les deux oreilles de ceux qui m'écoutent seront ébranlées... — O maison d'Aaron ! mets ta confiance dans le Seigneur, il est ton secours et ton bouclier. — Délivrez-moi, ô Seigneur ! de l'homme méchant; préservez-moi de l'homme violent. — Que des charbons ardents tombent sur eux; qu'ils soient jetés dans les flammes, dans les profondeurs de la terre, afin qu'ils ne se relèvent plus. — Que le méchant tombe dans ses propres filets, tandis que moi j'échapperai de leurs mains... — Aussi mon père m'aime-t-il, parce que je sacrifie ma vie afin de la reprendre de nouveau. — Celui qui me hait, hait aussi mon père... — Mon père, pardonne-leur, parce qu'ils ne savent ce qu'ils font. — Ils ont entendu ce qui a été dit, on exigera œil pour œil, dent pour dent... — Car Josué ne baissa plus le bras avec lequel il soutenait la lance, jusqu'à ce qu'il eût entièrement détruit tous les habitants... — Jusque-là les paroles de Meek avaient été intelligibles pour ceux qui étaient restés; mais la distance confondit bientôt les syllabes, et l'on n'entendit plus que les cris de l'ennemi, le pas rapide des hommes qui suivaient le prêtre avec une pompe militaire aussi formidable que leurs faibles moyens pouvaient le leur permettre, et les sons clairs et élevés du ministre qui résonnaient aux oreilles de ses soldats, et pénétraient leur cœur d'une ardeur guerrière, comme eussent pu le faire les sons de la trompette. Quelques minutes plus tard la petite bande fut cachée à la vue par les buissons des champs, et le bruit des armes à feu succéda à celui de leur marche.

Tandis que ce mouvement s'exécutait en avant, le corps qui avait reçu l'ordre de protéger le village ne resta pas oisif. Commandé par un robuste laboureur qui remplissait les fonctions de lieutenant, il avançait avec moins de parade religieuse, mais non moins d'activité, dans la direction du midi; et l'on entendit bientôt un tumulte qui proclamait l'urgence du danger et la chaleur de l'action qui venait de s'engager.

Pendant ce temps, ceux qui étaient restés devant l'église montraient une activité égale, quoique tempérée par quelques circonstances importantes pour l'intérêt général. Aussitôt que la troupe de Meek fut parvenue à une distance assez grande pour inspirer de la sécurité, l'étranger ordonna que les enfants fussent conduits à la maison fortifiée. Ce devoir fut accompli par les mères tremblantes, auxquelles on avait persuadé avec assez de difficulté d'attendre jusqu'à ce que des têtes plus froides eussent choisi le moment du départ.

Quelques femmes s'étaient dispersées au milieu des bâtiments pour chercher les infirmes, tandis que tous les garçons d'un âge convenable étaient occupés à transporter des objets indispensables du village dans l'intérieur des palissades. Comme ces différents mouvements furent simultanés, peu de temps s'écoula entre le moment où les ordres furent donnés et celui où ils furent accomplis.

— J'aurais désiré que tu conduisisses la troupe qui s'est dirigée vers les prairies, dit l'étranger à Content, lorsqu'il n'y eut plus à faire que ce qui avait été réservé au dernier corps des combattants. Mais, comme on se comporte bravement de ce côté, nous irons de compagnie. — Pourquoi cette jeune fille est-elle restée?

— En vérité, je n'en sais rien, à moins que ce ne soit la crainte qui arrête ses pas. — Il y a une porte ouverte pour ton entrée dans le fort, Marthe, avec les autres personnes de ton sexe.

— Je suivrai les combattants qui sont sur le point de marcher au secours de ceux qui sont restés dans notre habitation, dit la jeune fille d'une voix basse, mais calme.

— Et comment sais-tu que telle est la pensée de ceux qui sont arrêtés ici? demanda l'étranger, un peu mécontent que le secret de ses opérations militaires eût été deviné.

— Je le vois dans l'expression de ceux qui restent, dit la jeune fille en jetant un regard furtif sur Mark, qui, placé dans une des lignes, supportait avec impatience un délai qui menaçait d'un aussi grand péril la maison de son père et ceux qui y étaient enfermés.

— En avant! cria l'étranger. Nous n'avons plus le temps de discuter. Que les filles prennent conseil de la sagesse, et se hâtent de retourner dans le fort. Suivez-moi, hommes fermes de cœur, car nous arriverions trop tard au secours.

Marthe attendit que la troupe eût fait quelques pas; puis, au lieu d'obéir à l'ordre répété de songer à sa sécurité personnelle, elle suivit les combattants.

— Je crains que nos forces ne soient pas assez supérieures, observa l'étranger, qui marchait à la tête de la troupe, à côté de Content, pour défendre la maison à une si grande distance de tout secours.

— Et cependant il sera sanglant le combat qui nous enlèvera une seconde fois notre abri. De quelle manière as-tu eu connaissance de cette invasion?

— Les sauvages se croyaient cachés dans leur lieu d'observation, où tu sais que mon œil eut l'occasion de surveiller leurs artifices. Il y a une providence dans nos moindres calculs; une captivité de longues et pénibles années a sa récompense dans cet avertissement.

Content parut partager cette opinion; mais la situation des affaires empêcha cette confidence de devenir plus précise.

En approchant de la demeure des Heathcote, ils purent observer avec plus de facilité la situation des choses dans l'intérieur et dans les environs de la maison. La position du bâtiment eût rendu, de la part de ceux qui y étaient enfermés, toute tentative de gagner le fort avant l'arrivée du secours aussi dangereuse qu'impraticable; car les prairies qui les séparaient étaient déjà couvertes de féroces guerriers ennemis. Mais il était certain que le Puritain, que ses infirmités retenaient dans l'intérieur de la maison, n'avait point conçu un tel dessein; on s'aperçut bientôt que les personnes de l'habitation fermaient et barricadaient les fenêtres, et qu'on préparait tous les moyens de défense. L'anxiété de Content, qui savait que la maison ne renfermait que son père, sa femme et une servante, se faisait sentir à son cœur comme une angoisse pénible, lorsque la troupe qu'il commandait s'approcha à une distance à peu près égale à celle d'une bande de sauvages qui arrivaient diagonalement de l'autre côté. Il voyait les efforts de ceux qui lui étaient si chers, et qui employaient tous les moyens en leur pouvoir pour repousser le danger qui les menaçait. Les mains de Ruth lui semblaient avoir perdu leur force, et l'effroi, joint à la précipitation, rendit plus d'une fois ses efforts inutiles.

— Il faut attaquer et charger les sauvages, ou leur arrivée sera plus prompte que la nôtre, dit Content, dont la respiration agitée rendait les paroles presque inintelligibles. Vois! ils entrent dans le verger; encore un instant, et ils seront maîtres de l'habitation !

Mais son compagnon marchait d'un pas plus ferme et voyait d'un œil plus calme. Il y avait dans son regard l'intelligence d'un guerrier vivant au milieu de semblables scènes, et dans son maintien l'assurance d'un homme habitué à commander.

— Ne crains pas, répondit-il; le vieux Mark Heathcote n'a point encore oublié son art; il sait encore comment résister à une première attaque. Si nous rompons nos rangs, la supériorité que donne l'accord sera perdue; étant peu nombreux, la défaite sera certaine. Il est inutile de te dire, capitaine Heathcote, que celui qui te donne ce conseil a combattu les sauvages avant ce jour.

— Je le sais; mais ne vois-tu pas ma chère Ruth travaillant

en vain à fermer le volet de cette chambre; elle se fera tuer en s'exposant ainsi... Tiens, écoute, voilà une décharge de l'ennemi!

— Non; c'est celui qui conduisait ma troupe dans une guerre bien différente! s'écria l'étranger, dont la taille se redressa, et dont les sombres traits exprimèrent quelque chose du plaisir qui anime les regards du soldat lorsque des sons semblables se font entendre à ses oreilles; c'est le vieux Mark Heathcote, fidèle à sa race et à son nom! Il a déchargé sa couleuvrine sur les coquins! Regarde, ils se disposent déjà à abandonner celui qui leur répond si hardiment, et se répandent sur la gauche à travers les haies, afin que nous puissions tâter de leurs personnes. Maintenant, courageux Anglais, dont le cœur est aussi ferme que le bras, vous connaissez votre devoir, et vous ne manquerez pas d'exemples! Vos femmes et vos enfants sont près d'ici, contemplant vos actions; et il y a au-dessus de vous un Être qui vous tiendra compte de la manière dont vous servirez sa cause! Voici un chemin ouvert à votre bravoure. Renversez les Cannibales par la main de la mort! En avant! en avant! A l'attaque! à la victoire!

CHAPITRE XXIII.

> HECTOR. Est-ce là Achille?
> ACHILLE. Je suis Achille.
> HECTOR. Tenez-vous droit, je vous prie, que je vous regarde.
> SHAKSPEARE. *Troilus et Cressida.*

Il devient nécessaire de jeter un rapide coup d'œil sur la situation du combat général qui commençait dans les différentes parties de la vallée. La troupe conduite par Dudley et exhortée par Meek avait rompu ses rangs en atteignant les prairies derrière le fort, et, cherchant l'abri des haies et des troncs d'arbres, elle avait fait feu avec succès sur les bandes irrégulières répandues dans les champs. Cette attaque changea promptement le plan des sauvages; ils cherchèrent des abris à leur tour, et le combat prit ce caractère irrégulier mais dangereux dans lequel la bravoure et les ressources individuelles sont mises à une sévère épreuve.

Le succès parut indécis ; les blancs, pendant un moment, augmentèrent la distance qui se trouvait entre eux et leurs amis dans le bâtiment ; et dans un autre, ils reculèrent comme s'ils étaient disposés à se réfugier à l'abri des palissades. Quoique la supériorité du nombre fût en faveur des Indiens, les armes et l'adresse favorisaient la cause de leurs adversaires. Le plus ardent désir des premiers était d'attaquer la petite bande qui s'opposait à leur entrée dans le village, où ils pouvaient apercevoir la scène tumultueuse que nous avons décrite ; spectacle peu capable de calmer leur ardeur furieuse dans l'attaque. Mais la prudence avec laquelle Dudley dirigeait le combat rendait cette tentative hasardeuse.

Quelque épaisse qu'ait pu paraître l'intelligence de l'enseigne en toute autre occasion, les circonstances présentes étaient de nature à mettre au jour ses plus belles et ses plus solides qualités. Vigoureux et d'une stature élevée, il sentait en lui-même, au milieu des combats, une confiance proportionnée à la force physique qu'il y déployait. A ce courage téméraire était jointe une assez forte dose de cet enthousiasme qui peut être éveillé dans les esprits les plus lourds, et qui, semblable à la colère d'un homme ordinairement paisible, est d'autant plus formidable qu'il est plus opposé à leurs habitudes. Cette rencontre n'était certes pas le premier exploit guerrier de l'enseigne Dudley. Outre l'affaire malheureuse qui a été décrite dans cette histoire, il avait fait partie de diverses expéditions contre les aborigènes, et dans toutes les occasions il avait fait preuve d'une tête froide et d'un esprit résolu.

Ces deux qualités essentielles étaient éminemment nécessaires dans la situation où se trouvait l'enseigne. En étendant convenablement ses forces et les tenant en même temps à portée de se secourir promptement, en imitant la prudence de son ennemi dans le choix des abris, et en réservant une partie de son feu à travers la ligne rompue, mais toujours en ordre, il fit enfin reculer les sauvages de tronc d'arbre en tronc d'arbre, de barrière en barrière, de colline en colline, jusqu'à l'entrée de la forêt. L'habitant expérimenté des frontières vit qu'il ne pourrait pas les suivre plus loin ; plusieurs de ses gens étaient blessés et s'affaiblissaient par la perte de leur sang. La protection des arbres donnait à l'ennemi un trop grand avantage pour entreprendre de forcer sa position ; et la destruction des blancs eût été la conséquence inévitable d'un combat corps à corps qui eût suivi une attaque. Dans cette position, Dudley commença à jeter des regards incertains autour de lui ; il vit qu'il ne pourrait espérer de secours, et s'aperçut aussi avec chagrin que beaucoup de femmes et d'enfants étaient encore occupés à transporter les meubles nécessaires du village dans le fort ; reculant vers un point où se trouvaient de plus sûrs abris, et à une distance qui diminuait le danger des flèches, armes ordinaires des deux tiers de l'ennemi, il attendit en silence le moment convenable à sa retraite.

Pendant que la troupe de Dudley prenait ce repos forcé, un cri féroce retentit dans la forêt ; c'était une exclamation de plaisir ; on eût dit que les habitants des bois étaient animés d'une joie soudaine et générale. Les combattants regardèrent autour d'eux avec inquiétude, mais ne voyant aucun signe d'hésitation dans le maintien calme de leur chef, chaque homme se tint tranquille dans sa retraite, attendant quelque nouvelle manifestation des desseins de leurs ennemis. Avant qu'une minute se fut écoulée, deux guerriers parurent aux bords de la forêt ; ils semblaient contempler les différentes scènes qui avaient lieu dans la vallée. Plus d'un mousquet se leva pour les coucher en joue ; mais un signe de Dudley prévint une tentative qui eût été probablement sans succès, la vigilance de l'Indien de l'Amérique du Nord ne sommeillant jamais.

Il y avait néanmoins dans l'air et le port des deux Indiens quelque chose qui produisit en partie la défense de Dudley. C'étaient deux chefs, suivant toute apparence, et plus respectés encore qu'ils ne le sont ordinairement ; ils étaient d'une haute taille, comme il est ordinaire parmi les chefs guerriers des Indiens. A la distance où ils étaient aperçus, l'un paraissait avoir atteint le milieu de la vie, tandis que l'autre avait le pas plus léger et les mouvements plus flexibles de la jeunesse. Tous les deux étaient bien armés, et, suivant l'usage des hommes de leur race qui sont sur le sentier de la guerre, ils étaient seulement revêtus de l'étroite ceinture et des brodequins. Ces légers vêtements étaient écarlate chez le premier, et chez le second ils étaient riches de franges et des brillantes couleurs des ornements indiens. Le plus âgé portait autour de sa tête un *wampum*[1] en forme de turban. Le plus jeune avait la tête rasée, sur laquelle on ne voyait que la mèche chevaleresque et habituelle des sauvages.

1. Bandeau de coquillages, qui sert aussi de monnaie. Voyez les notes des *Pionniers* et des *Mohicans*.

Cette consultation, comme la plupart des événements que nous venons de décrire, se passa en quelques minutes. Le plus âgé des chefs donna des ordres. L'esprit de Dudley s'occupait avec anxiété de les deviner lorsque les deux Indiens disparurent ensemble. L'enseigne se serait livré à des conjectures vagues si la rapide exécution des ordres qu'avait reçus le jeune Indien ne l'eût pas aussitôt tiré d'incertitude. Un second cri attira son attention vers la droite ; et lorsqu'il essaya de renforcer sa position en appelant trois ou quatre de ses meilleurs tireurs pour se placer à une des extrémités de sa petite ligne, il aperçut le jeune chef bondissant à travers la prairie et conduisant une bande de ses bruyants compagnons vers les abris qui commandaient l'extrémité opposée. Enfin la position de Dudley était complètement tournée, et les troncs d'arbres ainsi que les angles des haies qui cachaient ses gens allaient leur devenir inutiles. Ce danger demandait une prompte décision. Rassemblant ses soldats avant que l'ennemi eût eu le temps de profiter de son avantage, l'enseigne ordonna une prompte retraite vers le fort. Il fut favorisé dans ce mouvement par la disposition du terrain, circonstance qui ne lui avait point échappé, et bientôt la petite troupe se trouva en sûreté, protégée par le feu des palissades, qui arrêta immédiatement la poursuite de l'ennemi. Les blessés, après une halte qui n'était faite que pour prouver leur inébranlable détermination, entrèrent dans le fort pour y chercher des secours, et la troupe de Dudley se trouva réduite de près de moitié. Malgré cette diminution de forces, il dirigea aussitôt son attention vers ceux qui combattaient à l'autre extrémité du village.

Nous avons déjà fait allusion à la manière dont les maisons étaient bâties les unes près des autres dans les nouveaux établissements des colonies. Pour ajouter au motif raisonnable qui a donné lieu à cette manière incommode de bâtir dans les neuf dixièmes de l'Europe, les colons avaient trouvé un devoir religieux dans cette habitude qui détruisait tout effet pittoresque. Un des préceptes des Puritains disait : « Aucun homme ne bâtira sa maison au-delà d'un demi-mille de distance, ou tout au plus à un mille de l'église de la congrégation, où les fidèles se rassemblent pour servir le Seigneur. Le soutien de la foi est dans la communauté de l'Église. » C'était la raison alléguée pour cette loi arbitraire ; mais il est probable que le besoin de se soutenir contre un danger d'un caractère plus temporel était un autre motif.

Ceux qui se trouvaient dans l'intérieur du fort pensaient que les masses enflammées qu'ils apercevaient çà et là dans les défrichements sur les montagnes, devaient leur destruction à leur mépris de cette protection qui était accordée à ceux qui se reposaient avec la plus grande confiance, même dans les transactions temporelles, sur la toute-puissance de la Providence. De ce nombre était Reuben Ring, qui se soumettait à la perte de son habitation comme à un châtiment mérité pour la vanité qui l'avait tenté d'élever une maison sur les limites les plus éloignées de la distance prescrite.

Au moment où Dudley opérait sa retraite, ce vigoureux cultivateur était à la fenêtre de la chambre où sa compagne et les nouveau-nés reposaient en sûreté; car dans ce moment de trouble le mari remplissait le double devoir de sentinelle et de garde-malade. Il venait de décharger son fusil sur l'ennemi, qui harcelait de trop près la retraite de Dudley, et il pensait avec raison qu'il ne l'avait pas fait sans succès. Comme il rechargeait son arme, il jeta un triste regard sur la fumée qui s'élevait du lieu où naguère son humble mais commode habitation était placée.

— Je crains, Abondance, dit-il en secouant la tête et en laissant échapper un soupir, qu'il n'y ait eu erreur dans l'arpentage entre l'église et le défrichement. Quelques pressentiments sur l'équité d'étendre la chaîne au-delà des cavités me poursuivirent à cette époque. Mais la jolie colline où la maison était placée était si saine, si commode, que si c'était un péché, j'espère qu'il est pardonné : la plus petite de ses solives est déjà réduite en cendres par le feu!

— Soulève-moi, mon mari, reprit Abondance avec une voix faible, naturelle à sa position; soulève-moi, que je puisse contempler la place où nos enfants ont vu la lumière.

Sa demande fut accomplie; et pendant un instant cette femme regarda avec un muet chagrin les ruines de sa demeure commode. Alors un nouveau hurlement retentit dans les airs; elle frémit, et tourna ses regards maternels sur les êtres innocents qui sommeillaient à son côté.

— Ton frère vient d'être rejeté par les païens jusqu'au pied des palissades, dit Reuben Ring après avoir pendant un moment regardé sa compagne avec tendresse; la plupart de ses gens sont blessés, et sa force est diminuée de moitié.

Un silence court, mais éloquent, succéda à ses paroles. La

femme leva vers le ciel ses yeux remplis de larmes ; elle étendit ses mains décolorées, et répondit :

— Je sais ce que tu voudrais faire.., il n'est pas convenable que le sergent Ring s'attendrisse auprès d'une femme lorsque l'ennemi est dans les champs voisins de nos demeures ! Va remplir ton devoir, et fais avec le courage d'un homme ce qui doit être fait ! Cependant je voudrais que tu n'oubliasses pas combien il y a d'êtres qui n'ont d'autre appui que dans l'existence de leur père.

Le planteur jeta un regard autour de lui pour ne pas déroger à l'usage modeste des Puritains, et s'apercevant que la fille qui entrait accidentellement dans la chambre ne s'y trouvait point, il s'arrêta et posa ses lèvres sur la joue de sa femme, regarda ses enfants avec tendresse ; et plaçant son fusil sur son épaule, il descendit dans la cour.

Reuben Ring rejoignit la troupe de Dudley au moment où ce dernier venait de donner l'ordre de marcher au secours de ceux qui défendaient toujours vaillamment l'entrée méridionale du village ; tous les objets de nécessité n'étaient point encore transportés dans la forteresse, et il était de la dernière importance de protéger le hameau. Néanmoins cette tâche n'était pas aussi difficile que les forces des Indiens auraient pu d'abord le faire croire. Les maisons, les barrières et les bâtiments extérieurs eux-mêmes étaient autant d'ouvrages fortifiés, et il était évident que les assaillants agissaient avec une prudence et un accord qui annonçaient la présence d'un commandant plus habile que ne le sont ordinairement les sauvages.

La tâche de Dudley ne fut pas aussi pénible que celle qu'il avait déjà remplie ; les ennemis avaient cessé d'inquiéter sa marche, préférant surveiller les mouvements de ceux qui défendaient la maison fortifiée, dont ils ignoraient le nombre et dont ils craignaient les attaques. Aussitôt que le renfort atteignit le lieutenant qui défendait le village, ce dernier commanda la charge, et ses gens avancèrent en poussant de grandes clameurs. Quelques uns chantaient des chansons spirituelles, d'autres élevaient leurs voix dans la prière, tandis qu'un petit nombre profitaient de leurs droits et faisaient usage d'un moyen au moins aussi efficace, en poussant des cris aussi effrayants que possible. Etant soutenu par des décharges de mousqueterie bien dirigées, cet effort fut récompensé par le succès. L'ennemi prit la fuite, laissant momentanément ce côté de la vallée à l'abri de tout danger.

Poursuivre les sauvages eût été une faute. Après avoir placé quelques sentinelles dans des positions sûres et secrètes parmi les maisons, la troupe revint sur ses pas, dans l'intention de couper les communications de ceux qui étaient toujours en possession des prairies près de la garnison. Néanmoins leurs désirs ne furent point remplis. Aussitôt que les Indiens se virent repoussés, ils cédèrent; et lorsque les blancs retournèrent à leurs fortifications, ils furent suivis par les sauvages, de manière à prouver qu'un nouveau mouvement les exposerait à une attaque sérieuse. Dans cette position, ceux qui étaient dans le fort et ceux qui se trouvaient aux environs furent obligés d'êtres spectateurs inutiles de la scène qui se passait autour d'Heathcote-House : c'était le nom qu'on donnait ordinairement à la demeure du vieux Mark.

Le bâtiment fortifié, dont la situation était bien choisie, avait été élevé pour la protection du village et de ses habitants; mais il ne pouvait offrir aucun secours à ceux qui habitaient hors de la portée du mousquet. La seule pièce d'artillerie appartenant à l'établissement était la couleuvrine que le Puritain venait de décharger et qui servait alors à arrêter la marche de l'ennemi. Mais les exclamations de l'étranger et son appel à la bravoure des colons, proclamaient suffisamment que l'attaque avait été détournée de la maison, et qu'un combat sanglant allait avoir lieu.

Le terrain autour de Heathcote-House forçait les combattants à s'approcher les uns des autres et rendait la lutte plus dangereuse que sur le point où les diverses escarmouches avaient déjà eu lieu. Le temps avait fait croître les arbres du verger ; les enclos et les bâtiments extérieurs étaient plus multipliés et plus solides autour d'une demeure où tout annonçait l'aisance. Ce fut dans un des vergers que les deux partis ennemis se rencontrèrent et en vinrent à ces résultats prévus par l'étranger.

Content, ainsi que Dudley, divisa sa troupe, et il fit feu avec cette même prudence pratiquée par l'enseigne. Le succès couronna la discipline militaire : les blancs firent reculer graduellement leurs ennemis. On vit un instant la possibilité de les forcer à se replier sur leurs derrières dans un terrain découvert, avantage qui eût valu une victoire ; mais cette flatteuse espérance ne dura qu'un instant. Un cri effrayant se fit entendre derrière la bande, sautant, hurlant, et qu'on voyait encore se glissant à travers la fumée, telle que de sombres spectres occupés à leurs conjurations infernales. Alors un chef dont la tête était entourée d'une sorte de turban, et dont la stature était haute et la voix formidable, s'avança. La ligne qui reculait s'arrêta, et reçut une nouvelle impulsion, les hurlements redoublèrent. On vit un autre guerrier, brandissant un tomahawk, sur un des flancs de la phalange, qui s'élança plus serrée sur les blancs, comme un torrent débordé qui porte la désolation sur son passage et menace de tout renverser.

— Formez un carré! s'écria l'inconnu, méprisant dans un semblable moment l'abri où il était à couvert et le soin de sa vie ; formez un carré, chrétiens, et soyez fermes!

Cet ordre fut répété par Content, et passa de bouche en bouche ; mais avant que ceux qui étaient sur les flancs pussent atteindre le centre, le choc avait eu lieu. Tout ordre étant rompu, on combattit corps à corps. Un parti se battait fièrement pour la victoire, l'autre pour échapper à la mort. Après la première décharge de mousqueterie et le sifflement des flèches, on fit usage du couteau et de la hache. Les blancs y ripostèrent par les coups pesants de la crosse de fusil et les efforts de mains vigoureuses qui s'attachaient à leur proie avec la force convulsive du désespoir. Des monceaux de morts s'entassaient les uns sur les autres ; et lorsque le vainqueur se relevait en repoussant ceux qui expiraient autour de lui, son œil triste se reposait à la fois sur un ami et sur un ennemi. Le verger retentissait des hurlements des Indiens, mais les colons combattaient dans un muet désespoir ; leur sombre courage ne les abandonnait qu'avec la vie ; et il arriva plus d'une fois, dans ce jour fatal, que le gage sanglant du trophée indien fut élevé en triomphe devant les yeux de la malheureuse victime sur la tête de laquelle il avait été arraché.

Au milieu de cette scène effrayante de carnage et de cruauté, les principaux personnages de notre histoire n'étaient point oisifs. Par une convention tacite et ingénieuse, l'étranger, Content et son fils s'étaient placés dos à dos, et luttaient vaillamment contre leur mauvaise fortune. Le premier ne se montra pas soldat de parade ; connaissant l'inutilité du commandement lorsque chacun combattait pour sa vie, il frappait ses coups terribles en silence. Content suivait noblement cet exemple, et le jeune Mark déployait toute l'agilité, toute la vigueur de la jeunesse. Une première attaque de l'ennemi fut repoussée, et pendant un moment les chrétiens conçurent une trompeuse espérance. A la suggestion de l'étranger, les trois personnages que nous venons de nommer se rapprochèrent de la maison dans l'intention de se fier à la célérité de leur course lorsqu'ils se seraient retirés de la foule. Mais dans ce moment fatal, lorsque leur espérance était sur le point de se réaliser, un chef se fit jour à travers l'horrible mêlée, cherchant de chaque côté quelque victime pour la hache qu'il brandissait dans les airs. Une foule de sauvages inférieurs en rang se pressa derrière lui, et un coup d'œil apprit aux colons que le moment décisif était venu.

A la vue d'un si grand nombre de leurs ennemis abhorrés, vivant encore, et capables de supporter de telles souffrances, un cri d'indignation en même temps que de triomphe s'échappa des lèvres des Indiens. Leur chef seul, comme un être supérieur aux émotions du reste de sa suite, s'approcha en silence. Au moment où cette bande s'ouvrait pour entourer les victimes, le hasard amena le jeune chef face à face devant Mark. Comme son ennemi, le guerrier indien était encore dans tout l'éclat et toute la vigueur de la jeunesse. Les deux antagonistes avaient la même taille, la même agilité; et, comme les sauvages qui suivaient le chef se jetèrent sur l'étranger et sur Content, sachant bien que celui qui les commandait n'avait pas besoin de secours, il y avait toute apparence que cette lutte serait sanglante. Mais bien qu'aucun combattant ne montrât aucun désir d'éviter ce dernier effort, aucun n'était pressé de frapper les premiers coups. Un peintre ou plutôt un sculpteur eût saisi les attitudes de ces deux jeunes guerriers pour une des plus belles productions de son art.

Mark, comme la plupart de ses amis, avait jeté de côté tout vêtement superflu avant d'approcher de la scène du combat. La partie supérieure de son corps n'était couverte que d'une chemise, et même ce dernier voile avait été en partie arraché dans le tumulte de l'action. Sa large poitrine était nue, exposant à la vue la blancheur de la peau et les veines bleues de celui dont les ancêtres avaient pris naissance du côté du soleil levant. Tout son corps reposait sur une jambe qui lui donnait l'attitude du défi, tandis que l'autre était jetée en avant comme une sentinelle pour surveiller les mouvements de l'ennemi. Ses bras étaient rejetés en arrière, une main placée sur le canon du fusil qui menaçait d'une mort certaine le téméraire qui s'approcherait de lui. Sa tête, couverte de cheveux courts et bouclés, et dont la couleur blonde appartenait à la race saxonne, était un peu avancée au-dessus de l'épaule gauche, et semblait placée de manière à soutenir l'équilibre de tout le corps. Ses sourcils étaient rapprochés, ses lèvres contractées avec l'expression d'une fermeté indomptable. Les veines de son cou et celles de ses tempes étaient gonflées, et ses regards enflammés annonçaient en même temps le courage et la surprise.

L'Indien était un homme plus remarquable encore. Suivant les habitudes de son peuple sur le champ de bataille, son corps était à moitié nu. Son attitude était celle d'un homme qui se dispose à sauter, et l'on aurait pu, par une comparaison que tolèrent les licences poétiques, dire que ses formes droites et agiles lui donnaient de la ressemblance avec une panthère rampante. Sa jambe étendue ployait plutôt par le libre jeu des muscles et des nerfs que sous la pesanteur du corps. Sa tête, légèrement inclinée, s'écartait un peu au-delà de la perpendiculaire. Une de ses mains serrait le manche d'une hache qui était placée sur la même ligne que la cuisse droite, tandis que l'autre tenait un couteau à poignée de corne de chamois encore passé dans sa ceinture. Il y avait dans l'expression de son visage quelque chose de sérieux, de sévère, et peut-être d'un peu cruel; néanmoins cette expression était tempérée par le calme digne et impassible d'un chef de haut rang. Son regard était fixe, et, comme celui du jeune homme dont il menaçait la vie, il paraissait contracté par la surprise.

L'inaction accidentelle qui succéda au mouvement par lequel les deux antagonistes prirent les attitudes que nous venons de décrire eut son éloquence; aucun des deux ne parla, aucun des deux ne semblait respirer. Ce n'était point un délai pour se préparer à frapper, car l'un et l'autre était prêt à porter un coup mortel; il n'eût pas été possible non plus de lire sur le visage de Mark, dont l'énergie semblait suspendue, ou dans la contenance plus orgueilleuse de l'Indien, dans ses yeux plus habiles à déguiser ses impressions, quelque chose qui ressemblât à l'hésitation. Une émotion étrangère à la scène dont ils étaient acteurs s'empara de tous leurs sens. Ce n'était plus ces deux hommes qui venaient de se livrer à toute la fureur d'un combat, une puissance irrésistible les rendait incapables de frapper.

Un cri de mort qui s'échappa des lèvres d'un sauvage renversé aux pieds de son chef par le bras de l'étranger, termina ce court moment d'extase. Les genoux du chef s'inclinèrent plus bas, le tomahawk s'éleva graduellement, et l'on vit une lame brillante sortir à moitié du fourreau. La crosse du fusil de Mark avait reculé autant que le permettait la plus forte tension des nerfs de celui qui le portait, lorqu'un hurlement différent de ceux qui s'étaient élevés jusqu'alors se fit entendre. Au même moment les coups des deux combattants furent suspendus de nouveau, mais par un pouvoir d'une nature différente. Mark sentit des bras entourer ses membres avec une force suffisante pour l'embarrasser, sinon pour le réduire, et la voix bien connue de Whittal-Ring résonna à ses oreilles.

— Assassine les menteurs et les affamés visages pâles, dit-il, qui ne nous laissent d'autre nourriture que de l'air, d'autre boisson que de l'eau !

D'un autre côté, lorsque le chef se détourna avec colère pour frapper la main hardie qui arrêtait son bras, il vit à ses genoux une figure de femme, Marthe, dont les traits exprimaient le désespoir. Il détourna le coup mortel qu'un des gens de sa suite allait porter à la jeune suppliante, dit avec rapidité quelques mots dans son idiome maternel, et désigna d'un geste Mark, qui se défendait toujours avec courage. Les Indiens les plus voisins de cette scène se jetèrent sur le jeune homme déjà à demi vaincu; un cri en rassembla une centaine sur le lieu; un calme subit, presque aussi effrayant que le tumulte qui l'avait précédé, régna dans le verger. Il fut suivi de ce hurlement horrible et prolongé par lequel le guerrier des forêts américaines proclame sa victoire.

Avec la fin du tumulte dans le verger les cris de combat cessèrent dans toute la vallée. Bien que convaincus du succès de leurs ennemis, ceux qui défendaient le fort prévirent non seulement leur propre destruction, mais celle des êtres faibles qu'ils seraient obligés de confier à une force insuffisante, s'ils hasardaient une sortie à une telle distance des fortifications. Ils furent donc obligés de rester spectateurs inutiles d'un mal qu'ils ne pouvaient empêcher.

LES PURITAINS D'AMÉRIQUE.

CHAPITRE XXIV.

> Les choses dont nous parlons ont-elles réellement existé, ou bien avons-nous mangé de cette racine malsaine qui surprend la raison ?
> SHAKSPEARE. *Macbeth.*

Une heure après, la scène se présenta sous un aspect différent. Des bandes d'ennemis, que dans les guerres du monde civilisé on eût appelées des partis d'observation, rôdaient sur les bords de la forêt les plus voisins du village, et les planteurs, toujours sous les armes, se postèrent au milieu des bâtiments ou se maintinrent au pied des palissades.

Quoique l'occupation d'assembler tous les objets utiles ne fût pas encore terminée, lorsque les premières terreurs eurent disparu, les propriétaires du hameau commencèrent à se confier de nouveau dans leur habileté pour résister à leurs ennemis. Les femmes mêmes parcouraient la rue du village avec une plus grande assurance, et il y avait dans la contenance des hommes armés un air de détermination qui devait en effet imposer à leurs assaillants indisciplinés.

Mais la maison, les bâtiments extérieurs et tous les objets de commodité domestique qui contribuaient, il y avait si peu de temps, à l'aisance de la famille Heatbcote, étaient entièrement au pouvoir des Indiens. Les volets ouverts, les portes, les meubles à moitié détruits ou répandus çà et là, l'air de dévastation, et l'abandon général de la propriété, proclamaient le succès et le désordre d'un assaut. Cependant l'œuvre de destruction et le pillage ne fut pas consommé, quoiqu'on pût voir de temps en temps quelque guerrier dérober, suivant le goût de son humeur sauvage, des effets appartenant aux habitants de la maison. Le pillage avait été arrêté, et les passions furieuses des vainqueurs apaisées par une autorité invisible et extraordinaire. Ces hommes qui venaient de se livrer à toute la férocité de leur caractère, furent subitement retenus, sinon calmés ; et, au lieu de satisfaire la soif de vengeance qui accompagne ordinairement leurs triomphes, les Indiens erraient au milieu des bâtiments et dans les terres environnantes dans un sombre silence qui prouvait leur soumission.

Les principaux chefs de l'incursion, et les chrétiens qui avaient survécu à leur défaite, étaient rassemblés sous le portique de la maison. Ruth, pâle, souffrante, affligée plutôt pour les autres que pour elle-même, était un peu à l'écart, soutenue par Marthe et la jeune servante que la fatalité avait retenue à la maison dans ce jour de désastre. Content, l'étranger et Mark étaient à quelque distance ; leurs mains étaient liées. Seuls ils avaient survécu à toute cette troupe qu'ils avaient si récemment conduite au combat. Les cheveux blancs et les infirmités du Puritain lui épargnèrent la même humiliation. Le seul être d'origine européenne qui fût encore présent, était Whittal Ring. Cet idiot marchait lentement au milieu des prisonniers ; quelquefois d'anciens souvenirs et une espèce de sympathie aux souffrances de ses compatriotes animaient ses traits ; plus souvent il tourmentait les malheureux captifs, leur reprochant l'injustice de leur race envers son peuple adoptif.

Les chefs du parti victorieux étaient assis au centre du portique, engagés, suivant toute apparence, dans de graves délibérations. Comme ce conseil était peu nombreux, il était évident que les hommes d'une haute importance pouvaient seuls y être admis. Les chefs d'un rang inférieur, mais d'un grand nom dans les limites bornées de ces simples tribus, conversaient par groupes au milieu des arbres, ou marchaient dans la cour à une distance respectueuse du conseil de leurs supérieurs.

L'œil le moins exercé eût reconnu facilement celui sur lequel le poids de toute l'autorité était tombé. Le guerrier couvert d'un turban, dont nous avons déjà parlé, occupait le centre du groupe dans l'attitude calme et digne d'un Indien qui écoute ou qui donne des avis. Son fusil était porté par un des gens de sa suite, mais son couteau et sa hache ornaient sa ceinture. Il avait jeté une légère couverture, ou, comme on pourrait plus justement l'appeler, une robe de drap écarlate sur son épaule gauche, d'où elle tombait avec grâce en draperie, laissant le bras droit entièrement libre, et une partie de sa large poitrine exposée aux regards ; de dessous ce manteau le sang coulait lentement goutte à goutte, teignant le plancher sur lequel le chef était debout. La contenance de ce guerrier était grave, quoiqu'il y eût dans ses yeux une vivacité qui annonçait une grande activité d'esprit, non moins que l'inquiétude et le soupçon. Une personne habile à lire dans l'expression de sa physionomie aurait pu découvrir qu'une nuance de mécontentement combattait l'empire que le chef avait sur lui-même, et qui était devenu inhérent à sa nature.

Les deux sauvages les plus voisins de ce chef étaient des hommes qui, comme lui, avaient passé le milieu de la vie, dont le maintien et l'expression avaient aussi les mêmes rapports, quoique moins fortement marqués. Ils ne montraient pas non plus ces signes de mécontentement qui accidentellement éclataient dans les yeux de celui dont l'esprit si habile à se contraindre ne pouvait pas toujours maîtriser ses regards. Un de ces chefs parlait, et, par la direction qu'avaient prise ses yeux, on pouvait s'apercevoir que le sujet de son discours était un quatrième chef que son éloignement empêchait de comprendre ce qui était dit.

Dans la personne du dernier chef le lecteur reconnaîtra le jeune homme qui s'était arrêté devant Mark, et dont le rapide mouvement sur le flanc de la troupe de Dudley avait chassé les colons des prairies. L'éloquente expression de ses traits, la tension de ses nerfs, la contraction de ses muscles, avaient disparu; elles étaient remplacées par le calme particulier qui distingue le guerrier indien dans ses moments d'inaction, comme il montre la courtoisie de celui qui a été instruit à l'école d'une vie plus policée. D'une main il s'appuyait légèrement sur son mousquet, tandis que l'autre, qui pendait à son côté, tenait une courroie de nerf de daim à laquelle était suspendu un tomahawk d'où découlaient des gouttes de sang. Sa personne ne portait point d'autre vêtement que celui dans lequel il avait combattu; mais, plus heureux que son compagnon en autorité, il n'avait aucune blessure.

Les traits et les formes de ce jeune guerrier auraient pu représenter le modèle de la beauté indienne. Ses membres étaient arrondis, et remarquables par une excessive agilité.

Il y avait, dans l'attitude droite et le regard noble de l'Indien, une grande ressemblance avec la statue de l'Apollon Pythien, tandis que par l'ampleur de sa poitrine il rappelait la statue de Bacchus. Ce rapport avec une divinité dont l'image est peu capable d'éveiller de nobles sentiments n'avait rien de désagréable, car il servait en quelque sorte à adoucir l'expression sévère de toute sa personne et l'éclat d'un regard qui avait quelque chose de celui de l'aigle, et qui eût exprimé trop peu de sympathie pour les faiblesses humaines. Cependant le jeune chef était moins remarquable par cette ampleur particulière de la poitrine, fruit ordinaire de l'inaction, d'une nourriture abondante et d'une exemption totale de travail, que ne l'étaient la plupart de ceux qui conféraient en secret près de lui ou se promenaient dans les environs des bâtiments. Chez lui, c'était plutôt un avantage qu'un défaut ; et malgré l'apparente austérité que l'habitude, et peut-être le caractère aussi bien que le rang, avaient placée sur ses traits il y avait sous cette large poitrine un cœur capable d'être ému par les malheurs d'autrui. Dans l'occasion présente, ses regards errants, quoique pleins d'éloquence, étaient adoucis par une expression qui trahissait l'étonnement et le trouble de son esprit.

La conférence des trois chefs était terminée, et le guerrier couvert d'un turban s'avança vers les captifs comme un homme dont la décision vient d'être arrêtée. Au moment où le chef redoutable s'approcha, Whittal se retira, se glissant à côté du jeune guerrier d'une manière qui annonçait une grande familiarité et peut-être une grande confiance. Une pensée subite parut alléger les réflexions de ce dernier. Il conduisit l'idiot à l'extrémité du portique, lui parla bas et rapidement en lui indiquant la forêt ; et lorsqu'il vit que son messager traversait les champs de toute la vitesse de sa course, il vint avec une dignité calme se placer au centre du groupe, s'approchant tellement de son ami, que les plis de sa draperie écarlate touchaient à son bras. Jusqu'à ce moment le silence n'avait point été interrompu ; lorsque le grand-chef vit le jeune homme s'approcher, il jeta un regard d'hésitation sur ses amis ; mais rappelant bientôt son premier calme, il prit la parole :

— Homme de plusieurs hivers, dit-il dans un anglais assez intelligible quoiqu'il trahît une difficulté dans la prononciation que nous n'essaierons pas d'imiter, pourquoi le grand esprit a-t-il fait ta race semblable à celle des loups affamés ? pourquoi les visages pâles ont-ils l'estomac d'un busard, le gosier d'un chien de chasse et le cœur d'un daim ? Tu as vu bien des fois la neige se fondre, tu as vu planter de jeunes arbres. Dis-moi pourquoi l'esprit des Yengeeses est-il si vaste qu'il embrasse toute l'étendue qui est entre le soleil levant et le soleil couchant ? Parle, car nous voudrions savoir la raison pour laquelle des bras si longs se trouvent sur de si petits corps ?

Les événements de la journée avaient été de nature à réveiller toute l'ancienne énergie du Puritain; il avait élevé son esprit vers Dieu dans la matinée, avec la ferveur qui lui était ordinaire, surtout le jour du sabbat. L'assaut de sa maison l'avait trouvé résigné à supporter toutes les calamités terrestres, et bien que ces circonstances eussent ranimé des sentiments qui ne peuvent jamais être bien éteints dans un homme auquel les usages militaires avaient été si familiers, son courage avait été surpassé par sa soumission et sa patience. Encore maîtrisé par ces influences, il répondit avec une austérité qui égalait la gravité de l'Indien :

— Le Seigneur nous a livrés entre les mains de païens, dit-il, et cependant son nom sera béni sous mon toit. Du mal résultera le bien, et de ce triomphe de l'ignorant naîtra une victoire éternelle !

Le chef regarda attentivement l'orateur, dont la taille courbée, le visage vénérable, les longues boucles de cheveux blancs, et l'enthousiasme qui brillait dans des regards que l'âge n'avait point encore glacés, prêtait à sa personne un caractère qui la rendait supérieure à toute faiblesse humaine. Courbant la tête avec un respect superstitieux, il se tourna gravement vers ceux qui, paraissant animés de sentiments plus humains, étaient des sujets plus convenables pour les desseins qu'il méditait.

— L'esprit de mon père est fort, dit-il, mais son corps est semblable à une branche de ciguë desséchée ! Ce fut avec ces douces paroles qu'il commença les remarques suivantes : — Qu'est-ce que veut dire cela ? ajouta-t-il, regardant avec sévérité les trois personnes qu'il avait rencontrées naguère au milieu du combat. Voici des hommes blancs comme la fleur du cornouiller, et cependant leurs mains sont si sombres que je ne puis les voir !

— Elles ont été noircies par la fatigue, dit Content, qui savait s'exprimer dans le langage figuré du peuple dont il était prisonnier. Nous avons travaillé afin que nos femmes et nos enfants pussent manger.

— Non, le sang des hommes rouges a changé leur couleur.

— Nous avons pris la hache afin de conserver la terre que le Grand-Esprit nous a donnée, ne voulant pas que nos chevelures soient desséchées à la fumée d'un wigwam. Un Narragansett cacherait-il ses armes, et lierait-il ses mains si le cri de guerre résonnait à ses oreilles ?

Lorsque Content fit allusion à la propriété de la vallée, le sang se porta aux joues du guerrier avec une telle force qu'elles en parurent plus brunes encore; mais saisissant la poignée de sa hache avec une espèce de convulsion, il continua d'écouter, comme habitué à se vaincre lui-même.

— Qu'est-ce qu'un homme rouge peut voir? répondit-il en montrant le verger avec un sombre sourire, et exposant, par le mouvement de la draperie écarlate, à l'instant où il levait son bras, deux ou trois trophées sanglants attachés à sa ceinture. Nos oreilles sont ouvertes. Nous écoutons pour entendre de quelle manière les terres de chasse des Indiens sont devenues champs labourés des Yengeeses. Que mes hommes sages écoutent, afin de devenir plus adroits quand les neiges pèseront sur leurs têtes. Les hommes pâles ont un secret pour faire que le noir paraisse blanc!

— Narragansett...

— Wampanoag! interrompit le chef avec l'air de hauteur que prend un Indien pour s'identifier à la gloire de son peuple. Puis, jetant un regard de douceur au jeune guerrier qui était à son côté, il ajouta promptement avec le ton d'un courtisan : — C'est très-bien, Narragansett ou Wampanoag, Wampanoag ou Narragansett : les hommes rouges sont frères et amis. Ils ont brisé les barrières qui les séparaient de leurs terres de chasse, ils ont nettoyé les épines du sentier de leur village. Qu'as-tu à dire au Narragansett? il n'a pas encore fermé son oreille.

— Wampanoag, puisque tel est le nom de ta tribu, répondit Content, tu entendras que ce que ma conscience dicte est un langage qui peut être prononcé. Le Dieu des Anglais est le Dieu des hommes de tous les rangs et de tous les temps... Les auditeurs indiens secouèrent la tête, à l'exception du plus jeune chef, dont les yeux ne changèrent point de direction; tandis que Content parlait, chaque mot semblait entrer profondément dans son esprit. — En défi de ces signes de blasphème, ajouta Content, je proclame le pouvoir de celui que je sers! Mon Dieu est ton Dieu, et maintenant il observe mes actions et pénètre jusque dans le fond de nos cœurs. Le ciel au-dessus de nos têtes est son trône, et cette terre son marche-pied! Je ne prétends point pénétrer dans ses sacrés mystères, ni proclamer la raison pour laquelle la moitié des hommes, son plus bel ouvrage, est depuis si longtemps plongée dans cette profonde ignorance, dans ces abominations païennes dans lesquelles mes pères l'ont trouvée; pourquoi les échos de ces montagnes ne répétèrent jamais des cantiques de louanges, ou pourquoi les vallées ont été muettes si longtemps. Ce sont des vérités cachées dans le secret de ses desseins, et elles ne seront peut-être pas connues avant que ces desseins soient accomplis. Mais l'Esprit grand et juste a conduit ici les hommes remplis de l'amour de la vérité et du désir de propager leur foi, tandis que la conscience de leurs propres transgressions les courbe dans une profonde humilité jusqu'à la poussière. Tu nous accuses de convoiter tes terres et d'être corrompus par les richesses; cela vient de ton ignorance de ce qui a été abandonné afin que l'esprit des hommes religieux pût conserver. Lorsque les Yengeeses vinrent dans ce désert, ils laissèrent derrière eux tout ce qui peut plaire à l'œil, satisfaire les sens et remplir les désirs du cœur humain, dans le pays de leurs pères : quelque belle que soit la nature dans les autres pays, il n'y a rien d'aussi excellent que ce qu'ont quitté les pèlerins de ce désert. Dans cette île favorisée, la terre succombe sous l'abondance de ses productions; ses parfums flattent l'odorat, et l'œil n'est jamais lassé de contempler ses charmes. Non, les hommes à visage pâle ont abandonné leur patrie et toutes les douceurs de l'existence pour servir leur Dieu, et non pas par l'instigation d'un esprit avide ou pour de coupables vanités.

Content s'arrêta, car l'esprit par lequel il était animé l'écartait insensiblement de son sujet; ses vainqueurs conservaient la gravité décente avec laquelle un Indien écoute toujours un discours jusqu'à ce qu'il soit terminé. Alors le grand-chef ou Wampanoag, ainsi qu'il s'était proclamé lui-même, posa légèrement son doigt sur l'épaule de son prisonnier, et lui demanda :

— Pourquoi le peuple des Yengeeses s'est-il engagé dans un sentier perdu? Si le pays qu'il a quitté est agréable, leur Dieu ne peut-il pas l'entendre du wigwam de ses pères? Vois; si nos arbres ne sont que des buissons, laisse-les à l'homme rouge, il trouvera de la place sous leurs branches pour reposer à l'abri de leur ombre. Si nos rivières sont étroites, c'est parce que l'Indien est petit; si les montagnes sont basses et les vallées rétrécies, les jambes de mon peuple sont fatiguées de la chasse, et il les traverse plus aisément. Ce que le Grand-Esprit a fait pour les hommes rouges, les hommes rouges doivent donc le garder. Ceux dont la peau ressemble à la lueur du matin doivent retourner vers le soleil levant, d'où ils sont venus pour nous nuire.

Le chef parlait avec calme, mais comme un homme habitué aux subtilités de la controverse, suivant les usages du peuple auquel il appartenait.

— Dieu l'a décrété autrement, répondit Content; il a conduit ses serviteurs jusqu'ici, afin que l'encens de sa louange s'élève du désert.

— Votre esprit est un méchant esprit, et vos oreilles ont été trompées. Le conseil qui dit à vos jeunes gens d'aller si loin n'était pas prononcé par la voix du Manitou; il vient de la langue d'un esprit qui aime à voir le gibier rare et les squaws affamées.

— Allez, vous suivez le moqueur, ou vos mains ne seraient pas aussi sombres.

— Je ne sais pas quelles injures ont pu être faites aux Wampanoags par des hommes d'un méchant esprit, car il y en a de tels, même dans la demeure des mieux disposés; mais aucun mal n'a jamais été fait par ceux qui habitent dans ma maison. Un prix a été payé pour ces terres, et l'abondance de cette vallée est le résultat de beaucoup de fatigues et de travaux. Tu es un Wampanoag, et tu sais que les terres de chasse de ta tribu ont été regardées comme sacrées par mon peuple; les barrières ne sont-elles pas encore où leurs mains les avaient placées, afin que même le sabot d'un cheval ne foulât pas le grain; et lorsque l'Indien vint demander justice contre le bœuf qui avait marché sur ses terres, ne la lui a-t-on pas accordée?

— Le daim ne goûte pas l'herbe à sa racine; il se nourrit des feuilles des arbres; il ne s'arrête pas pour manger ce qui se trouve sous ses pieds; l'épervier regarde-t-il le mousquite? son œil est trop grand, il peut voir un oiseau. Va..... lorsque le daim a été tué, les Wampanoags renversent les barrières de leurs propres mains. Un rusé visage pâle a fait la barrière; et si elle empêche le cheval d'entrer, elle empêche aussi l'Indien de sortir. Mais l'esprit d'un guerrier est trop grand, il ne veut point être parqué comme les animaux.

Un murmure de satisfaction se fit entendre parmi les sauvages lorsque le chef proféra cette réponse.

— Le pays de ta tribu est bien éloigné, reprit Content; et je ne veux pas prendre sur ma conscience de dire si l'on a consulté la justice ou l'injustice dans le partage des terres. Mais, dans cette vallée, a-t-on jamais fait du tort à l'homme rouge? Quand l'Indien a-t-il demandé de la nourriture, et ne l'a-t-il pas obtenue? S'il a eu soif, le cidre lui a été prodigué; s'il avait froid, il trouvait un siége près du foyer; et cependant il y a une raison pour laquelle la hache est dans ma main, et qui a conduit mon pied sur le sentier de la guerre. Pendant plusieurs saisons nous avons vécu en paix sur des terres achetées des hommes rouges et des hommes blancs. Mais, bien que le soleil fût pur pendant si longtemps, les nuages s'amassèrent à la fin. Une nuit sombre couvrit la vallée; les Wampanoags, la mort et le feu, entrèrent ensemble dans ma demeure. Nos jeunes gens furent tués, et... nos cœurs furent péniblement affectés.

Content s'arrêta, car sa voix devenait tremblante, et ses yeux avaient jeté un regard sur le visage pâle et abattu de celle qui s'appuyait sur le bras de son fils. Le jeune chef écoutait avec une profonde attention. Tandis que Content parlait, son corps était un peu penché en avant, et toute son attitude offrait celle qu'on prend involontairement lorsqu'on écoute des paroles d'un grand intérêt.

— Mais le soleil se leva de nouveau, dit le grand-chef, montrant dans tout l'établissement des preuves non équivoques de prospérité, et jetant en même temps un regard inquiet et soupçonneux sur son plus jeune compagnon. Le matin fut clair, quoique la nuit eût été si sombre. L'adresse d'un visage pâle sait comment faire croître le blé sur un roc. L'Indien insensé mange des racines lorsque la récolte manque et que le gibier devient rare.

— Dieu cessa d'être en colère, répondit Content avec douceur, et croisant ses bras de manière à montrer qu'il désirait ne plus parler.

Le grand-chef allait continuer, lorsque son jeune compagnon posa un doigt sur son épaule nue, et, par un signe, indiqua qu'il souhaitait avoir une communication secrète avec lui. Le premier acquiesça avec respect à cette demande, quoiqu'on pût apercevoir que l'expression des traits du jeune homme lui causait quelque inquiétude, et qu'il cédait avec répugnance, sinon avec dégoût. Mais la contenance du jeune homme était ferme, et il eût fallu une hardiesse plus qu'ordinaire pour refuser une demande faite d'un ton aussi positif. Le plus âgé des chefs s'adressa au guerrier qui était à son côté en lui donnant le nom d'Annawon, et, par un geste d'une dignité si naturelle qu'il aurait pu convenir à un courtisan, il annonça au jeune chef qu'il était prêt à le suivre. Malgré le respect naturel des sauvages pour l'âge, les Indiens, en reculant pour livrer passage au jeune homme, proclamèrent par leur respect que le mérite ou la naissance, ou peut-être l'un et l'autre, le rendaient l'objet d'une distinction personnelle qui surpassait celle qu'on montrait en général aux hommes de son âge. Les deux chefs quittèrent le portique avec la légèreté d'un pied chaussé par le moccasin.

La marche de ces graves guerriers vers un terrain qui se trouvait sur le derrière de la maison mérite d'être rapportée, parce qu'elle caractérise leurs habitudes.

L'un et l'autre gardèrent le silence ; aucun d'eux ne témoigna la moindre impatience de pénétrer dans les pensées de son compagnon ; et ils ne manquèrent ni l'un ni l'autre à ces légères attentions de politesse qui rendaient le chemin plus commode et le pied plus sûr. Ils avaient atteint le sommet de l'élévation que nous avons si souvent nommée avant de se croire assez éloignés pour commencer un discours qui ne devait point frapper de profanes oreilles. Lorsqu'ils furent sous le verger odoriférant qui croissait sur la montagne, le plus âgé s'arrêta, et jetant autour de lui un de ces regards prompts et presque imperceptibles par lesquels un Indien ne manque jamais de reconnaître sa position, comme si c'était par instinct, il prit la parole. Leur discours eut lieu dans le dialecte de leur race. Mais comme il n'est pas probable que beaucoup de personnes parmi celles qui liront cette histoire pussent le comprendre si nous avions recours au langage dans lequel il nous a été transmis, nous essaierons de le traduire en anglais aussi littéralement que le sujet l'exige, et que le génie des deux langues pourra le permettre.

— Que veut avoir mon frère? dit le plus âgé, prononçant ces paroles d'une voix basse, et d'un ton amical et même affectueux ; qu'est-ce qui trouble le grand sachem des Narragansetts? Son esprit semble inquiet. Je crois qu'il se montre devant ses yeux des choses que ne peut apercevoir celui dont la vue commence à être fatiguée. Contemple-t-il l'esprit du brave Miantonimoh, qui mourut comme un chien sous les coups des lâches Pequots et des Yengeeses menteurs? ou bien son cœur se gonfle-t-il par l'impatience de voir les chevelures des traîtres visages pâles pendues à sa ceinture? Parle, mon fils, la hache est depuis longtemps enterrée dans le sentier entre nos villages, et tes paroles entreront dans les oreilles d'un ami.

— Je ne vois point l'esprit de mon père, répondit le jeune

sachem; il est loin d'ici, dans les forêts du guerrier juste. Mes yeux sont trop faibles pour voir par-dessus tant de montagnes, à travers tant de rivières. Il chasse le daim sur des terres où il n'y a point de ronces; il n'a pas besoin des yeux du jeune homme pour lui indiquer sur quel chemin la piste conduit. Pourquoi regarderais-je le lieu où le Pequot et les visages pâles ont pris la vie? Le feu qui a dévoré cette montagne a noirci la place, et je ne puis plus y voir la trace du sang.

— Mon fils est sage; son adresse est au-dessus de ses hivers! Ce qui fut vengé une fois est oublié. Il ne voit pas plus loin que six lunes. Les guerriers des Yengeeses vinrent dans ces villes assassiner les vieilles femmes, tuer les filles des Narragansetts, et allumer le feu avec les os des hommes rouges. Je vais maintenant fermer mes oreilles, car les gémissements de ceux qui furent ainsi massacrés rendent mon âme malade.

— Wampanoag, répondit le jeune homme avec le regard ardent d'un aigle, et posant sa main sur sa poitrine, la nuit où la neige fut rougie du sang de mon peuple est ici! et cependant mon esprit est obscurci. Aucun homme de ma race n'a regardé depuis la place où les huttes des Narragansetts étaient élevées, et cependant elle n'a jamais été cachée à notre vue. Depuis ce temps nous avons voyagé dans les bois, portant sur nos épaules tout ce qui nous avait été laissé, excepté notre chagrin, que nous portons dans notre cœur.

— Pourquoi mon frère est-il troublé? Il y a bien des crânes parmi son peuple; et regarde, son tomahawk est très-rouge! Que sa colère s'apaise jusqu'à la nuit, et nous teindrons nos haches d'une couleur encore plus foncée. Je sais qu'il est pressé; mais notre conseil dit qu'il vaut mieux attendre les ténèbres, car l'adresse des visages pâles est trop forte pour les mains de nos jeunes gens.

— Quand un Narragansett fut-il lent à s'élancer après que le cri fut proféré? Quel est celui qui ne s'arrête pas lorsque les hommes à cheveux blancs disent: — C'est mieux! j'aime votre conseil, il est plein de sagesse. Cependant un Indien n'est qu'un homme! Peut-il combattre avec le dieu des Yengeeses? il est trop faible. Un Indien n'est qu'un homme, quoique sa peau soit rouge.

— Je regarde dans les nuages, aux arbres et parmi les maisons, dit le plus âgé des chefs, affectant de regarder avec curiosité les différents objets qu'il venait de nommer; mais je ne puis pas voir le blanc Manitou. Les hommes pâles lui parlaient lorsque notre cri de guerre s'est élevé dans les champs, et il ne les a pas entendus. Va, mon fils a frappé leurs guerriers d'une main ferme; a-t-il oublié de compter combien moururent parmi les arbres dont les boutons sont parfumés?

— Metacom, reprit le sachem des Narragansetts, avançant avec prudence vers son ami, et parlant à voix basse, comme s'il craignait quelque auditeur invisible, tu as mis la haine dans le sein des hommes rouges, mais peux-tu les rendre plus adroits que les esprits? La haine est très-forte, mais l'adresse a les bras plus longs. Regarde, ajouta-t-il en levant les doigts de ses deux mains devant les yeux de son compagnon attentif, dix neiges sont tombées et se sont fondues depuis qu'il y avait ici une hutte de visages pâles sur cette montagne. Conanchet était alors un enfant; sa main n'avait encore frappé que des daims; son cœur était plein de désirs; le jour il pensait aux crânes des Pequots, pendant la nuit il entendait les dernières paroles de Miantonimoh. Quoique tué par les lâches Pequots et les Yengeeses, le père venait le soir dans son wigwam pour parler à son fils. L'enfant de tant de grands sachems grandit-il? son bras devient-il fort? disait-il; son pied est-il léger, son œil prompt, son cœur vaillant? Conanchet sera-t-il comme ses pères? Quand le jeune sachem des Narragansetts sera-t-il un homme? Pourquoi parlerais-je à mon frère de ses visites? Metacom a souvent vu la longue suite des chefs wampanoags dans son sommeil; les braves sachems entrent souvent dans le cœur de leurs fils.

Philippe, dont l'esprit était noble, quoique rusé, frappa lourdement sa main contre sa poitrine nue, et répondit :

— Ils sont toujours ici. Metacom n'a d'autre âme que l'esprit de ses pères.

— Lorsqu'il était las de garder le silence, Miantonimoh parlait à haute voix, continua Conanchet après qu'une pause aussi longue que l'exigeait la politesse eut succédé aux paroles emphatiques de son compagnon. Il ordonna à son fils de se lever et d'aller parmi les Yengeeses, afin qu'il revînt avec des crânes pour les suspendre dans son wigwam; car les yeux du chef mort n'aimaient pas à voir la place aussi vide. La voix de Conanchet était alors trop faible pour le feu du conseil; il ne dit rien et alla seul. Un méchant esprit le fit tomber entre les mains des visages pâles ; il fut captif pendant bien des lunes. Ils l'enfermèrent dans une cage comme une panthère apprivoisée ; c'était ici. La nouvelle de son malheur passa de la bouche des jeunes Yengeeses jusqu'aux chasseurs, et des chasseurs elle vint aux oreilles des Narragansetts. Mon peuple avait perdu son sachem, il vint le chercher. Metacom, l'enfant avait senti le pouvoir du Dieu des Yengeeses ; son esprit devenait faible, il pensait moins à la vengeance. L'ombre de son père ne venait plus pendant la nuit. Conanchet entendait de fréquentes conversations avec le dieu inconnu, et les paroles de ses ennemis étaient douces. Il chassa avec eux. Lorsqu'il trouva la trace de ses guerriers dans le bois, son esprit fut troublé, car il connaissait leurs desseins ; cependant il vit l'esprit de son père et attendit. Le cri de guerre fut proféré cette nuit-là. Beaucoup moururent, et les Narragansetts prirent des crânes. Tu vois cette hutte de pierre sur laquelle le feu a passé ; il y avait au-dessus une place construite avec ruse, et les hommes pâles s'y rendirent pour défendre leur vie ; mais le feu brilla, et leurs espérances furent renversées. L'âme de Conanchet fut émue à ce spectacle, car il y avait beaucoup d'honnêteté dans leurs cœurs ; quoique leur peau fût blanche, ils n'avaient pas assassiné son père. Mais on ne pouvait commander aux hommes, et ce lieu devint comme les charbons du lieu du conseil lorsqu'il est désert ; tout fut réduit en cendres. Si l'esprit de Miantonimoh se réjouit, ce fut bien ; mais l'âme de son fils était oppressée. La faiblesse s'empara de lui, et il ne pensa plus à se vanter de ses exploits au poste de guerre.

— Ce feu effaça les taches de sang de la plaine des sachems.

— Il les effaça. Depuis ce temps, je n'ai plus vu la trace du sang de mon père. Des têtes à cheveux blancs et des enfants étaient au milieu de ce feu ; et lorsque le toit tomba, il ne resta plus rien que des charbons. Cependant ceux qui se trouvaient dans la maison consumée par les flammes sont encore ici.

L'attentif Metacom tressaillit, et jeta un regard rapide au milieu des ruines.

— Mon fils voit-il des esprits dans les airs? demanda-t-il avec vivacité.

— Non, ils vivent, ils sont enchaînés et destinés aux tourments. L'homme dont les cheveux sont blancs est celui qui communiquait si souvent avec son Dieu. Le plus âgé des chefs, qui portait des coups si fermes à nos jeunes gens, était alors aussi captif dans la hutte. Celui qui t'a parlé, et celle qui semble encore plus pâle que le reste de sa race, moururent cette nuit-là, et cependant ils sont maintenant ici! Même le brave jeune homme qu'il fut si difficile de vaincre ressemble à un enfant qui était dans le feu. Les Yengeeses communiquent avec des dieux inconnus, ils ont trop d'adresse pour un Indien!

Philippe écouta cette étrange histoire comme un être élevé dans les superstitions pouvait le faire, et néanmoins il ressentait dans cette occasion un penchant à l'incrédulité qui était excité par un insurmontable désir de détruire une race abhorrée.

Il l'avait emporté dans les conseils de sa nation sur des craintes semblables, causées par la croyance du pouvoir surnaturel exercé en faveur de ses ennemis ; mais jamais encore des faits aussi imposants n'avaient été présentés à son esprit par une autorité aussi irrécusable. Les fières résolutions et la sagesse expérimentée de ce chef furent ébranlées par un tel témoignage, et il y eut un instant où l'idée d'abandonner ses desseins prit possession de son cœur. Mais, fidèle à lui-même et à sa cause, une seconde pensée l'affermit dans ses premiers projets, quoiqu'elle ne pût faire cesser ses doutes.

— Que désire Conanchet? dit-il; deux fois ses guerriers ont pénétré dans cette vallée, et deux fois le tomahawk de ses jeunes gens est devenu plus rouge que la tête du pivert des bois. Le feu n'était pas un bon feu. Le tomahawk tuera plus sûrement. Si la voix de mon père n'avait pas dit à ses guerriers : Ne touchez pas les crânes des prisonniers, il ne pourrait pas dire maintenant : Cependant ils sont encore ici !

— Mon esprit est troublé, ami de mon père. Qu'ils soient questionnés avec artifice, afin que la vérité soit connue.

Métacom réfléchit un instant; et souriant avec affectation à son compagnon ému, il fit signe à un jeune homme qui se promenait dans les champs d'approcher. Ce jeune guerrier fut chargé d'amener les captifs sur la montagne, après quoi les deux chefs marchèrent çà et là en silence, réfléchissant l'un et l'autre à ce qui venait de se passer, suivant leurs différents caractères et les sentiments dont ils étaient animés.

CHAPITRE XXV.

> Tu ne verras point ici de sorcière ridée, point de spectre conduisant sa bande dans les ténèbres. Des fées parcourront les prairies, et orneront ta tombe des perles de la rosée.
>
> *Collins.*

Il est rare que la philosophie d'un chef indien l'abandonne assez pour détruire le calme de ses traits. Lorsque Content et le reste de la famille parurent sur la montagne, ils trouvèrent les chefs se promenant toujours dans le verger avec une grande apparence de calme et la gravité convenable à leur rang.

Annawon, qui avait été leur conducteur, plaça les captifs sur une ligne, choisit pour leur position le pied des ruines, et attendit patiemment que ses supérieurs s'aperçussent de sa présence. Ce silence n'avait rien de l'abjecte soumission asiatique; il venait de l'habitude de se commander à soi-même, habitude qui enseignait aux Indiens à réprimer toute émotion. Un effet semblable était produit par l'humilité religieuse de ceux que la fortune avait mis en leur pouvoir. C'eût été une curieuse étude pour un philosophe observateur des passions humaines d'examiner la différence entre le calme physique et l'empire que les sauvages, habitants des forêts, avaient sur eux-mêmes, et la résignation toute spirituelle et religieuse que montraient la plupart des prisonniers. Nous disons la plupart, car il y avait une exception. Le front du jeune Mark annonçait son mécontentement, et la colère qu'on pouvait lire dans ses regards ne s'évanouissait que lorsque par hasard ils s'arrêtaient sur les traits pâles de sa mère. On aurait eu tout le temps d'examiner en silence ces différentes particularités, car plusieurs minutes s'écoulèrent avant que les deux sachems parussent décidés à recommencer la conférence.

Enfin, Philippe ou Metacom, comme nous l'appelons indifféremment, s'approcha près du groupe. — Cette terre est une bonne terre! dit-il; elle est de plusieurs couleurs, pour plaire aux yeux de celui qui l'a faite. D'un côté elle est sombre; et comme le ver prend la couleur de la feuille sur laquelle il se nourrit, de ce côté les chasseurs sont noirs ; de l'autre elle est blanche, et c'est la partie où les hommes pâles sont nés, et où ils devraient mourir ; ou bien ils perdront la route qui doit les conduire à leurs heureuses terres de chasse. Bien des justes guerriers qui ont été tués sur des sentiers de guerre éloignés errent encore dans les bois, parce que la trace est cachée, et leur vue faible. Il n'est pas bon de se fier autant à l'adresse de...

— Misérable et aveugle adorateur d'Appolyon ! interrompit le Puritain, nous ne sommes pas des idolâtres et des insensés ! Il nous a été accordé de connaître le Seigneur ; pour ses adorateurs choisis, toutes ces régions se ressemblent. L'esprit peut également s'élever à travers les neiges et les ouragans, les tempêtes et le calme des terres du soleil et des terres des glaces, des profondeurs de l'Océan, du feu des forêts...

Le vieux Mark fut interrompu à son tour. Lorsqu'il prononça le mot feu, le doigt de Metacom lui toucha l'épaule ; et quand il eut cessé de parler, jusque-là aucun Indien n'eût voulu prendre la parole, le chef lui demanda gravement :

— Et lorsqu'un homme des visages pâles est mort dans le feu, peut-il encore marcher sur la terre ? Entre ce défrichement et les champs heureux des Yengeeses, la rivière est-elle si étroite qu'un homme juste puisse la passer lorsqu'il lui plaît ?

— C'est là une pensée d'un malheureux plongé dans les abominations du paganisme ! Enfant d'ignorance ! apprends que la barrière qui sépare le ciel de la terre ne peut être franchie ; car quel être purifié pourrait se soumettre de nouveau aux faiblesses de la chair ?

— C'est un mensonge des faux visages pâles ! dit le rusé Philippe ; ils disent cela afin que les Indiens ne puissent apprendre leur adresse et devenir plus forts que les Yengeeses. Mon père et ceux qui sont avec lui furent une fois brûlés dans cette hutte, et maintenant ils sont ici, prêts à prendre le tomahawk !

— Me mettre en colère à ce blasphème, ce serait mal exprimer ce que je sens, dit Mark, plus ému de cette accusation de sorcellerie qu'il ne désirait l'avouer ; et cependant souffrir qu'une aussi fatale erreur se répande parmi ces aveugles victimes de Satan, ce serait négliger un devoir. Tu as entendu raconter cette histoire à ton peuple sauvage, homme des Wampanoags ; elle contribuera à la perdition de ton âme, à moins que tu ne sois heureusement délivré des griffes du trompeur. Il est vrai que moi et les miens nous courûmes un grand danger dans cette tour, et qu'aux yeux des sauvages qui nous entouraient nous semblions consumés par les flammes ; mais le Seigneur nous donna la pensée de chercher un refuge là où le feu ne pouvait nous atteindre. Il fit de ce puits l'instrument de notre sûreté, afin de remplir ses desseins impénétrables.

Les auditeurs, malgré leurs habitudes rusées et la subtilité de leur esprit, écoutèrent cette simple explication de ce qu'ils avaient regardé comme un miracle, avec une surprise qu'ils eussent vainement voulu cacher. L'admiration d'un tel artifice fut évidemment leur première émotion ; ils ne donnèrent pas à un tel fait une entière croyance, jusqu'à ce qu'ils se fussent assurés par eux-mêmes qu'on ne les avait pas trompés ; la petite porte de fer, qui avait donné accès dans le puits pour les usages domestiques de la famille, était encore là, et ce ne fut que lorsque les deux chefs eurent examiné la profondeur du pilier qu'ils parurent persuadés de la possibilité de cette action. Alors une expression de triomphe brilla sur le sombre visage de Philippe, tandis que les traits de son compagnon exprimaient en même temps la satisfaction et le regret. Ils s'écartèrent un peu des captifs, réfléchissant l'un et l'autre sur ce qu'ils venaient de voir et d'entendre, et lorsqu'ils parlèrent, ce fut de nouveau dans le langage de leur race.

— Mon fils a une langue qui ne peut mentir, observa Metacom d'une voix douce et flatteuse. Ce qu'il a vu il le dit, et ce qu'il dit est vrai ; Conanchet n'est pas un enfant, mais un chef dont la sagesse a des cheveux gris, bien que ses membres soient jeunes. Maintenant, pourquoi mon peuple ne prendrait-il pas les crânes de ces Yengeéses, afin qu'ils ne puissent plus se cacher dans les trous de la terre, comme de rusés renards ?

— Le sachem a une pensée de sang, répondit le jeune chef avec une vivacité qui n'était point ordinaire aux hommes de son rang ; que les armes des guerriers se reposent jusqu'à ce qu'elles rencontrent les mains armées des Yengeeses, ou elles se trouveraient trop fatiguées de frapper ; mes hommes ont pris des chevelures depuis que le soleil se montre au-dessus des nuages, et ils sont satisfaits... Pourquoi Metacom a-t-il un regard aussi sévère ? Qu'est-ce que mon père voit ?

— Un point sombre au milieu d'une immense plaine ; l'herbe

n'est pas verte, elle est rouge comme du sang. Ce sang est trop foncé pour être celui d'un visage pâle, c'est le sang précieux d'un grand guerrier ; la pluie ne peut pas l'effacer, il devient plus sombre chaque soleil ; la neige ne le blanchit pas, il est là depuis plusieurs hivers ; les oiseaux poussent des cris lorsqu'ils volent au-dessus, le loup hurle, le lézard rampe d'un autre côté.

— Tes yeux deviennent âgés : le feu a noirci la place, et ce que tu vois est du charbon.

— Le feu fut allumé dans un puits, sa flamme ne fut pas brillante ; ce que je vois est du sang.

— Wampanoag, reprit Conanchet avec fierté, j'ai renversé dans ce lieu la hutte des Yengeeses. La tombe de mon père est couverte des crânes conquis par la main de son fils... Pourquoi Metacom regarde-t-il encore? Qu'est-ce qu'il voit?

— Une ville indienne brûlant au milieu de la neige ; les jeunes gens frappés par derrière, les filles poussant des cris, les enfants brûlés sur des charbons, et les vieillards mourant comme des chiens ! C'est le village des lâches Pequots. Non, j'y vois mieux ; les Yengeeses sont dans le pays du grand Narragansett, et le brave sachem est là qui se bat! Il faut que je ferme mes yeux, car la fumée les aveugle.

Conanchet écouta dans un sombre silence cette allusion au sort récent et déplorable du principal établissement de sa tribu ; car le terrible désir de vengeance, naguère réveillé, semblait assoupi de nouveau dans son sein, sinon entièrement apaisé, par quelque sentiment aussi puissant que mystérieux. Il tourna tristement ses regards, que jusqu'alors il avait fixés sur le visage du chef, vers les captifs, dont le sort dépendait d'une de ses paroles, puisque la troupe qui venait d'attaquer les habitants de Wish-ton-Wish était, à peu d'exceptions près, composée des guerriers de sa puissante nation ; mais, bien que ses regards fussent mécontents, des facultés aussi exercées que les siennes ne pouvaient pas aisément se tromper sur les choses même les plus légères qui se passaient devant lui.

— Que voit encore mon père? demanda-t-il avec un intérêt qu'il ne put réprimer, en apercevant une nouvelle expression sur les traits de Metacom.

— Une femme qui n'est ni blanche ni rouge, une jeune femme qui bondit comme un faon, qui a vécu dans un wigwam à ne rien faire, qui parle avec deux langues, qui tient ses mains devant les yeux d'un grand guerrier et le rend aveugle comme un hibou en face du soleil... Je la vois...

Metacom s'arrêta, car à ce moment un être qui rappelait la description qu'il venait de faire parut devant lui, offrant la réalité du portrait imaginaire qu'il venait de tracer avec tant d'art et d'ironie.

Les mouvements du lièvre timide ne sont pas plus précipités ni plus indécis que ne l'étaient ceux de la jeune créature qui se présenta subitement devant les guerriers. Il était facile de deviner à son hésitation et à un pas qu'elle fit en arrière, après le saut léger qui avait annoncé sa présence, qu'elle craignait d'avancer, en même temps qu'elle ne savait pas à quelle distance il était convenable de s'éloigner.

Pendant le premier moment elle s'arrêta dans une attitude qui annonçait le doute, comme celle que pourrait prendre une créature aérienne avant de s'évanouir dans les airs; alors, rencontrant les regards de Conanchet, son pied déjà levé toucha de nouveau la terre, et toute sa personne prit l'expression modeste et craintive d'une jeune fille indienne qui se trouve en la présence du sachem de sa tribu. Comme cette femme jouera un rôle dans le reste de cette histoire, le lecteur permettra que nous fassions une description un peu détaillée de sa personne.

Cette étrangère n'avait pas encore vingt ans. Sa taille s'élevait au-dessus de celle des jeunes filles indiennes, quoique ses formes fussent aussi délicates et aussi jeunes. Les contours qu'on pouvait apercevoir sous les plis d'une espèce de jaquette de drap écarlate rappelaient les proportions sévères de la beauté classique. Jamais pied moins plat et jambe plus arrondie n'avaient chaussé le moccasin. Quoique toute sa personne fût voilée depuis le cou jusqu'aux genoux par un vêtement serré de calicot et par l'espèce de jaquette dont nous avons parlé, ces vêtements trahissaient des contours qui n'avaient jamais été gâtés, soit par les conventions de l'art, soit par les effets de la fatigue. Sa peau n'était visible qu'aux mains, au visage et au cou. Son lustre avait été un peu terni par le soleil; une teinte d'un rose prononcé avait remplacé une blancheur qui avait eu le plus grand éclat. Ses yeux étaient doux, et leur couleur rappelait l'azur du ciel; les sourcils fins et bien arqués, le nez droit, délicat et d'une forme grecque; le front était plus plein que celui des filles des Narragansetts, mais brillant et régulier. Les cheveux, au lieu de flotter en longues tresses noires, sortaient du wampum de perles en boucles d'un blond doré.

Les particularités qui distinguaient cette femme des autres femmes de la tribu ne consistaient pas seulement dans l'ineffaçable empreinte de la nature; sa démarche avait plus d'élasticité; sa taille était plus droite et plus gracieuse, son pied plus en dehors, ses mouvements plus libres, moins indécis que ceux d'un sexe condamné depuis l'enfance à la servitude et au travail. Quoique embellie par les bagatelles conquises sur la race abhorrée dont elle avait, suivant toute apparence, reçu le jour, elle avait le regard timide et sauvage de ceux parmi lesquels sa jeunesse s'était écoulée. Sa beauté eût été remarquable dans tous les pays; mais le jeu de sa physionomie, l'expression ingénieuse de ses yeux, la liberté de ses membres et de ses mouvements, ne se voient plus au-delà de l'enfance parmi des peuples qui, en essayant de perfectionner, détruisent souvent l'ouvrage de la nature.

Quoique la couleur des yeux fût si différente de celle qui appartient en général aux filles d'une origine indienne, les regards rapides de ses yeux et l'expression mêlée d'alarme et de finesse avec laquelle cette créature extraordinaire examina ceux devant lesquels elle avait été appelée ressemblaient à l'instinct d'une fille sauvage habituée à un exercice constant de ses plus subtiles facultés. Montrant d'un de ses doigts Whittal Ring, qui était debout à une faible distance, elle dit d'une voix douce dans le langage des Indiens :

— Pourquoi Conanchet a-t-il envoyé dans les bois chercher sa femme ?

Le jeune sachem ne fit aucune réponse. Un observateur ordinaire n'aurait pu découvrir dans ses traits s'il s'était aperçu de l'arrivée de l'étrangère. Il conservait la hauteur et la sévérité d'un chef occupé d'affaires, et, quelque profondément que son esprit pût être troublé, il n'était pas facile de deviner le secret de ses pensées sur ses traits impassibles. Pendant un seul instant, il jeta un regard de bonté sur la timide jeune fille; puis, posant le tomahawk encore sanglant sous son bras, tandis que sa main ferme en saisissait la poignée, il conserva la même immobilité dans ses traits et la même fierté dans son attitude. Philippe n'était point aussi calme lorsque la jeune femme parut; son front s'obscurcit et ses sourcils se rapprochèrent; mais bientôt ses regards n'exprimèrent plus que l'ironie et le mépris le plus amer.

— Mon frère désire-t-il encore connaître ce que je vois? demanda-t-il lorsqu'il se fut écoulé assez de temps après la question de la jeune femme pour prouver que son compagnon n'était pas disposé à répondre.

— Qu'est-ce que le sachem des Wampanoags contemple maintenant? reprit Conanchet avec fierté, ne désirant point avouer qu'aucune circonstance extraordinaire eût interrompu leur conférence.

— Un coup d'œil que les yeux ne veulent pas croire; il voit une grande tribu sur le sentier de la guerre; il y a bien des braves et un chef dont les pères viennent des nuages: leurs mains sont dans les airs, ils frappent des coups pesants, la flèche est prompte; on ne voit pas la balle pénétrer, mais elle tue; le sang coule des blessures; il est de la couleur de l'eau. Maintenant il ne voit plus, il entend; c'est le cri de carnage, et les guerriers sont contents. Les chefs, dans les terres heureuses, viennent avec joie recevoir les Indiens qui ont été tués, car ils reconnaissent le cri de carnage de leurs enfants.

Les traits expressifs du guerrier brillaient tandis que son esprit suivait avec un plaisir involontaire cette description du combat qui venait d'avoir lieu; le sang se précipitait vers son cœur, qui battait toujours d'une ardeur guerrière.

— Que voit encore mon père? demanda-t-il, sa voix prenant insensiblement les accents du triomphe.

— Un messager... puis il entend... les moccasins des femmes.

— Assez.., Metacom; les femmes des Narragansetts n'ont plus de huttes, leur village est en cendres, et elles suivent les jeunes gens pour avoir de la nourriture.

— Je ne vois point de daims; le chasseur ne trouvera pas de venaison dans le défrichement des visages pâles. Mais le grain est plein de lait; Conanchet a faim; il a envoyé chercher sa femme afin qu'elle lui serve à manger!

Les doigts de la main du jeune chef qui avait saisi la poignée du tomahawk semblèrent s'enfoncer dans le bois. La brillante hache elle-même fut légèrement soulevée; mais l'expression de ressentiment du jeune chef s'évanouit en même temps que sa colère; et, prenant un maintien calme et digne:

— Va, Wampanoag, dit-il en étendant la main avec fierté,

comme s'il était résolu à ne pas être fatigué plus longtemps par les paroles de son rusé compagnon, mes jeunes gens feront retentir le cri de guerre lorsqu'ils entendront ma voix, et ils tueront des daims pour leurs femmes. Sachem, mes pensées sont à moi.

Philippe répondit à l'expression qui accompagnait ces paroles par un regard de vengeance; mais, déguisant sa colère avec sa prudence habituelle, il quitta la montagne, affectant d'éprouver plus de commisération que de ressentiment.

— Pourquoi Conanchet a-t-il envoyé dans les bois chercher sa femme? répéta la voix douce de celle qui était près du jeune chef, et qui parlait avec moins de timidité depuis que l'esprit en courroux des Indiens de cette région avait disparu.

— Narra-Mattah, approche-toi, dit le jeune chef, abandonnant le ton fier et solennel avec lequel il s'était adressé au chef guerrier pour prendre des accents qui convenaient mieux aux oreilles d'une jeune femme; ne crains pas, fille du matin, car ceux qui nous entourent sont d'une race habituée à voir des femmes au feu du conseil. Regarde autour de toi : y a-t-il quelque chose parmi ces arbres qui te rappelle d'anciens souvenirs? As-tu jamais vu une vallée dans tes rêves? Les visages pâles qui sont là-bas, et que le tomahawk de mes jeunes gens a épargnés, ont-ils été conduits devant toi par le Grand-Esprit pendant une nuit obscure?

La jeune femme écoutait avec une impression profonde; son regard était errant et incertain; cependant il semblait animé accidentellement par des souvenirs confus. Jusqu'à ce moment, elle avait été trop occupée à deviner le motif de sa venue pour examiner les objets dont elle était entourée; mais lorsque son attention fut dirigée sur eux, ses yeux les parcoururent avec cette perspicacité si remarquable dans ceux dont les facultés ont été rendues plus subtiles par le danger et la nécessité. Passant d'un objet à un autre, ses regards rapides parcoururent le hameau éloigné, son petit fort, les bâtiments qui se trouvaient plus rapprochés, la verdure des champs, le verger parfumé qui la couvrait de son ombrage, et la tour noircie par le feu qui s'élevait au centre comme un sombre souvenir du passé, et qui semblait placée dans ce lieu pour enseigner qu'il ne fallait pas placer une trop grande confiance dans la paix et les charmes qui y régnaient.

Secouant la tête pour débarrasser son front des boucles de chéveux dont il était entouré, la jeune femme étonnée retourna pensive et silencieuse à sa première place.

— C'est un village des Yengeeses, dit-elle après un long silence. Une femme narragansett n'aime pas à voir les huttes de la race abhorrée.

— Ecoute. Les mensonges ne sont jamais entrés dans les oreilles de Narra-Mattah. Ma langue a parlé comme la langue d'un chef. Tu n'es pas venue du sumac, mais de la neige ; ta main n'est pas comme la main des femmes de ma tribu ; elle est petite, parce que le Grand-Esprit ne l'a pas faite pour le travail ; elle est de la couleur des nuages du matin, parce que tes pères sont nés près du lieu où le soleil se lève. Ton sang est comme l'eau d'une source. Tu sais tout cela, car personne ne t'a fait entendre un mensonge. Parle : n'as-tu jamais vu le wigwam de ton père ? sa voix ne murmure-t-elle pas à tes oreilles dans le langage de son peuple ?

La jeune femme avait pris cette attitude qu'on peut supposer à une sibylle lorsqu'elle écoute les ordres occultes du mystérieux oracle.

— Pourquoi Conanchet fait-il ces questions à sa femme ? demanda-t-elle. Il sait ce qu'elle sait, il voit ce qu'elle voit, sa pensée est ma pensée. Si le Grand-Esprit a fait sa peau d'une couleur différente de la sienne, il a fait son cœur semblable au sien. Narra-Mattah ne veut point écouter le langage du mensonge. Elle ferme l'oreille, car il y a de la fausseté jusque dans ses accents ; elle essaie de l'oublier. Notre langage peut exprimer tout ce qu'elle souhaite de dire à Conanchet ; pourquoi se rappellerait-elle ses songes lorsqu'un grand chef est son mari ?

Les regards du guerrier, en s'arrêtant sur le visage charmant et rempli de confiance de celle qui lui parlait, annonçaient la plus vive tendresse. La fierté avait abandonné son front ; elle était remplacée par la plus douce affection. Ce sentiment appartenant à la nature, on en voit souvent l'expression dans le regard d'un Indien, aussi forte qu'elle peut jamais l'être lorsqu'elle embellit la vie d'êtres plus civilisés.

— Jeune fille, dit-il avec emphase après un moment de silence, comme s'il voulait se rappeler à lui-même et à elle un devoir plus important, ceci est le sentier de la guerre ; tous ceux qui s'y trouvent sont des hommes. Tu ressemblais au pigeon qui n'a pas encore ouvert ses ailes lorsque je t'arrachai de ton nid.

Depuis, le vent de bien des hivers a soufflé sur toi : ne penses-tu jamais à la chaleur et aux repas de la hutte dans laquelle tu as passé tant de saisons ?

— Le wigwam de Conanchet est chaud ; aucune femme de la tribu n'a autant de fourrures que Narra-Mattah !

— Il est un grand chasseur ! Lorsqu'ils entendent son moccasin, les castors se couchent pour qu'il les tue ! Mais les hommes aux visages pâles tiennent la charrue. Blanche-Neige ne se rappelle-t-elle pas ceux qui protégeaient la maison de son père contre le froid, ou la manière dont vivent les Yengeeses ?

La jeune et attentive compagne de Conanchet sembla réfléchir ; puis, levant son visage avec une expression de contentement qui ne pouvait être feinte, elle secoua la tête d'une manière négative.

— Ne voit-elle jamais un grand feu allumé dans les huttes, ou n'entend-elle pas le cri des guerriers qui envahissent une plantation ?

— Bien des feux ont été allumés devant ses yeux ; les cendres des villes des Narragansetts ne sont pas encore froides.

— Narra-Mattah n'entend-elle pas son père parler au Dieu des Yengeeses ? Ecoute, il prie pour son enfant.

— Le Grand-Esprit des Narragansetts a des oreilles pour son peuple.

— Mais j'entends une voix plus douce ! C'est une femme des visages pâles parmi ses enfants ; sa fille ne l'entend-elle pas ?

Narra-Mattah ou Blanche-Neige posa légèrement sa main sur le bras du chef ; elle le regarda en face attentivement avant de lui répondre. Ce regard semblait redouter la colère qu'elle pouvait exciter par ce qu'elle allait révéler.

— Chef de mon peuple, dit-elle, encouragée par le visage doux et calme de Conanchet, ce qu'une fille des plantations voit dans ses songes ne doit point être caché. Ce n'est point aux huttes de sa race qu'elle pense, car le wigwam de son mari est un asile plus chaud pour elle ; ce n'est point à la nourriture et aux vêtements d'un peuple astucieux, car qui est plus riche que la femme d'un grand chef ? ce ne sont point les prières de ses pères à leur Esprit qu'elle entend, car il n'y en a pas de plus fort que Manitou. Narra-Mattah a tout oublié, elle n'aime pas à penser à des choses semblables. Elle sait comment elle doit haïr une race avide et affamée, mais elle voit un être que les épouses des Narragansetts ne peuvent pas voir. Elle voit une femme avec une peau blanche, dans ses rêves; ses regards sont arrêtés doucement sur son enfant ; ce n'est point seulement un œil, c'est une langue ! Elle dit : que souhaite la femme de Conanchet? A-t-elle froid ? voilà des fourrures ; a-t-elle faim? voilà du gibier ; est-elle fatiguée? les bras de la femme pâle s'ouvrent afin que la fille indienne puisse y dormir. Quand le silence règne dans la hutte, lorsque Conanchet et ses jeunes gens sont endormis, c'est alors que cette femme pâle parle, sachem ; elle ne parle pas des combats de son peuple, ni des chevelures que ses guerriers ont enlevées, ni des craintes que sa tribu inspire aux Pequots et aux Mohicans ; elle ne dit pas comment une jeune Narragansett doit obéir à son mari, ni comment les femmes doivent conserver de la nourriture dans leurs huttes pour les chasseurs lorsqu'ils sont fatigués. Sa langue prononce d'étranges paroles; elle nomme un esprit puissant et juste qui parle de paix et non pas de guerre. C'est comme le son qui vient des nuages, c'est comme le bruit de l'eau qui tombe parmi les rochers. Narra-Mattah aime à l'écouter, car cette voix lui paraît douce comme celle du Wish-ton-Wish lorsqu'il siffle au milieu des bois.

Conanchet avait arrêté un regard rempli d'affection sur celle qui était debout devant lui. Elle avait parlé avec cette ardeur, cette éloquence naturelle qu'aucun art ne peut égaler ; et lorsque Narra-Mattah eut cessé de se faire entendre, il répondit en posant une main sur la tête à demi inclinée de la jeune femme.

— C'est l'oiseau de la nuit qui appelle ses petits, dit Conanchet avec tendresse et mélancolie. Le Grand-Esprit de tes pères est en courroux parce que tu habites la hutte d'un Narragansett. Sa vue est trop perçante pour être trompée. Il sait que les moccasins, les wampums et la robe de fourrure mentent ; ces choses-là ne l'empêchent pas de voir la couleur de la peau.

— Non, Conanchet, dit la jeune femme avec précipitation et avec une fermeté que sa timidité ne donnait pas lieu d'attendre d'elle, il voit plus loin que la peau, et distingue la couleur de l'esprit; il a oublié qu'une de ses filles est perdue.

— Il n'en est point ainsi. L'aigle de mon peuple fut pris dans les huttes des visages pâles. Il était jeune, et on lui apprit à parler une autre langue. La couleur de ses plumes fut changée ; et ils pensèrent tromper Manitou. Mais lorsque la porte fut ouverte, il ouvrit ses ailes et vola vers son nid. Il n'en est point ainsi. Ce qui fut fait est bien, ce qui va se faire sera mieux encore. Viens, voilà un sentier droit devant nous.

En achevant ces mots, Conanchet fit signe à sa femme de le suivre vers le groupe des captifs. Le dialogue que nous venons de rapporter avait eu lieu dans une partie du verger où les deux époux étaient cachés par les ruines. La distance était faible, et le sachem et sa compagne furent bientôt en présence de ceux qu'ils cherchaient. Laissant sa femme un peu en dehors du cercle, Conanchet avança, et prenant le bras que Ruth lui abandonna sans résistance, il conduisit cette dernière à quelques pas des captifs ; il plaça les deux femmes vis-à-vis l'une de l'autre. Une vive émotion brillait sur les traits de l'Indien, qui, en dépit de son masque de peintures guerrières, ne pouvait la cacher entièrement.

— Vois, dit-il en anglais, regardant attentivement l'une et l'autre femme. Le bon Esprit n'est pas honteux de son ouvrage. Ce qu'il a fait, il l'a fait ; les Narragansetts ou les Yengeeses ne peuvent pas le détruire. Voilà l'oiseau blanc qui vient de l'autre côté de la mer, ajouta-t-il en touchant l'épaule de Ruth avec un de ses doigts, et voilà le petit qu'elle réchauffait sous ses ailes.

Alors, croisant ses bras sur sa poitrine nue, il parut vouloir rappeler toute son énergie, de crainte que dans la scène qu'il prévoyait sa fermeté ne l'abandonnât d'une manière indigne de son nom.

Les captifs ignoraient ce que signifiait la scène qui se passait à peu près devant eux. Tant de figures étranges et sauvages allaient et venaient, qu'ils ne leur donnaient plus aucune attention. Jusqu'au moment où elle entendit Conanchet parler anglais, Ruth ne prit aucun intérêt à cette entrevue. Mais le langage figuré et l'action non moins remarquable du Narragansett la tirèrent subitement de sa profonde mélancolie.

Aucun enfant en bas âge ne paraissait jamais devant les yeux de Ruth sans lui rappeler péniblement l'ange qu'elle avait perdu ; la voix joyeuse de l'enfant ne frappait jamais son oreille sans aller péniblement jusqu'à son cœur ; jamais on ne faisait devant elle d'allusion, soit à des personnes, soit à des événements qui lui rappelaient les tristes incidents de sa propre histoire, sans réveiller toute sa douleur maternelle. Il n'est donc pas surprenant que, se trouvant dans la situation que nous venons de dépeindre, la nature se fît sentir à son cœur, et que son esprit eût conçu des soupçons d'une vérité que le lecteur a déjà devinée. Cependant elle n'osait se livrer à tout son espoir. L'imagination lui avait toujours représenté son enfant dans l'état d'innocence, telle qu'elle avait été arrachée de ses bras; et bien qu'elle trouvât devant elle de quoi répondre à ses espérances, ce n'était pas l'image qu'elle conservait dans son cœur depuis longtemps. Cette illusion, si l'on peut appeler ainsi un sentiment naturel, était trop profondément enracinée pour être détruite par un simple regard. Ruth tenait les deux mains de l'étrangère, elle la contemplait en silence, et ses traits changeaient en même temps que ses sentiments. Elle semblait craindre qu'elle ne lui échappât, et cependant elle n'osait la presser sur un cœur qui pouvait appartenir à une autre.

—Qui es-tu? demanda la mère avec un accent dans le tremblement duquel on reconnaissait toutes les émotions de ce sacré caractère. Parle, être mystérieux et charmant, qui es-tu?

Narra-Mattah tourna ses regards effrayés et suppliants vers le chef, calme et impassible, comme si elle cherchait la protection dans les bras où elle était habituée à la recevoir. Mais une sensation différente s'empara d'elle au moment où elle entendit une voix qui avait trop souvent frappé son oreille pendant son enfance pour être oubliée. Ses efforts cessèrent, et sa taille flexible prit l'attitude de la plus profonde attention. Sa tête était penchée de côté, comme si son oreille attendait encore des accents de la douce voix, tandis que ses regards joyeux étaient toujours arrêtés sur le visage de son mari.

—Vision des bois! ne répondras-tu pas? continua Ruth; s'il y a dans ton cœur quelque respect pour le saint d'Israël, réponds, que je puisse te connaître!

—Ecoute, Conanchet, dit Narra-Mattah, sur le visage de laquelle on voyait augmenter la joie et la surprise; approche-toi, sachem; l'Esprit qui parle à Narra-Mattah dans ses rêves est auprès d'elle.

— Femme du Yengeese, dit l'Indien avec dignité en s'approchant, que le nuage s'écarte de tes yeux. Femme du Narragansett! vois plus clairement, le Manitou de votre race parle haut; il dit à une mère de reconnaître sa fille!

Ruth n'hésita pas plus longtemps; aucune exclamation ne lui échappa, mais en pressant fortement sa fille contre son sein, on eût dit qu'elle cherchait à réunir leurs deux âmes. Un cri d'étonnement et de plaisir se fit entendre autour d'elle. Alors se montra toute la puissance de la nature; le vieillard et le jeune homme la reconnurent également, et les malheurs récents furent oubliés dans la joie pure d'un semblable moment. La fermeté même du fier Conanchet fut ébranlée. Levant la main qui tenait encore le tomahawk sanglant, il se cacha le visage ; et, tournant la tête afin que personne ne pût voir la faiblesse d'un grand guerrier, il pleura.

CHAPITRE XXVI.

> On voit plus de diables que le vaste enfer ne peut en contenir; voilà le fou !
>
> *Les Rêves des nuits d'été.*

En quittant la montagne, Philippe avait assemblé les Wampanoags; et soutenu par l'obéissant et cruel Annawon, sauvage qui aurait pu, sous de meilleurs auspices, être un digne lieutenant de César, il abandonna les champs de Wish-ton-Wish. Habituée à voir ces brusques séparations entre leurs chefs, la troupe de Conanchet, qui eût conservé sa tranquillité dans des circonstances bien plus difficiles, le vit partir sans que ses alarmes ou sa curiosité fussent excitées. Mais lorsque leur propre sachem parut dans le lieu qui était encore rouge du sang des combattants, et fit connaître son intention d'abandonner une conquête qui était presque achevée, il ne fut pas entendu sans murmure. L'autorité d'un chef indien est loin d'être despotique; et bien qu'il y ait raison de croire que ses droits sont ceux de la naissance, il tient son principal pouvoir de ses qualités personnelles. Heureusement pour le chef narragansett, son père, le célèbre et malheureux Miantonimoh, n'avait pas acquis une plus grande renommée par sa sagesse et sa bravoure que celle qui avait été justement obtenue par son fils. Le caractère sauvage et le cruel désir de vengeance des plus hardis guerriers reculèrent devant les regards en courroux d'un œil qui menaçait rarement sans que ses menaces fussent exécutées : il n'y en eut pas un qui voulût accepter le défi de venir braver sa colère, ou opposer son éloquence à celle de son chef, et qui n'abandonnât une dispute que le respect lui persuadait devoir être sans succès. Moins d'une heure après que Ruth eut serré son enfant contre son sein, les sauvages avaient entièrement disparu. Les morts de leur race furent cachés avec le soin accoutumé, afin qu'aucune de leurs chevelures ne restât entre les mains de l'ennemi.

Il était assez ordinaire aux Indiens de se retirer lorsqu'ils étaient satisfaits des résultats de leur première attaque. Leur succès dépendait principalement d'une surprise, et il leur arrivait plus souvent de faire retraite lorsqu'elle n'avait pas réussi que d'obtenir la victoire par la persévérance.

Aussi longtemps que durait un combat leur courage se trouvait au niveau du danger. Mais parmi un peuple qui faisait un si grand cas de l'artifice, il n'est pas surprenant qu'ils ne sacrifiassent au hasard que ce qui pouvait être justifié par une sévère prudence.

Lorsqu'on sut que l'ennemi avait disparu dans les forêts, les habitants du village commencèrent à se persuader que la retraite des sauvages était le résultat de leur courageuse résistance, plutôt que de chercher des motifs moins doux à leur amour-propre. On supposa que cette retraite se faisait suivant toutes les règles; et bien que la prudence défendît toute poursuite, des vedettes agiles furent envoyées sur leurs traces, autant pour prévenir une nouvelle surprise que pour faire connaître à la colonie la tribu de leurs ennemis et la route qu'ils avaient suivie.

Puis eut lieu une scène d'affliction et de cérémonies solennelles. Bien que les corps conduits par Dudley et le lieutenant eussent été assez heureux pour échapper sans blessures considérables, les soldats à la tête desquels se trouvait Content, à l'exception de ceux que nous avons déjà nommés, avaient tous perdu la vie. La mort en avait frappé vingt d'un seul coup, parmi les plus braves de cette petite société isolée au milieu des déserts. Dans des circonstances où la victoire est si chèrement achetée, le chagrin l'emporte sur la joie. L'humilité succéda à l'exaltation, et tandis que les planteurs étaient convaincus intérieurement de leur mérite, ils n'en voyaient que mieux toute leur dépendance d'un pouvoir qu'il n'était pas en eux d'influencer ni de comprendre. Les opinions caractéristiques des religionnaires en devinrent plus exaltées, et la fin du jour fut aussi remarquable par la preuve des impressions exagérées des colons que le commencement avait été effrayant par les scènes affreuses du combat.

Lorsqu'un des plus actifs messagers fut de retour, et rapporta la nouvelle que les Indiens s'étaient retirés à travers la forêt, laissant après eux de larges traces, signe le plus certain qu'ils ne méditaient point une nouvelle invasion dans la vallée, les villageois retournèrent à leurs habitations. Les morts furent distribués parmi ceux qui réclamaient comme un droit sacré de remplir à leur égard les derniers devoirs de l'affection. On peut dire que le deuil était dans chaque demeure. Les liens du sang étaient si étendus dans une société aussi limitée, et ceux de l'amitié étaient si vifs et si naturels, que chacun s'aperçut que les événements du jour lui avaient ravi à jamais un de ceux qui contribuaient à son bonheur.

Vers la fin de la journée la petite cloche appela de nouveau la congrégation à l'église. Dans cette occasion solennelle peu s'absentèrent parmi ceux qui étaient bien portants. Le moment où Meek se leva pour commencer la prière causa une profonde émotion. Les places vides qui avaient été si récemment occupées par ceux qui étaient tombés dans le combat parlaient avec plus d'éloquence des événements qui venaient de se passer que n'auraient pu le faire des paroles. La prière du pasteur fut, comme à l'ordinaire, d'un style de sublime emphase; il mêla des révélations, des desseins mystérieux de la Providence, à l'expression plus intelligible des besoins et des passions des hommes. Tandis qu'il accordait au ciel l'honneur de la victoire, il parla avec une prétendue humilité des instruments de son pouvoir, et bien qu'il semblât reconnaître que son peuple méritait le coup dont il avait été frappé, il éprouvait une impatience qu'il ne pouvait dissimuler contre les agents qui l'avaient infligé. Les principes du sectaire étaient si singulièrement adaptés aux sentiments de l'habitant des frontières, qu'un logicien subtil aurait trouvé avec peu de difficulté des contre-sens dans les raisonnements de ce zèle. Mais plus son discours était obscurci par les brouillards de la métaphysique, plus il laissait de liberté à l'imagination de ses auditeurs, et chacun d'eux sans exception en tira les conséquences qui lui convenaient le mieux.

Le sermon fut improvisé comme la prière, si quelque chose pouvait être improvisé par un esprit tellement rempli de sa doctrine. Tandis que les membres de la congrégation s'abandonnaient à l'espoir d'être un peuple choisi pour quelque grand et glorieux dessein de la Providence, le ministre leur apprenait en même temps qu'ils méritaient des afflictions bien plus grandes encore que celles dont ils avaient été accablés ; et il leur rappela qu'il était de leur devoir de désirer leur perte même, afin que celui qui créa les cieux et la terre pût être glorifié. Puis ils entendirent une conclusion plus rassurante qui leur apprenait que, bien que de telles pensées fussent d'obligation pour les véritables chrétiens, il y avait de grandes raisons de penser que tous ceux qui écoutaient des doctrines si pures seraient protégés par une faveur spéciale.

Un serviteur du temple aussi zélé que Meek Wolfe n'oublia pas l'application de son sujet. Il est vrai qu'aucun emblème visible de la croix ne fut montré pour exciter ses auditeurs ; on ne leur conseilla pas de lâcher des limiers sur la piste de leurs ennemis[1] ; mais la première fut suffisamment rappelée à l'esprit des auditeurs par de fréquentes allusions sur ses mérites, et il désigna les Indiens comme les instruments par lesquels le grand auteur du mal espérait empêcher « le désert de fleurir comme la rose, et de répandre les doux parfums de la sainteté. » Philippe et Conanchet furent nommés ouvertement ; le pasteur insinua d'une manière un peu obscure que l'âme du premier était une des habitations favorites de Moloch. Meek Wolfe laissa à ses auditeurs le soin de chercher parmi les malins esprits nommés dans la Bible celui qui faisait agir Conanchet. Les doutes qui pouvaient assaillir les consciences timorées sur la justice du combat furent repoussés d'une main hardie ; il n'y eut aucune tentative de justification néanmoins, car toutes les difficultés de cette nature furent résolues par les obligations impératives du devoir. Quelques allusions ingénieuses sur la manière dont les Israélites agirent avec les premiers habitants de la Judée furent d'un grand effet dans cette partie du sermon ; car il était facile de persuader à des hommes aussi fortement exaltés par leurs sentiments religieux qu'ils n'avaient écouté que la justice. Fortifié par cet avantage, Meek Wolfe ne manifesta aucun désir d'éviter la question principale. Il affirma que si l'empire de la vraie foi ne pouvait être établi par d'autres moyens (circonstance qui, suivant toute opinion raisonnable, ne pouvait pas être accomplie), il décida qu'il était du devoir du jeune homme et du vieillard, du fort et du faible, de s'unir pour attaquer les anciens possesseurs du pays avec ce qu'il appelait « la colère d'une divinité offensée. » Il parla

---

1. Allusion aux Espagnols, conquérants du Nouveau-Monde.

de l'effrayant massacre qui avait eu lieu pendant l'hiver de la même année, dans lequel ni l'âge ni le sexe n'avaient été épargnés, comme d'un triomphe de la bonne cause et comme d'un encouragement à persévérer. Puis, par une transition qui n'était point extraordinaire dans un siècle si remarquable en subtilités religieuses, Meek revint aux vérités plus douces et moins obscures des doctrines de celui dont il faisait profession de maintenir l'Eglise. Il recommanda à ses auditeurs de mener une vie de charité et d'humilité, et il les envoya pieusement, avec sa bénédiction, à leurs demeures respectives.

La congrégation quitta l'église se croyant favorisée par les révélations extraordinaires de l'auteur de la vérité, et l'armée de Mahomet elle-même n'était guère moins imbue de fanatisme que ces chrétiens aveugles. C'était quelque chose de si satisfaisant pour leur faiblesse humaine que de concilier leur ressentiment et leurs intérêts temporels avec leurs devoirs religieux, que la plupart d'entre eux étaient préparés à devenir des ministres de vengeance sous la conduite de quelque chef hardi. Tandis que les habitants de la vallée étaient en proie à des passions aussi contradictoires, les ombres du soir descendaient graduellement sur leur village; puis les ténèbres succédèrent au coucher du soleil avec la rapidité particulière à cette latitude.

Quelque temps avant que les ombres des arbres eussent pris ces formes fantastiques qui annoncent les rayons du soleil, et tandis que les habitants des frontières écoutaient encore leur pasteur, un individu solitaire était placé sur une haute élévation d'où il pouvait surveiller les mouvements de ceux qui demeuraient dans le hameau sans être remarqué lui-même. Une pointe de rocher se projetait sur la vallée du côté de l'habitation de la famille de Heathcote; un petit ruisseau auquel la fonte des neiges et les pluies fréquentes et particulières au climat donnaient quelquefois l'apparence d'un torrent avait creusé un profond ravin dans son sein. Le temps et l'action constante de l'eau, secondés par les tempêtes de l'hiver et de l'automne, avaient donné à quelques parties de ce ravin une ressemblance imparfaite avec les demeures des hommes. Il y avait particulièrement un de ces lieux où une inspection plus sévère que l'éloignement des maisons du village ne pouvait le permettre eût découvert plus de vestiges d'un travail humain que ceux qui présentaient l'image d'angles fantastiques et de formes accidentelles.

Sur un point de la montagne d'où l'on découvrait la vue la plus étendue de la vallée, le roc présentait l'apparence la plus confuse, la plus sauvage, et par conséquent la plus favorable pour la construction d'une résidence qui eût échappé à l'œil curieux des planteurs, en même temps qu'elle possédait l'avantage de dominer sur leurs demeures. Un ermite eût choisi ce lieu comme convenable par son éloignement pour observer le monde avec calme, en même temps qu'il était propre à la solitude et aux méditations d'une dévotion ascétique. Tous ceux qui ont traversé les vignobles et les prairies baignées par le Rhône avant qu'il paie son tribut au lac Léman ont vu un site semblable suspendu au-dessus du village de Saint-Maurice, dans un canton du Valais, et occupé par un ermite qui a voué sa vie à la solitude et à la prière. Mais il y a quelque chose d'apparent dans l'ermitage suisse, bien opposé à l'aspect de celui de la plantation : l'un est placé sur le bord d'un roc droit et élevé, comme pour montrer au monde qu'on peut adorer Dieu jusque sur l'espace le plus circonscrit et le plus dangereux ; l'autre offre en même temps une retraite solitaire et cachée à tous les yeux. Une petite hutte avait été élevée contre le rocher, de manière à présenter un angle oblique ; on avait pris soin de l'entourer d'objets naturels, afin de déguiser son caractère véritable à tous ceux que le hasard amènerait près des lieux dangereux où elle était placée. La lumière entrait dans cette humble retraite par une fenêtre qui donnait sur le ravin, et une porte basse s'ouvrait du côté de la vallée. La construction était en partie de pierres et en partie de troncs d'arbres ; la couverture était en chaume, et la cheminée était fermée par de petits morceaux de bois et un grossier ciment de terre.

Un homme qui, par son regard sévère et ses traits sombres, semblait un digne habitant d'une retraite si solitaire, était assis pendant cette soirée sur une pierre, à l'angle le plus saillant de la montagne, et dans un lieu d'où l'œil pouvait embrasser la vue la plus tendue de la vallée et des habitations. On avait roulé des pierres les unes contre les autres afin de former une espèce de petite fortification ; et si le hasard avait attiré quelques regards errants sur la montagne, il est peu probable qu'ils eussent découvert la présence d'un homme dont la taille, à l'exception de la partie supérieure du corps, était entièrement cachée.

Il eût été difficile d'assurer si le solitaire s'était ainsi placé pour communiquer d'imagination avec les habitants de la vallée, ou s'il surveillait ce qui se passait autour de lui. On pouvait découvrir dans ses traits l'apparence de ces deux occupations. Quelquefois ses yeux exprimaient un sentiment doux et mélancolique, comme s'il eût trouvé du plaisir dans cette sympathie qui l'unissait à la nature humaine; dans d'autres instants, ses lèvres se contractaient comme celles d'un homme qui ne trouve de secours que dans son propre courage.

La solitude de ce lieu, le calme universel, le tapis immense de feuillage que l'œil pouvait découvrir de ce point élevé, la tranquillité profonde de la forêt, tout contribuait à donner à cette scène un caractère de grandeur. Le visage de l'habitant du ravin était aussi immobile que tous les objets sur lesquels sa vue était arrêtée; il eût semblé de pierre sans l'expression de ses yeux et sa couleur. Un de ses coudes était appuyé sur le petit rempart devant lui, et sa main soutenait sa tête. A la distance d'une portée de flèche, l'œil eût pu le prendre pour une de ces imitations bizarres de la nature que la main du temps imprime souvent sur les rochers. Une heure se passa, et le corps du solitaire n'avait pas changé de position, ses muscles même avaient à peine fait un mouvement; la contemplation ou l'attente semblait avoir suspendu en lui toutes les fonctions ordinaires de la vie. Enfin cette étrange inaction fut interrompue. Un bruit aussi léger que celui qui peut être produit par le saut d'un écureuil se fit entendre dans les buissons au-dessus de l'ermitage; un craquement de branches lui succéda; puis un fragment de rocher descendit en bondissant vers le précipice, passa sur la tête du solitaire, et tomba, avec un bruit qui fit retentir tous les échos des cavernes, jusque dans le ravin qui était au-dessous.

Malgré cette interruption subite et le fracas épouvantable dont elle fut accompagnée, celui qui devait en être le plus affecté ne manifesta aucun symptôme de crainte ou de surprise; il écouta attentivement jusqu'à ce que le dernier son se fût évanoui; mais l'expression de son visage annonçait plutôt l'espoir que l'effroi. Se levant lentement, il regarda autour de lui, et marchant d'un pas rapide sur le bord du rocher où sa hutte était élevée, il disparut dans le petit bâtiment; on le vit bientôt après assis de nouveau à son ancien poste; une courte carabine, comme celles dont on fait usage dans la cavalerie, était sur ses genoux. Si le doute ou l'inquiétude occupa l'esprit de cet homme lorsqu'il reconnut que la solitude qu'il avait cherchée allait être interrompue, ce ne fut pas assez fortement pour troubler le calme de sa physionomie. Une seconde fois les branches parurent agitées, et ce léger frémissement provenait d'une partie plus basse du précipice, comme si le pied qui causait le bruit eût été en mouvement pour descendre : bien qu'aucun homme ne fût visible, on ne pouvait se méprendre plus longtemps sur la nature de cette interruption, car aucun animal d'un poids suffisant pour produire un tel bruit n'aurait choisi un lieu où le secours des mains était aussi nécessaire que celui des pieds.

— Avance! dit celui qui, sans les accessoires de son costume et ses préparatifs hostiles, aurait pu être pris pour un ermite ; je suis déjà ici.

Ces mots ne furent pas prononcés en vain, car un homme parut aussitôt sur le bord du rocher à environ vingt pieds de celui qui venait de parler. Lorsque les regards de ces deux individus se rencontrèrent, la surprise de celui qui arrivait fut égale à celle de l'être mystérieux qui habitait l'ermitage ; l'un prit sa carabine, l'autre son mousquet, et ils se couchèrent en joue ; mais une seconde action aussi prompte que la première les jeta de côté par une impulsion commune. L'habitant de la montagne fit signe au nouvel arrivant de s'approcher davantage ; toute apparence d'hostilité disparut, et fut remplacée par cette sorte de familiarité que la confiance fait naître.

— Comment se fait-il, dit le solitaire à son hôte lorsqu'ils se furent assis tranquillement derrière le petit rempart de pierre, que tu aies découvert ce lieu secret? Le pied d'un étranger n'a pas souvent parcouru ces rochers, et aucun homme avant toi n'a descendu le précipice.

— Un moccasin est sûr, répondit-on avec le laconisme indien ; mon père a une bonne vue, il peut voir bien loin de la porte de sa hutte.

— Tu sais que les hommes de ma couleur parlent souvent à leur bon Esprit, et ils n'aiment pas à implorer ses faveurs sur les grandes routes ; cette place est consacrée à son saint nom.

Celui qui venait de se présenter dans l'ermitage était le jeune sachem des Narragansetts, et celui qui, malgré les paroles qu'il venait de prononcer, cherchait si évidemment une retraite secrète plutôt que la solitude, était cet inconnu que nous avons si souvent introduit dans ces pages à l'ombre du mystère. Leur reconnaissance et leur mutuelle confiance ne demandent aucune explication, puisque nous en avons assez dit dans ce qui précède pour montrer qu'ils n'étaient point étrangers l'un à l'autre. Cependant cette rencontre n'eut pas lieu sans inquiétude d'une part, et une grande surprise de l'autre, quoiqu'elle fût voilée. Conanchet se conduisit comme il convenait à son rang et à son noble caractère, il ne manifesta en aucune manière une curiosité vulgaire ; il revit son ancienne connaissance avec une dignité calme, et il eût été difficile de découvrir dans ses regards ou dans l'expression de ses traits que ce lieu lui semblait extraordinaire pour une telle rencontre. Il écouta la brève explication de son compagnon avec une politesse grave, et laissa écouler quelque temps avant de lui répondre.

— Le Manitou des hommes pâles doit être content de mon père, dit-il. Ses paroles pénètrent souvent dans les oreilles de son Grand-Esprit ; les arbres et les rochers les connaissent.

— Comme tous ceux d'une race pécheresse et déchue, répondit l'étranger avec la sévérité de son âge, j'ai grand besoin de prier ; mais pourquoi crois-tu que ma voix est souvent entendue dans ce lieu secret ?

Le doigt de Conanchet montra le roc usé à ses pieds, et son œil regarda furtivement le sentier battu qui conduisait à la porte de la hutte.

— Un Yengeese a le talon dur, dit-il, mais il l'est moins que la pierre. Le pied d'un daim passerait souvent dans un sentier avant de laisser une semblable trace.

— Tu as le coup d'œil prompt, et cependant ton jugement peut se tromper ; ma langue n'est pas la seule qui parle au Dieu de mon peuple.

Le sachem courba légèrement la tête en signe d'assentiment, comme s'il ne désirait pas approfondir ce sujet. Mais son compagnon ne fut pas aussi aisément satisfait, car il sentait intérieurement qu'il avait échoué en essayant de trouver quelques moyens plausibles de calmer les soupçons de l'Indien.

— Si je suis seul maintenant, ajouta-t-il, cela peut être par hasard ou par choix. Tu sais que cette journée a été sanglante parmi les hommes pâles. Il y a des morts et des mourants dans leur hutte ; celui qui n'a pas de wigwam en sa possession a le temps de prier seul.

— L'esprit est très-adroit, répondit Conanchet, il peut entendre lorsque l'oreille est sourde, il peut voir lorsque l'œil est fermé. Mon père a parlé au bon Esprit avec le reste de sa tribu.

Le chef, en terminant ces paroles, désigna, d'une manière expressive, l'église éloignée de laquelle venait de sortir la congrégation exaltée qui se répandait dans la petite rue du hameau. Le solitaire parut comprendre ce que l'Indien voulait dire, et sentit en même temps la folie ainsi que l'inutilité de vouloir tromper celui qui connaissait si bien sa manière de vivre.

— Indien, tu dis la vérité, répondit-il tristement : l'esprit voit loin, et souvent il voit dans l'amertume du chagrin. Le mien communiquait avec ceux que tu aperçois, lorsque j'entendis tes pas. Aucun pied d'homme ne monta jusqu'à ce lieu, excepté le tien et celui de la personne qui pourvoit à mes besoins corporels. Tu dis vrai : la vue de l'âme est prompte, et souvent mon imagination me transporte bien plus loin que ces montagnes éloignées, sur lesquelles brillent maintenant avec tant de splendeur les derniers rayons du soleil couchant. Tu fus autrefois mon compagnon de logement, jeune homme, et j'éprouvais un grand plaisir à ouvrir ton esprit aux vérités de notre race, et à t'apprendre à parler avec la langue d'un chrétien ; mais des années se sont écoulées... Ecoute ! des pas se font entendre dans le sentier ; as-tu peur d'un Yengeese ?

L'expression calme avec laquelle Conanchet avait écouté se changea en un froid sourire. Sa main avait cherché la platine de son fusil bien avant que son compagnon se fût aperçu du bruit qui se faisait entendre. Mais avant d'être questionné, aucun changement n'avait été visible sur son visage.

— Mon père a-t-il peur pour son ami ? demanda-t-il en avançant la main dans la direction de celui qui approchait. Est-ce un guerrier armé ?

— Non, il vient avec les provisions qui m'aident à soutenir un fardeau que je dois porter jusqu'à ce qu'il plaise à celui qui connaît ce qui est bon pour ses créatures de m'en délivrer. C'est peut-être le père de celle que tu as aujourd'hui restituée à ses amis ; c'est peut-être son frère ; car alternativement ce sont les membres de cette digne famille qui me rendent ce service.

Une expression subite anima les traits sombres du chef. Il parut prendre sur-le-champ une décision. Se levant, il laissa son arme aux pieds de son compagnon, et marcha rapidement sur le bord de la montagne, comme s'il allait à la rencontre de celui qui arrivait. Il revint un instant après, portant un petit paquet soigneusement enveloppé dans des bandes de wampum enrichies de perles. Plaçant doucement le paquet près du vieillard (car le temps avait blanchi les cheveux du solitaire), il dit d'une voix basse, en montrant avec expression le petit paquet :

— Le messager ne s'en retournera pas les mains vides. Mon père est sage, il dira ce qui est bien.

Il y eut peu de temps pour une plus longue explication. A peine la porte de la hutte s'était-elle fermée sur Conanchet, que le jeune Mark Heathcote parut vers le point où le sentier tournait autour de l'angle du précipice.

— Vous savez ce qui s'est passé dans la journée, et vous me permettrez de ne point m'arrêter, dit le jeune homme en plaçant des provisions aux pieds de celui qu'il était venu chercher. Ah! qu'as-tu ici? As-tu gagné cela dans le combat de ce matin?

— C'est un don qui m'a été fait librement. Porte-le dans la maison de ton père; il a été laissé ici dans cette intention. Maintenant, parle-moi des ravages que la mort a produits parmi notre peuple; car tu sais que la nécessité m'a conduit en ces lieux aussitôt que la liberté me fut accordée.

Mark ne montra aucune envie d'acquiescer aux désirs de son compagnon. Il regardait le paquet qu'avait laissé Conanchet comme si ses yeux n'avaient jamais rencontré d'objet semblable. Des passions diverses et contradictoires agitaient son front, qui était rarement d'une tranquillité en harmonie avec les habitudes de l'époque et du pays.

—Cela sera fait, Narragansett, dit-il avec une colère concentrée; cela sera fait. Puis, se détournant, il disparut avec une rapidité qui n'était pas sans danger dans un lieu d'un accès si difficile.

Le solitaire se leva et alla chercher celui qui s'était réfugié dans son humble demeure.

— Viens, dit-il en ouvrant la porte étroite pour laisser passer le chef; le jeune homme est parti en emportant le paquet dont tu m'avais chargé, et tu es seul maintenant avec ton ancien compagnon.

Conanchet reparut; mais l'expression de son visage était moins animée que lorsqu'il était entré dans la petite hutte. En s'avançant lentement vers la pierre qu'il avait occupée quelques instants auparavant, il s'arrêta pour jeter un regard de mélancolique regret sur la place où il avait déposé le petit paquet. Mais bientôt, maîtrisant sa tristesse, il reprit son siége d'un air grave, et ne paraissant faire aucun effort pour conserver l'admirable tranquillité de ses traits. Un long silence succéda ; alors le solitaire fit entendre sa voix.

— Nous nous sommes fait un ami du chef narragansett, dit-il, et la ligue qu'il avait formée avec Philippe est rompue.

— Yengeese, répondit l'Indien, mes veines sont remplies du sang des sachems.

— Pourquoi les Indiens et les blancs se feraient-ils la guerre? Le monde est grand, et il y a de la place pour les hommes de toutes les couleurs et de toutes les nations sur sa surface.

— Mon père en a trouvé bien peu, dit l'Indien en jetant un regard expressif sur les limites resserrées de la demeure de son hôte. Ce regard trahissait toute l'ironie qu'il y avait dans ces paroles, mais il s'y mêlait en même temps un air d'intérêt.

— Un esprit léger, un prince vain est assis maintenant sur le trône d'une nation jadis religieuse, et les ténèbres se sont répandues sur une terre qui brillait d'une lumière éclatante! Les justes sont obligés de fuir la demeure de leur enfance, et les temples des élus sont abandonnés aux abominations de l'idolâtrie. O Angleterre! Angleterre! quand ta coupe d'amertume sera-t-elle remplie? quand ce jugement s'éloignera-t-il de toi? Mon esprit gémit sur ta chute, mon âme est attristée du spectacle de ta misère.

Conanchet était trop délicat pour arrêter ses regards sur les yeux ardents et le front animé de l'orateur, mais il écoutait dans l'étonnement de son ignorance. De telles expressions avaient souvent autrefois frappé son oreille; et bien que sa jeunesse eût peut-être empêché alors qu'elles aient produit aucun effet, maintenant qu'il les entendait dans la force de l'âge, il ne pouvait encore en comprendre le sens. Tout d'un coup il posa un doigt sur le genou de son compagnon, et dit :

— Le bras de mon père était levé aujourd'hui en faveur des Yengeeses, et cependant ils ne lui donnent point de siége au conseil de feu !

— L'homme pêcheur qui gouverne dans l'île d'où vient mon peuple, dit le solitaire, a un bras aussi long que son esprit est vain. Quoique exclue des conseils de cette vallée, chef, il y eut un temps où ma voix fut entendue dans des conseils qui portèrent un coup fatal à la race de ce prince. Mes yeux ont vu rendre justice à celui qui a donné naissance à cette langue double, instrument de Bélial, qui gouverne maintenant un riche et puissant royaume.

— Mon père a pris la chevelure du grand chef?

— J'ai aidé à faire tomber sa tête! reprit le solitaire en même temps qu'un sourire amer se montrait sur ses lèvres, et qu'un regard brillant de satisfaction animait l'austérité de ses traits.

— Viens. L'aigle vole au-dessus des nuages, afin de pouvoir agiter librement ses ailes. La panthère fait des bonds plus allongés dans les plaines les plus vastes. Les plus gros poissons nagent dans l'eau la plus profonde. Mon père ne peut pas s'étendre au milieu de ses rochers. Il est trop grand pour se reposer dans un petit wigwam. Les bois sont immenses. Qu'il change la couleur de sa peau, et devienne une tête grise au feu du conseil de ma nation. Les guerriers écouteront ses paroles, car sa main a fait une action valeureuse!

— Cela ne peut pas être, cela ne peut pas être, Narragansett. Celui qui a été engendré dans l'esprit doit demeurer, et il serait plus facile à un nègre de devenir blanc, ou au léopard de changer sa peau tachetée, qu'il ne le serait à celui qui a senti le pouvoir du Seigneur de rejeter ses dons. Mais je te pardonne cette proposition, et je la regarde comme une preuve de ton amitié. Mes pensées sont toujours avec mon peuple. Cependant il s'y trouve une place pour d'autres affections. Romps cette ligue avec l'artificieux et turbulent Philippe, et que la hache soit à jamais enterrée dans le sentier entre ton village et les villes des Yengeeses.

— Où est mon village? Il y a un point sombre près des îles sur les terres du grand Lac; mais je ne vois point de huttes.

— Nous rebâtirons tes villes, et nous les peuplerons de nouveau. Que la paix soit entre nous.

— Mes pensées sont toujours avec mon peuple! répondit l'Indien en répétant les paroles du solitaire avec une emphase à laquelle on ne pouvait pas se méprendre.

Un long et mélancolique silence succéda. Et lorsque l'entretien fut repris, il eut rapport aux événements qui s'étaient passés depuis le temps où les deux amis habitaient ensemble la forteresse qui était élevée au milieu de l'ancienne habitation de la famille Heathcote. L'un et l'autre parurent trop bien comprendre leur caractère réciproque pour faire de nouvelles tentatives, et les ténèbres couvrirent la montagne avant qu'ils songeassent à rentrer dans la hutte solitaire.

CHAPITRE XXVII.

Dors ! tu as été un grand père, tu m'as donné un père, tu as créé une mère et deux filles.
SHAKSPEARE. *Cymbeline*

Le crépuscule avait cessé lorsque le vieux Mark Heathcote termina la prière du soir. La diversité des événements remarquables de la journée avait donné naissance à des impressions qui ne trouvaient de soulagement que dans l'expansion de sentiments pieux et exaltés ; dans l'occasion présente, le vieux Mark avait encore montré plus de zèle qu'à l'ordinaire, et un chrétien moins dévot que lui aurait pu trouver quelque surabondance dans l'offrande de ses actions de grâces et de ses louanges. Après avoir congédié les serviteurs de sa maison, il se rendit, soutenu par le bras de son fils, dans un appartement intérieur ; et là, entouré seulement par ceux qui avaient les droits les plus chers à ses affections, le vieillard éleva de nouveau la voix pour louer le Dieu qui, au milieu du chagrin général, avait daigné protéger particulièrement sa famille ; il prononça le nom de sa petite-fille retrouvée, et parla de sa captivité parmi les païens et de sa restauration au pied de l'autel avec la ferveur d'un chrétien qui voyait dans ces événements les sages décrets de la Providence, et avec une sensibilité que l'âge était loin d'avoir affaiblie. C'est à la fin de cet exercice religieux que nous venons retrouver la famille Heathcote.

L'esprit de la réforme avait conduit ceux qui ressentaient si violemment son influence à adopter plusieurs usages qui étaient au moins aussi peu séduisants pour l'imagination que les habitudes qu'ils taxaient d'idolâtrie étaient odieuses à leurs nouvelles théories. Les premiers protestants avaient tant retranché des cérémonies de l'Église, qu'il restait aux Puritains peu de chose à détruire sans courir le risque de dépouiller le culte de toute dignité. Par une étrange substitution de la subtilité à l'humilité, on trouvait pharisaïque de s'agenouiller en public, de crainte que la dévotion intérieure ne fût remplacée par les formes; et tandis que la rigidité des manières et le maintien prescrit aux religionnaires étaient observés avec tout le zèle de nouveaux convertis, les anciennes pratiques les plus naturelles étaient condamnées, principalement, nous le supposons, par ce goût d'innovation qui est l'inévitable défaut de tous les plans d'amélioration, qu'ils aient ou qu'ils n'aient pas de succès; mais bien que les Puritains refusassent de ployer les genoux lorsque les regards étaient attachés sur eux, même quand ils imploraient les faveurs le plus en harmonie avec leurs sublimes opinions, il leur était permis de prendre, lorsqu'ils étaient seuls, l'attitude qu'ils jugeaient sujette à tant d'abus, parce qu'elle offre l'aspect d'un zèle religieux, lorsque, au fond, l'âme sommeille en se confiant à ses prétentions morales.

Dans l'occasion que nous venons de citer, ceux qui adoraient Dieu en secret avaient pris l'attitude la plus humble de la dévotion. Lorsque Ruth Heathcote se leva, elle tenait la main de l'enfant qui, suivant ses opinions exaltées, sortait d'une condition plus affreuse à ses yeux que le tombeau. Elle avait usé d'une douce violence pour forcer sa fille étonnée à se joindre, du moins extérieurement, à la prière. Lorsque cet acte de dévotion fut terminé, Ruth essaya de lire dans les traits de la jeune femme l'impression que cette scène avait produite, avec toute la sollicitude d'une chrétienne et le tendre intérêt d'une mère.

Narra-Mattah, comme nous continuerons à la nommer, ressemblait, par l'expression de son visage et par son attitude, à un être en proie à l'illusion d'un rêve extraordinaire. Son oreille se rappelait des sons qui avaient si souvent été répétés dans son enfance, et sa mémoire présentait indistinctement à son souvenir la plupart des objets qui avaient été si subitement replacés devant ses yeux; mais ces prières frappaient alors son esprit, qui avait acquis sa force sous un système bien différent de théologie, et ses souvenirs venaient trop tard pour l'emporter sur des usages qui avaient captivé ses affections à l'aide de cette liberté séduisante à laquelle renoncent avec de grandes difficultés ceux qui ont goûté ses charmes pendant longtemps. Narra-Mattah était debout au milieu du cercle de ses graves parents, ressemblant à un de ces habitants de l'air, timide et à demi apprivoisé, que l'art humain a essayé de captiver en le plaçant parmi les habitants plus tranquilles et plus confiants d'une volière.

Malgré la chaleur de ses affections et son dévouement à tous les devoirs de sa position, Ruth Heathcote avait appris depuis longtemps à maîtriser jusqu'aux émotions les plus naturelles. Les premiers transports de joie et de reconnaissance étaient passés ; ils avaient été remplacés par la sollicitude et la vigilance que les événements qui venaient d'avoir lieu devaient naturellement produire. Les doutes, les pressentiments et même les craintes effrayantes qui la tourmentaient étaient cachés sous une apparence de satisfaction, et l'on voyait sur son front, qui avait été si longtemps obscurci par le chagrin, quelque chose qui ressemblait aux rayons du bonheur.

— Tu te rappelles ton enfance, ma chère Ruth, dit la mère lorsqu'un silence suffisamment long eut succédé à la prière. Nous n'avons pas été entièrement étrangers à tes pensées, et la nature a eu sa place dans ton cœur. Raconte-nous, mon enfant, tes courses errantes dans la forêt, et les souffrances que dans un âge si tendre tu as dû éprouver au milieu d'un peuple barbare. Nous aurons du plaisir à écouter tout ce que tu as vu et senti, maintenant que nous savons que tes malheurs sont passés.

Ruth Heathcote s'adressait à une oreille qui était sourde à un semblable langage. Narra-Mattah comprenait ses paroles, mais leur sens était enveloppé d'obscurité, elle ne désirait ni n'était capable de le comprendre. Ses regards, dans lesquels on lisait en même temps le plaisir et la surprise, étaient arrêtés sur le visage affectueux de sa mère. Tout à coup elle chercha dans les plis de son vêtement avec précipitation, et en tira une ceinture qui était richement ornée suivant la mode ingénieuse de son peuple adoptif. Elle s'approcha de sa mère, moitié chagrine, moitié contente, et ses mains, qui tremblaient également de timidité et de plaisir, arrangèrent cette ceinture autour de la taille de Ruth, de manière à montrer toute la richesse de son travail. Satisfaite de son action, la jeune femme, sans art, cherchait avec ardeur des signes d'approbation dans des yeux qui n'exprimaient que le regret. Alarmée d'une expression qu'elle ne pouvait comprendre, Narra-Mattah porta ses regards autour d'elle, comme si elle cherchait une protection contre un sentiment qui lui était étranger. Whittal Ring s'était glissé dans la chambre, et la jeune femme ne trouvant devant ses yeux aucun objet qui lui rappelât sa demeure chérie, fixa ses regards sur l'idiot vagabond. Elle lui montra l'ouvrage que ses mains venaient d'accomplir, eu appelant par un geste éloquent au goût de quelqu'un qui devait savoir si elle avait bien fait ou non.

— Parfaitement, répondit Whittal en s'approchant de l'objet de son admiration. C'est une magnifique ceinture, et la femme d'un sachem pouvait seule faire un don aussi rare.

La jeune femme croisa doucement ses bras sur sa poitrine, et parut de nouveau satisfaite d'elle-même et du monde entier.

— Il y a ici visiblement la main de l'auteur du mal, dit le Puritain ; corrompre le cœur par les vanités, égarer les affections en les rapportant aux choses de cette vie, c'est un de ses plus grands plaisirs ; une nature déchue ne l'aide que trop dans ses projets ; il faut surveiller cette enfant avec ferveur, ou il vaudrait mieux pour nous qu'elle reposât près de ses frères qui sont déjà les héritiers de la promesse.

Ruth garda le silence par respect ; elle s'affligeait de l'ignorance de son enfant ; mais l'amour maternel était fort dans son cœur ; avec le tact d'une femme et la tendresse d'une mère, elle vit que ce n'était pas par la sévérité qu'elle pouvait ramener sa fille à d'autres sentiments. Prenant un siége, elle attira près d'elle Narra-Mattah, et, demandant le silence par un regard qu'elle adressa autour d'elle, guidée par l'influence de la nature, elle essaya de pénétrer les mystères de l'esprit de sa fille.

— Viens près de moi, Narra-Mattah, dit-elle, employant le seul nom auquel sa fille voulait répondre ; tu es encore dans ta jeunesse, mon enfant ; mais il a plu à celui dont les volontés sont des lois de t'avoir rendue témoin de bien des changements dans cette vie. Dis-moi si tu te rappelles les jours de ton enfance ; si tes pensées te ramenaient quelquefois dans la maison de ton père, pendant ces tristes années que tu fus éloignée de nous.

Ruth avait doucement usé de force pour attirer sa fille près d'elle tandis qu'elle parlait ; et Narra-Mattah reprit cette attitude qu'elle venait de quitter, s'agenouillant à côté de sa mère, comme elle avait souvent fait dans son enfance. Ce mouvement était trop plein de tendres souvenirs pour ne pas être accueilli avec reconnaissance, et la jeune femme des forêts eut la permission de garder cette attitude pendant une partie du dialogue qui suivit. Mais tandis qu'elle faisait ainsi un acte d'obéissance physique, ses regards étonnés, qui avaient tant d'éloquence pour exprimer toutes les émotions de son âme, manifestèrent pleinement que les caresses de Ruth et la douceur de ses accents étaient seuls compris. La mère clairvoyante s'aperçut du motif du silence de sa fille, et, maîtrisant tout le chagrin qu'elle lui causa, elle essaya de ployer son langage aux habitudes d'un être si simple.

— Les têtes à cheveux blancs de ton peuple furent jeunes elles-mêmes autrefois, dit-elle, et elles se rappellent la hutte de leurs pères. Ma fille se souvient-elle quelquefois du temps où elle jouait parmi les enfants des visages pâles ?

La jeune Narra-Mattah écoutait attentivement. Sa connaissance de l'anglais avait été suffisamment cultivée avant sa captivité, et elle avait été trop souvent exercée par les rapports avec les blancs, et plus particulièrement avec Whittal Ring, pour lui laisser des doutes sur ce qu'elle entendait. Avançant timidement la tête au-dessus de l'épaule de sa mère, elle arrêta ses yeux sur le visage de Marthe, étudia ses traits avec attention pendant une minute, et se mit à éclater de rire avec tout le bruit, toute la gaieté d'une jeune fille indienne.

— Tu ne nous as pas oubliés! reprit Ruth; ce regard, adressé à celle qui fut la compagne de ton enfance, m'assure que nous posséderons bientôt les affections de notre fille comme nous possédons maintenant sa personne. Je ne te parlerai pas de cette nuit effrayante où la violence des sauvages t'arracha de nos bras, ni du chagrin amer dont ta perte nous accabla; mais il y a un être qui doit toujours être connu de toi, ma fille; celui qui est assis au-dessus des nuages, qui tient la terre dans le creux de sa main, et qui regarde avec miséricorde tous ceux qui voyagent sur le sentier qu'il indique lui-même. A-t-il toujours une place dans tes pensées? Tu te rappelles son saint nom, et tu connais encore son pouvoir?

Narra-Mattah pencha la tête comme pour mieux comprendre ce qu'elle entendait; ces traits, qui venaient de sourire, exprimèrent tout à coup le plus profond respect, et, après un moment de silence, elle murmura le nom de Manitou!

— Manitou ou Jéhovah! Dieu ou le roi des rois! le Seigneur des seigneurs! N'importe quel terme est employé pour exprimer son pouvoir! Tu le connais alors, et tu n'as jamais cessé de l'implorer!

— Narra-Mattah est une femme. Elle peut parler tout haut à Manitou. Il connaît la voix des chefs, et ouvre les oreilles lorsqu'ils demandent son secours.

Le Puritain fit entendre un gémissement, mais Ruth maîtrisa

son propre chagrin, de crainte de perdre la confiance renaissante de sa fille.

— Cela peut être le Manitou d'un Indien, dit-elle, mais ce n'est pas le Dieu des chrétiens. Tu es d'une race dont le culte est différent; et, il est convenable que tu implores le Dieu de tes pères. Les Narragansetts eux-mêmes enseignent cette vérité! Ta peau est blanche, et tes oreilles doivent écouter les traditions des hommes de ton sang.

Narra-Mattah laissa tomber sa tête sur son sein, à cette allusion sur sa couleur, comme si elle eût voulu cacher à tous les yeux cette blancheur dont elle était honteuse; mais elle n'eut pas le temps de répondre; Whittal Ring s'approcha d'elle, et, montrant la couleur brillante des joues de la jeune femme, brunies par le soleil d'Amérique, il dit :

— La femme du sachem a commencé à changer : elle sera bientôt comme Nipset, toute rouge. Vois, ajouta-t-il en posant un doigt sur son propre bras où le soleil et les vents n'avaient pas encore détruit la couleur première, le malin esprit verse aussi de l'eau dans mon sang; mais elle s'en ira bientôt. Aussitôt que sa peau sera assez brune pour que le malin esprit ne la reconnaisse pas, il ira sur le sentier de la guerre; alors les menteurs visages pâles peuvent déterrer les os de leurs pères et se diriger vers le soleil levant, ou sa hutte sera tapissée de cheveux de la couleur du daim !

— Et toi, ma fille, dit Ruth, peux-tu entendre sans frémir ces menaces contre le peuple de ta race, de ton sang, de ton Dieu ?

Les yeux de Narra-Mattah exprimèrent l'incertitude; cependant ils étaient arrêtés avec bonté sur Whittal. Cet idiot, rempli de sa gloire imaginaire, éleva la main d'un air exalté, et, par un geste auquel on ne pouvait se méprendre, il indiqua la manière avec laquelle il ravirait aux victimes le trophée ordinaire. Tandis que le jeune homme jouait cette affreuse mais expressive pantomime, Ruth, respirant à peine, examinait avec angoisse l'expression du visage de sa fille. Elle eût été consolée par un seul regard de désapprobation, par un simple geste, par le moindre signe enfin qui eût montré qu'un être si charmant et si doux dans toute autre circonstance était révolté de cette habitude barbare de son peuple adoptif. Mais une impératrice de Rome contemplant l'agonie d'un malheureux gladiateur, l'épouse d'un prince plus moderne lisant la liste sanglante des victimes du triomphe de son mari, une belle fiancée écoutant les hauts faits de celui que son imagination lui représentait comme un héros, n'aurait pas montré moins d'indifférence pour les souffrances humaines, que la femme du sachem regardant la pantomime de ces exploits qui avaient obtenu à son mari une si haute renommée. Il n'était que trop évident que cette représentation, toute cruelle et sauvage qu'elle était, n'offrait à son esprit que des tableaux qui devaient plaire à la compagne choisie d'un guerrier. Ses traits et ses yeux proclamaient le plaisir que devait lui causer le triomphe des Indiens; et lorsque Whittal, excité par ses propres efforts, se livra à ces jeux cruels, il fut récompensé par un nouvel éclat de rire. Les accents de la voix de Narra-Mattah, dont la douceur offrait un si pénible contraste avec cet accès de joie involontaire, résonnèrent comme un glas funèbre aux oreilles de Ruth et détruisirent à ses yeux toute la beauté morale de sa fille. Cette mère désolée posa son front pâle sur sa main, et parut méditer pendant longtemps sur la dépravation d'une âme qui promettait jadis d'être si pure.

Les colons n'avaient pas encore renoncé à tous ces liens naturels qui les unissaient à l'hémisphère oriental. Leurs légendes, leur fierté, et souvent leurs souvenirs, continuaient la chaîne d'amitié, et on pourrait ajouter de fidélité, qui les unissait au pays de leurs ancêtres. Dans l'imagination de leurs descendants, aujourd'hui même, le *beau idéal* de la perfection, en tout ce qui a rapport aux qualités humaines et au bonheur humain, est lié aux images du pays dont ils sont descendus. On sait que l'éloignement adoucit les formes des objets : on peut porter ce jugement au moral comme au physique. Les contours bleuâtres d'une montagne qui se confondent avec les nuages ne sont pas plus beaux que les choses moins matérielles dont nos rêveries nous présentent l'image : mais le voyageur, lorsqu'il s'approche, trouve trop souvent la difformité où il avait placé une beauté imaginaire. Il n'était donc pas surprenant que les habitants des provinces de la Nouvelle-Angleterre mêlassent les souvenirs du pays qu'ils appelaient toujours leur patrie, avec la plupart des images poétiques de leurs songes. Ils avaient conservé le langage, les livres et la plupart des habitudes des Anglais; mais différentes circonstances divisèrent leurs intérêts, et les opinions particulières occasionnèrent les dissensions que le temps a augmentées, et qui ne laisseront bientôt plus rien de commun aux deux peuples, excepté le même langage et la même origine. Il faut espérer qu'un peu de charité se joindra à ces liens.

Les habitudes sévères des religionnaires, dans toutes les provinces, étaient en opposition avec les plus simples délassements de la vie. Les arts n'étaient permis que dans un but utile. Chez eux, la musique était réservée pour le service de Dieu, et pendant longtemps une chanson n'avait jamais distrait l'esprit de ce qui était regardé comme l'objet le plus important de l'existence. Aucun vers n'était chanté, excepté ceux qui mêlaient des idées saintes au plaisir de l'harmonie, et l'on n'entendit jamais les sons de la débauche dans les limites de leurs demeures. Des mots adaptés à la condition particulière des habitants de cette province avaient été adoptés, et quoique la poésie ne fût un don ni commun ni brillant parmi un peuple habitué aux pratiques ascétiques, elle parla de bonne heure dans les pièces de vers qui étaient destinées, bien qu'il soit pardonnable de douter de leur succès, à célébrer la gloire de la Divinité. Par une conséquence naturelle de cette pieuse pratique, on avait arrangé quelques unes de ces chansons spirituelles à l'usage des femmes qui berçaient leurs enfants.

Lorsque Ruth Heathcote appuya son front sur sa main, ce fut avec la pénible conviction que son empire sur l'esprit de sa fille était bien affaibli, s'il n'était pas perdu à jamais. Mais les efforts de l'amour maternel ne se découragent pas facilement. Une pensée frappa l'esprit de Ruth, et elle essaya aussitôt l'expérience qu'elle lui suggéra. La nature l'avait douée d'une voix mélodieuse et d'un goût instinctif : elle savait moduler les sons pour les faire parvenir jusqu'au cœur; elle possédait le génie de la musique, qui est la mélodie dépouillée des ornements de ce qu'on appelle la science. Attirant sa fille plus près d'elle encore, elle commença une de ces chansons en usage parmi les mères de la colonie. Les premiers sons s'élevèrent à peine au-dessus du murmure de l'air du soir; puis ils acquirent bientôt cette plénitude et cette correction qu'un air si simple exigeait.

Pendant les premières paroles de cette chanson, Narra-Mattah prêta la plus vive attention. On eût dit que ses formes gracieuses venaient d'être changées en marbre. Mais le plaisir brillait dans ses yeux, et, avant que le second vers fût terminé, il n'était aucun de ses traits qui n'exprimât vivement le charme où elle était plongée. Ruth ne faisait pas cette expérience sans trembler sur ses résultats. L'émotion donne du sentiment à la musique, et lorsque, pour la troisième fois pendant le cours de son chant, elle s'adressa à sa fille, elle vit ses yeux bleus et doux, qui étaient fixés sur elle, remplis de larmes. Encouragée par cette preuve non équivoque de succès, la nature devint encore plus puissante dans ses efforts; et lorsque les derniers vers furent chantés, la tête de Narra-Mattah était appuyée sur le cœur de sa mère, comme pendant les premières années de son enfance, quand elle écoutait ces chants harmonieux et mélancoliques.

Content, calme en apparence, surveillait avec anxiété ce retour d'intelligence entre sa femme et son enfant. Il comprenait l'expression qui brillait dans les yeux de Ruth, tandis que ses bras entouraient avec précaution celle qui était toujours appuyée sur son sein, comme si elle eût craint qu'un être aussi timide ne fût effrayé et rappelé trop subitement à lui-même par des caresses auxquelles il n'était point habitué. Une minute s'écoula dans le plus profond silence. Whittal Ring lui-même semblait participer à l'émotion générale, et il s'était passé de tristes années depuis que Ruth n'avait joui d'un bonheur aussi pur. Cette tranquillité fut troublée par des pas bruyants qui se firent entendre dans une chambre voisine; la porte fut ouverte avec une espèce de violence, et le jeune Mark parut. Son visage était animé par la course, son front semblait avoir conservé l'expression terrible qu'il avait pendant la bataille, et ses pas précipités annonçaient un esprit agité par quelque passion violente. Le paquet de Conanchet était sur son bras; il le posa sur une table, le montra d'un air qui semblait appeler l'attention, et, se détournant brusquement, il quitta la chambre.

Un cri de joie s'échappa des lèvres de Narra-Mattah aussitôt qu'elle aperçut les bandes enrichies de perles. Les bras de Ruth, qui entouraient toujours la taille de sa fille, retombèrent avec surprise. Avant que l'étonnement eût fait place à des idées suivies, l'être à demi sauvage qui était à ses genoux vola vers la table, revint prendre sa première attitude, ouvrit l'enveloppe du paquet, et présenta aux regards surpris de sa mère le visage paisible d'un enfant indien.

La plume la plus exercée ne pourrait donner au lecteur une juste idée des sentiments opposés qui se disputaient le cœur de Ruth. Le sentiment inné de l'amour maternel semblait combattu par les sentiments de fierté que toute injure ne pouvait manquer de produire même dans l'âme d'une personne aussi douce. Il était inutile de demander l'histoire de l'enfant dont les yeux étaient déjà fixés sur le visage de Ruth avec ce calme particulier qui rendait sa race si remarquable. C'était le regard brillant des yeux noirs de Conanchet, quoique affaibli par l'enfance ; c'était aussi le front plat et la lèvre comprimée de son père. Mais tous ces signes d'une origine indienne étaient adoucis par cette beauté qui avait rendu l'enfance de sa propre fille si touchante.

— Vois, dit Narra-Mattah en élevant l'enfant plus près des yeux de Ruth, c'est un sachem des Peaux Rouges ; le petit aigle a quitté son nid trop tôt.

Ruth ne put résister à l'appel d'une fille chérie ; courbant sa tête afin de cacher la rougeur de son visage, elle déposa un baiser sur le front de l'enfant indien ; mais l'œil jaloux de la jeune mère ne pouvait pas être trompé. Narra-Mattah s'aperçut de la différence qui existait entre cette froide caresse et les baisers si tendres qu'elle avait elle-même reçus ; un frisson glacé passa sur son cœur. Replaçant les plis de l'enveloppe avec une froide dignité, elle se leva, et alla tristement dans un coin de la chambre ; là elle prit un siége, et, jetant sur sa mère un regard qui exprimait presque le reproche, elle chanta d'une voix basse une chanson indienne pour son enfant.

— La sagesse de la Providence est dans tout ceci, murmura Content à sa compagne absorbée dans ses réflexions : si nous avions retrouvé notre fille telle que nous l'avions perdue, cette faveur eût été au-dessus de nos mérites. Notre fille est chagrine, parce que tu as regardé son enfant avec froideur.

Cet appel fut suffisant pour une mère dont les affections avaient été blessées plutôt que refroidies ; il rappela Ruth à elle-même, et dissipa les nuages dont le regret avait chargé son front. Le mécontentement ou, pour parler avec plus de justesse, le chagrin de la jeune mère fut facilement apaisé ; un sourire accordé à son enfant ramena rapidement le sang vers son cœur, et Ruth elle-même oublia bientôt qu'elle avait quelques motifs de regrets, en voyant la joie maternelle avec laquelle Narra-Mattah lui faisait admirer la force de son fils. Content fut trop promptement arraché à cette scène touchante ; on vint l'avertir que des personnes du village désiraient l'entretenir sur des affaires importantes pour la colonie.

CHAPITRE XXVIII.

Ils veulent du sang; ils disent: Du sang! nous voulons avoir du sang!

CONTENT passa dans un autre appartement, et trouva le docteur Ergot, le révérend Meek Wolf, l'enseigne Dudley et Reuben Ring. Ils avaient un maintien compassé qui n'eût point déshonoré un conseil indien. On salua Content avec cet air raide et guindé dont les peuples des Etats orientaux de la république n'ont point encore perdu l'usage : cette manière de saluer leur a mérité, dans les lieux où ils sont peu connus, la réputation de manquer des sentiments les plus conciliants de la nature. Mais c'était particulièrement le siècle des sublimités religieuses, de la mortification extérieure et d'une morale sévère; la plupart des hommes de cette époque supposaient que c'était un mérite de montrer dans toutes les occasions le pouvoir de l'esprit sur les impulsions animales. Cet usage, qui prit sa source dans les idées exaltées de la perfection spirituelle, est devenu depuis une habitude qui, bien qu'affaiblie par l'influence du temps, existe encore à un degré qui fait souvent porter un jugement injuste sur ceux qui le pratiquent.

A l'arrivée du maître de la maison, il y eut un silence de décorum, comme celui qui précédait alors les communications des premiers habitants du pays. Enfin l'enseigne Dudley, poussé par un caractère plus rude que celui de ses compagnons, manifesta quelques signes d'impatience qui semblaient inviter le ministre à entamer l'affaire. Ainsi pressé, et pensant qu'une concession suffisante avait été faite à la dignité de la nature de l'homme, Meek Wolf ouvrit la bouche pour parler.

— Capitaine Heathcote, dit-il avec la mysticité amphigourique que l'habitude avait rendue inséparable de ses discours; capitaine Content Heathcote, ce jour a vu naître de terribles afflictions et de grandes faveurs temporelles. Les sauvages ont été punis par les croyants, et les mains des croyants ont payé leur manque de foi par les maux que leur ont causés les sauvages. Azazel a été déchaîné sur notre village, les légions de l'Esprit des ténèbres se sont répandues dans nos champs, et cependant le Seigneur s'est ressouvenu de son peuple, et l'a conduit à travers une épreuve de sang aussi périlleuse que le passage de la nation choisie à travers les flots de la mer Rouge. Il y a des causes de deuil et des causes de joie dans la manifestation de sa volonté : de deuil parce que nous avons mérité sa colère, et de joie parce qu'il a trouvé en nous assez de bien pour sauver nos cœurs comme il eût sauvé Gomorrhe s'il y avait trouvé assez de justes. Mais je parle à un homme instruit dans la discipline spirituelle, et élevé dans les vicissitudes du monde. De plus longs discours ne sont pas nécessaires pour éveiller ses appréhensions. Nous allons donc procéder à un exercice plus temporel. Toutes les personnes de ta maison ont-elles échappé sans blessures aux épreuves de cette journée sanglante?

— Nous louons le Seigneur de ce que telle a été sa volonté, répondit Content. Le coup est tombé légèrement sur moi et les miens, et nous n'avons à gémir que sur le deuil de nos amis.

— Tu as eu ton temps; le père cesse de châtier lorsqu'on n'oublie pas les anciens châtiments. Mais voilà le sergent Ring; il a des communications à te faire, qui donneront encore de l'occupation à ton courage et à ta sagesse.

Content tourna ses regards tranquilles sur le milicien, et sembla attendre ce qu'il avait à lui dire. Reuben Ring possédait des qualités précieuses et solides, il eût probablement exercé les fonctions militaires de son beau-frère s'il eût été doué de la même facilité à s'exprimer; mais son mérite était plutôt dans ses actions que dans ses paroles, et il aurait obtenu plus de popularité peut-être si le contraire avait eu lieu. Dans l'occasion présente cependant il se trouvait obligé de vaincre sa répugnance à parler, et il se prépara à répondre au regard interrogateur de son commandant.

— Le capitaine sait comment nous avons battu les sauvages à l'extrémité méridionale de la vallée, dit-il, et il n'est pas nécessaire d'entrer dans de grands détails. Il y eut vingt-six Peaux Rouges tuées dans les prairies, et plus de trente qui quittèrent le champ de bataille dans les bras de leurs amis. De notre côté peu d'hommes furent blessés, et chacun revint sur ses propres jambes.

— C'est ainsi qu'on me l'a rapporté.

— Alors on envoya un parti dans les bois sur la trace des Indiens, reprit Reuben Ring sans avoir l'air de s'apercevoir de cette interruption. Les batteurs d'estrade partirent deux à deux, puis ils se séparèrent et cherchèrent un à un ; j'étais du nombre. Les deux hommes dont il est question.....

— De quels hommes parles-tu ? demanda Content.

— Les deux hommes dont il est question, reprit le milicien continuant de raconter à sa manière, sans paraître convaincu de la nécessité de joindre les fils de son discours, les hommes dont j'ai parlé au ministre et à l'enseigne.....

— Continuez, dit Content qui comprenait ce que cela voulait dire.

— Lorsqu'un de ces hommes fut conduit à sa fin, je ne vis aucune raison de rendre la journée encore plus sanglante qu'elle ne l'avait été, principalement parce que le Seigneur l'avait commencée en répandant ses généreuses bénédictions sur ma propre demeure. Avec une semblable opinion de ce qu'il était juste de faire je liai l'autre et le conduisis dans le défrichement.

— Tu as fait un prisonnier ?

Les lèvres de Reuben remuèrent à peine lorsqu'il répondit affirmativement ; mais l'enseigne Dudley prit sur lui la charge d'entrer dans de plus amples explications. Il reprit la narration au point où Reuben l'avait laissée.

— Comme le sergent l'a raconté, dit-il, un des païens succomba, et l'autre est maintenant près d'ici, attendant son jugement.

— Je suppose qu'on a l'intention de ne lui faire aucun mal, dit Content jetant un regard inquiet sur ses compagnons. La guerre en a assez fait dans notre établissement aujourd'hui. Le sergent a le droit de réclamer une prime pour l'homme qui est mort ; mais qu'il soit accordé miséricorde pour celui qui vit encore.

— La miséricorde est une vertu d'origine céleste, répondit Meek Wolf, et l'on ne doit point l'exercer pour détruire les desseins de la sagesse céleste. Azazel ne doit pas triompher, et la tribu de Narragansett doit être renversée avec le balai de la destruction. Nous sommes d'une race sujette à faillir et à errer, capitaine Heathcote, et il est d'autant plus juste de nous soumettre sans rébellion au juge intérieur qui nous a été donné pour nous enseigner la route de notre devoir.

— Je ne peux pas consentir à répandre du sang lorsque le combat a cessé, interrompit Content avec précipitation. Grâce à la Providence, nous sommes vainqueurs, et il est temps d'écouter les conseils de l'humanité.

— Telles sont les déceptions d'une sagesse peu éclairée, reprit le ministre, dont l'œil terne et enfoncé s'animait aux suggestions d'un esprit subtil et exagéré. La perte de tous est à désirer, et nous ne pouvons sans un extrême danger douter des pensées qui nous viennent du Ciel. Mais il n'est point question ici de l'exécution du captif, puisqu'il offre de nous servir dans des choses bien plus importantes que le peuvent être sa vie ou sa mort. Le païen s'est rendu sans beaucoup d'efforts, et nous a fait des propositions qui doivent amener les épreuves de ce jour à une fin profitable.

— S'il peut aider à mettre un terme aux périls de cette guerre cruelle, il ne trouvera personne mieux disposé que moi à l'écouter.

— Il se dit capable de nous rendre service.

— Alors, au nom de la miséricorde divine, qu'on l'amène ici, afin que nous jugions de ses propositions.

Meek fit un signe au sergent Ring, qui quitta l'appartement pendant un instant, et revint aussitôt avec le captif. L'Indien était un de ces sauvages sombres, au regard méchant, avec tous les défauts de leur race sans en avoir les qualités. Son air était refrogné et soupçonneux; on voyait en même temps dans ses yeux la crainte et des désirs de vengeance; sa taille était moyenne et n'offrait rien de remarquable; son vêtement indiquait un guerrier de la seconde classe. Cependant, par le calme de son maintien, la sûreté de son pas, et l'empire qu'il possédait sur tous ses mouvements, il montrait l'impassibilité de sa nation avant que de fréquents rapports avec les blancs eussent détruit ce caractère distinctif.

— Voici le Narragansett, dit Reuben Ring en ordonnant à son prisonnier d'avancer dans le milieu de la chambre : ce n'est point un chef, on peut le reconnaître à ses regards incertains.

— Peu importe son rang, s'il tient ce qu'il a promis. Nous cherchons à arrêter le sang qui coule maintenant comme un torrent dans ces malheureuses colonies.

— Il le fera, répondit le théologien, ou nous le rendrons responsable de son manque de foi.

— Et de quelle manière, dit-il, pouvoir nous aider à arrêter cette œuvre de destruction ?

— En nous facilitant la prise du cruel Philippe et de son sauvage allié, le vagabond Conanchet. Ces chefs détruits, nous pourrons rentrer en paix dans notre temple, et les actions de grâces s'élèveront encore dans notre Béthel sans la profane interruption des hurlements des sauvages.

Content frémit et recula d'un pas en écoutant la nature du service qui était proposé.

— Et avons-nous une garantie de la justice de cette action, si cet homme tient sa parole ? dit Content d'une voix qui manifestait assez ses doutes sur l'équité d'une semblable mesure.

— Nous avons pour loi la nécessité d'une nature souffrante, et la gloire de Dieu pour notre justification, répondit sèchement le ministre.

— Ceci dépasse les bornes de l'autorité que j'ai reçue; je n'aimerais pas à me charger d'une aussi grande responsabilité sans en recevoir l'ordre écrit.

— Cette objection a élevé quelques difficultés dans mon esprit, observa l'enseigne Dudley ; elle a fait naître une réflexion, et il est possible que ce que je vais offrir ait l'approbation du capitaine.

Content savait que son ancien serviteur, malgré la rudesse de son apparence, avait un cœur humain. D'un autre côté, quoiqu'il se l'avouât à peine à lui-même, il avait une crainte secrète des sentiments exagérés de son guide spirituel, et il reçut la proposition de Dudley avec un plaisir qu'il ne désirait pas même cacher.

— Parle ouvertement, dit Content : dans des affaires d'une si haute importance, chacun doit émettre son opinion.

— Cette affaire peut être terminée sans entrer dans les difficultés que le capitaine semble craindre. Nous avons l'Indien qui offre de conduire un parti dans la forêt, au repaire de ces chefs cruels : là nous pourrons nous conduire comme notre courage et la prudence nous l'indiqueront.

— Et en quoi vous proposez-vous de vous écarter des suggestions qui ont été déjà faites?

L'enseigne Dudley ne s'était pas élevé au rang qu'il occupait sans avoir acquis la réserve convenable qui donne une certaine dignité aux sentiments d'un homme en place. Ayant hasardé, quoique vaguement, son opinion devant ses auditeurs, il attendait patiemment l'effet qu'elle produirait sur l'esprit de son supérieur, lorsque le capitaine, par l'expression de ses traits non moins que par la question qu'il fit, prouva qu'il n'avait pas compris l'expédient que son subalterne proposait.

— Je pense qu'il n'y a aucune nécessité de faire de nouveaux captifs, dit l'enseigne, puisque le seul que nous ayons élève des difficultés dans notre conseil. S'il y a quelque loi qui dise qu'il faut frapper de main forte dans une bataille, c'est une loi dont on parle rarement dans la conversation ; et, bien que je ne prétende pas à la sagesse d'un législateur, je serai assez hardi pour ajouter : C'est une loi qu'on fera bien d'oublier jusqu'à ce que la guerre avec les sauvages soit terminée.

— Nous avons affaire à un ennemi dont la main ne s'arrête jamais pour accorder merci, observa Meek Wolf; et bien que la charité soit le fruit des qualités chrétiennes, il y a un devoir plus grand que tous ceux qui appartiennent à la terre. Nous ne sommes que de faibles instruments dans les mains de la Providence, et en conséquence nous ne devons pas endurcir notre esprit par nos impressions intérieures. Si l'on pouvait espérer moins de cruauté dans la conduite des sauvages, nous pourrions voir un terme à nos malheurs; mais l'esprit des ténèbres est toujours en possession de leurs cœurs, et l'on nous enseigne à croire qu'on connaît l'arbre par ses fruits.

Content quitta l'appartement en faisant signe à tous ceux qui y étaient d'attendre son retour. Il revint aussitôt, et conduisit sa fille dans le milieu du cercle. Cette jeune femme alarmée serrait son enfant contre son cœur, tandis qu'elle regardait avec timidité les graves visages des planteurs. Ses yeux se détournèrent lorsqu'ils rencontrèrent le regard glacial et équivoque du révérend Meek Wolf.

— Tu as dit que les sauvages n'écoutaient jamais la pitié, dit Content ; voici une preuve vivante de ton erreur : les malheurs qui ont accablé autrefois ma famille ne sont ignorés de personne dans cet établissement ; tu vois dans cette tremblante créature la fille de notre amour dont nous avons porté le deuil pendant si longtemps. L'enfant pleuré de ma maison est de nouveau parmi nous ; nos cœurs ont été oppressés, ils sont maintenant dans la joie ; Dieu nous a rendu notre enfant.

Il y avait une sensibilité si profonde dans les accents du père, qu'ils attendrirent la plupart de ses auditeurs; mais chacun manifesta son émotion suivant les dispositions habituelles de son âme. Le théologien était touché, et toute l'énergie de ses principes sévères ne put triompher d'une faiblesse qu'il eût jugée indigne de l'exaltation spirituelle de son caractère; il restait muet, ses mains appuyées sur ses genoux, trahissant seulement ses efforts par la compression des doigts de ses mains entrecroisés, et de temps en temps par un mouvement involontaire des muscles de son visage. Dudley avait permis à un sourire de plaisir d'errer sur son large visage, et le médecin, qui avait été jusque-là simple auditeur, prononça à voix basse quelques phrases d'admiration sur les perfections physiques de l'être qui était devant lui; il s'y mêlait aussi quelques symptômes de sensibilité.

Reuben Ring fut le seul qui trahit ouvertement tout l'intérêt qu'il prenait au retour de la jeune fille; le robuste planteur se leva, et, s'approchant de Narra-Mattah, il prit l'enfant dans ses larges mains, et pendant un moment l'honnête habitant des frontières regarda le jeune Indien d'un œil humide ; puis, élevant le petit visage de l'enfant jusqu'au sien, il posa un baiser sur sa joue et le rendit à sa mère qui avait surveillé cette scène avec l'inquiétude que montre la femelle du roitelet lorsque le hérisson s'approche trop près de ses petits.

—Tu vois que la main d'un Narragansett peut s'arrêter au moment de frapper, dit Content d'une voix qui trahissait ses espérances de victoire, lorsqu'un profond silence eut succédé à cette petite scène d'attendrissement.

—Les voies de la Providence sont mystérieuses, répondit Meek; lorsqu'elles apportent à nos cœurs des consolations, il est juste que nous soyons reconnaissants, et lorsqu'elles nous accablent d'afflictions, il faut se soumettre humblement à ses ordres; mais les visitations de la Providence dans une famille sont simplement....

Le ministre s'arrêta, car dans ce moment la porte de l'appartement s'ouvrit, et plusieurs habitants du village entrèrent portant un fardeau qu'ils déposèrent avec un grave respect au milieu de la chambre. L'arrivée peu cérémonieuse des villageois et l'austérité plus qu'ordinaire de leurs traits proclamaient que le motif de leur message était une excuse suffisante pour leur interruption. Si les incidents de la journée n'avaient pas porté à supposer que le fardeau qu'on venait de déposer dans la chambre était un corps humain, la contenance de ceux qui l'avaient apporté aurait pu le faire supposer.

— Je croyais qu'aucun homme n'avait succombé dans le combat, excepté ceux qui trouvèrent la mort près de ma demeure, dit Content après un triste et religieux silence. Otez ce voile funèbre, que nous puissions reconnaître celui qui a succombé.

Un des jeunes gens obéit. Il ne fut pas facile de reconnaître, au milieu des mutilations exercées par la barbarie des sauvages, l'image de celui qui avait cessé de vivre; mais un second regard découvrit les traits sanglants, sur lesquels on voyait encore l'empreinte de la souffrance, du messager qui avait quitté Wish-ton-Wish dans la matinée, chargé des ordres des autorités des colonies. Quoique habitués aux horribles inventions de la cruauté indienne, les planteurs détournèrent les yeux à ce spectacle fait pour glacer les sens de tous ceux dont les cœurs n'étaient point endurcis aux souffrances humaines. Content fit signe de couvrir ces tristes restes, et se cacha le visage en frémissant.

Il n'est pas nécessaire de nous arrêter sur la scène qui suivit. Meek Wolf se prévalut de cet événement pour faire adopter son plan par l'officier supérieur de la petite colonie. Content était, sa contredit, mieux disposé à écouter ses propositions depuis qu'il avait sous les yeux une nouvelle preuve de la férocité des ennemis; cependant il cédait avec répugnance, et ce ne fut qu'avec l'intention d'agir avec une extrême prudence qu'il consentit à donner des ordres pour le départ d'un corps de troupes au point du jour suivant. Comme tout cet entretien fut entremêlé de ces allusions à peine intelligibles qui distinguaient la conversation des Puritains, il est probable que chacun avait intérieurement ses vues particulières sur ce sujet; il est certain en même temps que tous croyaient ne céder qu'à une juste appréciation de leurs intérêts temporels, qui était d'autant plus digne de louange qu'elle se trouvait liée au service de leur divin maître.

Lorsque les habitants du village quittèrent l'appartement, Dudley resta un instant seul avec son ancien maître. Le visage franc de l'enseigne avait plus d'expression qu'à l'ordinaire, et il s'arrêta un moment, même lorsqu'il fut certain que ceux qui étaient en dehors ne pouvaient plus l'entendre, avant de trouver le courage de faire la proposition dont son esprit était préoccupé.

—Capitaine Content Heathcote, dit-il enfin, le bien et le mal ne viennent pas seuls dans cette vie. Tu as trouvé celle que nous avons cherchée avec tant de peine et de dangers; mais tu as trouvé avec elle plus qu'un chrétien ne pouvait désirer. Je suis un homme d'une humble condition; mais je crois savoir quels sont les sentiments d'un père qui retrouve son enfant par une faveur si particulière.

—Parle clairement, dit Content d'une voix ferme.

—Je voulais dire qu'il pourrait n'être pas agréable pour un homme dont la place est marquée parmi les premiers de la colonie, d'avoir un petit-fils croisé de sang indien, et dont la naissance ainsi que le mariage de ses parents n'ont point été célébrés par les cérémonies chrétiennes. Nous avons ici Abondance, femme d'une précieuse utilité dans un nouvel établissement, qui a donné à Reuben Ring trois nobles fils ce matin même. Cette nouvelle est peu répandue et produira peu d'impression, parce que cette brave femme est habituée à une semblable libéralité de la Providence, et parce que ce jour a produit de plus grands événements. Un enfant de plus ou de moins avec une telle femme ne peut ni exciter la curiosité des voisins ni faire une grande différence dans le ménage. Mon frère Ring serait heureux d'ajouter ce garçon à sa famille; et si l'on faisait quelques remarques touchant la couleur de sa peau, dans l'avenir on ne pourrait en être sûr puis, puisque les quatre enfants seraient nés le jour d'un combat terrible, rouge comme Metacom lui-même!

Content écouta l'enseigne Dudley sans l'interrompre. Pendant un seul instant le langage d'abord équivoque de son compagnon le fit rougir par un sentiment mondain auquel il était depuis longtemps étranger; mais cette impression pénible disparut promptement, et l'on vit à sa place cette soumission aux décrets de la Providence qui caractérisait son maintien.

—J'ai été troublé par cette pensée de vanité, répondit-il, je ne dois pas le cacher; mais le Seigneur m'a donné assez de force pour y résister. C'est sa volonté qu'un enfant d'origine païenne trouve un abri sous mon toit; que sa volonté soit faite! Mon enfant et tous ceux qui lui appartiennent sont les bienvenus.

Dudley n'insista pas davantage, et les deux colons se séparèrent.

CHAPITRE XXIX.

> Attendez un peu, voilà quelque autre chose encore.
> SHAKSPEARE. *Le Marchand de Venise.*

Nous changeons le lieu de la scène. Le lecteur voudra bien se transporter de la vallée de Wish-ton-Wish au milieu d'un bois sombre.

Peut-être de tels lieux ont été trop souvent décrits pour que de nouveaux détails soient bien nécessaires. Cependant, comme ces pages tomberont peut-être entre les mains de personnes qui n'ont jamais quitté les anciens Etats de l'Union, nous nous croyons obligés de leur donner une description du théâtre où nous venons de transporter l'action.

Quoiqu'il soit certain que la nature animée, comme celle qui ne l'est pas, ait ses périodes, l'existence des arbres n'a point de limites fixées et communes à toutes les espèces. Le chêne, l'orme, le tilleul, le sycomore, qui croît si vite, l'immense pin, ont leurs lois particulières pour leur croissance, leur grandeur et leur durée. Grâce à cette sagesse de la nature, le désert, au milieu de tant de changements successifs, se maintient toujours à un point qui approche de la perfection, puisque la croissance des arbres se fait trop graduellement pour en altérer l'apparence.

Les forêts d'Amérique offrent au plus haut degré la majesté du calme. Comme la nature ne viole jamais ses propres lois, la terre produit les plantes qui conviennent le mieux au sol, et l'œil est rarement attristé par une végétation appauvrie. Il semble qu'il existe là une émulation parmi les arbres, qu'on ne trouve pas dans les autres arbres de différentes familles qui végètent paisiblement dans la solitude des champs. Chacun d'eux s'élance vers la lumière; il en résulte une égalité de grandeur et de formes qui n'appartient pas précisément à leur caractère distinctif. On peut imaginer l'effet qu'ils produisent. Les arches voûtées qui sont au-dessous de leurs cimes sont remplies de milliers de colonnes hautes et droites qui soutiennent un dais immense de feuilles que l'air agite doucement; une douce mélancolie, un silence imposant règnent au sein de ces forêts, et une atmosphère particulière semble reposer sur ces nuages de feuillage.

Tandis que la lumière se joue sur la surface changeante de la cime des arbres, une nuance sombre et peu variée colore la terre. Des troncs morts tapissés de mousse, des masses couvertes de substances végétales décomposées, tombeaux d'antiques générations d'arbres; des cavités creusées par la chute de quelque tronc déraciné; le sombre fungus qui croit sur les racines découvertes de l'arbre mourant, quelques plantes élancées et délicates qui cherchent l'ombrage, sont les images qui se rencontrent à chaque pas dans l'intérieur des forêts. L'air y est tempéré, et dans l'été on y trouve une fraîcheur délicieuse qui égale celle des voûtes souterraines, sans avoir leur humidité glaciale. Au milieu de ces sombres solitudes, on entend rarement le pas des hommes; la course d'un daim bondissant est presque la seule interruption qui frappe l'oreille, tandis qu'on rencontre à de longs intervalles l'ours pesant et la panthère agile accroupis sur les branches de quelque arbre vénérable. A certaines époques, des troupes de loups affamés suivent le daim à la piste; mais ce sont plutôt des exceptions à la tranquillité du lieu, que des accessoires qui puissent être introduits dans le tableau. Les oiseaux mêmes sont muets en général, ou lorsqu'ils rompent le silence, c'est par des sons discordants, convenables au caractère de leur sauvage demeure.

Deux hommes traversaient la forêt que nous venons de décrire, le lendemain du jour du combat. Ils marchaient, comme d'usage, l'un après l'autre; le plus jeune et le plus actif montrait le chemin avec autant de justesse et aussi peu d'hésitation que le marin dirige sa course sur les vastes mers à l'aide de l'aiguille aimantée. Le plus jeune était leste, élancé; il ne semblait ressentir aucune fatigue; le second était un homme pesant, sa marche dévoilait peu d'habitude de la forêt, et les forces commençaient à lui manquer.

— Ton œil, Narragansett, est une boussole qui ne peut se tromper, et tes jambes un coursier qui ne se fatigue jamais, dit le plus âgé, en appuyant la crosse de son fusil sur un tronc d'arbre, et s'en servant comme de soutien. Si tu marches sur le sentier de la guerre avec la même vivacité que tu emploies dans notre message de paix, les colons ont raison de craindre ton inimitié.

Le plus jeune répondit, en montrant les objets à mesure qu'il les nommait :

— Mon père est un sycomore âgé ; il s'appuie contre le jeune chêne. Conanchet est un pin droit et élevé. Il y a bien de la finesse dans des cheveux gris, ajouta le chef, s'avançant légèrement pour appuyer un de ses doigts sur le bras de Soumission ; peuvent-ils dire le temps où nous serons couchés sous la mousse comme une branche de ciguë desséchée ?

— Cela surpasse la sagesse de l'homme. C'est assez, sachem, lorsque nous tombons, de pouvoir dire avec vérité que la terre que nous foulions n'en sera pas plus pauvre. Tes os reposeront dans la terre sur laquelle vivent tes pères ; mais les miens peuvent blanchir sous la voûte de quelque sombre forêt.

La tranquillité du visage de l'Indien sembla troublée. Les pupilles de ses yeux noirs se contractèrent, ses narines se dilatèrent, et sa poitrine laissa échapper un soupir ; puis tout rentra dans le repos, semblable à l'immense Océan lorsqu'il cherche en vain à soulever ses eaux pendant le calme.

— Le feu a effacé de la terre les traces des moccasins de mon père, dit le jeune chef avec un sourire doux, mais amer ; et mes yeux ne peuvent pas les voir. Je mourrai sous cet abri, ajouta-t-il en montrant à travers une ouverture dans le feuillage la voûte azurée ; les feuilles tombantes couvriront mes os.

— Alors le Seigneur nous a donné un nouveau lien d'amitié. Il existe un if et un paisible cimetière dans une contrée lointaine, où des générations de ma race dorment dans leurs tombeaux. Ce lieu est blanchi par les pierres qui portent le nom de...

Soumission cessa tout à coup de parler, et lorsque ses yeux s'arrêtèrent sur son compagnon, il s'aperçut que le curieux intérêt du sachem se changeait subitement en une froide réserve. Ce fut avec une excessive courtoisie que Conanchet changea ainsi le sujet de la conversation :

— Il y a de l'eau au-delà de cette petite montagne, dit-il ; que mon père boive, afin de devenir plus fort, et qu'il puisse vivre pour reposer dans le défrichement.

Le vieillard fit un signe d'assentiment, et ils se dirigèrent en silence vers la source. On pourrait présumer, par la longueur du temps qui s'écoula pendant ce repas, que les voyageurs venaient de loin. Le Narragansett mangea moins que son compagnon, car il paraissait accablé d'un chagrin bien plus pénible à supporter que la fatigue du corps. Cependant son extérieur était calme ; pendant ce repas silencieux, il conservait l'air digne d'un guerrier, et il eût été difficile de deviner les souffrances de son cœur. Lorsque leur faim fut apaisée, ils se levèrent l'un et l'autre, et continuèrent leur route à travers le sentier de la forêt. Pendant une heure, les deux voyageurs marchèrent avec vitesse, et leur course ne fut interrompue par aucune observation, par aucune pause. Alors le pas de Conanchet commença à se ralentir ; et ses yeux, au lieu de conserver une direction fixe, errèrent avec quelque apparence d'indécision.

— Tu as perdu les signes secrets qui te guidaient à travers le bois, dit le vieillard ; les arbres se ressemblent, et je ne vois aucune différence dans les productions de cette nature sauvage. Si tu te trouves réellement en défaut, nous pouvons désespérer de notre projet.

— Voilà le nid de l'aigle, répondit Conanchet montrant l'objet qu'il nommait, perché sur le sommet blanchi d'un pin mort, et mon père peut voir ce chêne qui est l'arbre du conseil ; mais il n'y a pas de Wampanoags !

— Il y a bien des aigles dans cette forêt, et ce chêne a sans doute bien des semblables. Ton œil a été trompé, sachem, et quelque fausse trace nous a égarés.

Conanchet regarda attentivement son compagnon, et répondit ensuite avec calme :

— Mon père s'est-il jamais trompé de chemin en allant de son wigwam au lieu où il contemple la maison de son Grand-Esprit ?

— Ce sentier est bien différent, Narragansett ; mon pied a usé le roc par ses pas fréquents, et la distance était bien courte. Mais nous avons voyagé pendant des lieues dans cette forêt, nous avons traversé des ruisseaux et des montagnes, des fougères et des marais, où il était impossible à l'œil humain de découvrir le plus petit signe de la présence de l'homme.

— Mon père est âgé, dit l'Indien avec respect, son œil n'est pas aussi vif que lorsqu'il prit la chevelure d'un grand chef, ou bien il verrait l'empreinte du moccasin : vois, ajouta-t-il en faisant observer à son compagnon la marque d'un pied humain que les feuilles qui le couvraient à moitié rendaient à peine visible, son roc est usé! mais il est plus dur que la terre; il ne peut pas dire par ces empreintes qui passa, et à quelle époque on passa.

— Voilà, en effet, l'image imparfaite du pied d'un homme, mais il est seul, et cette empreinte peut avoir été produite par le vent.

— Que mon père regarde de tous côtés, il verra qu'une tribu entière a passé ici.

— Cela peut être vrai, quoique ma vue ne puisse découvrir ce que tu me montres; mais si une tribu a passé, continuons notre chemin.

Conanchet secoua la tête, et avança les doigts de ses deux mains de manière à former un cercle.

— Ecoute, dit-il en reculant, tandis qu'il répondait par un geste significatif; un moccasin arrive!

Soumission, qui avait si souvent et si récemment porté les armes contre les sauvages, chercha involontairement la platine de sa carabine. Son mouvement et son regard étaient menaçants, quoique son œil ne pût distinguer aucun objet capable d'exciter ses alarmes.

Il n'en était pas ainsi de Conanchet; ses yeux, plus vifs et plus exercés, distinguèrent bientôt l'approche d'un guerrier caché accidentellement par les troncs d'arbre; le bruit des feuilles avait trahi sa marche.

Croisant ses bras sur sa poitrine nue, le chef narragansett attendit l'arrivée de l'Indien dans une attitude pleine de calme et de dignité. Il ne prononça pas une parole et ne changea pas d'expression jusqu'au moment où le nouvel arrivant posa une main sur son bras, et dit avec respect et amitié :

— Le jeune sachem est venu chercher son frère.

— Wampanoag, j'ai suivi la trace afin que vos oreilles puissent écouter les paroles d'un visage pâle.

Cet Indien était Metacom lui-même; il arrêta un regard fier et hautain sur le vieillard, et, reprenant bientôt sa tranquillité, il se tourna vers le jeune sachem, et lui dit :

— Conanchet a-t-il compté ses jeunes gens depuis qu'ils ont fait entendre le cri de guerre? J'en ai vu beaucoup se rendre sur le champ de bataille qui ne sont jamais revenus. Que l'homme blanc meure!

Ces paroles furent prononcées dans le langage des aborigènes.

— Wampanoag, répondit Conanchet, il est conduit par le

wampum d'un sachem. Je n'ai point encore compté mes jeunes gens ; mais je sais qu'ils sont assez forts pour dire que ce que leur chef a promis sera exécuté.

— Si le Yengeese est un ami de mon frère, il est le bien-venu. Le wigwam de Metacom est ouvert ; qu'il entre.

Philippe fit signe de le suivre, et montra le chemin de sa demeure. Le lieu qu'il avait choisi pour un camp temporaire était convenable à ses desseins : il y avait un buisson épais sur l'un des côtés, et les derrières étaient abrités et protégés par un roc escarpé ; un large ruisseau dont l'eau se précipitait sur des fragments de rochers que le temps avait abattus, défendait l'entrée du camp, et, vers le soleil couchant, les tempêtes avaient ouvert une clairière à travers la forêt. Quelques huttes de broussailles étaient appuyées contre la base de la montagne et servaient d'abri aux sauvages. La troupe entière ne se composait pas de plus de vingt personnes ; car, comme nous l'avons déjà dit, les Wampanoags n'avaient paru que comme auxiliaires dans la bataille qui avait eu lieu.

Metacom et ses hôtes s'assirent sur un quartier de rocher dont la base était baignée par le rapide courant ; quelques Indiens, à l'œil sombre et farouche, surveillaient cette conférence à quelques pas en arrière.

— Mon frère a suivi ma trace afin que mes oreilles puissent écouter les paroles d'un Yengeese, dit Philippe après avoir laissé écouler assez de temps pour ne point être taxé de curiosité ; qu'il parle.

— Je suis venu seul dans la gueule du lion, chef de sauvages, turbulent et endurci, répondit le téméraire exilé, afin que vous puissiez entendre des paroles de paix. Pourquoi le fils s'est-il conduit avec les Anglais d'une manière si différente de son père ? Massassoit [1] était l'ami des pèlerins persécutés qui ont cherché le repos et un refuge dans ce Béthel des fidèles, mais tu as endurci ton cœur à leurs prières, et tu cherches le sang de ceux qui ne t'ont fait aucun tort. Sans doute tu es d'une nature fière et vaine comme tous ceux de ta race, et tu as cru utile à la gloire de ton nom et de ta nation de combattre des hommes d'une autre origine ; mais apprends qu'il y a un Etre qui est maître de tout sur la terre ; et c'est le roi du ciel ! C'est sa volonté que le doux

---

1. Massassoit était le père de Metacom ou Philip, ainsi que le nommaient les blancs ; son dévouement pour les Anglais égalait la haine que leur portait son fils.

parfum de la prière s'élève au milieu du désert. Sa volonté est une loi, et c'est en vain qu'on veut y résister. Ecoute donc de paisibles conseils : que la terre soit partagée avec justice pour les besoins de tous, et que le pays soit préparé pour recevoir l'encens de l'autel.

Cette exhortation fut prononcée d'une voix haute et solennelle, et avec une exaltation qui était sans doute augmentée par les méditations du vieillard dans sa solitude, et les scènes terribles dont il avait été si récemment un des acteurs. Philippe écoutait avec la politesse d'un prince indien. Quelque inintelligible que fût pour lui le discours de l'orateur, son maintien ne trahit aucune impatience ; on ne vit point sur ses lèvres de sourire moqueur. Au contraire, une gravité noble régnait sur ses traits ; et, bien qu'ignorant ce que le vieillard voulait dire, son œil attentif et sa tête courbée indiquaient son désir de comprendre.

— Mon pâle ami a parlé très sagement, dit-il, mais il ne voit pas clairement dans les forêts, il est assis trop dans l'ombre. Son œil voit mieux dans un défrichement. Metacom n'est point une bête féroce, ses griffes sont usées, ses pieds sont las à force de voyager ; il ne peut pas sauter loin. Mon pâle ami veut partager la terre. Pourquoi demander au Grand-Esprit de faire deux fois son ouvrage ? Il donna aux Wampanoags leurs terres de chasse et leurs places sur le lac salé afin qu'ils pussent pêcher des poissons, et il n'oublia pas ses enfants les Narragansetts ; il les mit au milieu des eaux, parce qu'il vit qu'ils pouvaient nager. A-t-il oublié les Yengeeses, ou les a-t-ils placés dans un marais dans lequel ils seraient changés en grenouilles et en lézards?

— Païen, ma voix ne niera jamais les bontés de mon Dieu : sa main avait placé mes pères dans une terre fertile, riche dans les choses de ce monde, et heureuse dans sa position ; elle est imprenable, car la mer lui sert de ceinture : heureux ceux qui ne trouvent point de scrupule à demeurer dans ses limites!

Une gourde vide était posée sur le roc à côté de Metacom. Le chef se pencha au-dessus du torrent, la remplit d'eau jusqu'au bord, et la tint devant les yeux de ses compagnons.

— Vois, dit-il en montrant la surface unie de l'eau ; le Grand-Esprit a dit : « Elle en contiendra autant, et pas davantage. » Maintenant, ajouta-t-il en remplissant d'eau le creux de son autre main, et la vidant dans la gourde, maintenant mon frère voit qu'une certaine quantité doit en sortir ; il en est ainsi de ton pays ; il ne s'y trouve plus de place pour mon pâle ami.

— Si j'essayais de te persuader ce conte, ce serait charger mon âme d'un mensonge. Nous sommes beaucoup, et je suis fâché de dire que plusieurs d'entre nous sont semblables à ceux qui étaient appelés légions. Mais dire qu'ils n'ont plus assez de place pour mourir où ils sont nés, ce serait proférer un mensonge condamnable.

— La terre des Yengeeses est bonne alors, très-bonne, reprit Philippe, mais les jeunes gens en aiment une autre qui est meilleure.

— Ta nature, Wampanoag, n'est pas assez parfaite pour comprendre les motifs qui nous ont conduits si loin, et notre discours devient léger.

— Mon frère Conanchet est un sachem ; les feuilles qui tombent des arbres de son pays dans la saison des gelées sont apportées par le vent sur mes terres de chasse. Nous sommes voisins et amis. — En disant ces mots, Metacom salua le Narragansett. — Lorsque quelque méchant Indien s'enfuit des îles et vient dans les wigwams de mon peuple, on le fouette et on le renvoie ; nous ne tenons le sentier ouvert entre nous que pour les honnêtes Peaux Rouges.

Philippe parlait avec un air moqueur, que sa dignité habituelle ne pouvait pas cacher au jeune chef indien ; mais cette moquerie était si légère qu'elle échappait entièrement à celui qui en était l'objet. Conanchet prit l'alarme, et, pour la première fois pendant ce dialogue, il rompit le silence.

— Mon père pâle est un brave guerrier, dit le jeune sachem ; sa main a pris la chevelure d'un grand sagamore de son peuple !

L'expression de Metacom changea aussitôt ; le sourire ironique qui avait erré sur ses lèvres fut remplacé par le respect et la gravité. Il regarda longtemps les traits durs et basanés de son hôte, et il est probable qu'il lui eût adressé des paroles d'une plus grande courtoisie que celles qu'il avait proférées jusqu'alors, si dans ce moment un signal n'eût été donné par un jeune Indien qui était en sentinelle sur le sommet de la montagne ; ce signal annonçait que quelqu'un s'approchait.

Metacom et Conanchet parurent éprouver quelque inquiétude en entendant ce cri. Néanmoins aucun des deux ne se leva, et ne manifesta plus d'émotion que la circonstance n'en devait naturellement faire naître.

On vit bientôt entrer un guerrier dans le camp, du côté de la forêt qui conduisait dans la vallée de Wish-ton-Wish.

Au moment où Conanchet vit la personne qui venait d'arriver, ses yeux et son attitude reprirent leur calme, bien que les regards de Metacom restassent sombres et soupçonneux. Cette différence dans la contenance des chefs n'était cependant pas assez forte pour que Soumission la remarquât ; ce dernier allait continuer son discours, lorsque le nouvel arrivant dépassa le groupe de guerriers dans le camp, et s'assit près d'eux sur une pierre si basse que l'eau du courant baignait ses pieds. Suivant l'usage, les Indiens n'échangèrent aucun salut ; pendant un moment les deux chefs semblèrent considérer cette arrivée comme un incident sans importance. Cependant l'inquiétude de Metacom hâta une explication.

— Mohtuchet, dit-il dans le langage de sa tribu, avait perdu la trace de ses amis. Nous pensions que les corbeaux des hommes pâles rongeaient ses os !

— Il n'y avait point de chevelure à sa ceinture ; et Mohtuchet était honteux de revenir parmi les jeunes gens les mains vides.

— Il se souvenait qu'il était trop souvent revenu sans avoir frappé un ennemi mort, reprit Metacom sur les lèvres duquel on voyait une expression de mépris ; a-t-il touché un guerrier ?

L'Indien, qui était un homme d'une classe inférieure, présenta à l'examen de son chef le trophée qui pendait à sa ceinture. Metacom le regarda avec l'intérêt qu'aurait pu éprouver un amateur d'antiquités en contemplant quelque souvenir d'un triomphe des siècles passés. Il enfonça un doigt dans une ouverture faite à la peau, et dit sèchement, en reprenant sa première attitude :

— Une balle a frappé la tête ; la flèche de Mohtuchet fait peu de mal !

— Metacom n'a jamais considéré son jeune homme comme un ami depuis le jour où le frère de Mohtuchet fut tué.

Le regard que Philippe jeta sur son inférieur était mêlé de soupçon et de dédain, en même temps qu'il exprimait toute la fierté sauvage d'un prince indien. Soumission n'avait pu comprendre cet entretien, mais le mécontentement et l'inquiétude des deux sauvages étaient trop remarquables pour ne pas lui faire voir que la conférence était loin d'être amicale.

— Le sachem a des difficultés avec son jeune homme, dit-il ;

et il doit comprendre alors les motifs qui ont conduit un grand nombre de mes compatriotes à quitter la terre de leurs pères, sous le soleil levant, pour venir dans ces déserts de l'ouest. S'il veut maintenant m'écouter, je vais l'instruire de mon message, et m'étendre un peu sur le sujet que nous avons si légèrement ébauché.

Philippe prêta l'oreille à cette demande. Il sourit à son hôte, et salua en signe de consentement ; cependant ses yeux perçants se fixaient sans cesse sur les traits sombres de son inférieur, et semblaient lire dans son âme. Lorsque l'arme qui était sur la poitrine de Metacom tomba sur ses genoux, il y eut un mouvement dans les doigts de sa main droite, comme s'ils eussent voulu saisir le couteau à manche de corne de daim qui était à leur portée. Cependant ses manières envers l'homme blanc étaient calmes et remplies de dignité. Soumission allait prendre la parole, lorsque les voûtes de la forêt retentirent d'un coup de mousquet. Tous les sauvages se levèrent au même instant ; et cependant tous restèrent immobiles comme autant de sombres statues.

On entendit le froissement des feuilles ; alors le corps du jeune Indien qui était en sentinelle sur le rocher roula sur le bord du précipice où il était placé, et tomba comme un tronc déraciné sur le toit d'une des huttes qui étaient au-dessous. Un cri partit de la forêt, une décharge de mousqueterie résonna parmi les arbres ; le plomb siffla dans l'air, et pénétra de tous côtés à travers les broussailles.

On vit deux nouveaux Wampanoags rouler sur la terre et mourir. La voix d'Annawon retentit dans le camp, et au même instant la place fut abandonnée.

Pendant ce moment terrible, les quatre personnages qui étaient près du torrent restèrent inactifs. Conanchet et son ami cherchèrent leurs armes ; mais c'était plutôt comme des hommes habitués à avoir recours à leurs moyens de défense dans un moment de danger, que dans des intentions hostiles. Metacom semblait indécis. Habitué à surprendre et à être surpris, un guerrier si rempli d'expérience ne pouvait pas être en défaut ; il hésitait sur le parti qu'il devait prendre. Mais lorsque Annawon donna le signal de la retraite, Metacom s'élança sur l'Indien vagabond, et d'un seul coup de son tomahawk il lui fendit la tête. Des regards de vengeance et de haine furent échangés entre la victime et son chef, tandis que l'Indien était étendu expirant sur le rocher. Metacom se retourna, et leva son arme sanglante sur la tête de Soumission.

— Non, Wampanoag ! s'écria Conanchet d'une voix de tonnerre : nos deux existences n'en font qu'une.

Philippe hésita. Des passions tumultueuses agitaient son sein; mais l'empire que l'adroit politique des forêts avait sur lui-même l'emporta. Au milieu de cette scène de carnage et d'alarme, il sourit à son puissant et jeune allié ; puis indiquant les ombrages les plus touffus de la forêt, il s'y dirigea en bondissant avec l'activité d'un daim.

CHAPITRE XXX.

> Mais que la paix soit avec lui ! cette vie est une meilleure vie, lorsque la mort est passée, que celle qui s'écoule dans la crainte.
> SHAKSPEARE. *Mesure pour mesure.*

LE courage est une vertu relative et qu'on peut acquérir. Si la peur de la mort est une faiblesse naturelle à l'humanité, elle peut être diminuée par de fréquents dangers, et même éteinte par la réflexion. Ce fut donc sans aucune émotion de crainte que les deux individus, laissés seuls par la retraite de Philippe, virent l'approche du danger qui les menaçait. Leur position près du ruisseau les avait jusque-là protégés contre les balles des assaillants; mais il était évident que les colons étaient sur le point d'entrer dans le camp abandonné. Les deux amis commencèrent d'agir suivant leurs passions et leurs habitudes particulières.

Conanchet, n'ayant aucun acte de vengeance à accomplir semblable à celui dont Metacom venait de le rendre témoin, n'avait cherché, au premier moment d'alarme, qu'à deviner la nature de l'attaque, et se décida aussitôt.

— Viens, dit-il avec vivacité, mais sans perdre son empire sur lui-même. Et montrant, tandis qu'il parlait, le torrent qui était à ses pieds : — Que la marque de nos pas coure en avant.

Soumission hésita. Il y avait dans ses yeux une fierté guerrière et une sombre détermination ; il semblait répugner à fuir d'une manière indigne de son caractère.

— Non, Narragansett, répondit-il ; fuis pour sauver ta vie, mais laisse-moi recueillir le fruit de mes actions. Qu'importe que mes ossements soient dispersés à côté de ceux du traître qui est à mes pieds ?

Conanchet ne montra ni surprise ni mécontentement ; il releva sur son épaule le coin de sa robe légère, et allait se rasseoir sur la pierre qu'il venait de quitter, lorsque son compagnon l'engagea de nouveau à fuir.

— Les ennemis du chef ne doivent pas dire qu'il a conduit son ami dans un piége, répondit le sachem, et que lorsqu'il fut arrêté il prit la fuite comme un rusé renard. Si mon père reste pour être tué, on trouvera Conanchet près de lui.

— Païen ! païen ! reprit le vieillard ému jusqu'aux larmes par la loyauté de son guide, bien des chrétiens pourraient prendre de toi des leçons d'honneur. Guide-moi, je te suivrai aussi vite que mon âge pourra le permettre.

Le Narragansett s'élança dans le ruisseau et prit une direction opposée à celle que Philippe avait suivie. Il y avait de la sagesse dans cette détermination ; car, bien que ceux qui les poursuivaient pussent voir que l'eau était troublée, il n'y avait aucune certitude sur le chemin qu'avaient suivi les fugitifs. Conanchet avait prévu ce petit avantage, et, avec la promptitude instinctive de sa race, il n'hésita pas à s'en servir. Metacom avait été obligé de suivre la route indiquée par les guerriers qui s'étaient retirés à l'abri des rochers.

Lorsque les deux fugitifs furent parvenus à une faible distance, ils entendirent les cris de leurs ennemis dans le camp ; et bientôt après le bruit de la mousqueterie annonça que Philippe avait rallié ses gens, et qu'il faisait résistance. Il y avait un gage de sûreté dans cette dernière circonstance, qui les engagea à ralentir leur course.

— Mes pieds ne sont pas aussi actifs que dans les temps passés, dit Soumission. Il faut reprendre des forces tandis que nous le pouvons encore, de crainte d'être surpris à l'improviste. Narragansett, tu as toujours été fidèle à ta parole, et, quelles que soient ta race et ta croyance, il y a dans le ciel un Etre qui se le rappellera.

— Mon père regardait avec amitié le jeune Indien qui était

enfermé dans une cage comme un ours ; il lui apprit à parler avec la langue d'un Yengeese.

— Nous avons passé ensemble des mois entiers dans notre prison, chef, et il faut qu'Apollyon ait été bien fort dans ton cœur pour avoir résisté aux sollicitations de l'amitié dans une semblable position. Mais cependant mes soins et ma confiance furent récompensés ; car, sans tes insinuations mystérieuses, provenant des signes que tu avais découverts pendant la chasse, il n'aurait pas été en mon pouvoir d'avertir mes amis, la nuit malheureuse de l'incendie, que la tribu allait les attaquer. Narragansett, nous nous sommes mutuellement rendu des services, et je dois avouer que ce que tu fais maintenant pour moi n'est pas la moins précieuse de tes faveurs. Quoique mon sang soit blanc et que je sois d'origine chrétienne, je puis presque dire que mon cœur est Indien.

— Alors meurs comme un Indien ! dit une voix forte qui se fit entendre à vingt pas du ruisseau.

Ces paroles menaçantes furent suivies d'un coup de fusil, et Soumission tomba. Conanchet jeta son mousquet dans l'eau pour aller relever son compagnon.

— J'ai seulement glissé sur les pierres du ruisseau, dit le vieillard ; cette décharge a manqué m'être fatale ; mais Dieu, dont les desseins sont secrets, a détourné le coup.

Conanchet ne répondit pas. Saisissant son fusil, qui était tombé au fond du ruisseau, il entraîna son ami sur la terre et s'enfonça avec lui dans la forêt. Là, ils furent pendant un instant protégés contre les balles, et Conanchet reconnut que les cris qui suivaient la décharge des mousquets étaient proférés par les Pequots et les Mohicans, tribus qui étaient en guerre avec la sienne. Cacher leur trace à ces sauvages, il ne fallait point l'espérer ; échapper par la fuite était une chose encore plus impossible au vieillard ; il n'y avait point de temps à perdre : dans un aussi pressant danger, les pensées d'un Indien prennent le caractère de l'instinct. Les fugitifs s'arrêtèrent au pied d'un jeune arbre dont la cime était entièrement cachée par des masses de feuilles appartenant aux buissons qui croissaient à l'entour. Le sachem aida Soumission à monter dans cet arbre ; et, sans expliquer son dessein, il quitta subitement ce lieu, renversant les broussailles sur son passage, de manière à rendre les traces aussi visibles que possible.

L'expédient du fidèle Narragansett eut son plein succès ; il n'était pas parvenu à deux cents pas du lieu où Soumission était caché, qu'il aperçut les Indiens suivant sa piste comme des limiers à la chasse du gibier. Sa course fut lente jusqu'au moment où il vit que les Indiens, ne s'occupant que de lui, avaient dépassé l'arbre ; alors la flèche que l'arc vient de lancer ne fuit pas plus rapidement que Conanchet ne se précipita dans l'intérieur de la forêt.

La poursuite prit le caractère ingénieux d'une chasse indienne. Conanchet fut bientôt chassé de la partie ombragée de la forêt, et, obligé de se hasarder dans une partie plus découverte pendant une course de plusieurs milles, il traversa des montagnes, des ravins, des plaines, des rocs, des marais et des torrents, sans perdre courage, sans presque ressentir de fatigue. Dans de semblables circonstances, l'intelligence est encore plus utile que la vitesse. Les colons qui avaient été envoyés avec leurs alliés indiens pour intercepter la fuite de ceux qui avaient suivi le cours du ruisseau, se trouvèrent bientôt hors d'état de continuer leur course, et cette espèce de chasse ne fut plus suivie que par des hommes dont les membres étaient exercés et l'esprit fertile en expédients.

Les Pequots avaient un grand avantage par leur nombre. Les fréquents détours du fugitif traçaient un cercle d'environ un mille ; et lorsque ses ennemis se sentaient fatigués, ils se relevaient pour le poursuivre chacun à son tour. Les résultats sont faciles à prévoir. Après deux heures d'une course aussi rapide, le pied de Conanchet commença à se fatiguer, et sa course se ralentit ; épuisé par des efforts presque surnaturels, et ne respirant plus qu'avec peine, le courageux guerrier se prosterna contre terre, et resta pendant quelques minutes dans un état d'immobilité semblable à la mort. Pendant ce temps, son pouls agité devint plus calme, son cœur battit avec moins de violence, et la circulation du sang revint graduellement à son état naturel. Au moment où le chef sentait son énergie renaître par ce léger repos, il entendit derrière lui le bruit des mocassins ; il se leva, regarda l'espace qu'il venait de parcourir avec tant de peine, et s'aperçut qu'il n'était poursuivi que par un seul guerrier. L'espérance, pendant un instant, vint s'emparer de son cœur ; il prit son fusil, et le dirigea contre son adversaire ; il visa longtemps avec calme ; le coup eût été fatal, si le bruit inutile de la platine ne lui eût rappelé l'état de son fusil. Il jeta de côté cette arme hors de service, et saisit son tomahawk ; mais une bande de Pequots se précipita sur ses pas, et rendit vaine sa résistance ; voyant tout le danger de sa situation, le sachem des Narragansetts laissa tomber son tomahawk, détacha sa ceinture, et s'avança désarmé avec une noble résignation à la rencontre de son ennemi. L'instant d'après il était prisonnier.

— Conduisez-moi devant votre chef, dit le captif avec hauteur, lorsque le sauvage d'une classe inférieure entre les mains duquel il était tombé s'apprêtait à le questionner sur ses compagnons et sur lui-même : ma langue est habituée à parler avec des sachems.

On lui obéit, et avant qu'une heure se fût écoulée, le célèbre Conanchet était en présence de son mortel ennemi.

Le lieu de cette entrevue était le camp déserté de Philippe ; la plupart de ceux qui avaient poursuivi le sachem y étaient déjà rassemblés, ainsi que les planteurs qui s'étaient engagés dans cette expédition. On y voyait Meek Wolf, l'enseigne Dudley, le sergent Ring et une douzaine des habitants de Wish-ton-Wish.

Le résultat de cette entrevue avait été bientôt généralement connu. Bien que Metacom, le principal objet de l'expédition, eût échappé, lorsque les planteurs surent que les sauvages s'étaient emparés du sachem des Narragansetts, ils pensèrent que leur perte était amplement compensée par cette capture. Les Mohicans et les Pequots réprimaient leur joie, de crainte de satisfaire l'orgueil de leur prisonnier par un semblable témoignage de son importance ; mais les blancs entouraient le sachem avec un intérêt et une satisfaction qu'ils ne cherchaient pas à déguiser. Cependant, comme il s'était rendu à un Indien, ils affectaient d'abandonner le chef à la clémence de ses vainqueurs. Peut-être quelques projets d'une profonde politique occasionnaient cet acte apparent de justice.

Lorsque Conanchet fut placé au milieu de ce cercle curieux, il se trouva aussitôt en présence du principal chef de la tribu des Mohicans : c'était Uncas, fils de cet Uncas dont la fortune, aidée par les blancs, avait triomphé de celle du père de Conanchet, le malheureux et noble Miantonimoh. Le sort avait voulu que la même étoile qui avait été si fatale au père étendît son influence sur une seconde génération.

La race d'Uncas, bien que privée d'une partie de son pouvoir et dépouillée de sa grandeur primitive par son alliance avec les

Anglais, conservait encore toutes les nobles qualités de l'héroïsme sauvage. Celui qui s'avançait pour recevoir son captif était un homme de moyen âge, de proportions régulières, d'un aspect grave quoique cruel ; ses yeux et toute sa contenance exprimaient toutes ces contradictions de caractère qui rendent le guerrier sauvage presque aussi admirable qu'il est effrayant. Jusqu'à ce moment les chefs rivaux ne s'étaient jamais rencontrés, excepté au milieu du tumulte d'une bataille. Pendant quelques minutes aucun d'eux ne parla. Chacun regardait les belles proportions, le coup d'œil d'aigle, le maintien fier et la sévère gravité de l'autre avec une secrète admiration, mais avec un calme impassible et qui déguisait entièrement le sentiment de son âme. Enfin ils commencèrent à prendre l'un et l'autre le maintien convenable au rôle qu'ils allaient jouer. L'expression des traits d'Uncas devint ironique et triomphante, et celle de son captif plus froide et plus tranquille.

— Mes jeunes gens, dit le premier, ont pris un renard se cachant dans les buissons. Ses jambes étaient très-longues, mais il n'avait pas le cœur d'en faire usage.

Conanchet croisa ses bras sur sa poitrine, et le regard de ses yeux calmes semblait dire à son ennemi que des paroles aussi vaines étaient indignes de tous les deux. Uncas comprit ce regard, ou bien des sentiments plus nobles prévalurent dans son esprit, car il ajouta bientôt :

— Conanchet est-il las de la vie, qu'il vient ainsi parmi mes jeunes gens ?

— Mohican, dit le chef des Narragansetts, il était ici auparavant. Si Uncas veut compter ses guerriers, il verra qu'il en manque quelques uns.

— Il n'y a pas de tradition parmi les Indiens de ces îles[1], reprit l'autre en adressant un regard moqueur aux chefs qui étaient près de lui ; ils n'ont jamais entendu parler de Miantonimoh ; ils ne connaissent point de champ appelé la Plaine du Sachem.

La contenance du prisonnier changea. Pendant un instant il devint sombre, comme si un nuage noir eût obscurci son front, puis ses traits reprirent leur calme et leur dignité première. Son vainqueur surveillait l'expression de sa physionomie, et lorsqu'il crut que la nature allait l'emporter, la joie brilla dans ses yeux ;

---

1. Les Narragansetts habitaient les îles de la baie de ce nom.

mais lorsque le Narragansett reprit son empire sur lui-même, il affecta de ne plus songer à un effort qui avait été infructueux.

— Si les hommes de ces îles savent peu de chose, ajouta-t-il, il n'en est pas ainsi des Mohicans. Il y eut une fois un grand sachem parmi les Narragansetts; il était plus sage que le castor, plus agile que le daim, plus fin que le renard rouge; mais il ne pouvait pas soulever le voile du lendemain. D'insensés conseillers lui dirent d'aller sur le sentier de la guerre contre les Pequots et les Mohicans. Il perdit sa chevelure; elle est suspendue au milieu de la fumée de mon wigwam. Nous verrons si elle reconnaîtra les cheveux de son fils. Narragansett, voilà des hommes sages, des visages pâles; ils vous parleront. S'ils vous offrent une pipe, fumez; car le tabac n'est pas commun dans notre tribu.

Après avoir prononcé ces paroles, Uncas se détourna, livrant son prisonnier aux interrogations des blancs.

— Voilà le regard de Miantonimoh, sergent Ring, observa l'enseigne Dudley au frère de sa femme. Je reconnais dans ce jeune sachem l'œil et la démarche de son père. Et plus encore, ce chef a les traits de l'enfant que nous avons pris dans les champs il y a une douzaine d'années, et que nous gardâmes dans la forteresse pendant plusieurs mois, enfermé comme une jeune panthère. As-tu oublié cette nuit terrible, Reuben, et l'enfant, et la forteresse? Un four embrasé n'est pas plus chaud que ne le devenait la chambre où nous étions réfugiés avant de descendre dans les entrailles de la terre. Je ne manque jamais d'y penser lorsque notre bon ministre nous parle avec tant d'éloquence de la punition des méchants dans la fournaise de Tophet.

Le milicien silencieux comprit les allusions de son parent, et s'aperçut bientôt de la ressemblance du prisonnier avec le jeune Indien qu'il avait eu si longtemps devant les yeux. L'admiration et la surprise se mêlaient sur son visage avec une expression qui semblait annoncer un profond regret. Néanmoins, comme ces deux individus n'étaient pas les principaux personnages de la troupe, ils furent obligés de rester spectateurs de la scène qui eut lieu.

— Adorateur de Baal, dit d'une voix sépulcrale le théologien, il a plu au roi du ciel et de la terre de protéger son peuple! Le triomphe du méchant a été de courte durée, et maintenant l'heure du jugement a sonné.

Ces mots furent adressés à des oreilles qui semblaient ne point entendre. En présence de son plus mortel ennemi, Conanchet prisonnier n'était point homme à permettre que son courage l'abandonnât. Il regarda froidement et avec distraction l'orateur, et l'œil le plus soupçonneux, le plus exercé, n'aurait pu découvrir dans l'expression de son visage la moindre connaissance de l'anglais. Trompé par le stoïcisme du prisonnier, Meek murmura quelques paroles dans lesquelles le Narragansett était étrangement traité, et où les dénonciations et les prières en faveur de l'Indien étaient entremêlées, suivant la mode incohérente de l'époque; puis il l'abandonna à l'autorité de ceux qui étaient présents, et chargés de décider du sort de Conanchet.

Bien qu'Eben Dudley fût le principal personnage en ce qui concernait les opérations militaires de cette petite expédition, il était accompagné par des hommes dont l'autorité dominait la sienne dans toute circonstance qui ne dépendait pas exclusivement des devoirs de sa charge. Des commissaires nommés par le gouvernement de la colonie, se trouvaient dans la troupe, revêtus du pouvoir de disposer de Philippe, si le chef redoutable tombait entre les mains des Anglais. Ce fut à ces commissaires que le sort de Conanchet fut livré.

Nous n'interromprons pas le cours des événements pour nous arrêter sur les particularités du conseil. La question fut considérée comme très-grave, et ceux qui la décidèrent étaient remplis d'un profond sentiment de leur responsabilité. Plusieurs heures se passèrent en délibérations; Meek ouvrait chacune d'elles par des prières solennelles. Le jugement fut ensuite annoncé à Uncas par le ministre lui-même.

— Les hommes sages de mon peuple se sont consultés touchant le sort du Narragansett, dit-il, et leurs esprits ont profondément réfléchi sur ce sujet. Quant à leur conclusion, si elle porte l'empreinte d'une basse complaisance, que chacun se rappelle que la Providence du ciel a réuni les intérêts de l'homme dans les desseins de sa sagesse, afin qu'à l'œil de la chair ils semblassent inséparables. Mais ce qui est fait a été fait de bonne foi, suivant les principes qui nous guident, et en vertu de notre alliance avec toi et avec tous les soutiens de l'autel dans ce désert. Voici notre décision : Nous remettrons le Narragansett à ta justice, puisqu'il est évident qu'en lui rendant la liberté, ni toi, qui es un faible soutien de l'Église dans ces régions, ni nous, qui sommes ses humbles et indignes serviteurs, ne serons en sûreté. Prends-le, et agis envers lui suivant ta sagesse. Nous ne mettons des limites à ton pouvoir qu'en deux choses seulement. Il n'est pas juste qu'aucune créature ayant des sentiments humains doive souffrir dans sa chair plus qu'il n'est nécessaire pour lui ravir l'existence ; nous avons donc arrêté que le captif ne mourra point par les tortures, et, pour assurer cette décision charitable, deux de nos gens l'accompagneront jusqu'au lieu de l'exécution, dans la supposition que ton intention soit de lui infliger la peine de mort. Nous exigeons une autre concession : un ministre chrétien accompagnera le captif, afin qu'il puisse quitter le monde au milieu des prières de celui qui est habitué à élever sa voix jusqu'au pied du trône de la Divinité[1].

Le chef mohican écouta cette sentence avec la plus profonde attention. Lorsqu'il entendit qu'on lui refusait la satisfaction d'éprouver et peut-être de conquérir le courage de son ennemi, son front se couvrit d'un sombre nuage. Mais la force de sa tribu était depuis longtemps renversée : résister eût été aussi dangereux que la plainte inconvenante. Les conditions furent acceptées, et l'on fit aussitôt parmi les Indiens les préparatifs du jugement.

Ce peuple avait peu de principes contradictoires à satisfaire, et aucune subtilité qui pût gêner ses décisions. Positif, sans crainte, simple dans ses pratiques, il se bornait, dans de semblables circonstances, à recueillir la voix des chefs et à instruire le captif du résultat. Les sauvages savaient que leur fortune avait conduit un ennemi implacable entre leurs mains, et ils croyaient que leur propre sûreté exigeait sa mort. Il leur importait peu s'il avait des flèches dans les mains ou s'il s'était rendu sans armes, il connaissait, pensaient-ils, le danger qu'il courait en se rendant, et il avait plutôt consulté sa propre volonté que leur avantage en jetant de côté ses armes. Ils prononcèrent donc la peine de mort contre le prisonnier, simplement parce qu'ils respectaient le décret de leurs alliés, qui avaient interdit la torture.

Aussitôt que cette détermination fut connue, les commissaires de la colonie s'éloignèrent, et leur conscience avait besoin, pour être tranquille, du stimulant de leurs subtiles doctrines. Mais ils étaient d'ingénieux casuistes : et, en retournant dans la vallée, la plupart d'entre eux se sentaient persuadés d'avoir plutôt

---

[1]. La conduite tenue dans cette circonstance par le révérend M. Wolf et son coadjuteur est historique.

manifesté une généreuse pitié que d'avoir commis une action cruelle.

Pendant les deux ou trois heures qui s'écoulèrent au milieu de ces circonstances solennelles, Conanchet était assis sur un rocher, spectateur attentif de tout ce qui se passait, mais en apparence impassible. Son regard était doux, et de temps en temps mélancolique; mais son calme et sa dignité ne se démentaient pas. Lorsque sa sentence lui fut annoncée, son visage ne changea pas, et il vit le départ des hommes blancs avec la tranquillité qu'il avait toujours montrée : ce ne fut que lorsque Uncas s'approcha, suivi de sa troupe et de deux colons qui étaient restés près de lui, que son courage sembla faiblir.

— Mon peuple a dit qu'il n'y aurait plus de loup dans les bois, dit Uncas, et il a commandé à nos jeunes gens de tuer le plus affamé de tous.

— C'est bien, répondit froidement le jeune sachem.

Un sentiment d'admiration, et peut-être d'humanité, brilla sur le sombre visage d'Uncas lorsqu'il regarda la tranquillité qui régnait sur les traits de sa victime.

Pendant un instant ses desseins changèrent.

— Les Mohicans sont une grande tribu, dit-il, et la race d'Uncas diminue. Nous peindrons notre frère, afin que les menteurs Narragansetts ne le reconnaissent plus, et il sera un guerrier du continent.

L'humanité de son ennemi produisit une profonde impression sur l'esprit généreux de Conanchet. La fierté déserta son front, ses regards devinrent plus doux. Pendant une minute une pensée pénible l'occupa entièrement; les muscles de ses lèvres s'agitèrent, mais leur contraction était à peine visible; enfin il prononça ces mots :

— Mohican, pourquoi tes jeunes gens se hâteraient-ils? Ma chevelure sera celle d'un grand chef demain. Ils n'en auraient pas deux s'ils frappaient leur prisonnier aujourd'hui.

— Conanchet n'est pas prêt : aurait-il oublié quelque chose?

— Sachem, il est toujours prêt... Mais... Conanchet s'arrêta un instant, puis ajouta d'une voix émue : Un Mohican est-il seul?

— Combien de soleils le Narragansett demande-t-il?

— Un seul : lorsque l'ombre de ce pin se dirigera vers le ruisseau, Conanchet sera prêt. Il se rendra sous son ombrage, les mains désarmées.

— Pars, dit Uncas avec dignité, j'ai entendu les paroles d'un Sagamore.

Conanchet se détourna, et passant avec vitesse au milieu de la foule silencieuse, on le perdit bientôt de vue dans la forêt.

CHAPITRE XXXI.

Ainsi donc, découvre ta poitrine.
SHAKSPEARE. *Le Marchand de Venise.*

La nuit qui suivit cette journée fut sombre et mélancolique. La lune était presque dans son plein, mais on ne pouvait l'apercevoir que lorsque des masses de vapeurs qui s'élevaient dans l'air s'ouvraient accidentellement et laissaient échapper quelques-uns de ses rayons. Un vent du sud-ouest gémissait plutôt qu'il ne murmurait dans la forêt, et souvent on eût dit que les feuilles avaient une voix, que chaque plante avait reçu la faculté de s'exprimer. Si l'on en excepte ces sons imposants, il régnait une tranquillité parfaite dans le village de Wish-ton-Wish. Une heure auparavant le moment où nous reprenons le cours de notre histoire, le soleil s'était couché derrière les arbres de la forêt, et la plupart de ses simples et laborieux habitants goûtaient déjà le repos.

Les lumières brillaient néanmoins à plusieurs fenêtres d'Heathcote-House; c'est ainsi qu'on appelait dans le pays la demeure du Puritain. On y devinait les occupations ordinaires dans les dépendances, et il régnait le calme ordinaire dans les étages supérieurs.

Un homme se promenait solitairement sous le péristyle. C'était le jeune Mark Heathcote qui parcourait l'étroite et longue galerie avec l'impatience de quelqu'un qui est trompé dans ses désirs.

Le malaise qu'il semblait éprouver ne fut pas de longue durée; car à peine quelques minutes se furent écoulées, qu'une porte s'ouvrit, et deux formes aériennes se glissèrent hors de la maison.

— Tu ne viens pas seule, Martha, dit le jeune homme à demi contrarié. Je t'ai dit que ce que j'avais à te communiquer ne devait être entendu que de toi.

— C'est notre Ruth qui m'a suivie; tu sais, Mark, qu'on ne peut la laisser seule de crainte qu'elle ne retourne dans la forêt, elle ressemble à un faon mal apprivoisé, toujours prêt à s'élancer au premier signal qu'il entend dans les bois. Je crains que nous ne soyons trop éloignés d'elle.

— Ne crains rien : ma sœur caresse son enfant, et elle ne pense pas à fuir; tu vois que je suis ici pour lui intercepter le passage si elle en avait l'intention. Maintenant parle-moi avec candeur, Martha, et dis-moi si tu étais sincère lorsque tu m'as assuré que les visites du galant d'Hartford te plaisaient moins que la plupart de tes amis ne l'avaient supposé.

— Je ne puis pas désavouer les paroles que j'ai prononcées.

— Mais tu pourrais t'en repentir.

— Je ne mets point au nombre de mes fautes l'indifférence que j'éprouve pour ce jeune homme. Je suis trop heureuse ici dans cette famille pour désirer de la quitter, et maintenant que notre sœur... Mark, quelqu'un lui parle en ce moment!

— Ce n'est que l'idiot, répondit le jeune homme en jetant un regard de l'autre côté du péristyle. Ils causent ensemble, Whittal revient de la forêt, où il a l'habitude de passer une heure ou deux tous les soirs. Tu disais, maintenant que nous avons notre sœur...?

— Je désire encore moins de changer de demeure.

— Alors pourquoi ne pas rester à jamais avec nous, Martha?

— Écoute, interrompit la jeune fille qui, bien que convaincue de ce qu'elle allait entendre, tâchait d'éviter, avec la faiblesse naturelle aux femmes, la déclaration qu'elle désirait le plus d'entendre; écoute, il se fait un mouvement, ah! Ruth et Whittal prennent la fuite.

— Ils amusent l'enfant..., ils sont auprès des bâtiments extérieurs. Alors, pourquoi ne pas accepter le droit d'y rester toujours...?

— Vous pouvez vous tromper, Mark, cria la jeune fille en arrachant ses mains de celles de son amant; ils ont pris la fuite.

Mark abandonna les mains de Martha avec regret, et se dirigea vers le lieu où sa sœur avait été assise. Elle était partie en effet, mais quelques minutes s'écoulèrent avant que Martha pût sérieusement croire qu'elle avait disparu avec l'intention de ne plus revenir.

L'agitation des deux jeunes gens rendait leurs recherches incertaines ; et ils goûtaient peut-être une secrète satisfaction à prolonger leur entrevue, même d'une manière aussi vague, et qui les empêcha quelque temps de donner l'alarme. Lorsqu'ils s'y décidèrent, il était trop tard. On parcourut les champs, les vergers, les bâtiments extérieurs, sans rencontrer aucune trace des fugitifs. Il eût été inutile pendant les ténèbres d'entrer dans la forêt ; tout ce qu'on pouvait faire était de placer des sentinelles pendant la nuit, et de se préparer à des recherches mieux dirigées dès que le jour commencerait à poindre.

Mais longtemps avant le lever du soleil, la petite bande des fugitifs s'était avancée dans les bois à une telle distance de la vallée, qu'elle se trouvait à l'abri des poursuites de la famille.

Conanchet avait montré le chemin à travers des collines, des courants d'eau et de sombres vallons. Il était suivi par sa compagne silencieuse avec une agilité qui eût fatigué le zèle de ceux même qu'elle venait d'abandonner. Whittal-Ring, portant l'enfant sur son dos, fermait la marche en déployant la même activité. Des heures s'écoulèrent dans cette fuite précipitée, et pas une syllabe n'était prononcée par les trois fugitifs. Une ou deux fois ils s'étaient arrêtés près d'une source où une eau limpide coulait entre des rochers ; ils buvaient dans le creux de leurs mains, et reprenaient leur course avec la même agilité.

Enfin Conanchet s'arrêta. Il étudia d'un air grave la position du soleil, et regarda avec une grande attention autour de lui, afin de ne point être trompé sur le lieu où il se trouvait. A des yeux moins habiles, les arcades que formaient les arbres, la terre couverte de feuilles, les troncs déracinés, tous ces signes des forêts eussent semblé partout les mêmes. Mais Conanchet n'était pas aussi facile à tromper. Satisfait du chemin qu'il avait parcouru, et de l'heure peu avancée, le chef fit signe à ses deux compagnons de se placer à ses côtés, et prit un siége lui-même sur un quartier de rocher dont la tête aride sortait d'un des flancs de la montagne.

Un profond silence régna pendant quelques minutes après que chacun se fut assis. Les yeux de Narra-Mattah étaient fixés sur le visage de son mari, et son regard était celui d'une femme qui cherche à s'instruire dans l'expression des traits de celui qu'elle est habituée à vénérer; mais elle gardait toujours le silence. Whittal-Ring posa l'enfant aux pieds de la jeune mère, et imita sa réserve.

— L'air des bois est-il encore agréable au chèvre-feuille, depuis qu'il a vécu dans le wigwam de son peuple? demanda Conanchet après un long silence. Une fleur qui a fleuri au soleil peut-elle aimer l'ombre?

— La femme d'un Narragansett n'est nulle part plus heureuse que dans la hutte de son mari.

Les yeux du chef répondirent à ces paroles remplies d'affection par le plus doux regard, et ils se dirigèrent ensuite avec la même tendresse sur les traits de l'enfant qui était à ses pieds. Pendant un instant, une expression de mélancolie se répandit sur son visage.

— L'Esprit qui a fait la terre, dit-il, est très-sage. Il sut où placer la ciguë, et où le chêne devait croître. Il a laissé le daim et l'élan[1] au chasseur indien, et il a donné le cheval et le bœuf aux visages pâles. Chaque tribu a ses terres de chasse et son gibier. Les Narragansetts connaissent le goût des fruits de la plaine, tandis que les Mohawks mangent les baies des montagnes. Tu as vu l'arc qui brille quelquefois dans les cieux, Narra-Mattah, et tu sais comment chaque couleur est mêlée avec une autre, comme la peinture sur le visage d'un guerrier. La feuille de la ciguë est semblable à celle du sumach; celle du frêne à celle du châtaignier; celle du châtaignier à celle du tilleul, et celle du tilleul à celle de l'arbre aux larges feuilles qui porte des fruits rouges dans les plantations des Yengeeses; mais l'arbre aux fruits rouges ressemble peu à la ciguë. Conanchet est une haute et droite branche de ciguë; le père de Narra-Mattah est un arbre de la plantation qui porte des fruits rouges. Le Grand-Esprit était irrité lorsqu'ils grandirent ensemble.

La sensible Narra-Mattah ne comprenait que trop bien le cours des pensées de son mari. Cachant le chagrin qu'elle éprouvait, elle répondit avec la promptitude d'une femme dont l'imagination est excitée par la tendresse:

— Ce que Conanchet a dit est vrai. Mais les Yengeeses ont mis la pomme de leur pays sur l'épine de nos bois, et le fruit est bon!

— Il ressemble à cet enfant, dit le chef en montrant son fils.

---

1. *Moose.* C'est à proprement parler une grosse espèce de daim.

Ni rouge ni pâle. Non, Narra-Mattah, lorsque le Grand-Esprit a commandé une chose, un sachem même doit obéir.

— Conanchet dit-il que ce fruit n'est pas bon? demanda la jeune femme en soulevant son enfant, et le présentant à son mari avec toute la joie d'une mère.

Le cœur du guerrier fut touché; courbant la tête, il donna un baiser à l'enfant avec toute la tendresse qu'aurait pu montrer un homme dont les habitudes eussent été moins sévères. Pendant un instant, il sembla satisfait en songeant à tout ce que promettait cet enfant. Mais, en levant la tête, ses yeux aperçurent un rayon du soleil, et l'expression de son visage changea. Faisant signe à sa femme de replacer l'enfant par terre, il se tourna vers elle avec solennité, et dit :

— Que la langue de Narra-Mattah parle sans crainte; elle a été dans les huttes de son père, et a goûté de leur aisance; son cœur est-il content?

La jeune femme laissa passer quelques instants avant de répondre. Cette question lui rappela tout à coup cette tendre sollicitude et ces soins si touchants dont elle avait été l'objet récemment. Mais ces souvenirs s'évanouirent bientôt; et, sans oser lever les yeux, de crainte de rencontrer les regards attentifs du chef, elle dit d'une voix timide, mais ferme :

— Narra-Mattah est épouse.

— Alors qu'elle écoute les paroles de son mari. Conanchet n'est plus un chef; c'est un prisonnier des Mohicans; Uncas l'attend dans les bois!

Malgré la déclaration qu'elle venait de faire, Narra-Mattah n'écouta pas la nouvelle de ce malheur avec la fermeté d'une femme indienne. Il sembla d'abord que ses sens refusaient de comprendre la signification des mots. La surprise, le doute, l'horreur et une affreuse certitude dominèrent tour à tour dans son âme; car elle était trop instruite des usages et des opinions du peuple parmi lequel elle vivait, pour ne pas comprendre tout le danger de la position de son mari.

— Le sachem des Narragansetts prisonnier du Mohican Uncas! répéta-t-elle d'une voix basse, comme si le son de sa propre voix eût été nécessaire pour dissiper quelque horrible illusion. Non, Uncas n'est pas un guerrier qui puisse frapper Conanchet!

— Écoute mes paroles, dit le chef en touchant l'épaule de sa femme, comme s'il eût voulu l'éveiller d'un profond sommeil; il y a dans ces bois un visage pâle qui est comme un renard dans un terrier ; il se cache des Yengeeses. Lorsque les gens de son peuple étaient sur ses traces, hurlant comme des loups affamés, cet homme se confia à un Sagamore. C'était une chasse fatigante, et mon père devient vieux. Il monta sur un jeune arbre, comme un ours, et Conanchet éloigna la tribu menteuse. Mais ses jambes ne ressemblent point au courant d'eau, elles ne peuvent courir toujours.

— Et pourquoi le grand Narragansett donne-t-il sa vie pour un étranger ?

— Cet homme est brave, reprit le sachem avec fierté ; il a enlevé la chevelure d'un Sagamore !

Narra-Mattah garda de nouveau le silence ; elle réfléchissait avec un étonnement presque stupide à cette effrayante vérité. Enfin, elle se hasarda à répondre :

— Le Grand-Esprit voit que le mari et la femme sont de différentes tribus ; il désire qu'ils appartiennent au même peuple. Que Conanchet quitte les bois, et se dirige vers les plantations avec la mère de son enfant. Le père blanc de Narra-Mattah sera heureux, et le Mohican Uncas n'osera pas le suivre.

— Femme, je suis un sachem et un guerrier parmi mon peuple.

Il y avait dans la voix de Conanchet une expression de mécontentement froide et sévère, que sa compagne n'avait point encore connue. Il avait parlé comme un chef parlait à une femme, et non pas avec cette douceur à laquelle il avait habitué la fille des blancs. Ces mots tombèrent sur son cœur comme le froid de la mort, et l'affliction la rendit muette. Le chef lui-même garda le silence pendant quelques minutes, d'un air sombre ; et se levant toujours mécontent, il montra le soleil, et ordonna à ses compagnons de le suivre. Dans un espace de temps qui ne sembla qu'une minute à celle dont le cœur battait avec une affreuse violence, et qui suivit la course rapide de Conanchet, la petite troupe fit le tour d'une éminence, et se trouva bientôt en la présence de ceux qui attendaient évidemment son arrivée. Le groupe se composait seulement d'Uncas, deux de ses plus cruels et plus vigoureux guerriers, du ministre et d'Eben Dudley.

S'avançant rapidement vers le lieu où son ennemi l'attendait, Conanchet prit place au pied de l'arbre fatal. Montrant l'ombre qui n'avait pas encore tourné vers l'est, il croisa ses bras sur sa poitrine nue, et prit un air en même temps fier et calme.

L'espoir trompé, une admiration involontaire et la défiance, tous ces sentiments se montraient tour à tour sur le visage d'Uncas, bien que ses traits fussent habitués à feindre. Il regardait son ennemi si terrible, et depuis si longtemps haï, d'un œil qui semblait épier quelque signe de faiblesse. On n'aurait pu dire s'il ressentait du respect ou du regret de la fidélité du Narragansett. Accompagné de ses deux sombres guerriers, le chef examina la position de l'ombre projetée par le pin, avec une minutieuse ironie, et lorsqu'il n'exista plus aucun prétexte pour douter de la ponctualité du captif, une exclamation de satisfaction s'échappa de leur poitrine. Semblable au magistrat dont les jugements sont appuyés de procédures légales, le Mohican, satisfait de ce qu'il n'y avait aucun défaut dans cette affaire, fit signe aux blancs de s'approcher.

— Homme d'une nature sauvage, dit Meek Wolf avec son emphase ordinaire, l'heure de ton existence touche à sa fin! Le jugement a été prononcé. Tu as été pesé dans la balance, et tu as été trouvé trop léger. Mais la charité chrétienne ne se lasse jamais. Nous ne pouvons résister aux ordres de la Providence, mais nous pouvons adoucir ses coups. Tu vas mourir! C'est un ordre décrété par l'équité, et rendu terrible par le mystère. Soumets-toi aux ordres du ciel. Païen, tu as une âme; elle est sur le point de quitter son enveloppe mortelle pour aller habiter un monde inconnu...

Jusqu'à ce moment, le captif avait écouté avec la politesse d'un sauvage lorsque rien ne l'émeut. Il avait même regardé le tranquille enthousiasme et les passions contradictoires qui brillaient sur les traits rudes de l'orateur, avec le respect qu'il aurait pu manifester en écoutant les prétendues révélations d'un prophète de sa tribu. Mais, lorsque le ministre chrétien parla de l'état de l'âme après sa mort, l'esprit de Conanchet se rappela aussitôt les croyances qu'il avait nourries jusqu'alors, et qui étaient pour lui la vérité. Posant un doigt sur l'épaule de Meek, il l'interrompit en disant :

— Mon père oublie que la peau de son fils est rouge. Le sentier des heureuses terres de chasse du juste Indien est devant lui.

— Païen, l'esprit de ténèbres et de péché a proféré ces blasphèmes par ta bouche!

— Ecoute!... Mon père voit-il ce qui agite ces buissons?

— C'est le vent invisible, enfant frivole et idolâtre sous la forme d'un adulte.

— Et cependant mon père parle à cet enfant, reprit l'Indien avec l'ironie grave et mordante de sa nation. Vois, ajouta-t-il fièrement et même avec férocité, l'ombre a dépassé la racine de l'arbre. Que les hommes sages des visages pâles se mettent de côté, un sachem est prêt à mourir !

Meek poussa un gémissement causé par un chagrin réel ; car, malgré le voile que ses théories exaltées et des subtilités théologiques avaient étendu sur son jugement, son cœur était humain et sensible. Courbant son front sur les volontés mystérieuses de la Providence, il s'éloigna à une faible distance, et, s'agenouillant sur un roc, on entendit sa voix, pendant tout le temps de l'exécution, adresser au ciel de ferventes prières pour le salut de l'âme du condamné.

Le ministre ne se fut pas plus tôt retiré, qu'Uncas pria Dudley de s'approcher. Bien que le caractère de l'habitant des frontières fût aussi plein de bonté que d'honneur, ses opinions et ses principes appartenaient à l'époque où il vivait. S'il avait approuvé le jugement qui abandonnait Conanchet à la merci de son implacable ennemi, il avait du moins le mérite d'avoir suggéré l'expédient qui devait protéger la victime contre les raffinements de cruauté auxquels les sauvages n'étaient que trop portés à se livrer. Il s'était même volontairement offert à être un des témoins de la fidélité d'Uncas à tenir sa parole ; et, en agissant ainsi, il n'avait pas fait peu de violence à ses inclinations naturelles. Le lecteur jugera donc de sa conduite dans cette occasion avec l'indulgence qu'une juste appréciation de la condition du pays et des usages du siècle exigeront. Il y avait dans la contenance et sur les traits de ce témoin une expression de pitié bien favorable à la victime. Enfin, Eben Dudley rompit le silence, et s'adressa ainsi à Uncas :

— Un coup heureux de la fortune, Mohican, et peut-être l'assistance des blancs ont mis en ton pouvoir ce Narragansett. Il est certain que les commissaires de la colonie ont soumis son existence à ta volonté ; mais il y a une voix dans le cœur de tous les êtres humains, qui devrait être plus forte que la voix de la vengeance, c'est celle de la miséricorde. Il n'est pas encore trop tard pour l'écouter. Reçois la promesse du Narragansett pour gage de sa foi ; reçois plus encore, prends en otage cet enfant, qui, gardé avec sa mère, sera parmi les Anglais, et laisse aller le prisonnier.

— Mon frère demande avec un esprit ambitieux, répondit Uncas sèchement.

— Je ne sais pas comment ni pourquoi je demande avec cette ardeur, reprit Dudley; mais il y a de vieux souvenirs et d'anciennes bontés sur le visage et dans les manières de cet Indien! Et voilà aussi une femme qui est unie, je le sais, à quelques personnes de notre établissement par un lien plus sacré que les relations ordinaires... Mohican, j'ajouterai une bonne provision de poudre et de mousquets, si tu veux écouter la pitié et les promesses du Narragansett.

Uncas montra le captif, et dit avec une froideur ironique :

— Que Conanchet parle.

— Tu entends, Narragansett. Si celui que je te soupçonne d'être connaît quelque chose aux usages des blancs, parle : veux-tu jurer de conserver la paix avec les Mohicans et d'enterrer la hache dans le sentier entre vos villages?

— Le feu qui a brûlé les huttes de mon peuple a changé le cœur de Conanchet en pierre, répondit avec calme le jeune sachem.

— Alors, je n'ai plus rien à faire que de voir si le traité est respecté, répondit Dudley, trompé dans son attente. Tu as des opinions particulières à ta nature, et elles doivent te diriger. Que le Seigneur ait pitié de toi, Indien, et te juge avec l'indulgence que mérite un sauvage ignorant!

Dudley fit signe à Uncas qu'il n'avait plus rien à dire. Il s'éloigna de quelques pas. Son visage exprimait tout son chagrin; mais ses yeux remplissaient encore leur devoir et surveillaient attentivement tous les mouvements des Indiens. Au même moment, pour obéir à un signe du chef mohican, deux farouches sauvages se placèrent de chaque côté du captif. Ils attendaient évidemment le dernier signal pour exécuter le jugement. Dans ce moment solennel il se fit un profond silence, comme si chacun des principaux acteurs pesait quelque matière importante dans son esprit.

— Le Narragansett n'a pas parlé à sa femme, dit Uncas, espérant en secret que son ennemi pourrait manifester quelque faiblesse au moment d'une aussi triste épreuve : elle est près de lui.

— J'ai dit que mon cœur était de pierre, répondit froidement le Narragansett.

— Vois, cette fille rampe comme un oiseau effrayé parmi les feuilles. Si mon frère Conanchet veut regarder, il verra sa bien-aimée.

Le visage de Conanchet devint sombre, mais il ne parut pas changer de résolution.

— Nous irons au milieu des buissons, si le sachem a peur de parler à sa femme lorsque l'œil d'un Mohican est fixé sur lui. Un guerrier n'est pas une fille curieuse, pour désirer voir le chagrin d'un chef.

Conanchet chercha avec précipitation une arme pour pouvoir en frapper son ennemi; mais alors un doux murmure se fit entendre près de lui, il reconnut une voix chérie, et sa colère s'apaisa tout à coup.

— Le sachem ne veut-il pas regarder son enfant? demanda une voix suppliante. C'est le fils d'un grand guerrier. Pourquoi le visage de son père est-il sombre avec lui?

Narra-Mattah s'était approchée assez près de son mari pour être à portée de sa main. Elle étendait les bras et présentait au jeune chef le gage de leur bonheur passé, comme si elle eût voulu implorer un dernier regard de bonté et d'amour.

— Le grand Narragansett ne veut-il pas regarder son enfant? répéta la même voix, douce comme les sons de la plus douce mélodie? Pourquoi son visage est-il si sévère avec une femme de sa tribu?

Lorsque Narra-Mattah eut prononcé ces paroles, les traits sombres du Sagamore des Mohicans lui-même montrèrent de l'émotion. Faisant signe aux deux sauvages d'aller derrière l'arbre, il se détourna, et fit quelques pas avec l'air digne d'un Indien, lorsqu'il est dirigé par les plus nobles sentiments. Une lumière subite brilla sur le front de Conanchet; les yeux de ce jeune chef s'arrêtèrent sur le visage de sa compagne désolée, qui pleurait moins sur son danger que sur le mécontentement qu'elle avait encouru. Il reçut l'enfant de ses mains, et contempla longtemps ses traits avec mélancolie. Puis, il fit signe à Dudley, qui était le seul spectateur de cette scène, et plaça l'enfant dans ses bras.

— Vois, dit-il en désignant son fils, c'est une jeune fleur des défrichements; il ne vivra pas à l'ombre.

Conanchet arrêta de nouveau un regard sur sa tremblante

compagne. Il y avait dans ce regard tout l'amour d'un mari. — Fleur des terres découvertes, dit-il, le Manitou de ta race te placera dans les champs de tes pères. Le soleil brillera sur toi, et le vent d'au-delà du lac salé poussera les nuages dans les bois. Un juste et grand chef ne peut pas fermer les oreilles au bon esprit de son peuple; le mien appelle son fils pour aller chasser parmi les braves qui sont partis pour la longue route. Le tien montre un autre chemin. Va, entends sa voix et obéis. Que ton esprit soit comme une immense clairière; que tous ses nuages soient du côté des bois; qu'il oublie le rêve qu'il a fait parmi les arbres; c'est la volonté du Manitou.

— Conanchet exige beaucoup de son épouse : son âme n'est que l'âme d'une femme.

— Une femme des visages pâles; qu'elle rejoigne maintenant sa tribu. Narra-Mattah, ton peuple raconte d'étranges traditions. Il dit qu'un juste mourut pour les hommes de toutes les couleurs. Je ne sais pas; mais Conanchet est un enfant parmi les hommes habiles, et un homme parmi les guerriers. Si cela est vrai, il attendra sa femme et son fils dans les heureuses terres de chasse, et ils viendront le rejoindre. Il n'y a point de chasseur des Yengeeses qui puisse tuer un aussi grand nombre de daims. Que Narra-Mattah oublie son chef jusqu'à ce temps, et lorsqu'elle l'appellera par son nom, qu'elle parle haut, car il sera bien aise d'entendre encore sa voix. Il prend congé de sa femme avec un cœur triste. Elle mettra une petite fleur de deux couleurs devant ses yeux, et elle la verra croître avec bonheur. Maintenant qu'elle s'éloigne. Un Sagamore va mourir.

La jeune femme, attentive, écoutait chaque syllabe lente et mesurée, comme un être élevé dans les superstitions eût écouté les paroles d'un oracle. Mais, habituée à l'obéissance et anéantie par la douleur, elle n'hésita pas plus longtemps. La tête de Narra-Mattah se pencha sur son sein lorsqu'elle quitta son mari, et son visage était caché dans sa robe. Lorsqu'elle passa devant Uncas, ses pas étaient si légers qu'ils ne produisaient pas le moindre bruit ; et lorsque le Mohican vit Narra-Mattah se détourner avec précipitation, il leva un de ses bras en l'air. Les terribles muets se montrèrent un instant de derrière les arbres et disparurent aussitôt. Conanchet tressaillait, et il sembla qu'il allait s'élancer en avant; mais, reprenant ses sens par un violent effort sur lui-même, son corps s'appuya contre l'arbre, et il tomba dans l'attitude d'un chef assis au conseil. Il y avait un sourire de triomphe sur son visage, et ses lèvres s'agitèrent; Uncas retint sa respiration en se penchant pour écouter.

— Mohican, je meurs avant que mon cœur soit faible!

Ces mots, prononcés d'une voix ferme, mais avec effort, frappèrent les oreilles d'Uncas; ensuite on entendit deux profonds soupirs : l'un fut proféré par Uncas, qui avait jusqu'alors retenu sa respiration, l'autre était le dernier du dernier sachem de la tribu dispersée des Narragansetts.

CHAPITRE XXXII.

> Chaque lieu solitaire rappellera ton souvenir. Tu feras couler de tristes larmes. Tu seras chérie jusqu'à ce que la vie ne puisse plus charmer! pleurée jusqu'à ce que la pitié elle-même soit éteinte!
>
> *Collins.*

UNE heure plus tard les principaux acteurs de cette terrible scène avaient disparu; il ne restait plus que l'épouse désolée, Dudley, le ministre et Whittal Ring.

Le corps de Conanchet était toujours à la place où le sachem avait cessé de vivre, assis comme un chef dans un conseil indien. Narra-Mattah s'était glissée près de lui, et elle s'était assise avec ce désespoir muet qui accompagne si souvent les premiers moments d'une affliction accablante et inattendue. Elle ne parlait et ne pleurait pas, et ne faisait entendre aucune plainte. Son esprit semblait paralysé, mais le coup qui l'avait frappée était écrit sur tous les traits de son éloquent visage. Les couleurs ordinaires avaient abandonné ses joues, ses lèvres étaient blanches, et par moments elles tremblaient convulsivement. A de longs intervalles un soupir s'échappait de sa poitrine, comme si l'âme essayait avec effort d'abandonner sa prison terrestre. L'enfant, oublié, était couché près d'elle, et Whittal-Ring s'était placé de l'autre côté du cadavre.

Les deux planteurs, qui avaient été choisis par la colonie pour être témoins de la mort de Conanchet, contemplaient tristement ce touchant spectacle. Au moment où l'âme du condamné s'était élancée dans l'éternité, les prières du ministre avaient cessé, car il croyait que cette âme était alors soumise au jugement de Dieu. Mais il y avait sur ses traits austères plus de sensibilité et moins de sévérité exagérée qu'on n'en voyait ordinairement. Alors que l'action était accomplie, et que l'exaltation avait fait place à de tristes réflexions sur ses résultats, il y avait des moments où son esprit était fatigué par des doutes sur la justice d'un acte qu'il avait jugé naguère une exécution nécessaire et légale. L'esprit d'Eben Dudley n'était occupé d'aucune subtilité de doctrine ou de loi. Comme il y avait eu moins d'exagération dans ses vues premières sur la nécessité de cette exécution, il en contemplait avec plus d'impartialité les résultats. Des sentiments, ou pour mieux dire, des émotions d'une autre nature troublaient l'esprit résolu mais juste de l'habitant des frontières.

— Nous avons été obligés de nous soumettre à une triste nécessité, et voilà une sévère manifestation de la volonté du ciel, dit-il en contemplant le triste spectacle qui était devant ses yeux. Le père et le fils sont morts l'un et l'autre en ma présence, et tous les deux ont quitté le monde d'une manière qui prouve les voies mystérieuses de la Providence. Mais ne vois-tu pas ici, sur le visage de celle qui paraît une statue de marbre, une ressemblance avec des traits qui te sont familiers?

— Tu fais allusion à la compagne du capitaine Content Heathcote.

— En effet, tu n'es pas, révérend ministre, depuis assez longtemps dans l'administration de Wish-ton-Wish pour te souvenir de cette dame dans sa jeunesse. Mais pour moi l'heure où le capitaine conduisit ses serviteurs dans le désert me semble une matinée de la dernière saison. J'avais alors les membres agiles et j'étais un peu léger dans mes jugements et dans mes discours. Ce fut dans cette journée que je fis connaissance avec la femme qui est maintenant la mère de mes enfants. J'ai vu bien des femmes jolies dans mon temps, mais je n'en ai jamais vu qui fût aussi agréable à l'œil que la compagne du capitaine, jusqu'à la nuit de l'incendie. Tu as souvent entendu parler de la perte qu'elle fit alors, et depuis ce moment sa beauté ressembla à la feuille d'octobre plutôt qu'elle n'eut ses charmes dans la naissance de la fertilité. Regarde le visage de cette jeune affligée, et dis s'il n'offre pas l'image d'une autre, comme l'eau réfléchit ce buisson qui s'incline sur le ruisseau. En vérité je pourrais presque croire que c'est le regard mélancolique de sa mère elle-même.

— Le chagrin a frappé un coup pesant sur cette innocente victime, dit Meek avec une grande douceur. Que la voix de la prière s'élève en sa faveur, ou....

— Ecoute! il y a quelqu'un dans la forêt, j'entends le froissement des feuilles!

— La voix de celui qui a fait la terre murmure dans les vents; son souffle est le mouvement de la nature.

— Ce sont des êtres humains! Mais heureusement je vois des amis, et nous n'aurons point occasion de combattre. Le cœur d'un père est aussi sûr qu'un œil est subtil et un pied agile.

Dudley appuya la crosse de son fusil contre terre, et attendit l'arrivée de ceux qui s'approchaient, ainsi que son compagnon, avec un maintien calme et décent. La troupe des planteurs qui parcourait la forêt arrivait du côté opposé de l'arbre à celui où la mort de Conanchet avait eu lieu. L'énorme tronc et les racines découvertes du pin cachaient le groupe qui était à ses pieds, mais on pouvait apercevoir facilement Meek et l'enseigne. Au moment où celui qui conduisait la troupe les reconnut, il dirigea ses pas vers eux.

— Si, comme tu le supposes, le Narragansett l'a conduite de nouveau dans la forêt, dit Soumission qui servait de guide, nous ne sommes point éloignés ici du lieu qu'il avait choisi pour refuge. C'était près de ce rocher que nous eûmes une entrevue avec le cruel Philippe, et où, grâce à la recommandation de Conanchet, triste et inutile ma existence fut épargnée; c'est dans l'intérieur de ce bosquet qui borde le ruisseau. Le ministre du Seigneur et notre ancien ami Dudley peuvent avoir quelque chose à nous apprendre sur lui.

Soumission s'était arrêté à quelque distance de ceux qu'il venait de nommer, mais toujours du côté opposé de l'arbre. Il s'était adressé à Content, qui s'arrêta aussi pour attendre l'arrivée de Ruth, qui était un peu en arrière, appuyée sur son fils, et suivie par Foi et le médecin. Toutes ces personnes avaient pris le costume le plus favorable pour un voyage dans la forêt. Le cœur d'une mère soutenait la femme faible pendant une route pénible; mais les pas de Ruth commençaient déjà à se ralentir avant que la troupe découvrît les traces d'êtres humains près du lieu où ils avaient rencontré les deux colons.

Malgré le profond intérêt que chacun avait ressenti dans les différents événements dont il avait été témoin, l'entrevue ne fut accompagnée d'aucun signe d'émotion ni de l'un ni de l'autre côté. Pour les colons, un voyage dans la forêt n'était point une nouveauté; et après avoir traversé ses profondeurs, les arrivants rencontrèrent leurs amis comme on se rencontre sur un chemin plus frayé dans des pays où la disposition des routes force inévitablement les voyageurs à se croiser. La vue de Soumission lui-même à la tête de la troupe n'excita aucune remarque de surprise sur les traits impassibles de ceux qui le virent arrêter. La tranquillité mutuelle de celui qui pendant si longtemps avait dérobé sa personne à tous les regards, et de ceux qui l'avaient vu plus d'une fois dans des circonstances extraordinaires ou mystérieuses, pouvait faire supposer avec raison que le secret de sa présence dans la vallée n'avait pas été confié seulement à la famille des Heathcote. Ce soupçon devient plus probable encore, si l'on se rappelle le caractère honnête de Dudley et la profession des deux autres.

— Nous sommes à la poursuite de celle qui s'est enfuie comme un jeune faon qui cherche de nouveau l'ombrage des bois, dit Content. Nos recherches étaient incertaines, et elles auraient pu être vaines (tant de pieds ont depuis peu de jours traversé la forêt!) si la Providence ne vous avait pas fait rencontrer sur notre route cet ami qui a eu l'occasion de connaître la position exacte du camp des Indiens. As-tu vu le sachem des Narragansetts, Dudley? et où sont ceux que tu as guidés contre le rusé Philippe? Nous savons que tu as surpris ses troupes; mais nous ne connaissons aucun détail de cette affaire. Le Wampanoag t'a échappé ?

— L'esprit des ténèbres qui l'inspire l'a protégé dans son danger. Sans cela son sort eût été celui qu'a subi un autre qui, je le crains, valait mieux que lui.

— De qui parles-tu? N'importe, nous cherchons notre enfant. Celle que tu as connue, et que tu as vue il y a si peu de temps, nous a déjà quittés. Nous la cherchons dans le camp de celui qui était son..... Dudley, as-tu vu le sachem des Narragansetts?

L'enseigne regarda Ruth : c'était le même regard qu'il avait déjà arrêté sur elle dans un autre temps. Meek croisa ses bras sur sa poitrine; il semblait prier dans le secret de son cœur. Il y eut cependant une voix qui rompit le silence ; mais ses accents étaient entrecoupés et menaçants.

— Ce fut une action sanglante! murmura l'idiot. Le menteur Mohican a frappé un grand chef par derrière. Qu'il efface avec les ongles de ses pieds l'empreinte de son moccasin sur la terre, comme un renard dans son terrier; car il y en a un qui suivra sa piste avant qu'il puisse cacher sa tête. Nipsett sera un guerrier à la prochaine chute des neiges!

— J'entends la voix de mon frère, s'écria Foi en avançant avec précipitation. Mais elle recula aussitôt en se cachant le visage dans ses mains, et, frappée d'une affreuse surprise, elle se laissa tomber à terre.

Bien que le temps parcourût sa course avec sa rapidité ordinaire, il parut à ceux qui contemplèrent la scène qui suivit l'exclamation de Foi, que les émotions de plusieurs journées pénibles s'étaient réunies dans le court espace de quelques minutes. Nous ne nous appesantirons pas sur le moment affreux de cette horrible découverte.

Une demi-heure suffit pour instruire les nouveaux venus de ce qu'il leur était nécessaire de connaître. Nous continuerons notre narration depuis le moment où il ne leur resta plus rien à apprendre.

Le corps de Conanchet était toujours appuyé contre l'arbre. Ses yeux étaient ouverts; et, bien que glacés par la mort, on voyait encore, au rapprochement des sourcils, à la compression des lèvres, aux gonflement des narines, cette fermeté hautaine qui l'avait soutenu dans les derniers moments de sa vie. Ses bras pendaient à ses côtés, mais une main était fermée comme si elle eût encore tenu le tomahawk qu'elle avait saisi si souvent; l'autre avait perdu ses forces au moment où, dans un vain effort, elle avait cherché à sa ceinture la place où le couteau aurait dû être.

Ces deux mouvements avaient probablement été involontaires, car sous tout autre aspect la pose de Conanchet exprimait la dignité et le repos. Près de lui Nipsett, le guerrier imaginaire, conservait toujours sa place. On voyait sur ses traits le mécontentement et la menace à travers leur stupidité ordinaire.

Les autres personnes étaient rassemblées autour de la mère et de sa fille, qui semblait déjà frappée par la mort. On eût dit que tout autre sentiment cédait à l'effroi que causait sa situation. On avait en effet lieu de craindre qu'un coup si violent n'eût rompu subitement quelques uns des liens mystérieux qui attachent l'âme à son enveloppe mortelle. Mais cette séparation terrible semblait plutôt devoir être produite par une apathie et une faiblesse générales que par quelque convulsion violente.

Le pouls battait encore, mais il était lourd et semblable aux mouvements irréguliers du moulin lorsque le vent cesse d'agiter ses ailes. Ses yeux étaient fixes et empreints d'une angoisse déchirante. Le visage était sans couleur, et les lèvres elles-mêmes avaient cette nuance qui ne semble point appartenir à la nature, et qu'offrent les figures de cire. Les membres étaient sans mouvement, mais de temps en temps le jeu des traits de Narra-Mattah semblait prouver qu'elle n'avait pas perdu le sentiment de son malheur, et qu'elle conservait un pénible souvenir de sa réalité.

— Ceci surpasse mon art, dit le docteur Ergot après avoir longtemps interrogé le pouls. Il y a dans la vie un mystère que les connaissances humaines n'ont pas encore découvert. Le cours du sang est quelquefois glacé d'une manière incompréhensible, et voici un cas qui confondrait les plus savants dans notre art, même dans les pays les plus civilisés. Ma destinée fut d'être souvent témoin d'une arrivée dans le monde, et j'ai peu vu mourir; cependant je crois pouvoir prédire que cette jeune femme cessera d'exister avant que le nombre naturel de ses jours ait été rempli.

— Adressons des prières en faveur de l'âme qui ne mourra jamais, à celui qui dispose de tous les événements depuis le commencement du monde, dit Meek Wolfe en faisant signe à tous ceux qui l'entouraient de se joindre à lui pour prier.

Le ministre éleva la voix sous les arcades verdoyantes de la forêt, avec une éloquente et pieuse ardeur. Lorsque ce devoir solennel fut rempli, on donna de nouveaux soins à l'infortunée. Chacun s'aperçut avec la plus grande surprise que le sang animait de nouveau le visage de Narra-Mattah, et que ses yeux brillants exprimaient la douceur et la paix. Elle fit même signe qu'on la soulevât, afin qu'elle pût mieux voir ceux dont elle était entourée.

— Nous reconnais-tu? demanda Ruth tremblante; regarde tes amis, fille chérie et si longtemps pleurée! celle qui t'implore est la même qui s'affligeait de tes douleurs d'enfance, qui se réjouissait de ton bonheur, et dont le cœur a senti si amèrement ta perte. Dans ce terrible moment, rappelle les leçons de ta jeunesse. Sans doute le Dieu qui t'a rendue à mes désirs, bien qu'il t'ait conduite par des voies mystérieuses et incompréhensibles, ne t'abandonnera pas au terme de tes jours! Pense aux instructions que je te donnais dans ton enfance, fille de mon amour, bien que faible d'esprit et de corps; le grain peut germer encore, quoiqu'il ait été jeté où le soleil de la promesse a été si longtemps caché.

— Ma mère! dit une voix faible. Ce mot parvint à chaque oreille, et causa une attention générale. Le son était doux, peut-être enfantin; mais il fut prononcé clairement et sans accent.

— Ma mère, répéta la mourante, pourquoi sommes-nous dans la forêt? nous a-t-on dépouillés de notre demeure, que nous habitions sous les arbres?

Ruth leva la main pour supplier que personne n'interrompît cette illusion.

— La nature a rappelé les souvenirs de sa jeunesse, murmura-t-elle à voix basse; que son âme quitte la terre, si telle est la sainte volonté du ciel, dans cette précieuse innocence.

— Pourquoi Mark et Martha restent-ils en arrière? continua la fille de Ruth; tu sais, ma mère, qu'il est dangereux d'errer si loin dans les bois. Les païens peuvent être hors de leurs villes, et l'on ne sait pas les malheurs qui peuvent arriver aux imprudents.

Un gémissement s'échappa de la poitrine de Content, et la main musculeuse de Dudley s'appesantit avec force sur l'épaule de sa femme, jusqu'à ce que la douleur que Foi ressentit, sans réfléchir à ce qui la causait, tant elle était préoccupée par la scène attendrissante qu'elle avait sous les yeux, la forçât de s'éloigner.

— J'en ai dit autant à Mark, car il ne se souvient pas toujours de tes avis, ma mère; ces enfants aiment tant à se promener ensemble! Mais Mark est en général bien bon, ne gronde pas; s'il s'écarte trop, ma mère, tu ne le gronderas pas!

Le jeune homme, que sa sœur venait de nommer, détourna la tête, car même dans ce moment une fierté involontaire le portait à cacher sa faiblesse.

— As-tu prié aujourd'hui, ma fille? dit Ruth, essayant de paraître calme. Tu ne devrais pas oublier ce devoir envers le Tout-Puissant, bien que nous soyons sans demeure, au milieu des bois.

— Je vais prier maintenant, dit la jeune femme, toujours en proie à une mystérieuse illusion, et tâchant de cacher son visage dans le sein de sa mère.

Ce désir fut exaucé, et pendant l'espace d'une minute on entendit cette même voix enfantine répéter lentement et distinctement une de ces prières adaptées au premier âge de la vie. Bien que ces sons fussent faibles, chaque intonation en fut entendue jusqu'au moment où la prière touchait à son terme, alors il se fit un calme solennel. Ruth souleva sa fille, et vit sur son visage la tranquillité qui règne sur celui d'un enfant endormi. La vie se jouait sur ses traits, comme la flamme autour de la torche qui va s'éteindre. Enfin, les yeux de Narra-Mattah, doux comme ceux d'une colombe, se levèrent et s'arrêtèrent sur le visage de Ruth ; le chagrin de la mère fut adouci un instant par un sourire d'intelligence et d'amour ; puis les regards de Narra-Mattah parcoururent le cercle qui était autour d'elle, s'arrêtant sur chaque visage, et exprimant le plaisir qu'elle avait à reconnaître d'anciens amis. Lorsqu'ils se fixèrent sur Whittal Ring, ils devinrent embarrassés et indécis ; mais lorsqu'ils rencontrèrent l'œil fixe, sombre, et toujours altier du chef, ils s'arrêtèrent pour jamais. Il y eut un instant où la crainte, le doute, et quelque chose de sauvage, semblèrent combattre ses anciens souvenirs. La main de Narra-Mattah trembla, et saisit avec convulsion la robe de Ruth.

— Ma mère, ma mère ! murmura la victime de tant d'émotions diverses, un malin esprit m'obsède ; je vais prier encore.

Ruth sentit la force de cette étreinte convulsive ; elle entendit quelques paroles inintelligibles, et la voix se tut ; la main retomba. Lorsqu'on eut éloigné la mère presque inanimée du corps de son enfant, les deux époux qui avaient cessé de vivre semblèrent se regarder l'un l'autre avec une mystérieuse et céleste intelligence. Les yeux du Narragansett étaient remplis de fierté, comme au temps de sa grandeur ; on eût dit qu'ils défiaient encore leur ennemi, tandis que ceux de la jeune fille, qui pendant si longtemps avait été protégée par sa bonté, laissaient apercevoir un embarras et une timidité qui n'étaient pas dépourvus d'espérance. Un calme solennel succéda, et lorsque Meek éleva de nouveau la voix dans le désert, ce fut pour demander au maître du ciel et de la terre de donner du courage à ceux qui survivaient.

Le changement qui s'est opéré sur le continent d'Amérique pendant un siècle et demi est surprenant.

Des cités se sont élevées dans les lieux les plus déserts, et il est naturel de croire qu'une ville florissante est établie très-près de l'endroit où Conanchet reçut la mort. Mais, malgré l'activité qui a fait changer d'aspect au pays, la vallée de cette légende a éprouvé peu d'altération. Le hameau est devenu un village ; les fermes semblent mieux cultivées ; les maisons sont plus spacieuses et plus commodes ; les églises sont au nombre de trois ; les forteresses, ou tout autre symbole de la crainte qu'inspiraient les sauvages, ont depuis longtemps disparu. Mais ce lieu est toujours solitaire, peu connu, et conserve une partie de ses charmes champêtres.

Un descendant de Mark et de Martha est aujourd'hui propriétaire du domaine où ont eu lieu une partie des événements de notre simple histoire. Le bâtiment qui fut la seconde habitation de ses ancêtres est encore en partie debout, quoique des agrandissements et des améliorations en aient beaucoup changé la forme. Les vergers, qui, en 1675, étaient jeunes et en plein rapport, sont maintenant vieux et sans produit. Leurs arbres ont donné une renommée à cette variété de fruits que le sol et le climat ont depuis fait connaître aux habitants. On les conserve parce qu'on sait que des scènes effrayantes eurent lieu sous leur ombrage, et que leur existence inspire un intérêt profond.

Les ruines de la première forteresse sont encore visibles. A leur pied est la dernière demeure de la famille Heathcote, dont les membres ont vécu dans leurs environs pendant près de deux siècles. Les tombes de ceux qui moururent à une époque plus rapprochée de nous se distinguent par des tablettes de marbre ; mais plus près des ruines il y en a plusieurs à demi cachées par l'herbe, et recouvertes de la pierre grossière du pays.

Une personne qui trouvait de l'intérêt dans les souvenirs de ces jours depuis longtemps passés, eut occasion, il y a peu d'années, de visiter ce lieu. Elle voulut découvrir la naissance et la mort des générations entières par les inscriptions des monuments prétentieux de ceux qui avaient été enterrés dans le dernier siècle. Au-delà de cette époque les recherches devinrent difficiles et pénibles ; mais le zèle de cette personne ne pouvait être aisément découragé.

Sur chaque petite éminence il y avait une pierre, et sur chaque pierre une inscription à peine lisible. On supposa, par la grandeur de la seule tombe qui en était dépourvue, qu'elle contenait les restes de ceux qui périrent dans la nuit de l'incendie. Il y en avait une autre qui portait en grosses lettres le nom du Puritain ; sa mort eu lieu en 1680. Près de cette tombe était une simple pierre sur laquelle on déchiffrait avec peine le nom de Soumission. Il fut impossible de s'assurer si la date portait 1680 ou 1690. Le mystère qui avait enveloppé l'existence de cet homme ne s'éclaircit point après sa mort. Son nom véritable, sa famille, ses actions, excepté celles qui ont été racontées dans ces pages, ne furent jamais connus. Cependant il existe encore dans la famille Heathcote le registre d'un régiment de cavalerie qui, suivant la tradition, avait eu des rapports avec sa destinée. Fixé sur ce document imparfait et à moitié détruit, on voit un fragment de journal qui fait allusion à la condamnation de Charles Ier [1].

Le corps de Content repose à côté de ses enfants, morts en bas âge ; il semblerait qu'il vivait encore dans les vingt-cinq premières années du dernier siècle. Il y avait un homme âgé, mort depuis peu, qui se rappelait avoir vu ce vénérable patriarche aux cheveux blancs, dont chacun respectait la vieillesse, la justice et la bonté. Il fut veuf pendant près d'un demi-siècle ; on en avait la triste certitude en contemplant la date de la pierre qui était près de sa tombe. L'inscription portait le nom de Ruth, fille de George Harding, de la colonie de la baie de Massachussets, et femme du capitaine Content Heathcote. Ruth avait cessé de vivre dans l'automne de 1675. Son cœur, dit la pierre funéraire, fut brisé dans ses affections terrestres et par de violents chagrins de famille, quoique ses espérances fussent justifiées par le Covenant et par sa confiance dans le Seigneur.

Le ministre qui officiait et qui officie sans doute encore dans la principale église du village, se nomme le révérend Meek-Lamb [2]. Bien qu'il réclame une parenté avec celui qui desservait le temple à l'époque de notre histoire, le temps et des mariages

---

1. Plus curieux et surtout moins discrets que l'auteur sur ce mystérieux personnage, nous croyons n'avoir pas fait de recherches inutiles pour le faire connaître. Il existe d'abord une grande analogie entre lui et le régicide dont parle épisodiquement Bridgenorth dans *Peveril du Pic*, ou, s'il faut le dire, c'est le même héros auquel le Walter Scott américain a fait jouer ici un plus long rôle que n'avait fait le romancier d'Ecosse.

Les traditions américaines disent que le village de Deers-Field fut surpris par les Indiens pendant l'office divin, et réduit en cendre. Les habitants épouvantés furent ralliés par un inconnu qu'ils prirent longtemps pour un ange, et qui n'était autre que le général GOLFE, un des juges de Charles Ier.

Le général Golfe et son beau-père Whalley avaient quitté l'Angleterre quelques jours avant la restauration. Ils furent longtemps poursuivis et obligés de se cacher dans une espèce de caverne, comme Soumission.

2. *Meek-Lamb* signifie *doux agneau*, par opposition *Meek-Wolfe*, *doux loup*.

ont produit ce changement dans le nom, et heureusement quelques autres dans la manière d'interpréter les doctrines. Lorsque ce digne serviteur de l'Eglise sut qu'une personne née dans un autre Etat, et descendant de religionnaires qui avaient quitté la patrie commune pour servir le Seigneur d'une manière différente encore, avait un intérêt à connaître la destinée des premiers habitants de la vallée, il se fit un plaisir de l'aider dans ses recherches. Les habitations des Dudley et des Ring étaient nombreuses dans la ville et dans les environs. Il montra une pierre entourée de bien d'autres qui portaient ces noms, et sur laquelle on avait grossièrement tracé : — Je suis Nipsett, un Narragansett ; je serai un guerrier à la prochaine chute des neiges. — La tradition rapporte que, bien que le malheureux frère de Foi revînt peu à peu aux habitudes d'une vie civilisée, il avait de fréquents souvenirs de ces plaisirs séduisants dont il avait joui dans la liberté des bois.

En parcourant ces scènes mélancoliques, le voyageur demanda au ministre quel était le lieu où Conanchet avait été enterré, et le pasteur offrit aussitôt de l'y conduire. La tombe était sur la montagne, et ne se distinguait que par une simple pierre que l'herbe avait d'abord dérobée aux yeux de l'inconnu. Elle ne portait que ces mots :

LE NARRAGANSETT.

— Et celle qui est à côté de lui? demanda le voyageur. En voilà encore une que je n'avais point aperçue.

Le ministre se pencha sur l'herbe, et gratta la mousse de l'humble monument ; alors il montra une ligne gravée avec plus de soin. L'inscription portait simplement ces mots :

THE WEPT OF WISH-TON-WISH.
LA PLEURÉE DE WISH-TON-WISH.

FIN DES PURITAINS D'AMÉRIQUE.

NOTE DE L'ÉDITEUR.

Cette *conclusion* seule, par son analogie avec l'*Introduction* d'*Old Mortality* (*les Puritains d'Ecosse*), justifierait l'éditeur d'avoir rapproché, par le changement du titre, le roman pathétique de M. Fenimore Cooper, du chef-d'œuvre de sir Walter Scott.

www.ingramcontent.com/pod-product-compliance
Lightning Source LLC
Chambersburg PA
CBHW070432170426
43201CB00010B/1062